高等学校财经商贸类专业系列教材

管理会计实务

GUANLI KUAIJI SHIWU

主　编　王　旭　朱雪峰

副主编　陈　媞　杨文抒

参　编　麦金发　王青勇

西安电子科技大学出版社

内 容 简 介

本书秉持"立德树人"的教育理念，严格依据《管理会计基本指引》和《管理会计应用指引》，以丰富的企业案例为载体，结合全国职业院校技能大赛会计实务赛项管理会计数字化业务处理模块要求编写。书中突出了"数智赋能""岗课赛证融通""仿真实战""教学做一体"的编写理念。

本书主要分为九个项目，包括认识管理会计、战略管理、成本管理、预算管理、营运管理、投融资管理、绩效管理、风险管理和管理会计信息化与管理会计报告。每个项目由学习目标、项目导图、项目引例及具体任务组成，各任务中还包括知识准备、职场经验、赛学融合、小组讨论、引思明鉴、任务测评等栏目。通过本书的学习，学生可以掌握管理会计的基本理论、基本方法和基本技能，运用现代信息技术分析问题、解决问题，为将来的学习和工作打下良好的基础。

本书配有数字资源和数字课程，围绕主要知识技能点提供配套微课、教学课件、参考教案等，部分资源以二维码形式呈现，可实现移动终端随扫随学。

本书既可作为高等职业教育财务会计类专业专科和应用型本科教材，也可作为广大企业会计从业人员的参考书。

图书在版编目（CIP）数据

管理会计实务 / 王旭，朱雪峰主编. -- 西安：西安电子科技大学
出版社, 2025. 6. -- ISBN 978-7-5606-7623-4

Ⅰ. F234.3

中国国家版本馆 CIP 数据核字第 20250TE730 号

策　　划　　李鹏飞
责任编辑　　李鹏飞
出版发行　　西安电子科技大学出版社（西安市太白南路 2 号）
电　　话　　（029）88202421　88201467　　　邮　　编　　710071
网　　址　　www.xduph.com　　　　　　　电子邮箱　　xdupfxb001@163.com
经　　销　　新华书店
印刷单位　　陕西精工印务有限公司
版　　次　　2025 年 6 月第 1 版　　　　　2025 年 6 月第 1 次印刷
开　　本　　787 毫米×1092 毫米　1/16　　　印　　张　　18.5
字　　数　　441 千字
定　　价　　49.00 元
ISBN 978-7-5606-7623-4
XDUP 7924001-1

*** 如有印装问题可调换 ***

前　言

　　为全面落实《加快推进教育现代化实施方案(2018—2022 年)》《国家职业教育改革实施方案》等相关政策文件精神，进一步提升会计人才培养质量，提高学生的实践能力、就业能力和创新能力，适应大智移云技术在财务领域的快速应用和会计转型管理会计的新形势，笔者编写了本书。

　　本书依据中华人民共和国财政部发布的《管理会计基本指引》和《管理会计应用指引》中管理会计的目标、原则、四大要素及管理会计在八大领域内的应用工具和方法设置内容框架。笔者根据高等职业教育的培养目标和职业标准，坚持"以培养全面素质教育为基础、以职业能力为本位、以就业为导向"的指导思想，在充分调研企业财务人员和采纳其意见的基础上编写了本书。本书力求贯彻"工学交替、学做一体"的教育教学理念，在编写思路和内容安排上均有所创新和突破。全书内容以案例为引领，以项目为载体，以任务驱动、多元评价为抓手，强调"工学结合、案例实操"，以建设新形态一体化教材为目标。

　　本书主要特色如下：

　　(1) 紧扣《管理会计基本指引》和《管理会计应用指引》，重构教材结构。

　　本书严格依据《管理会计基本指引》和《管理会计应用指引》的内容，不再强行区分管理会计课程与财务管理课程，以完成企业财务工作为目标重构教材结构，全面覆盖了战略管理、成本管理、预算管理、营运管理、投融资管理、绩效管理、管理会计信息化和管理会计报告多个关键领域。在每个领域中，本书详细划分了不同岗位所对应的应用工具和方法。

　　(2) 通过案例实训，提升职业实操技能。

　　为了提高学生管理会计实操技能，本书选择企业案例贯穿全书岗位实训任务，结合企业实务设计资金管理、成本管理、营运管理和绩效管理四个岗位，以案例导入、业务引领的方式将知识点与技能点"情境化""业务化""工作化"。业务内容是在对大量企业开展实际调研的基础上设计的，力求还原真实工作场景。

　　(3) 依托信息技术，建设新形态立体化资源。

　　本书以立体化精品教材建设为目标，在纸质材料的基础上，配备了丰富的立体化配套学训资源，体现"做中学、学中做"的教学理念，并通过与校企合作单位共建共享，不断创新，建设新形态一体化教材。学习者与教学者同步享有以二维码形式呈现的立体化教学资源，包括重点难点内容讲解、实训操作、案例资料、拓展阅读等。

(4) 实现课学、岗训、赛练相结合。

本书除了可用作高职院校管理会计课堂教学，还可与高职会计技能竞赛系统结合使用，满足学生的实训教学要求。通过实训，学生能准确把握理论知识的重点、难点，提高学习的效果和效率。本书也可供参加会计技能大赛的老师和学生备赛练习使用，实现课学、岗训、赛练一体。

本书由镇江市高等专科学校王旭、朱雪峰担任主编，陈媞、杨文抒担任副主编，具体分工如下：王旭拟定提纲并编写项目一、项目二和项目四，朱雪峰编写项目三和项目六，杨文抒执笔项目五和项目八，陈媞执笔项目七和项目九。同时，广州福思特科技有限公司麦金发经理、江苏国瑞税务事务所王青勇所长提供行业标准、企业财务岗位最新素材及实践资料，以编写贴合工作岗位要求的任务，为本书的编写提供了有力的保障和支持。

本书获得了江苏高校"青蓝工程"优秀教学团队项目、镇江市高等专科学校重点教材建设项目、江苏省职业教育教学改革研究课题等的资助，同时得到了西安电子科技大学出版社编辑和相关专家的大力支持，谨此一并表示衷心的感谢！由于编写时间仓促，加之编者水平有限，本书难免存在不足之处，恳请专家、学者批评指正，以便后续改进与完善。

为方便教学，本书配备了电子课件、习题答案、课程教学大纲、模拟试卷、微课等教学资源，选用本书作为教材的教师可登录西安电子科技大学出版社官网下载。

编者的邮箱：zjc_glx@zjc.edu.cn，欢迎交流。

编　者
2024 年 12 月

目　录

项目一　认识管理会计

学习目标

【知识目标】

1. 了解管理会计的形成与发展；
2. 明确管理会计的内涵、目标和职能；
3. 掌握管理会计指引体系的内容；
4. 熟悉管理会计职业道德规范。

【能力目标】

1. 能够初步构建管理会计思维；
2. 能够区分管理会计与财务会计的内涵。

【素质目标】

1. 树立正确的管理会计职业道德观；
2. 理解管理会计的发展对经济发展的重要性，培养职业自豪感与使命感。

项目导图

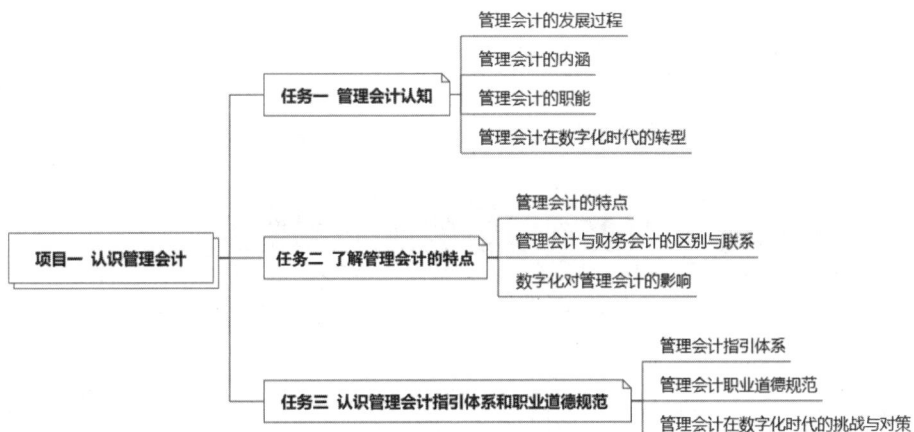

项目引例

【情景1】　顺德公司是以生产幕墙玻璃为主的建材企业，近期王经理接到了一张特制幕墙玻璃的邀请投标函,订单价值在 1 亿元左右。他召集各部门负责人开会,要求将此订单的设计成本、生产成本和其他任何相关成本快速准确地上报给他。王经理责成财务科长提前做好产品成本核算,力争拿下这个项目。然而,最终因产品成本预算过高,公司无法和竞争对手进行压价竞标,导致投标失败。

【情景 2】 晨农公司拥有 100 亩[①]的蔬菜种植基地,所产蔬菜主要销往北京、天津等人口密集的大城市。公司正在讨论两个种植方案:方案一,继续种植绿色应季蔬菜;方案二,开发反季节无公害蔬菜。方案二的市场调查显示,其产品市场价格高,利润空间大,但公司需要投入建设资金 200 万元,员工技术培训费 30 万元,广告宣传费 30 万元。公司目前资金短缺,若采用方案二,则需向银行借款 150 万元,公司经理要求财务部协同生产部、销售部从有利于公司发展的角度做出方案的评价、选择。

【情景 3】 一家商报的总经理对其广告部今年的费用上涨不满。他决定亲自给广告部设定预算限额,该预算涵盖了全部广告费、人员工资与佣金、汽车使用费、展销费和生产成本。然而,一年之后对该部门的经营业绩进行评价时发现,实际费用比预算费用高出了47%,总经理要求广告部经理解释原因。

【情景 4】 华旗果茶公司的经理正在为利润的下滑而苦恼,销售部部长提出一项策略:售价降低 15%,同时增加 20 万元广告费投入。他预测实施这一策略后,产品销售量将提升20%,有望改善公司的财务状况。对此,经理让财务部门进行核算,评估采纳这一建议是否真的能为公司带来实际盈利。

以上这些情景反映了管理会计人员的部分日常工作。企业的管理活动离不开会计人员提供数据和信息支撑,但是企业中又有多少财务人员能够做到为经理人的决策活动提供科学、准确的财务信息支持呢?据初步统计,国内企业中超过 85%的财务人员担任的是财务会计(核算会计)职位,而且他们 80%以上的时间用于记录与核算,只充当着"账房先生"的角色。据中国注册会计师协会原秘书长丁平准透露,国内的管理会计人才缺口已经达到了300 万,这反映了我国管理会计人才缺乏的现状。

问题思考:

(1) 如何全面认识管理会计?管理会计工作职责包括哪些内容?

(2) 管理会计与财务会计有何区别和联系?

为了解决这些问题,深入理解管理会计的内涵及其相关知识十分必要。

任务一　管理会计认知

学海航标

1. 了解管理会计的发展过程及各阶段发展的动因;

2. 理解管理会计的核心概念,探究管理会计在企业管理中的定位和作用。

---

① 1 亩 = 666.67 平方米。

知识准备

20 世纪初，随着社会经济和科学技术的发展，生产工艺日益复杂，企业的生产规模不断扩大，企业对生产经营活动的需求也日益多样化，传统的经验管理方式已经难以对企业的生产经营活动进行有效控制。针对社会的发展，被誉为"科学管理之父"的美国管理学家弗雷德里克·温斯洛·泰勒于 1911 年出版了《科学管理原理》一书，通过对完成工作的动作和时间最优化研究，提出对生产过程的各个方面进行严格的标准化科学管理的观点。随着泰勒科学管理理念的推行，会计领域为提升生产效率，逐步演化出标准成本、预算控制和差异分析等概念，为管理会计的后续理论体系的形成奠定了坚实的基础。

一、管理会计的发展过程

管理会计的发展，同现代企业的内外环境及相应的管理学理论和实践的发展紧密相关，大致可分为如图 1-1 所示的四个阶段。

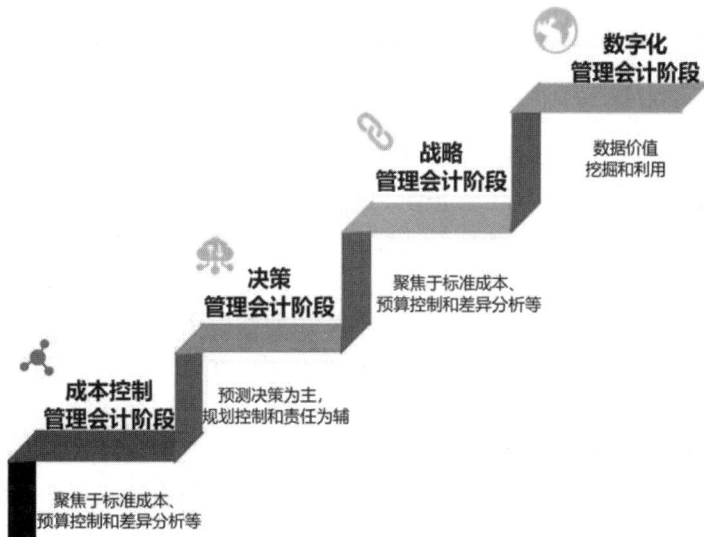

图 1-1 管理会计发展的四个阶段

(一) 成本控制管理会计阶段

泰勒的科学管理理论使当时注重于事后记账、算账的传统会计模式面临严峻挑战，引发了人们对会计、成本和管理等概念间关联性的深入研究热潮。从 1918 年开始，关于标准成本研究的著作不断问世，如哈里森的《新工业时代的成本会计》和《成本会计的科学基础》等。1919 年，美国成立了全国成本会计师协会，有力地推动了标准成本计算的实践与应用。1920 年，美国芝加哥大学首次开设了"管理会计"讲座，主持人麦金西被誉为美国管理会计的创始人。1922 年，奎因坦斯出版了《管理会计：财务管理入门》一书，首次提出了"管理会计"这一专业术语。1924 年，麦金西公开出版了首部以《管理会计》命名的专著。这些里程碑式的作品标志着管理会计作为一个独立学科的初步形成。

在这个阶段，管理会计主要聚焦于标准成本、预算控制和差异分析等方面，旨在协助企业优化生产效率和经济效果。然而,在实践中,管理会计的行为尚未形成系统性,仍停留在个别或分散的状态,其关注点主要局限于既定决策方案的执行和经营计划的落实,其管理职能也集中体现在控制方面。

(二) 决策管理会计阶段

20 世纪 50 年代,世界经济进入了繁荣时期,第三次技术革命使生产自动化和社会化程度显著提升,产品更新周期大幅缩短,新兴产业部门如雨后春笋般涌现。同时,资本的国际化加剧,企业的组织规模不断扩大,出现了大量的集团企业、跨国企业,这些企业的产销规模庞大,管理层次复杂多样。在这样的背景下,企业间的竞争越来越激烈,单纯依靠大规模的技术革新,已经难以应对外部市场的急剧变化。

企业的管理人员意识到,想要在市场竞争中立于不败之地,传统的执行性管理会计已不能满足管理需求。由此,管理会计的工作重心从规划控制和差异分析,转向事前的预测和决策。在这种情况下,预测和决策分析成为管理会计的重要组成部分,数学模型的建立与应用大大提高了预测与决策的准确性。

这个阶段的管理会计的特征是以预测与决策会计为主,以规划控制会计和责任会计为辅。

(三) 战略管理会计阶段

20 世纪 80 年代以来,全球经济一体化趋势明显,新兴技术不断涌现,深刻改变了经济结构和产业结构。在这一背景下,企业管理不仅要协调内部的各种关系,还要调节企业内部与外部环境的动态平衡,以确保企业能在变幻莫测的市场中生存下去并不断发展。战略管理因此成为企业生存和发展的关键所在,它将企业财务信息转化为决策者易于理解的经营信息,帮助管理者科学、合理地进行决策,进而实现企业整体战略效果最优化。

为了增强企业的市场竞争能力,战略管理会计不仅在企业日常管理中发挥作用,还积极参与最高管理层的战略决策过程,如协助确定战略目标、进行战略规划、评价企业管理业绩等。战略管理会计的核心目标在于帮助企业取得整体竞争优势,它以战略视角审视企业的内外信息,同时重视财务与非财务信息、数量与非数量信息的综合分析,为企业战略的制定、执行与评估提供相关、全面且多元化的信息支持。这不仅揭示了战略管理会计在整个行业中的地位及发展前景,还帮助企业建立起有效的预警分析系统,以应对不断变化的市场环境和竞争态势。

(四) 数字化管理会计阶段

数字化管理会计的出现与发展,是信息技术迅速发展和全球商业环境不断变化的结果。在这一阶段,企业开始认识到传统管理会计在数据处理、决策支持等方面的局限性,于是人们开始寻求通过数字化手段提升管理会计的效率和效果。

数字化管理会计通过自动化、智能化的技术手段,实现了对海量数据的快速收集、处理和分析,大大提高了数据处理的效率和准确性。这使数字化管理会计能够提供更全面、更深入、更及时的财务信息和分析报告,帮助企业决策者做出更科学、更合理的决策。此外,数字化管理会计还推动了财务与企业相关业务的深度融合,实现了财务信息的实时共享和协同工作,提高了企业的整体运营效率。随着数字化手段的普及,越来越多的企业开始采用云计算、大数据等技术构建数字化管理会计平台，实现财务数据的集中管理和信息共享；人工智能在财务管理领域的应用也日益广泛，现阶段已经能够实现自动化财务报告、智能风险预测等功能，这些数字化手段的普及标志着数字化管理会计阶段已经进入成熟期。

数字化管理会计阶段是管理会计领域的一次深刻变革，它推动了管理会计向数字化、智能化转型。

二、管理会计的内涵

管理会计以现代管理科学和会计学为理论基础，以提高经济效益为最终目的，通过运用专门的技术分析方法，对会计信息进行加工和再利用，为企业内部管理人员制定规划、进行决策和控制企业的经济活动提供有效信息。财政部印发的《管理会计指导意见》则将管理会计定义为：会计的重要分支，主要服务于单位(包括企业和行政事业单位)内部管理需要，通过利用相关信息，有机融合财务和业务活动，在单位规划、决策、控制、评价等方面发挥重要作用的管理活动。

管理会计的首要特征就是要围绕企业内部经营管理，提供信息、参与决策、执行计划和实施控制。

三、管理会计的职能

管理会计的职能是指管理会计客观上具有的功能，由于管理会计是现代管理科学与会计学相结合的产物，它是为企业管理服务的，所以管理会计职能也应与企业管理职能相匹配，其职能范围也是随着社会经济的发展而逐步扩大的。如图 1-2 所示，管理会计的主要职能可以概括为预测、决策、规划、控制和考核。

图 1-2　管理会计的职能

(一) 预测

管理会计的预测职能主要是指运用科学的方法，根据历史资料和现实情况，预计和推测经济活动的未来趋势和变化程度的过程，包括销售预测、成本预测、利润预测、资金需求预测等内容。

(二) 决策

管理会计的决策职能主要是指按照既定的目标，通过预测、分析、比较和判断，从两个或两个以上备选方案中选择最优方案的过程，包括经营决策(产品品种决策、产品组合决策、生产组织决策、定价决策)和投资决策等内容。决策职能是管理会计的核心职能之一，科学决策能帮助企业实现资源的最优配置。

(三) 规划

管理会计的规划职能主要是指用货币量度和非货币量度反映企业一定期间内的收入、成本、利润、对资产的需求及资金需要，反映经营目标和结果的过程，包括业务预算、专门决策预算和财务预算等内容。

(四) 控制

管理会计的控制职能主要是指按预算要求，对经济活动进行监控和调节，使其符合预算的过程，包括标准成本法和责任会计等内容。

(五) 考核

管理会计的考核职能主要是指通过实际情况与预算的比较，确定差异并分析形成的原因，进而对责任者的业绩进行评价，以此为依据对生产经营进行调整的过程。这一过程往往在标准成本法和责任会计的实施中体现出来。

四、管理会计在数字化时代的转型

在数字化时代，管理会计正经历着一场深刻且全方位的转型。科技的飞速发展，尤其是大数据、人工智能、区块链和云计算等前沿技术的应用，为管理会计带来了前所未有的变革。

大数据技术的应用让管理会计能够处理和分析海量的财务数据，从中挖掘出有价值的信息，为企业决策提供更加精准的数据支持。人工智能的引入使数据分析和预测过程更加智能化，减少了人工干预，提高了工作效率；区块链技术为管理会计带来了更高的透明度和安全性，确保财务数据的真实性和不可篡改性，有效降低财务风险；云计算技术则使管理会计能够实现跨地域、跨设备的实时访问和管理，提高了工作的灵活性和便捷性。这些科技手段的应用不仅大幅地提升了管理会计的工作效率，还使其能够更深入地参与到企业的战略规划和业务决策等核心环节中。

◎ **小组讨论**

结合管理会计的不同发展阶段，分析管理理论如何影响现代管理会计的演变与发展，如何理解管理会计服务于企业的管理需要。

⬤ **任务评测**

一、单项选择题

1. 现代会计包括财务会计和( )两个分支。
A. 管理会计   B. 成本会计   C. 国际会计   D. 财务管理

2. 以下选项中,能够作为管理会计原始雏形标志之一的,是20世纪初在美国出现的( )。
A. 责任会计   B. 预测决策会计
C. 科学管理理论   D. 标准成本计算制度

3. 管理会计主要侧重于为企业内部管理服务,从这个意义上讲,管理会计又可称为( )会计。
A. 外部   B. 内部   C. 企业   D. 报账

4. 管理会计的首要特征是( )。
A. 面向外部利益相关者提供财务信息

B. 围绕企业内部经营管理，提供信息、参与决策、执行计划和实施控制

C. 专注于历史财务数据的记录和报告

D. 仅为企业管理层提供财务报告

5. 管理会计的(　　)职能涉及通过实际情况与预算的比较，分析、确定差异形成的原因，并据以对责任者的业绩进行评价。

A. 预测　　　　　　B. 决策　　　　　　C. 控制　　　　　　D. 考核

二、多项选择题

1. 管理会计属于(　　)。

A. 现代企业会计　　　　　　　　B. 经营型会计

C. 外部会计　　　　　　　　　　D. 内部会计

2. 管理会计应具有以下基本职能中的(　　)。

A. 预测与决策　　B. 计划与控制　　C. 考核与评价　　D. 监督与核算

3. 管理会计的服务对象主要有(　　)。

A. 股东　　　　B. 企业的债权人　　C. 税务部门　　　　D. 企业管理当局

4. 我国对管理会计的定义，基本上达成的共识有(　　)。

A. 管理会计同财务会计一样是现代会计的组成部分

B. 时间上管理会计反映现在和未来的情况

C. 空间上管理会计为组织内部管理当局服务

D. 管理会计不仅提供财务信息，也提供非财务信息，包括生产经营、运营管理和过程控制中产生的信息

5. 管理会计在支持企业战略决策时，需要考虑的因素包括(　　)。

A. 市场环境变化　　　　　　　　B. 竞争对手动态

C. 企业内部资源能力　　　　　　D. 企业文化和价值观

三、判断题

1. 成本控制管理会计阶段的主要目标是最大化企业的利润，而非仅仅降低成本。(　　)

2. 管理会计的考核和评价职能是对企业各部门和员工的业绩进行定期评估，以激励员工并优化资源配置。　　　　　　　　　　　　　　　　　　　　　　　　　　(　　)

3. 数字化管理会计促进了企业业务流程与财务流程的深度融合，提高了企业的整体运营效率。　　　　　　　　　　　　　　　　　　　　　　　　　　　　　　　　(　　)

4. 数字化管理会计不需要人工参与，完全由机器完成所有工作。　　　　(　　)

5. 管理会计的考核职能只针对企业整体业绩，不涉及个人绩效。　　　　(　　)

任务二　了解管理会计的特点

学海航标

1. 理解管理会计的特点，探讨数字化进程对管理会计的影响；

2. 明确管理会计与财务会计的主要区别，探究管理会计与财务会计的联系。

◯ 知识准备

一、管理会计的特点

管理会计是管理科学和会计学相结合的产物，是从企业会计中分离出来的一个重要会计系统，也是现代企业管理的重要组成部分，具有以下特点。

(一) 服务于企业内部管理

管理会计的基本目标是服务于企业内部管理，从而提高企业的管理效率和效果，实现企业价值增值。利润是企业经营管理的直接目标，所以获取尽可能多的利润，是管理会计提供信息、参与决策、执行计划和实施控制的核心。管理会计的方法虽灵活多样，但共同之处都是围绕企业利润及其相关变量的关系展开，目的在于确定利润极值与各相关经济因素的变化规律和稳定幅度，以及它们对利润的影响。因此，管理会计又被称为"内部会计"。

(二) 方法灵活多样

管理会计的方法与传统会计不同，管理会计通常在财务会计信息的基础上进行技术处理，突破了财务会计的固有模式，吸收和借鉴了管理学、微观经济学和现代数学的理论与方法，具有很强的灵活性和多样性。其方法具有较强的分析性，它把企业的经营管理纳入动态分析和控制的轨道，而不像传统会计那样运用货币计量单位对企业经营活动进行静态描述。

(三) 面向未来的时间特征

财务会计的信息受会计准则的约束，着重于对过去事件的如实反映。因此财务会计方法的特点以描述性为主，提供的主要是历史信息。管理会计则服务于企业内部管理，面向未来，以未来的事件为决策对象，提供信息具有现时性和未来性，其计量属性表现为估计价值，如重置价值、贴现值等。管理会计通过预算将具体决策落实到各个环节，并将其作为执行和控制的依据，从而保证决策目标的实现。

(四) 不受会计准则的约束

管理会计根据经营管理和决策控制的实际需要提供信息，不受会计准则的约束。例如，在成本的计算上可以不采用传统的完全成本计算方法，而采用变动成本计算方法；报表的种类可根据管理的需要而设计，编报时间和格式都没有特别的要求；在计算和分析方法上更是灵活多样，表现为多种学科的渗透。因此管理会计在提供经济信息的过程中，没有较为严格的约束。在满足管理需要的宗旨下，管理会计主要聚焦于提高企业经济效益。

二、管理会计与财务会计的区别与联系

管理会计是从传统的会计体系中分化出来的一门新兴学科，它与财务会计一起构成会计领域中并列的两个分支。从表 1-1 可以看出，两者既有联系，又有显著的区别，相互配合，相互补充，在企业的经营管理中发挥重要作用。

表 1-1　管理会计与财务会计的区别与联系

	比较的内容	管 理 会 计	财 务 会 计
区别	工作的侧重点	分析研究特定问题	业务记录、登记账簿、编制报表
	工作主体的层次	整个企业、局部区域、个别部门、某一环节	整个企业
	作用时效	分析过去、预测和规划未来	反映过去
	原则与标准	可灵活运用现代管理理论	企业会计准则
	信息的特征与载体	没有统一规定或格式	凭证系统、账簿系统、报表系统
	方法体系	现代数学方法	算术方法
	工作程序	自行设计	固定程序
联系	核算资料	基本信息处理系统	
	核算内容	核算内容上有交叉和重叠	
	工作目的	辅助经营决策，促进企业提高经济效益	
	发展方向	财务会计和管理会计有机结合	

(一) 管理会计和财务会计的区别

1. 工作的侧重点不同

管理会计的侧重点在于针对企业经营管理遇到的特定问题进行分析研究，以向企业内部各级管理人员提供预测决策和控制考核所需要的信息资料。其具体目标主要是为企业内部管理服务，因此管理会计又称为"内部会计"。而财务会计则侧重于根据日常的业务记录，登记账簿，定期编制有关的财务报表，向企业外界中具有经济利害关系的团体、个人报告企业的财务状况与经营成果，其具体目标主要是为企业外界服务，因此财务会计又称为"外部会计"。

2. 工作主体的层次不同

管理会计的工作主体可分为多个层次，它既可以以整个企业为主体，又可以将企业内部的局部区域或个别部门甚至某一管理环节作为工作的主体。而财务会计的工作主体往往只有一个层次，即主要以整个企业为工作主体，从而能够适应财务会计所特别强调的完整反映、监督整个经济过程的要求，并且不能遗漏会计主体的任何会计要素。

3. 作用时效不同

管理会计的作用时效不仅限于分析过去，还在于它能灵活地利用财务会计的资料进行预测和规划未来，横跨过去、现在、未来三个时态，通过分析过去来控制现在，并更好地指导未来。因此，管理会计实质上属于算"活账"的"经营型会计"。而财务会计的作用时效主要在于反映过去，无论是强调客观性原则，还是坚持历史成本原则，都可以证明其反映的只能是过去实际已经发生的经济业务。因此，财务会计实质上属于算"死账"的"报账型会计"。

4. 遵循的原则与标准不同

管理会计不受《企业会计准则》和统一会计制度的完全限制和严格约束，在工作中可灵活应用预测学、控制论、信息理论、决策原理等现代管理理论。而财务会计工作必须严格遵守《企业会计准则》和统一会计制度，以保证所提供的财务信息报表在时间上的一致性和空间上的可比性。

5. 信息的特征与载体不同

管理会计所提供的信息是为满足内部管理的要求而有选择的、部分的和不定期的管理信息。管理会计的信息载体大多为没有统一格式的各种内部报告，而且对报告的种类也没有统一规定。而财务会计往往能定期地向与企业有利害关系的团体或个人提供较为全面的、系统的、连续而综合的财务信息。财务会计的信息载体是有统一格式的凭证系统、账簿系统和报表系统，统一规定财务报告的种类。

6. 方法体系不同

管理会计可选择灵活多样的方法对不同的问题进行分析处理，即使对相同的问题也可根据需要和可能而采用不同的方法进行处理，在信息处理过程中大量运用现代数学方法。而财务会计的方法比较稳定，核算时往往只需要运用简单的算术方法。

7. 工作程序不同

管理会计工作的程序性较差，没有固定的工作程序可以遵循，有较大的回旋余地，企业可根据自己的实际情况设计管理会计工作的流程。这样会导致不同企业间的管理会计工作产生较大的差异。而财务会计必须执行固定的会计循环程序。从制作凭证到登记账簿，再到编报财务报告，都必须按规定的程序处理，不得随意变更工作内容或颠倒工作顺序，同类企业的财务会计工作程序往往是大同小异的。

(二) 管理会计与财务会计的联系

管理会计和财务会计虽然不尽相同，但作为同一会计信息系统的组成部分，二者又相互制约、相互补充，有着密切的联系。

1. 核算资料同源

管理会计和财务会计是现代企业会计的两个分支，同属于会计信息系统。从会计发展过程来看，起初会计是作为单纯核算系统出现的，无从区分"管理"和"财务"。从核算资料来看，管理会计和财务会计是同源的，即核算资料来源于企业的生产经营活动。一个企业通常只有一个基本的信息处理系统，也就是以财务会计为主体的信息收集、加工系统，而管理会计只是根据需要从某些侧面对财务会计资料进行进一步的加工、改制和延伸，并不是脱离财务会计而另搞一套。

2. 核算内容交叉

管理会计和财务会计在核算内容上有交叉和重叠，例如，成本核算就是二者都包含的内容，管理会计用它制定标准成本，财务会计据以计算企业的当期损益，进行成本水平的控制和考评。管理会计中的预算标准是财务会计核算的依据之一；而财务会计中的一些指标，如产值、利润、成本、费用等，是管理会计进行预测、计划和控制的基础。

3. 工作目的一致

管理会计以筹划未来为基本特征，主要服务于企业内部；财务会计以反映过去为基本特征，主要服务于企业外部。虽然二者的工作侧重点不同，但工作目的是一致的，都是从加强企业管理着眼，进行会计信息的搜集、加工和处理，提供辅助经营决策的资料和依据，促进企业提高经济效益。会计信息应当符合国家宏观经济管理的要求，同时满足各方了解企业财务状况和经营成果的需要和企业加强内部经营管理的需要。所以，无论是管理会计还是财务会计，都必须遵循上述规定，统一为现代企业会计内外部有关方面的需要服务。

4. 发展方向趋同

当今信息时代，管理会计和财务会计都需适应时代要求，不断完善与发展，并存在趋同现象。两者都需探索如何按现代企业管理要求组织和开展会计管理工作，并广泛运用电子计算机技术，提高会计信息质量和处理能力。我国实施的会计改革不仅与国际惯例接轨，还包括建立适应社会主义市场经济环境的新会计模式，开创财务会计和管理会计有机结合的新局面。

三、数字化对管理会计的影响

科技手段的引入不仅提升了数据处理效率和精确度，还拓展了管理会计的边界。通过先进的会计软件和系统，财务会计能够自动化处理日常账务，实时生成财务报表，极大减轻了会计人员的工作负担，保证了管理会计决策分析资料来源的准确性和及时性。

更重要的是，数字化推动了管理会计内容的创新。借助大数据、云计算等先进技术，管理会计能够深入分析和挖掘财务数据，提供更为全面、精细的财务分析和管理建议。这些洞察不仅帮助企业管理层做出更为明智的决策，还助力企业实现更加精准的成本控制、风险管理及资源优化配置。而在管理的广度上，数字化还使管理会计能够跨越地域和部门的限制，实现信息的实时共享和协同工作。这不仅提高了企业内部的沟通效率，还促进了管理会计与其他业务部门的深度融合，从而为企业创造更大的价值。

◎ 小组讨论

小姚、小柴今年大学毕业，他们同时参加了金汐公司会计岗位的招聘。进行面试的公司领导问了他们同样一个问题："公司现在管理会计岗位和财务会计岗位各一个，请问你对管理会计和财务会计的认识及求职意向是什么？"

小姚是这样回答的："管理会计与财务会计均属于会计工作，都是对企业日常业务进行事后的记账、算账和报账，但是管理会计主要面向企业的管理部门提供服务，属于管理工作。因此，我愿意从事管理会计岗位。"

小柴是这样回答的："管理会计与财务会计虽然均属于会计工作，但是它们的工作重心是不一样的。管理会计侧重于面向未来，主要对财务会计提供的信息进行加工、整理、延伸，为企业内部管理部门提供相关信息；而财务会计侧重于反映过去，向企业外部发布会计信息。因此，财务会计岗位是基础性工作岗位，我愿意从基础工作干起。"

思考：管理会计与财务会计有什么区别与联系？两者如何共同服务于企业决策？

任务评测

一、单项选择题

1. 管理会计为了有效地服务于企业内部经营管理，必须(   )。

A. 反映过去   B. 反映现在   C. 面向未来   D. 三者都有

2. 管理会计应用的基础是(   )。

A. 管理会计工具方法   B. 管理会计应用环境

C. 管理会计信息与报告   D. 管理会计活动

3. (   )共同构成了现代企业会计系统。

A. 预算会计与责任会计   B. 财务会计与决策会计

C. 管理会计与财务会计   D. 管理会计与决策会计

4. 管理会计的(   )特点表明它不受外部规范的严格约束。

A. 服务于企业内部管理   B. 方法灵活多样

C. 面向未来的时间特征   D. 不受会计准则的约束

5. 管理会计与财务会计在(   )方面的主要差异是管理会计更侧重于内部管理和决策支持。

A. 工作主体的层次   B. 工作的侧重点

C. 核算资料   D. 信息的特征与载体

二、多项选择题

1. 管理会计具有(   )特点。

A. 服务于企业内部管理   B. 方法灵活多样

C. 面向未来的时间特征   D. 不受会计准则的约束

2. 管理会计与财务会计的差异包括(   )。

A. 服务对象不同   B. 会计主体的层次不同

C. 约束依据不同   D. 方法体系不同

3. 管理会计与财务会计的联系在于(   )。

A. 核算资料同源   B. 服务对象完全相同

C. 工作目的一致   D. 核算内容交叉

4. 数字化对管理会计和财务会计的共同影响包括的方面有(   )。

A. 提高了数据处理的效率和准确性

B. 促进了自动化和智能化的财务报告生成

C. 增强了数据分析和决策支持的能力

D. 改变了会计工作的传统模式和思维方式

5. 以下因素中导致管理会计与财务会计在工作程序上的差异的有(   )。

A. 服务对象的不同需求   B. 遵循的会计准则和原则的差异

C. 信息的时间导向不同   D. 报告的频率和详细程度的要求不同

三、判断题

1. 管理会计与财务会计分别被称为"对内报告会计"和"对外报告会计"，它们的服

务对象完全不同。 （　）

2. 管理会计提供信息的形式可以多种多样，方式方法灵活多样，而财务会计提供信息的形式非常规范。 （　）

3. 管理会计的作用时效不限于考核和分析过去，使用者能够利用已有财务信息和其他信息资料控制现在，预测、决策和规划未来。 （　）

4. 管理会计为了如实反映一个企业的财务状况和经营成果，必须严格遵守公认的会计原则或《企业会计准则》，并以此为准绳，严格按照有关会计程序处理日常经济业务。（　）

5. 管理会计的应用应权衡实施成本和预期收益，合理、有效地推进管理会计应用，体现了社会适应性原则。 （　）

任务三　认识管理会计指引体系和职业道德规范

学海航标

1. 理解管理会计指引体系的意义、内容及其重要性；
2. 明确管理会计职业道德规范的重要性，树立热爱职业、恪尽职守的职业道德意识。

知识准备

一、管理会计指引体系

为推进我国管理会计体系建设，财政部发布的《关于全面推进管理会计体系建设的指导意见》提出推进管理会计指引体系建设，包括基本指引、应用指引和案例示范。财政部印发的《管理会计基本指引》指出，基本指引起到统领作用，是制定应用指引和建设案例库的基础。

(一) 管理会计基本指引

管理会计基本指引是对管理会计基本概念、原则、方法和目标的总结提炼。管理会计的核心目标在于，通过精准地运用各种工具和方法，积极参与单位的各项活动，为管理决策提供有价值的信息，从而有力地推动和协助实现战略规划。

企业应用管理会计应包括应用环境、管理会计活动、工具方法、信息与报告四个要素。

1. 应用环境

应用环境是管理会计应用的基础，包括内外部环境。内部环境涉及价值创造模式、组织架构等；外部环境包括经济、市场等。

2. 管理会计活动

管理会计活动包括规划、决策、控制、评价等方面，需做好信息支持，参与战略规划制定，强化控制机制，评价实施情况，并持续改进管理会计应用。

3. 工具方法

工具方法是实现管理会计目标的手段,包括战略地图、预算管理等。不同领域有不同的工具方法。

4. 信息与报告

信息包括财务信息和非财务信息,报告是活动成果的表现,分为定期报告和不定期报告、综合性报告和专项报告。

(二) 管理会计应用指引

管理会计应用指引是一套涵盖企业战略管理、预算管理、成本管理、投融资管理及绩效管理等多个方面的实用指导原则。这套指引以提升企业内部管理水平为目标,旨在帮助企业实现资源的优化配置和经济效益的提升。通过"战略管理指引",企业能够明确目标并制定有效战略;"预算管理指引"指导企业合理编制预算,监控经营活动;"成本管理指引"助力企业精确核算和控制成本,提高管理效率;"投融资管理指引"确保企业资金运用的安全性和高效性;而"绩效管理指引"则激发员工潜力,推动企业持续改进。这套管理会计应用指引不仅体现了管理会计的核心理念,还为企业提供了一套行之有效的管理工具和方法。

授人以鱼不如授人以渔,管理会计应用指引正是秉持这样的理念,通过概括总结管理会计相关工具方法的共性内容,使企业能够系统地理解和掌握这些工具方法。工具方法指引一般由总则、应用环境、应用程序、应用评价和附则等组成,内容围绕管理会计应用展开,明确告诉企业这些工具方法是什么、怎么用、如何选择、有哪些优缺点等,以便于企业结合自身情况选择运用适合自己企业的管理会计工具方法。

(三) 管理会计案例库

管理会计案例库是对国内外管理会计经验的总结提炼,是运用管理会计应用指引的实例。建立管理会计案例库,为企业提供直观的参考借鉴,是管理会计指引体系指导实践的重要内容和有效途径,也是管理会计指引体系建设区别于企业会计准则体系建设的一大特色。

管理会计案例库建设坚持典型性和广泛性相结合的原则,在统一框架结构、基本要素、质量特征等案例标准,并形成案例规范格式文本的基础上,分不同性质、不同行业、不同规模、不同发展阶段等情况,逐步提炼若干管理会计案例,并不断进行丰富和完善;同时,管理会计案例库既提炼总结管理会计整体应用案例,也针对管理会计的某些领域和管理会计应用指引中的相关工具方法提炼专项应用案例。

二、管理会计职业道德规范

管理会计作为社会经济活动中的一种特殊职业,工作内容涉及会计、战略、市场、管理、金融和信息系统等多方面的知识。管理会计人员提供的各种分析报告和数据会直接影响企业的各项决策,因而管理会计人员的职业道德就显得尤为重要,在工作中更应当遵循相应职业道德规范。

美国管理会计师协会于 1982 年颁布的《管理会计师职业道德行为准则》,是目前世界上较为完整的关于管理会计师职业道德的规定，主要从职业认知和价值观、能力准备与自我提高、努力工作和恪尽职守这三个维度提出工作要求，如图 1-3 所示。

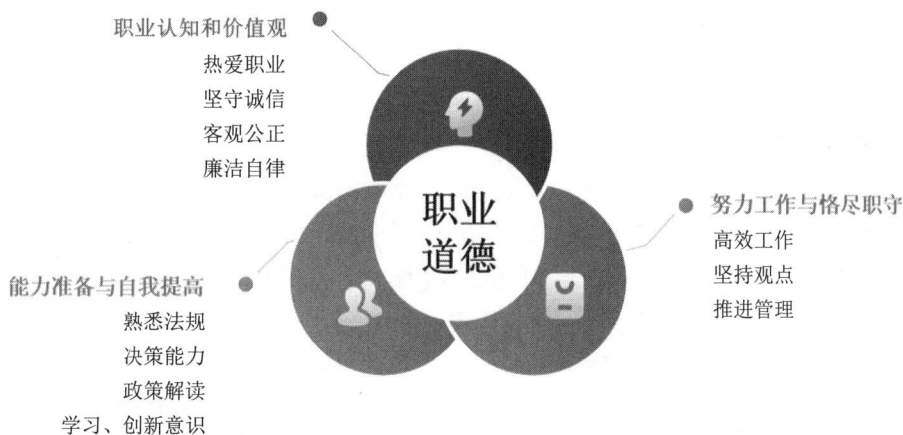

职业认知和价值观
热爱职业
坚守诚信
客观公正
廉洁自律

努力工作与恪尽职守
高效工作
坚持观点
推进管理

能力准备与自我提高
熟悉法规
决策能力
政策解读
学习、创新意识

职业道德

图 1-3　管理会计职业道德规范

(一) 职业认知和价值观

管理会计师应热爱自己的职业，坚守诚信原则，保持客观公正的态度，严守职业秘密，并廉洁自律。他们应对所从事的工作充满热情，尽职尽责地完成本职工作，不参与任何形式的欺诈行为，确保信息的真实性和准确性；同时，对企业机密信息保密，公私分明，不贪不占。

(二) 能力准备与自我提高

管理会计师作为管理的参与者，需具备充足的专业技能和职业技能。他们应熟悉相关法律法规和行业规则，具备管理能力和战略决策支持能力。此外，他们还应拥有对业务、行业和宏观政策的深刻理解，以及持续学习和创新的意识。管理会计师应不断提升自身的专业素养，以更好地适应不断变化的市场环境和企业管理需求。

(三) 努力工作与恪尽职守

在工作中，管理会计师应克服困难，努力工作，恪尽职守，为企业利益尽最大努力。他们应利用专业的工具和方法为企业工作，提供深入有效的管理支持，提高工作效率和效果。同时，他们应敢于承担责任，敢于坚持正确的观点，在管理和决策过程中发挥积极作用。此外，管理会计师还应综合考虑企业的各种情况，推进管理会计工作，既不能过于超前也不能拖后。

【职场经验】

管理会计注重为内部决策提供准确信息，强调客观、公正和专业胜任能力，以确保管理决策的有效性。而财务会计则专注于向外部提供可靠的财务报告，强调诚信、公正和保密原则，以维护公众利益。

管理会计职业道德与财务会计职业道德共同构成了会计行业的道德基石，二者虽各有侧重，但均要求会计人员恪守职业道德，确保会计信息的真实、准确和完整，为企业的稳健运营和社会的健康发展贡献力量。

三、管理会计在数字化时代的挑战与对策

(一) 挑战

在数字化浪潮汹涌的时代，管理会计正面临着前所未有的挑战。

1. 复杂性提高

随着大数据、人工智能等技术的飞速发展，企业数据量呈几何级数增长，数据处理的复杂性和难度也随之增加。同时，多样化的数据来源也导致数据质量和真实性难以保证。管理会计需处理海量数据，并从中提炼有价值的信息，这不仅要求具有高效的数据分析工具，还需要管理会计人员具备强大的数据处理能力。

2. 技术更新快，专业人才短缺

管理会计人才一直存在较大的缺口，在数字化时代之前，传统管理会计人才已经供不应求。随着数字化时代的到来，管理会计人员不仅需要掌握传统的会计知识和技能，还需要具备数据处理、分析和应用新技术的能力。然而，由于技术更新迅速，许多传统的管理会计人员难以跟上这一步伐，导致具备数字化技能的新兴管理会计人才更加稀缺。

(二) 对策

面对挑战，管理会计人员需要采取一系列对策来适应数字化时代的要求。首先，要加强数据分析和处理能力，掌握先进的数据分析工具和技术，深入挖掘数据背后的价值，为企业提供精准、高效的管理决策支持。其次，要关注数据的安全性和隐私保护，建立健全数据安全体系，确保企业数据不被非法获取或泄露，维护企业的商业机密和客户隐私。再次，管理会计人员还需要具备跨部门的协作能力，与其他部门紧密合作，共同推进企业的数字化转型。最后，持续学习和善于创新也是管理会计人员在数字化时代不可或缺的能力。随着技术的不断迭代更新，管理会计人员需要不断学习新知识，掌握新技术，以适应快速变化的市场环境；同时，要敢于尝试新的管理方法和工具，不断创新和优化工作流程，提高管理效率和效果。

◎ 小组讨论

李经理作为某大型制造企业的管理会计部门负责人，正面临一个道德困境。

近期，公司正在研发一款新型产品，预计该产品将成为市场的新宠，为公司带来可观的利润。然而，在研发过程中，李经理发现该项目所需要的新型零部件供应链不稳定，该零件的采购价极有可能大幅上涨，从而带来一些潜在的成本超支问题。一方面，如果该问题被公开，将可能导致项目的推迟甚至取消，进而影响到公司的股价和声誉。另一方面，李经理也意识到，如果隐瞒这些问题，项目也许能够如期进行，但长期来看，这必将会对公司的财务状况产生负面影响。

请讨论：

(1) 李经理的职业责任是什么？他应该如何平衡公司的短期利益与长期利益？

(2) 李经理应该如何与上级管理层沟通这个问题？他应该如何准备和呈现信息，以确保管理层能够全面理解问题的严重性？

任务评测

一、单项选择题

1. 2016 年 6 月，财政部印发了《管理会计( )》，总结提炼了管理会计的目标、原则、要素等内容，以指导企业管理会计实践。
A. 基本指南　　B. 基本准则　　C. 应用准则　　D. 基本指引

2. 管理会计的应用应以( )为导向，以持续创造价值为核心，促进单位可持续发展。
A. 成本效益　　B. 利润　　C. 战略规划　　D. 全面预算

3. 管理会计( )是在管理会计理论研究成果的基础上形成的可操作的系列标准。
A. 理论体系　　B. 指引体系　　C. 案例库　　D. 操作指南

4. 管理会计师除了专业能力和职业能力外，还需要学习和关注相关知识与信息。下列各项中，不属于管理会计师学习和关注的相关领域的是( )。
A. 对业务的深度认知　　　　B. 对行业的深度认知
C. 对微观环境政策的深度认知　　D. 对宏观环境政策的深度认知

5. 管理会计职业道德是指在管理会计职业活动中应当遵循的、体现管理会计职业特征的、调整管理会计( )的职业行为准则和规范。
A. 职业标准　　B. 职业规范　　C. 职业关系　　D. 行为特征

二、多项选择题

1. 管理会计指引体系指出，企业应用管理会计，应当遵循的原则有( )。
A. 战略导向原则　　　　B. 融合性原则
C. 适应性原则　　　　D. 成本效益原则

2. 下列各项中，属于管理会计职业道德规范的有( )。
A. 诚信从业　　B. 客观公正　　C. 保守秘密　　D. 廉洁自律

3. 作为管理会计师，必须有充足的专业技能准备。这里的专业技能包括( )。
A. 熟悉法律法规、财税法规及规则
B. 具备管理能力，能利用财务的工具和思维参与企业管理
C. 具备战略决策支持、投融资支持与管理能力
D. 具备计划、总结能力

4. 管理会计职业道德包括( )。
A. 职业认知和价值观　　　　B. 能力准备与自我提高
C. 努力工作与恪尽职守　　　　D. 遵循国家法律规范

5. 管理会计指引体系包括( )。
A. 基本指引　　B. 操作指南　　C. 应用指引　　D. 案例库

三、判断题

1. 管理会计作为社会经济活动中的一种特殊职业，其职业道德具有其自身的特点。　　( )

2. 管理会计职业道德是会计法律法规的重要补充。　　( )

3. 客观公正要求管理会计人员端正态度，依法办事，实事求是，不偏不倚，保持应有

的独立性。   (   )

4. 管理会计人员需要从职业认知和价值观、能力准备与自我提高、努力工作与恪尽职守这三个维度完成工作要求。   (   )

5. 企业应用管理会计，应包括应用环境、管理会计案例库、工具方法、信息与报告四项管理会计要素。   (   )

引思明鉴

从扁鹊三兄弟的故事初识管理会计

魏文王问名医扁鹊："你们家兄弟三人都精于医术，到底哪一位医术最高明呢？"扁鹊回答："长兄最好，中兄次之，我最差。"魏文王再问："为何你最出名？"扁鹊答："长兄治病是治病于病情发作之前，由于一般人不知道他能事先铲除病因，所以他的名气无法传出去。中兄治病，是治病于病情初起时，一般人以为他只能治轻微的小病，所以他的名气只及本乡里。而我治病于病情严重之时，一般人都看到我在经脉上穿针管放血、在皮肤上敷药等，所以以为我的医术高明，我的名气因此最大。"

在这个故事中，我们可以看到大哥擅长事前控制，具有敏锐的洞察力和战略眼光，能够帮助别人防患于未然；而二哥擅长事中控制，出手迅速，具备帮助人们免于被大病折磨的能力；扁鹊擅长事后控制，能够扶大厦之将倾，是临危受命的人物。

防患于未然才能从根本上解决问题。企业正确的管理思路是先从战略出发，做好战略规划，做到事前有规划、事中有控制、事后有分析，这样才能将各种风险消灭于萌芽状态，为企业的健康发展保驾护航。而管理会计正是为企业的事前规划决策、事中控制、事后评价提供信息支持，解析过去、控制现在、规划未来。

赛学融合

宏图集团销售有限公司成立于 2010 年 1 月，主要从事成品油的采购与销售，以及其他石化产品的采购与销售业务。公司实行人、财、物的归口管理，以确保高效运营。公司总部设于哈尔滨，目前拥有超过 4000 名员工，运营着 5 座油库和 400 座加油站，已全面覆盖省内销售网络，其零售网络更延伸至主要区域经济发展中心、部分高速公路，并正逐步向更多主要高速公路、新建社区等交通要道拓展。

随着业务规模的持续增长，宏图集团销售有限公司面临着日益复杂的经营环境和市场挑战。为了保持竞争力并实现可持续发展，公司管理层意识到必须进一步提升内部管理的精细化水平，特别是加强财务管理和决策支持能力。在此背景下，管理会计的角色变得尤为重要。

作为宏图集团的管理会计岗位工作人员，请思考你与公司财务会计岗位工作内容有何区别，你的职责和工作目标分别是什么。

项目二　战略管理

【知识目标】

1. 掌握企业战略、战略管理的内涵；
2. 掌握企业战略的层次和特点；
3. 掌握战略管理的应用程序；
4. 掌握战略地图的涵义。

【能力目标】

1. 通过企业战略的学习，熟悉企业战略的层次；
2. 能够利用战略管理分析企业发展情况；
3. 能够理解并简单绘制企业战略地图。

【素质目标】

1. 培养学生战略管理的意识，训练全局分析问题能力；
2. 通过理解战略地图各要素间的因果关系，提升学生辩证思维能力。

项目导图

		企业战略的内涵和层次
		战略管理的内涵和特点
	任务一　认识战略管理	战略管理的程序
		战略管理的分析方法
项目二　战略管理		
		战略地图的内涵
	任务二　绘制战略地图	战略地图的编制
		战略地图的实施

项目引例

华为技术有限公司于1987年在中国深圳正式注册成立，是一家生产销售通信设备的民营通信科技企业，产品主要涉及通信网络中的交换网络、传输网络、无线及有线固定接入网络、数据通信网络及无线终端产品，为世界各地通信运营商及专业网络拥有者提供硬件设备、软件、服务和解决方案，现发展为我国标杆性高科技企业。

在新的发展时期，华为加大在科研上的投入，选择进入新行业、开拓新市场，走上了多元化战略的道路。除自主研发、制造芯片外，华为通过与其他企业展开合作，业务涉及智能家居、汽车、健康等领域，同时采取多元化投资战略，投资了芯片、人工智能、云计算等领域，坚持技术创新与研发，不断推出具有竞争力的产品和服务。

问题思考：

(1) 华为公司的多元化战略目标是什么？

(2) 华为公司选择了何种竞争策略，总体战略目标和业务布局是什么？

任务一　认识战略管理

学海航标

1. 掌握战略管理基本概念，理解企业战略的内涵和层级特点；
2. 深入理解战略管理的过程，培养分析问题和决策能力。

知识准备

一、企业战略的内涵和层次

(一) 企业战略的内涵

"战略"一词主要源于军事，指军事家们对战争全局的规划和指挥，或指导重大军事活动的方针、政策与方法。在中国，"战略"一词历史久远，"战"指战争，"略"指谋略、施诈。春秋时期孙武的《孙子兵法》被认为是中国最早对战略进行全局筹划的著作。随着生产力水平的不断提高和社会实践内涵的不断丰富，"战略"一词逐渐被人们广泛地运用于军事以外的其他领域。

1962年美国学者钱德勒在《战略与结构》一书中，将战略定义为"确定企业基本长期目标、选择行动途径和为实现这些目标进行资源分配"。"战略"一词正式被引入企业经营管理领域，由此形成了企业战略的概念。

美国哈佛大学教授波特认为：企业战略是企业为之奋斗的一些终点与企业为达到它们而寻求的途径的结合物。他强调企业战略具有计划性、全局性和长期性。加拿大学者明茨伯格将战略定义为"一系列或整套的决策或行动方式"，这套方式包括刻意安排(计划性)

的战略和任何临时出现(非计划性)的战略。一个实际的战略是管理者在公司内外各种情况不断暴露的过程中不断规划和再规划的结果。

(二) 企业战略的层次

企业战略一般分为总体战略、业务单位战略和职能战略三个层次。

企业战略的类型

1. 总体战略

总体战略又称公司层战略，是企业最高层次的战略，是企业整体的战略总纲。总体战略指在对企业内外环境进行深入调查研究的基础上，对市场需求、竞争状况、资源供应、企业实力、国家政策、社会需求等主要因素进行综合分析后，所确定的统率和指导企业全局和长远发展的谋划和方略。

在存在多个经营单位或多种经营业务的情况下，企业总体战略主要是指公司总部或者集团母公司的战略。总体战略的目标是确定企业未来一段时间的总体发展方向，协调企业下属的各个业务单位和职能部门之间的关系，合理配置企业资源，培育企业核心能力，实现企业总体目标。它主要强调两个方面的问题：一是"应该做什么业务"，即从公司全局出发，根据企业的内部条件及外部环境的变化，确定企业的使命与任务、产品与市场领域；二是"怎样管理这些业务"，即在企业不同的战略事业单位之间如何分配资源，以及采取何种成长方向等，以实现公司整体的战略目标。

它需要根据企业的目标，选择企业可以竞争的经营领域，合理配置企业经营所必需的资源，使各项经营业务相互支持、相互协调。公司层战略常常涉及整个企业的财务结构和组织结构方面的问题。

2. 业务单位战略

业务单位战略也称竞争战略。现代大型企业一般同时从事多种经营业务，或者生产多种不同的产品，有若干个相对独立的产品或市场部门，即事业部或战略经营单位。由于各个业务部门的产品或服务不同，所面对的外部环境(特别是市场环境)也各不相同，企业能够对各项业务提供的资源支持也不同。因此，各部门在参与经营过程中所采取的战略也不尽相同，各经营单位有必要制定指导本部门产品或服务经营活动的战略，即业务单位战略。

业务单位战略是企业战略业务单元在公司战略的指导下，经营管理某一特定的战略业务单元的战略计划，具体指导和管理经营单位的重大决策和行动方案，是企业的一种局部战略，也是公司战略的子战略，它处于企业战略体系中的第二层次。业务单位战略着眼于企业中某一具体业务单元的市场和竞争状况，相对于总体战略有一定的独立性。业务单位战略主要关注的是，在确定的经营业务领域内，企业如何开展经营活动；在一个具体的、可识别的市场上，企业如何构建持续优势等问题。其侧重点在于以下几个方面：贯彻使命、业务发展的机会和威胁分析、业务发展的内在条件分析、业务发展的总体目标和要求等。对于只经营一种业务的小企业，或者不从事多元化经营的大型组织，业务单位战略与总体战略是一回事。

3. 职能战略

职能战略是为贯彻、实施和支持总体战略与业务单位战略而在企业特定的职能管理领域制定的战略。职能战略主要回答某职能的相关部门如何卓有成效地开展工作的问题，重点是提高企业资源的利用效率，使企业资源的利用效率最大化。其内容比业务单位战略更为详细、具体，其作用是使总体战略与业务单位战略的内容得到具体落实，并使各项职能之间协调一致，通常包括营销战略、人事战略、财务战略、生产战略、研发战略等。

总体战略倾向于总体价值取向，以抽象概念为基础，主要由企业高层管理者制定；业务单位战略主要就本业务部门的某一具体业务进行战略规划，主要由业务部门领导层负责；职能战略主要涉及具体执行和操作问题。

总体战略、业务单位战略与职能战略共同构成了企业战略体系。在企业内部，企业战略管理各个层次之间是相互联系、相互配合的。企业每一层次的战略都为下一层次的战略提供方向，并构成下一层次的战略环境；每层战略又为上一层战略目标的实现提供保障和支持。所以，企业要实现其总体战略目标，必须将三个层次的战略有效地结合起来。

二、战略管理的内涵和特点

(一) 战略管理的内涵

战略管理是指企业确定其使命，根据组织外部环境和内部条件设定企业的战略目标，为保证目标的正确落实和实现进行谋划和决策，依靠企业内部能力将这种谋划和决策付诸实施，以及在实施过程中进行控制的一个动态管理过程。

《管理会计应用指引第 100 号——战略管理》指出：战略管理是指对企业全局的、长远的发展方向、目标、任务和政策，以及资源配置作出决策和管理的过程。

(二) 战略管理的特点

1. 战略管理具有全局性

企业的战略管理是以企业的全局为对象，根据企业总体发展的需要而制定的。它所管理的是企业的总体活动，所追求的是企业的总体效果。虽然这种管理也包括企业的局部活动，但是这些局部活动是作为总体活动的有机组成在战略管理中出现的。具体地说，战略管理不是强调企业某一事业部或某一职能部门的重要性，而是通过制定企业的使命、目标和战略来协调企业各部门自身的表现。这样就使战略管理具有全局性、综合性和系统性的特点。

2. 战略管理的主体是企业的高层管理人员

由于战略决策涉及企业活动的各个方面，虽然它也需要企业上、下层管理者和全体员工的参与和支持，但企业的高层管理人员介入战略决策是非常重要的。不仅仅是由于他们能够统揽企业全局，了解企业的全面情况，更重要的还是他们具有对战略实施所需资源进行分配的权力。

3. 战略管理涉及企业大量资源的配置问题

企业的资源，包括人力资源、实体财产和资金等，这些资源或者在企业内部进行调整，或者从企业外部来筹集。在任何一种情况下，战略决策都需要在相当长的一段时间内致力于一系列的活动，而实施这些活动需要有大量的资源作为保证。因此，这就需要为保证战略目标的实现，对企业的资源进行统筹规划、合理配置。

4. 战略管理从时间上来说具有长远性

战略管理中的战略决策是指对企业未来较长时期内，就企业如何生存和发展等问题进行统筹规划。尽管这种决策基于企业外部环境和内部条件的当前状况，旨在指导和限制当前的生产经营活动，但其核心目标是实现更长远的发展，是长期战略规划的起点。从这一点上来说，战略管理也是面向未来的管理，战略决策要以经理人员所期望或预测将要发生的情况为基础。在迅速变化和竞争性的环境中，企业要取得成功，必须对未来的变化采取预见性的措施，这就需要企业做出长期性的战略规划。

5. 战略管理需要考虑企业外部环境中的诸多因素

当今企业存在于一个开放的系统中，企业通常被一些不能由自身控制的因素影响。为了在未来的竞争环境中占据有利地位并取得竞争优势，企业必须全面考虑与其相关的外部因素，包括竞争者、顾客、资金供给者及政府等。这样，企业才能确保自身行为能够适应不断变化的外部环境，从而确保企业的持续生存和发展。

(三) 战略管理的工具

战略管理领域应用的管理会计工具方法，一般包括战略地图、价值链管理。战略管理工具方法可单独应用，也可综合应用，以加强战略管理的协同性。

1. 战略地图

战略地图由卡普兰和诺顿提出。战略地图的核心内容包括：企业通过运用人力资本、信息资本和组织资本等无形资产(学习与成长)，创新和建立战略优势和效率(内部流程)，进而使公司把特定价值带给市场(客户)，从而实现股东价值(财务)。

价值链管理的方法及局限

2. 价值链管理

"价值链"这一概念由迈克尔·波特于1985年提出，他认为每一个企业都是在设计、生产、销售、发送和辅助其产品的过程中进行种种活动的集合体，这些所有活动可以用一个价值链来呈现。企业的价值创造是通过一系列活动构成的，这些互不相同但又相互关联的生产经营活动，构成了一个创造价值的动态过程，即价值链。

价值链管理就是将企业的生产、营销、财务、人力资源等方面有机地整合起来，做好计划、协调、监督和控制等各个环节的工作，使它们形成相互关联的整体的过程。价值链管理真正按照价值链的特征实施企业的业务流程，使各个环节既相互关联，又具有处理资金流、物流和信息流的自组织和自适应能力，使企业的供、产、销形成一条价值链。

(四) 战略管理的应用环境

1. 应关注企业外部和内部环境

企业应关注宏观环境(包括政治、经济、社会、文化、法律及技术等环境因素)、产业环境、竞争环境等对其影响深远的外部环境因素，尤其是可能发生重大变化的外部环境因素，确认所面临的机遇和挑战；同时应关注企业本身的历史及现行战略、资源、能力、核心竞争力等内部环境因素，确认企业具有的优势和劣势。

2. 应设置专门机构或部门

企业应设置专门机构或部门，专职负责战略管理工作，并与其他业务部门、职能部门协同制定战略目标，做好战略实施的部门协调，保障战略目标得以实现。

3. 应建立健全科学的制度体系

企业应建立健全战略管理有关制度及配套的绩效激励制度等，形成科学有效的制度体系，切实调动员工的积极性，提升员工的执行力，推动企业战略的实施。

三、战略管理的程序

企业应用战略管理的工具方法，一般按照战略分析、战略制定、战略实施、战略评价和控制、战略调整的程序进行，如图 2-1 所示。

图 2-1　战略管理的应用程序

(一) 战略分析

战略分析包括外部环境分析、内部环境分析。

1. 外部环境分析

外部环境分析可以从企业所面对的宏观环境、产业环境和竞争环境几个方面展开。从公司战略角度分析企业的外部环境，把握环境的现状及变化趋势，抓住有利于企业发展的机会，避开环境可能带来的威胁，这是企业谋求生存发展的首要步骤。

(1) 宏观环境分析。一般来说，宏观环境分析可以概括为以下四类，即政治因素(Political factors)、经济因素(Economic factors)、社会因素(Social factors)、技术因素(Technological factors)，所以宏观环境分析也被称为 PEST 分析。

(2) 产业环境分析。波特认为一个产业是由一群生产相似替代品的公司组成的。产业要经过四个阶段：导入期、成长期、成熟期和衰退期。当产业走过它的生命周期时，竞争性质会改变。并且波特认为，在每一个产业中都存在五种基本竞争力量，即现有竞争者的竞争能力、潜在竞争者进入的能力、替代品的替代能力、供应商的讨价还价能力和购买者的讨价还价能力。将这五种竞争力量作为竞争主要来源形成的分析方法被称为波特五力分析法。

(3) 竞争环境分析。竞争环境分析的重点集中在与企业直接竞争的每一个企业。竞争环境分析包括两个方面：一是从个别企业视角去观察分析竞争对手的实力；二是从产业竞争结构视角去观察分析企业所面对的竞争格局。

2. 内部环境分析

内部环境分析可以从企业的资源与能力、企业的业务组合几个方面展开。通过内部环境分析，企业可以了解自身所处的相对地位，具有哪些资源及战略能力。

(1) 企业资源分析。企业资源是指企业所拥有或控制的有效因素的总和。企业资源分析的目的在于识别企业的资源状况、企业资源方面所表现出来的优势和劣势及其对未来战略目标制定和实施的影响。

(2) 企业能力分析。企业能力是指配置资源，发挥其生产和竞争作用的能力，主要由研发能力、生产管理能力、营销能力、财务能力和组织管理能力等组成。企业能力来源于企业有形资源、无形资源和组织资源的整合，是企业各种资源有机组合的结果。

(3) 业务组合分析。对于多元化经营的企业来说，还需要将企业的资源和能力作为一个整体来考虑。因此，企业战略能力分析的另一个重要部分就是对企业业务组合进行分析，保证业务组合的优化是企业战略管理的主要责任。波士顿矩阵分析就是企业业务组合分析的主要方法。

(二) 战略制定

战略制定，是指企业根据确定的愿景、使命和环境分析情况，选择和设定战略目标的过程。企业可根据对整体目标的保障、对员工积极性的发挥及企业各部门战略方案的协调等实际需要，选择自上而下、自下而上或上下结合的方法，制定战略目标。企业设定战略目标后，各部门需要结合企业战略目标设定本部门战略目标，并将其具体化为一套关键财务及非财务指标的预测值。各关键指标设定的目标(预测)值，应与本企业的可利用资源相匹配，并有利于执行人积极有效地实现既定目标。

(三) 战略实施

战略实施，是指将企业的战略目标变成现实的管理过程，即"化战略为行动"。企业应加强战略管控，结合使用战略地图、价值链管理等多种管理会计工具方法，将战略实施的关键业务流程化，并落实到企业现有的业务流程中，确保企业高效率和高效益地实现战略目标。

(四) 战略评价和控制

战略评价和控制，是指企业在战略实施过程中，通过检测战略实施进展情况，评价战略执行效果，审视战略的科学性和有效性，不断调整战略举措，以达到预期目标。企业主要应从以下几个方面进行战略评价：战略是否适应企业的内外部环境；战略是否达到有效的资源配置；战略涉及的风险程度是否可以接受；战略实施的时间和进度是否恰当。

(五) 战略调整

战略调整，是指根据企业情况的发展变化和战略评价结果，与时俱进地对所制定的战略及时进行调整，以保证战略有效指导企业经营管理活动。战略调整一般包括调整企业的愿景、长期发展方向、战略目标及战略举措等。

四、战略管理的分析方法

(一) PEST 分析法

PEST 分析法是企业外部环境分析的基本工具，它通过政治、经济、社会和技术四个方面的分析，从总体上把握宏观环境，并评价这些因素对企业战略目标和战略方案的影响。

1. 政治环境(P)

政治环境是指对组织经营活动具有实际与潜在影响的政治力量等因素，主要分析内容如下。

(1) 企业所在国家和地区的政局稳定状况。

(2) 政府行为对企业的影响。

(3) 执政党所持的态度和推行的基本政策(如产业政策、税收政策、进出口限制等)，以及这些政策的连续性和稳定性。

(4) 各政治利益集团对企业活动产生的影响，主要体现在两个方面：一方面通过立法影响；另一方面通过舆论、法律等影响。

2. 经济环境(E)

经济环境是指一个国家的经济制度、经济结构、产业布局、资源状况、经济发展水平及未来的经济走势等。由于企业是处于宏观大环境中的微观个体，经济环境决定和影响其自身战略的制定，经济全球化还带来了国家之间经济上的相互依赖性，企业在各种战略的决策过程中还需要关注、搜索、监测、预测和评估本国以外其他国家的经济状况。经济环境主要分析内容如下。

(1) 社会经济结构：国民经济中不同的经济成分、不同的产业部门及社会再生产各方面在组成国民经济整体时相互的适应性、量的比例及排列关联的状况，一般包括产业结构、分配结构、交换结构、消费结构、技术结构。

(2) 经济发展水平：一个国家经济发展的规模、速度和所达到的水平，主要指标有国内生产总值、人均国民收入和经济增长速度。

(3) 经济体制：国家经济组织的形式，规定了国家与企业、企业与企业、企业与各经济部门之间的关系。

(4) 宏观经济政策：实现国家经济发展目标的战略与策略，包括综合性的全国发展战略和产业政策、国民收入分配政策、价格政策、物资流通政策等。

(5) 当前经济状况和其他经济影响因素：税收水平、通货膨胀率、贸易差额和汇率、失业率、利率、信贷投放及政府补助等。

(6) 其他一般的经济条件和发展趋势：工资、供应者和竞争对手的价格变化及政府政策等。

3. 社会环境(S)

社会环境是指组织所在社会中成员的民族特征、文化传统、价值观念、宗教信仰、教育水平及风俗习惯等因素。构成社会环境的要素包括人口规模、年龄结构、种族结构、收入分布、消费结构和水平、人口流动性等。其中，人口规模直接影响着一个国家或地区市场的容量，年龄结构则决定消费品的种类及推广方式。

每一个社会都有其核心价值观，它们常常具有高度的持续性，这些价值观和文化传统是历史的沉淀，通过家庭繁衍和社会教育传播延续，因此具有相对的稳定性。不同的国家之间有人文的差异，不同的民族之间同样有差异。我国有众多民族，虽同是中华民族，但各民族之间存在着较大的人文差异。文化差异对于战略管理的影响有时是巨大的。

4. 技术环境(T)

技术环境不仅包括那些引起革命性变化的发明，还包括与企业生产有关的新技术、新工艺、新材料的出现、发展趋势及应用前景。在过去的半个世纪里，最迅速的变化就发生在技术领域，例如，微软、惠普、通用电气等高端技术公司的崛起改变了世界和人类的生活方式。同样，技术领先的医院、大学等非营利性组织，也比没有采用先进技术的同类组织更具竞争力。技术环境对战略管理产生的影响包括以下几点。

(1) 技术进步使企业能对市场及客户进行更有效分析。

(2) 新技术的出现使社会对本行业产品或服务的需求增加。

(3) 技术进步可以创造竞争优势。

(4) 技术进步可能导致现有产品被淘汰或大大缩短产品的生命周期。

(5) 新技术的发展使企业更多关注环境保护、企业的社会责任及可持续成长等问题。

(二) 波特五力分析模型

五力分析模型是迈克尔·波特于 20 世纪 80 年代初提出的，对企业战略制定产生了全球性的深远影响。如图 2-2 所示，它通过对产业环境进行分析，然后制定竞争战略。五力分别指潜在竞争者进入的能力、行业内现在竞争者的竞争能力、替代品的替代能力、供应商的议价能力、购买者的议价能力。五种力量的不同组合变化最终影响行业利润潜力变化。

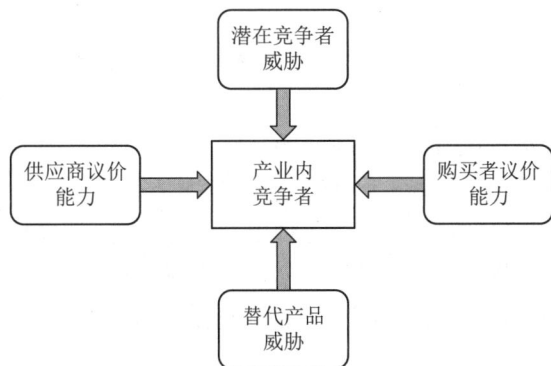

图 2-2　波特五力分析模型

一般认为五力分析模型更多是一种理论思考工具，而非实际操作的战略工具。

1. 模型的理论假定

该模型的理论建立在以下三个假定的基础之上。

(1) 制定战略者可以了解整个行业的信息。显然现实中是难以做到的。

(2) 同行业之间只有竞争关系，没有合作关系。但现实中企业之间存在多种合作关系，不一定是竞争关系。

(3) 行业的规模是固定的，因此，只有通过夺取对手的市场份额来占有更大的资源和市场。但现实中企业之间往往不是通过吃掉对手而是与对手共同做大行业的蛋糕来获取更大的资源和市场。同时，市场可以通过不断地开发和创新来增大容量。

因此，要将波特五力分析模型有效地应用于实践操作，以上在现实中并不存在的三项假设就会使操作者要么束手无策，要么头绪万千。

2. 模型的局限性

五力分析模型在企业实际的运用中具有一定的局限性,主要体现在以下几方面。

(1) 该分析模型基本上是静态的,然而,在现实中竞争环境始终在变化。这些变化可能从高变低,也可能从低变高,其变化速度比模型所显示的要快得多。

(2) 该模型能够确定行业的盈利能力,但是对于非营利性机构,有关获利能力的假设可能是错误的。

(3) 该模型基于这样的假设,即一旦进行了这种分析,企业就可以制定企业战略来处理分析结果,但这只是一种过于理想的方式。

(4) 该模型假设战略制定者可以了解整个行业的信息,包括所有潜在的进入者和替代产品的信息,但这一假设在现实中并不一定存在。对于任何企业来讲,在制定战略时掌握整个行业的全部信息的可能性不大。

(5) 该模型低估了企业与供应商、客户或分销商、合资企业之间建立长期合作关系以减轻相互之间威胁的可能性。

(6) 该模型对产业竞争力的构成要素考虑不够全面。

波特五力分析模型的意义在于,五种竞争力量的抗争中蕴含着三类成功的战略思想,即总成本领先战略、差异化战略、专一化战略。

(三) SWOT 分析法

SWOT 分析法是一种综合考虑企业内部条件和外部环境的各种因素,进行系统评价,从而选择最佳经营战略的方法,SWOT 分析法示意图见图 2-3。S 是指企业内部的优势(Strength),W 是指企业内部的劣势(Weakness),O 是指企业外部环境的机会(Opportunity),T 是指企业外部环境的威胁(Threat)。SWOT 分析法是指基于内外部竞争环境和竞争条件下的综合分析,就是将与研究对象密切相关的各种主要内部优势、劣势和外部的机会、威胁,通过调查列举出来,并依照矩阵形式排列,然后用系统分析的思想,把各种因素相互匹配起来加以分析,从中得出相应结论。而得出的结论通常带有一定的决策性,对制定相应的发展战略、计划及对策起到支撑作用。

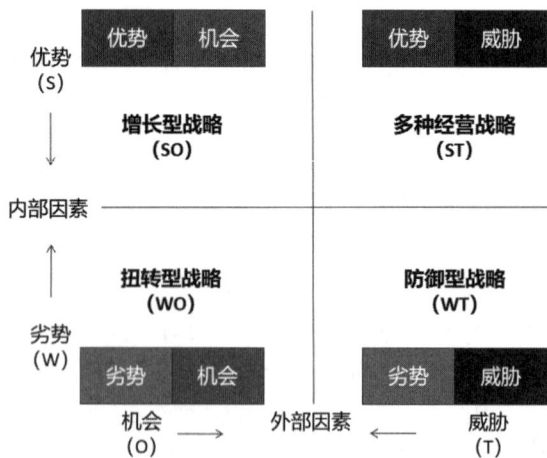

图 2-3 SWOT 分析法示意图

1. 优势 + 机会

优势 + 机会(SO，增长型战略)，是一种发展企业内部优势与利用外部机会的战略，也是一种理想的战略模式。当企业具有特定方面的优势，而外部环境又为发挥这种优势提供有利机会时，企业可以采取该战略。例如，良好的产品市场前景、供应商规模扩大和竞争对手有财务危机等外部条件，配以企业市场份额提高等内在优势可成为企业收购竞争对手、扩大生产规模的有利条件。

2. 劣势 + 机会

劣势 + 机会(WO，扭转型战略)，是利用外部机会来弥补内部弱点，使企业改变劣势而获取优势的战略。企业存在外部机会，但由于一些内部弱点而妨碍其利用机会，可采取措施先克服这些弱点。例如，若企业弱点是原材料供应不足和生产能力不够，从成本角度看，前者会导致开工不足，生产能力闲置，单位成本上升，而加班加点会导致一些附加费用。在产品市场前景看好的前提下，企业可利用供应商扩大规模、新技术设备降价、竞争对手财务危机等机会，实现纵向整合战略，重构企业价值链，以保证原材料供应，同时可考虑购置生产线来解决生产能力不足及设备老化等问题。通过克服这些弱点，企业可以进一步利用各种外部机会，降低成本，取得成本优势，最终赢得竞争优势。

3. 优势 + 威胁

优势 + 威胁(ST，多种经营战略)，是企业利用自身优势，回避或减轻外部威胁所造成的影响的战略。例如，竞争对手利用新技术大幅度降低成本，给企业带来很大成本压力；材料供应紧张，其价格可能上涨；消费者要求大幅度提高产品质量；企业支付高额环保成本等，这些都会导致企业成本状况进一步恶化，使其在竞争中处于非常不利的地位。但如果企业拥有充足的现金、熟练的技术工人和较强的产品开发能力，便可利用这些优势开发新工艺，简化生产工艺流程，提高原材料利用率，从而降低材料消耗和生产成本。另外，开发新技术产品也是企业可选择的战略。新技术、新材料和新工艺的开发与应用是最具潜力的成本降低措施，同时它可提高产品质量，从而回避外部威胁的影响。

4. 劣势 + 威胁

劣势 + 威胁(WT，防御型战略)，是一种旨在减少内部弱点，回避外部环境威胁的防御性战略。当企业存在内忧外患时，往往面临生存危机，降低成本也许成为其改变劣势的主要措施。当企业成本状况恶化，原材料供应不足，生产能力不够，无法实现规模效益，且设备老化，企业在成本方面难以有大作为时，企业将被迫采取目标聚集战略或差异化战略，以回避成本方面的劣势，并回避成本原因带来的威胁。

【职场经验】

进行 SWOT 分析时，真实环境通常是多维且复杂的，企业往往同时存在优势和劣势，同时面临机会和威胁。这就需要分析者综合考虑，对各因素的重要性进行评估，并通过打分等手段将评估结果具象化，从而确定现阶段的战略方向及战略要点。

(四) 波士顿矩阵

波士顿矩阵由美国著名管理学家、波士顿咨询公司创始人布鲁斯·亨德森于 1970 年首创。波士顿矩阵分析法是指在坐标图上，以纵轴表示企业销售增长率，横轴表示市场占有率，将坐标图划分为四个象限，依次为明星类产品、问题类产品、瘦狗类产品、金牛类产品，如图 2-4 所示。明星类产品是指销售增长率和市场占有率"双高"的产品群；问题类产品是指销售增长率高、市场占有率低的产品群；瘦狗类产品是指销售增长率和市场占有率"双低"的产品群；金牛类产品是指销售增长率低、市场占有率高的产品群。波士顿矩阵分析法的目的在于通过产品所处不同象限的划分，企业采取不同对策，以保证其不断地淘汰无发展前景的产品，保持"问题""明星""金牛"类产品的合理组合，实现产品及资源分配结构的良性循环。

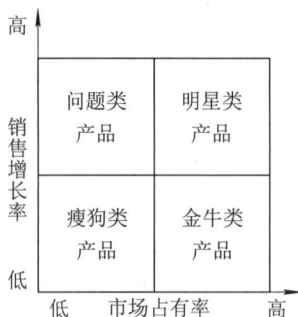

图 2-4　波士顿矩阵图

波士顿矩阵对于企业产品所处的四个象限具有不同的定位和相应的战略对策，波士顿矩阵的运用参考表 2-1。

表 2-1　波士顿矩阵的运用

对　策	含　义	适用情况
发展	以提高相对市场占有率为目标，增加资金投入，甚至不惜放弃短期收益	想尽快成为"明星"的问题类业务
保持	投资维持现状，目标是保持该项业务现有的市场占有率	较大的金牛类业务
收割	主要是为了获得短期收益，目标是在短期内得到最大限度的现金收入	处境不佳的金牛业务及没有发展前景的问题类业务和瘦狗类业务
放弃	目标在于清理和剥离某些业务，减轻负担，以便将有限的资源用于效益较高的业务	无利可图的问题类业务和瘦狗类业务

(1) 明星类产品(Stars)。它是指处于高增长率、高市场占有率象限内的产品群，这类产品可能成为企业的金牛类产品，需要加大投资以支持其迅速发展。明星类产品采用的发展战略为积极扩大经济规模和市场机会，以长远利益为目标，提高市场占有率，加强竞争地位。明星类产品的发展战略及管理与组织最好采用事业部形式，由对生产技术和销售两方面都很擅长的经营者负责。

(2) 金牛类产品(Cash cows)，又称厚利产品。它是指处于低增长率、高市场占有率象限内的产品群，已进入成熟期。其财务特点是销售量大，产品利润率高、负债比率低，可以为企业提供资金，而且由于增长率低，也无须增大投资，因而成为企业回收资金，支持其他产品，尤其是明星类产品投资的后盾。金牛类产品宜采用收获战略，即投入资源以达到短期收益最大化为限，具体有：① 把设备投资和其他投资尽量压缩；② 采用榨油式方法，争取在短时间内获取更多利润，为其他产品提供资金。对于这一象限内的销售增长率仍有所增长的产品，应进一步进行市场细分，维持现存市场增长率或延缓其下降速度。对于金牛类产品，适合于用事业部制进行管理，其经营者最好是市场营销型人物。

(3) 问题类产品(Question Marks)。它是处于高增长率、低市场占有率象限内的产品群。前者说明市场机会大、前景好，而后者则说明在市场营销上存在问题。其财务特点是利润率较低，所需资金不足，负债比率高。例如，在产品生命周期中处于引进期，因种种原因未能开拓市场局面的新产品属于此类问题的产品。对问题类产品应采取选择性投资战略。因此，对问题类产品的改进与扶持方案一般均列入企业长期计划中。对问题类产品的管理组织，最好是采取智囊团或项目组织等形式，选拔有规划能力、敢于冒风险、有才干的人负责。

(4) 瘦狗类产品(Dogs)，也称衰退类产品。它是处在低增长率、低市场占有率象限内的产品群。其财务特点是利润率低、处于保本或亏损状态，负债比率高，无法为企业带来收益。对这类产品应采用撤退战略，即首先应减少批量，逐渐撤退，对那些销售增长率和市场占有率均极低的产品应立即淘汰；其次应将剩余资源向其他产品转移；最后应整顿产品系列，将瘦狗类产品与其他事业部合并，统一管理。

(五) 波士顿矩阵绘制

波士顿矩阵的坐标轴基于量化数据设立，因此，我们可以利用 Power BI 数字化分析工具来完成该模型的绘制，这样数据中蕴藏的信息将变得直观且易于理解，以协助进一步决策，完成战略管理赋能。

💲 **数智赋能——用 Power BI 绘制波士顿矩阵**

案例背景

甲公司有三个事业部，分别从事 A 产品、B 产品、C 产品三类家电产品的生产和销售。这些产品的有关市场数据如表 2-2 所示。

表 2-2 甲公司产品销售情况表

产品类别	销售额/元	最大竞争对手销售额/元	全国市场销售总额/元	近年全国市场增长率/%
产品 A	2 200	4 000	3 200	15%
产品 B	6 400	22 000	84 000	6%
产品 C	12 000	11 000	64 000	3%

要求：

1. 计算出三类产品的相对市场份额；

2. 绘制波士顿矩阵。

数字实践

1. 在 Power BI 数据栏选择【Excel】导入表 2-2 数据；

2. "数据"页单击【新增列】计算相对市场份额，相对市场份额 = 'Sheet1'[甲公司销售额]/'Sheet1'[最大竞争对手销售额]；

Power BI 绘制
波士顿矩阵

3. "报表页"可视化栏选择【散点图】,"产品类别"为值,"相对市场份额"为 x 轴,"近年全国市场增长率"为 y 轴,"销售额"为大小,在【分析】栏增加 2 条平均值线,度量值(或数据系列)分别是"相对市场份额"和"近年全国市场增长率";

4. 结果输出。

通过绘制波士顿矩阵得出可视化结果,管理者能够迅速识别出明星类、金牛类、问题类和瘦狗类产品,由此对不同产品或业务的未来发展趋势进行预测,从而作出相应的战略决策。但在实际的运用中,波士顿矩阵仍具有一定的局限性,主要体现在以下几方面。

(1) 在实践中,企业要确定各业务的销售增长率和相对市场占有率是比较困难的。

(2) 波士顿矩阵过于简单。首先,它用销售增长率和相对市场占有率两个单一指标分别代表产品吸引力和企业竞争地位,不能全面反映这两方面的状况;其次,两个坐标的划分都只有两个位级,划分过粗。

(3) 波士顿矩阵暗含了一个假设:企业的市场份额与投资回报是成正比的。但在有些情况下这种假设是不成立或不全面的。例如,某些市场占有率小的企业如果实施创新、差异化和市场细分等战略,仍能获得很高的利润。

(4) 波士顿矩阵成立的另一个条件是资金是企业的主要资源。但在许多企业内,要进行规划和均衡的重要资源不仅是现金,还包括时间和人员的创造力。

【职场经验】

实际工作中,替换横纵坐标轴的含义能使波士顿矩阵展示更多信息。

(1) 将纵轴替换为利润率,可以更直接地了解哪些产品或服务为公司带来了最大的利润。

(2) 将横轴替换为技术成熟度,可以识别技术型产品或服务从初级技术到成熟技术再到新兴技术的转变。这有助于识别哪些产品或服务需要更多的研发投入,以及哪些产品或服务可能面临技术替代的风险。

根据特定行业、公司或领域的需求,可以定义和使用定制化的指标来替换横纵坐标轴。例如,在生物多样性研究中,研究者使用类似于波士顿矩阵的方法来确定保护优先级。在这个领域中,"市场份额"和"市场增长率"通常被替换为物种的稀有度和威胁程度。

在替换横纵坐标轴的含义时,需要注意以下几点:

(1) 确保替换后的坐标轴与波士顿矩阵的核心分析目的保持一致。

(2) 确保替换后的坐标轴所需的数据是可获取的,并且数据质量可靠。

(3) 替换后的坐标轴应该清晰易懂,便于分析人员和决策者理解。

(4) 允许在必要时对坐标轴进行调整和修改,以适应新的分析需求。

◎ 小组讨论

晨风公司在 20 世纪 80 年代引进国外生产线,制造和经营某种电子装置。前几年的收益很好,但是进入 20 世纪 90 年代后,效益呈垂直下降趋势。公司董事会任命李平博士为总经理,期望他能推行战略管理,振兴公司经济。晨风公司从未做过战略管理,而在李平博士从前担任副总经理的那家公司里,战略管理早已成为管理过程中不可或缺的部分。通过调查,李平博士认为晨风公司的前景堪忧,因为它的产品品种单一,工艺技术落后，而市场竞争激烈，有些竞争对手的产品性能比它的更好。如果不对公司今后的发展作认真的考虑，公司有可能被市场无情地淘汰。而晨风公司的前任总经理们几乎没有考虑过公司的未来，他们总是假定，公司将继续做正在做的事，一直如此。在致力于把战略规划观念引入公司时，李平博士遇到了很大的阻力，尤其是一些不断重复的来自各级管理人员的异议，而这些异议只是从前任经理那里继承下来的。"由于不确定性，我们公司确实不能做规划。我们不知道下个星期二会发生什么事，更不用说三年、四年、五年以后了""如果你太注意规划，那就什么事都做不成。规划属于梦想家，属于喜好幻想的工商管理硕士类型的参谋人员，而不属于实干家""我们没有时间做规划。这会把太多的注意力从日常工作上移开，而日常决策才是基层最突出的工作"。此外，李平似乎无法使其下属相信，规划的目的是帮助管理者更好地做出当前的决策，并不是完全为了将来。

问题： 你能对李平博士听到的各种异议提出有说服力的、逻辑性强的反驳吗？

任务评测

一、单项选择题

1. 战略管理，是指对企业全局的、长远的发展方向、目标任务和政策，以及(　　)作出决策和管理的过程。

A. 人事管理　　　B. 财务管理　　　C. 资源配置　　　D. 外部环境

2. 业务单位战略又称为(　　)。

A. 总体战略　　　B. 蓝海战略　　　C. 红海战略　　　D. 竞争战略

3. 按照波士顿矩阵分析法，应该予以淘汰的产品是(　　)。

A. 明星类产品　　B. 问题类产品　　C. 瘦狗类产品　　D. 金牛类产品

4. 企业根据确定的愿景、使命和环境情况，选择和设定战略目标的过程称为(　　)。

A. 战略实施　　　B. 战略调整　　　C. 战略制定　　　D. 战略评价和控制

5. 战略管理的协同管理原则要求企业应以(　　)为核心。

A. 实现战略目标　　　　　　　　B. 制定战略目标

C. 分析战略目标　　　　　　　　D. 调整战略目标

二、多项选择题

1. 下列各项中，属于业务层面战略主题的有(　　)。

A. 经营管理　　　B. 业务创新　　　C. 客户管理　　　D. 社会责任

2. 利用 SWOT 分析，可以分析企业内部环境的(　　)。

A. 劣势　　　　　B. 机会　　　　　C. 威胁　　　　　D. 优势

3. 企业战略的三个层次一般包括(　　)。

A. 总体战略　　　B. 竞争战略　　　C. 蓝海战略　　　D. 职能战略

4. 下列各项中，属于战略管理特点的有(　　)。

A. 管理对象和效果的全局性　　　B. 管理主体的特定性

C. 资源的充足性　　　　　　　　D. 时间的长远性

5. 下列各项中，不属于战略管理原则的有(   )。

A. 精简流程　　　B. 资源匹配　　　C. 强化管控　　　D. 协同管理

三、判断题

1. 战略是企业从全局考虑作出的长远性谋划。　　　　　　　　　　　　(   )

2. 公司战略的实施过程是在企业中层管理者的监督和指导下，由基层管理人员组织实施的。　　　　　　　　　　　　　　　　　　　　　　　　　　　　　　　(   )

3. 战略管理是一个包括方向选择、目标制定、战略制定、战略落实和战略评价等在内的动态系统。　　　　　　　　　　　　　　　　　　　　　　　　　　　　(   )

4. 企业战略管理涉及企业大量资源的配置问题。　　　　　　　　　　　(   )

5. 企业管理部门通常采取自上而下、自下而上或上下结合的方法，制定企业层的战略目标。　　　　　　　　　　　　　　　　　　　　　　　　　　　　　　(   )

任务二　绘制战略地图

◯ 学海航标

1. 掌握战略地图的内涵及编制流程，能够合理设计优化途径；
2. 能够绘制战略地图，提升实践操作能力，培养全局思维，提升职业竞争力。

◯ 知识准备

一、战略地图的内涵

战略地图是指为描述企业各维度战略目标之间因果关系而绘制的可视化的战略因果关系图。战略地图通常以财务、客户、内部流程、学习与成长这四个维度为主要内容，通过分析各维度之间的相互关系，绘制战略因果关系图。

战略地图是平衡计分卡的起点，它将战略目标从财务、客户、内部流程、学习与成长四个维度在一张纸上呈现出来，反映战略目标之间自下而上的逻辑关系，清晰地展示公司或部门未来几年"做什么""怎么做"及"做到什么程度"。战略地图在平衡计分卡的基础上增加了颗粒层(每一个层面下分解为很多要素)和动态层(可结合战略规划过程来动态绘制)。企业可根据自身情况对各维度的名称、内容等进行修改和调整。

企业在应用战略地图时，应注重通过战略地图的有关路径设计，有效使用有形资源和无形资源，高效实现价值创造；应将战略目标与执行有效绑定，引导各责任中心按照战略目标持续提升业绩，服务企业战略实施。

战略地图主要优点在于能够将企业的战略目标清晰化、可视化，并与战略的关键绩效指标和战略举措建立明确联系，为企业战略实施提供有力的可视化工具。其不足之处在于需要多维度、多部门的协调，实施成本高，并且需要与战略管控相融合才能真正实现战略实施。

二、战略地图的编制

企业设计战略地图，一般按照设定战略目标、确定业务改善路径、定位客户价值、确定内部业务流程优化主题、确定学习与成长主题、进行资源配置、绘制战略地图七个程序进行。

(一) 设定战略目标

战略目标的设定，也是企业宗旨的展开和具体化，是企业宗旨中确认的企业经营目标、社会使命的进一步阐明和界定，还是企业在既定的战略经营领域展开战略经营活动所要达到的水平的具体规定。

战略目标实际上表现为战略期内的总任务，决定着战略重点的选择、战略阶段的划分和战略对策的制定。可以说，战略目标的确定是制定发展战略的核心。

(二) 确定业务改善路径

企业应根据已设定的战略目标，对现有客户(服务对象)和可能的新客户及新产品或新服务进行深入分析，寻求业务改善和增长的最佳路径，提取业务和财务融合发展的战略主题。在财务维度，战略主题一般可划分为两个层次：第一个层次一般包括生产率提升和营业收入增长等；第二个层次一般包括创造成本优势、提高资产利用率、增加客户机会和提高客户价值等。业务维度的战略主题则主要表现为增加客户体验、改善营销关系、提升品牌形象等。

(三) 定位客户价值

企业应对现有客户进行分析，从产品或服务质量、技术领先、售后服务和稳定标准等方面确定、调整客户价值定位。在客户价值定位维度，企业一般可设置客户体验、双赢营销关系、品牌形象提升等战略主题。

(四) 确定内部业务流程优化主题

企业应首先根据业务提升路径和服务定位，梳理业务流程及其关键增值(提升服务形象)活动，分析行业关键成功要素和内部营运矩阵，再从内部业务流程的管理流程、创新流程、客户管理流程、遵循法规流程等角度确定战略主题，并将业务战略主题进行分类归纳，制定战略方案。

(五) 确定学习与成长主题

企业应根据业务提升路径和服务定位，分析创新和人力资本等无形资源在价值创造中的作用，识别学习与成长维度的关键要素，并相应确立激励制度创新、信息系统创新和智力资本利用创新等战略主题，为财务、客户、内部业务流程维度的战略主题和关键业绩指标(key performance indicator，简称 KPI)提供有力支撑。

(六) 进行资源配置

根据各维度战略主题，企业应分析其有形资源和无形资源的战略匹配度，对各主题进行战略资源配置。同时应关注企业人力资源、信息资源、组织资源等在资源配置中的定位和价值创造中的作用。

(七) 绘制战略地图

企业可应用平衡计分卡的四维度划分绘制战略地图，以图形方式展示企业的战略目标及实现战略目标的关键路径。具体绘制程序如下。

1. 确立战略地图的总体主题

总体主题是对企业整体战略目标的描述，应清晰表达企业愿景和战略目标，并与财务维度的战略主题和 KPI 对接。

2. 根据企业的需要，确定四维度的名称

把确定的四维度战略主题对应划入各自战略地图内，每一个主题都可以通过若干 KPI 进行描述。

3. 将各个战略主题和 KPI 用路径线链接，形成战略主题和 KPI 相连的战略地图

在绘制过程中，企业应将战略总目标(财务维度)、客户价值定位(客户维度)、内部业务流程主题(内部流程维度)和学习与成长维度与战略 KPI 链接，形成战略地图。

企业所属的各责任中心的战略主题、KPI 相应的战略举措、资源配置等信息一般无法全部绘制到一张图上，一般采用绘制对应关系表或另外绘制下一层级责任中心的战略地图等方式来展现其战略因果关系。

下面以 ZL 医院为例，具体介绍战略地图的绘制。

✦ ZL 医院背景

ZL 医院是一家公立肿瘤专科医院，也是亚洲地区的一家肿瘤防治研究中心，在肿瘤预防诊断方面，尤其是综合治疗方面的研究在国内外享有较高的信誉和威望。近十年来，随着学科建设的发展，该院通过手术、化疗、放疗及生物治疗等综合治疗后病人的生存率逐年提高，因而全国各地慕名而来就诊、转诊和会诊病人明显增加。为进一步发挥医院临床医疗优势，方便病人的就医，确定治疗方案，提高医疗质量，缩短病人的就医时间等，肿瘤医院经批准成立了具有高级技术职称、临床经验丰富的专家教授出诊团队。

医院根据使命与愿景并结合自身具体情况的 SWOT 分析，制定了提升肿瘤专科诊疗水平并最大化经济效益和社会效益的战略目标，并将战略目标从财务、客户、内部流程、学习与成长四个维度呈现出来。

1. 财务维度

医疗卫生事业是以提高人民群众健康水平为宗旨的社会公益性事业，不应以经济效益增加为目的。但从医院的长远发展来看，只有夯实医院的财务基础，不断开发新的经济增长点，开展医疗服务新项目，拓展医院服务领域，才能减轻患者负担，促使医院实现经济效益和社会效益最大化的战略目标。反映在财务方面，就是在确保医疗质量安全的前提下，

实现增加收入、减少支出和实现可持续发展这三个战略目标。

2. 客户维度

医院最主要的客户是来院就诊的患者,因此客户维度战略目标的设定应从患者的需求出发,以提高患者满意度和市场占有率作为医院的战略目标。客户维度的战略目标包括通过对病种的详细分类,推出更有针对性的诊疗方案及护理方案;建立完善的农村医疗合作和医疗联合体县乡转诊机制,提高门诊业务量;扩大健康体检项目种类,以良好的体检质量和细心周到的检查服务吸引患者;完善远程网络诊疗业务水平,提高诊断与医疗水平,降低医疗开支,满足广大人民群众的保健需求;与中国红十字会、中国癌症基金会等社会福利机构合作,救助更多的重病患者,扩大医院的市场占有率,提高医院的社会影响力。另外,由于公立医院是政府举办的纳入财政预算管理的单位,因此优质高效地完成政府相关部门指令也应作为客户维度的战略目标之一。

3. 内部流程维度

内部流程维度涉及医院内部管理的方方面面,是与提供诊疗服务密切相关的医院内部各项管理工作,医院将实现经济效益和社会效益最大化的战略目标细化到内部流程维度,就是以提高运营效率和临床诊疗效率,降低运营风险为战略目标,着力做好内部流程优化再造。首先,提高医院运营效率。医院应着重从提高资产利用效率,简化内部工作流程、及时催要医保返还款等方面提高运营效率;着力落实核心制度,创新质量管理工具,提高经常性医疗项目的标准化和同质化水平。其次,提高诊疗效率。规范临床诊疗操作流程,建设具有优势特色的科室,引进先进的治疗设备;组建医疗专科团队,制订高精尖的治疗方案,提高治愈效率,缩短住院天数。再次,降低运营风险。医院在进行大型设备,仪器、基建等项目投资前,应组织相关专家团队对投资项目进行可行性分析及论证,严禁对利用率低、收益差的项目投资,以提升医院投资的效益。最后,在医院经济运行过程中,应合理规划筹资、融资结构,完善业务审批流程,优化内部控制工作,加强内外部审计监管,降低医院的运营风险。

4. 学习与成长维度

医院战略目标细化落实到学习与成长维度,应设立增强医院向心力、提高职工专业技术水平、建立健全信息系统这三个战略目标。首先,增强医院向心力。医院应建立具有自身特色并能够凝聚全院职工的医院文化,通过横幅、海报、宣传手册等丰富多彩的形式加以宣传;从改善职工工资待遇、工作环境和提供更好的职业发展前景等方面发力,提升全院职工的满意度。其次,提高职工专业技术水平。医院应建立一支专业型、研究型、综合型的医疗技术人才队伍,形成多层次各领域的人才培训体系;制定技术人员培训制度,不断提高职工的医疗技术水平,使职工不断更新知识、拓展技能及改进工作动机、态度和行为,以适应新的要求,更好地胜任现在的工作或担任更高级别的职务;提高职工的专业培训数量和质量,大力推动职工研发医疗新技术和新科研项目,着力开展具有成熟科研平台且前景良好的科研项目,积极引进国内外高技术人才。最后,建立健全信息系统。医院应进一步提升医院信息系统、电子病历系统、医院资源计划系统等系统的功能,将上下层软件数据对接,建立医院一体化信息共享平台,实现事前事中事后全过程管控,推动体制机制创新,提升医疗服务水平,从而实现医院的战略目标。

❖ ZL 医院战略地图绘制

在上述分析的基础上，绘制该医院战略地图，如图 2-5 所示。

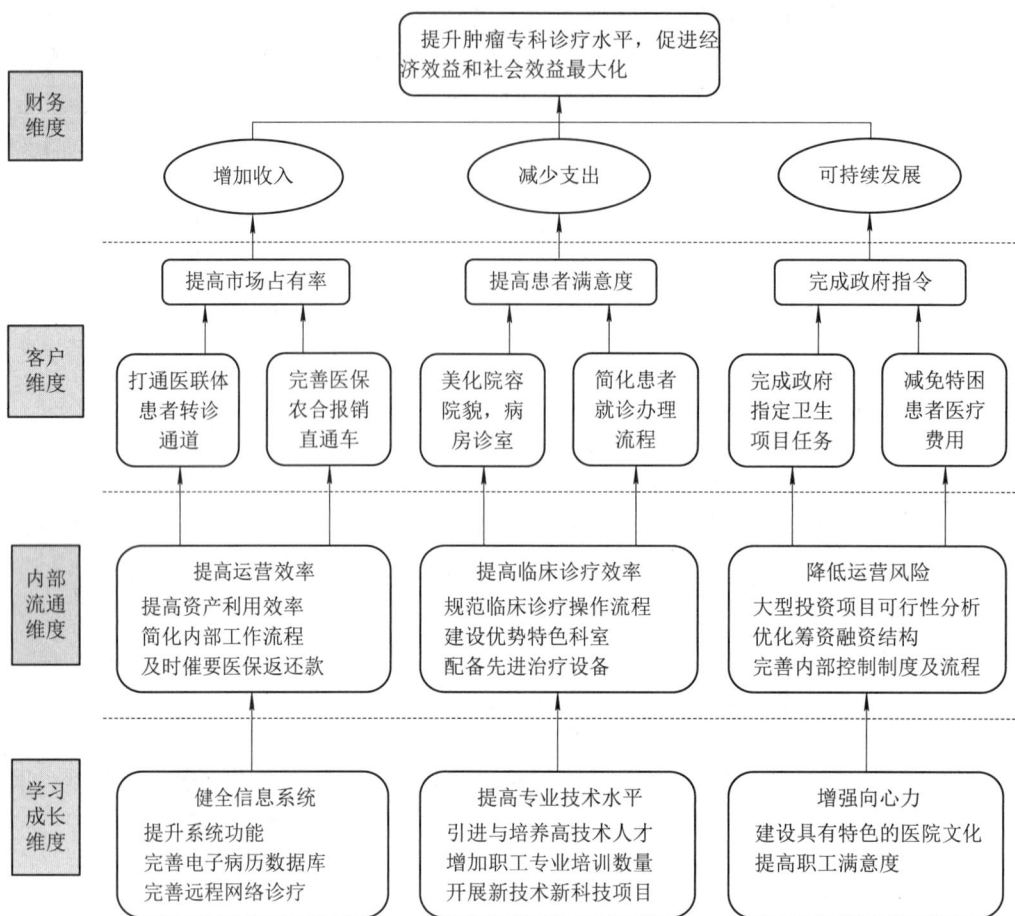

图 2-5　ZL 医院战略地图

战略地图可以直观地将医院制定的战略目标展示给医院全体职工，强调职工在战略目标实施过程中的重要性，使每一位职工都能清楚地了解组织的发展战略，也更进一步了解自己所从事的工作对实现医院战略目标的作用。

三、战略地图的实施

战略地图的实施，是指企业利用管理会计工具方法，确保企业实现既定战略目标的过程。战略地图实施一般按照战略 KPI 设计、战略 KPI 责任落实、战略执行、执行报告、持续改进、评价激励的程序进行，战略地图实施程序如图 2-6 所示。

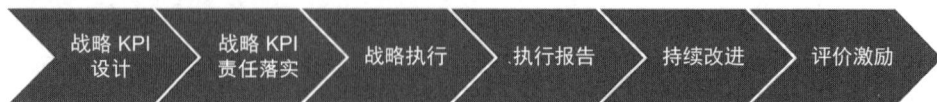

图 2-6　战略地图实施程序

(一) 战略 KPI 设计

战略地图的实施企业应设计一套便于各部门主管明确自身责任与战略目标相联系的考核指标，即进行战略 KPI 设计。

(二) 战略 KPI 责任落实

企业应对战略 KPI 进行分解，落实责任并签订责任书，具体可按以下程序进行。

1. 将战略 KPI 分解为责任部门的 KPI

企业应从最高层开始，将战略 KPI 分解到各责任部门，再分解到各部门内责任团队。每个责任部门、责任团队或责任人都有对应的 KPI，且每一个 KPI 都能找到对应的具体战略举措。企业可编制责任表，描述 KPI 中的权、责、利和战略举措的对应关系，以便实施战略管控和形成相应的报告。每一个责任部门的负责人可根据上述责任表，将 KPI 在本部门进行进一步分解和责任落实，层层建立战略实施责任制度。

2. 签订责任书

企业应在分解明确各责任部门 KPI 的基础上，签订责任书，以督促各执行部门落实责任。责任书一般由企业领导班子(或董事会)与执行层的各部门签订。责任书应明确规定一定时期内(一般为一个年度)要实现的 KPI 任务、相应的战略举措及相应的奖惩机制。

(三) 战略执行

企业应以责任书中所签任务为基础，按责任部门的具体人员和团队情况，对任务和 KPI 进一步进行分解，并制定相应的执行责任书，进行自我管控和自我评价。同时，以各部门责任书和职责分工为基础，确定不同执行过程的负责人及协调人，并按照设定的战略目标实现日期，确定不同的执行指引表，采取有效战略举措，保障 KPI 实现。

(四) 执行报告

企业应编制执行报告，反映各责任部门的战略执行情况，分析偏差原因，提出具体管控措施。

1. 提交

每一层级责任部门应向上一层级责任部门提交战略执行报告，以反映战略执行情况，制定下一步战略实施举措。

战略执行报告一般可分为三个层级。

(1) 战略层(如董事会)报告，包括战略总体目标的完成情况和原因分析。

(2) 经营层报告，包括责任人的战略执行方案中相关指标的执行情况和原因分析。

(3) 业务层报告，包括战略执行方案下具体任务的完成情况和原因分析。

2. 纠偏

企业应根据战略执行报告，分析责任人战略执行情况与既定目标是否存在偏差，并对偏差进行原因分析，形成纠偏建议，作为责任人绩效评价的重要依据。

(五) 持续改进

企业应在对战略执行情况进行分析的基础上,进行持续改进,不断提升战略管控水平。

1. 与既定目标相比,发现问题并进行改善

企业应根据战略执行报告,将战略执行情况与管控目标进行比对,分析偏差,及时发现问题,提出解决问题的具体措施和改善方案,并采取必要措施。

企业在进行偏差分析时,一般应关注以下问题。

(1) 所产生的偏差是否为临时性波动。

(2) 战略 KPI 分解与执行是否有误。

(3) 外部环境是否发生重大变化,从而导致原定战略目标脱离实际情况。

企业应在分析这些问题的基础上,找出发生偏差的根源,及时进行纠正。

2. 达成既定目标时,考虑如何提升

达成战略地图上所列的战略目标时,企业一般可考虑适当增加执行难度,提升目标水平,按持续改善的策略与方法进入新的循环。

(六) 评价激励

企业应按照《管理会计应用指引第 100 号——战略管理》中对战略评价的有关要求,进行战略实施情况的评价,并按照《管理会计应用指引第 600 号——绩效管理》的有关要求进行激励,引导责任人自觉地、持续地积极工作,有效利用企业资源,提高企业绩效,实现企业战略目标。

【职场经验】

实际绘制战略地图时往往会将 SWOT 分析的结果作为重要参考,在此基础上制定公司总体战略目标,并设计具体行动计划。

将 SWOT 分析中的关键要素与战略地图的各个层面相结合,可以确保战略地图的完整性和一致性,使企业的战略更加明确和可执行。

任务评测

一、单项选择题

1. 下列各项中,不属于战略地图的四个维度的是(   )。

A. 客户   B. 财务   C. 员工   D. 学习与成长

2. 属于战略地图最底层,主要反映企业无形资产整合性的维度是(   )维度。

A. 财务   B. 客户   C. 内部流程   D. 学习与成长

3. 下列各项中,不属于客户维度战略主题的是(   )。

A. 增强客户体验   B. 双赢营销关系

C. 增加营业收入   D. 提升品牌形象

4. 下列各项中,属于学习与成长维度战略主题的是(   )。

A. 营业收入增长 B. 品牌形象提升

C. 遵循法规和社会责任流程 D. 信息系统创新

5. 下列( )不是战略地图实施阶段的重要环节。

A. 战略 KPI 设计 B. 竞争对手分析

C. 战略执行 D. 执行报告

二、多项选择题

1. 下列各项中，属于战略地图维度的有( )。

A. 财务 B. 客户

C. 内部业务流程 D. 学习与成长

2. 下列各项中，可以作为客户维度战略主题的有( )。

A. 增强客户体验 B. 改善营销关系

C. 提升品牌形象 D. 提高资本回报率

3. 企业设计战略地图，一般按照设定战略目标、( )、进行资源配置、绘制战略地图等程序进行。

A. 确定业务改善路径 B. 定位客户价值

C. 确定内部业务流程优化主题 D. 确定学习与成长主题

4. 战略地图的主要优点有( )。

A. 将企业的战略目标清晰化、可视化

B. 需要多维度、多部门的协调

C. 与战略 KPI 和战略举措建立明确联系

D. 为企业战略实施提供了有力的可视化工具

5. 在确定学习与成长主题时，企业通常会考虑( )因素。

A. 技术发展趋势 B. 客户需求变化

C. 员工职业发展 D. 组织文化

E. 财务状况

三、判断题

1. 战略地图，是指为描述企业各维度战略目标之间因果关系而绘制的可视化战略因果关系图。 ( )

2. 战略地图通常以财务、员工、内部业务流程、学习与成长四个维度为主要内容，通过分析各维度的相互关系来绘制。 ( )

3. 业务维度的战略主题主要表现为增加客户机会、提高顾客价值等。 ( )

4. 企业可应用平衡计分卡的四个维度划分战略地图。 ( )

5. 战略地图的编制必须从学习与成长维度开始。 ( )

引思明鉴

包容性战略，彰显企业社会价值

白象食品公司以其独特的企业战略，不仅在商业领域取得了显著成就，更在社会责任方面展现了深刻的社会价值。该公司的一大亮点是其员工团队中三分之一都是残疾人，这一举措不仅仅是对残疾人就业权利的尊重，更是对社会包容与平等理念的积极践行。白象食品通过招聘和培训残疾员工，不仅为他们提供了就业机会，改善了他们的生活状况，还在全社会树立了榜样，促进了公众对残疾人就业问题的关注和理解。这种包容性的企业文化不仅增强了员工的凝聚力，也为企业赢得了良好的社会声誉。

更重要的是，白象食品的这一战略体现了企业的社会责任和担当。它传递出一个明确的信息：企业不仅仅是追求经济利益的主体，更是推动社会进步、实现共同发展的重要力量。白象食品通过其实际行动，为社会做出了积极贡献，展现了企业战略的社会价值。这种社会价值不仅仅体现在对残疾人的帮助上，更体现在对社会公正、平等和包容理念的推动和践行上。

赛学融合

黄山旅游发展股份有限公司(以下简称"黄山旅游")是依托黄山风景区优势自然风光型旅游资源的大型综合类旅游上市公司，前身系安徽省黄山旅游开发公司，1996 年上市，既发行 A 股又发行 B 股，经营业态丰富、产业要素完善，被誉为"第一支完整意义的旅游概念股"，经过多年的发展，黄山旅游已然成长为业务覆盖旅游业全链条的大型旅游企业。

自 1996 年发展至今，黄山旅游旗下已有 36 家公司，可分类为景区管理、酒店、索道、旅行社、徽菜餐饮和"旅游+"六大方面，并且在"旅游+"等新业态的发展中起到了行业领头的作用，总的来说黄山旅游的整个结构十分完备与健康。

实训要求：扫码获取赛题资料，完成黄山旅游 SWOT 分析，并根据分析结果提出未来运营建议。请将分析结果分别填入表 2-3，并判断表 2-4 中的建议是否合理，结果均以大写字母顺序作答。

赛题资料

表 2-3　黄山旅游 SWOT 分析

项　目	观　点　代　号
优势(S)	
劣势(W)	
机会(O)	
威胁(T)	

表 2-4　黄山旅游未来运营建议分析

题　面	答　案
对于黄山旅游发展股份有限公司今后的发展与运营，以下观点合理的有(　　)	
A. 观点 1	
B. 观点 2	
C. 观点 3	
D. 观点 4	

项目三 成本管理

学习目标

【知识目标】

1. 了解成本的分类和构成；
2. 理解成本性态的含义和混合成本的分解方法；
3. 明确变动成本法与完全成本法的区别及优缺点；
4. 掌握标准成本的制定方法和成本差异的计算；
5. 掌握作业成本法的核算流程及相关计算。

【能力目标】

1. 能够进行混合成本的分解，从而建立起简单的成本性态模型；
2. 能够计算产品成本、期间成本、存货成本、营业利润；
3. 能够制定标准成本，正确计算并分析标准成本与实际成本的差异；
4. 能够理解作业成本法的应用，提出改进措施。

【素质目标】

1. 通过学习成本管理，树立为企业、国家节约成本的意识；
2. 运用正确的成本管理方法，以最小的投入获得最大的产出，确保企业战略目标的实现。

项目导图

成本的分类

成本性态分析

任务一 成本分类与成本性态

混合成本的分解

变动成本法的认知

任务二 变动成本法

变动成本法与完全成本法的比较

项目三 成本管理

A

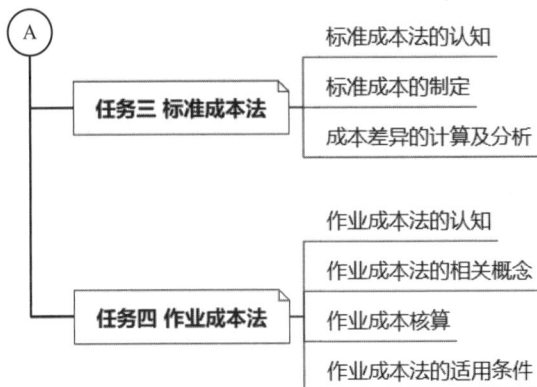

项目引例

小米公司的创始人雷军在企业运行初期便意识到公司的短板是现金流不足，因此为了弥补现金流不足，小米公司从进入市场开始便确定了成本领先战略，从增收和节流两个方面入手，并且把节流作为压缩成本的主要方式。

在与众多竞争对手的竞争中，小米公司实现营业额反超，这无不彰显着互联网公司在当代市场的巨大潜力，也体现了运用互联网思维颠覆传统企业游戏规则的重大成功。而战略成本管理是小米公司得以开拓一片蓝海市场的重大战略。

小米公司在产品数量方面严格进行库存管控，避免产品积压带来的沉没成本和滞销风险。同时小米公司还特别关注零部件的材料质量，在公司内部建立了完善的产品质量管控体系，保障了产品的生产质量。

目前，小米公司的主要战略还是成本领先战略，而未来小米公司则要向差异化战略转型。只有这样，小米公司才能在日益激烈的市场竞争中不断发展壮大，而成本控制的方法也要随着竞争战略的变化而发生改变。

小米公司的创始人对战略成本管理有以下看法。

第一，成本意识要从公司创建之初就开始建立。

第二，成本意识只有从管理者开始，才有可能贯彻全员。

第三，省钱就是赚钱，省一块钱就是赚三块钱。一般企业赚来的钱除了需要支付生产成本、销售成本，还需要交销售税等，能剩下三分之一就非常不错了。

问题思考：

为什么说加强成本管理是企业增加经营利润，提升发展能力的关键因素，也成为企业战略管理的必然选择？

认识成本管理

任务一　成本分类与成本性态

学海航标

1. 区分固定成本和变动成本，理解不同类型成本的性质和内容；

2. 强调成本控制和企业效益的重要性，在保证质量和社会责任的基础上，实现经济效益的最大化。

知识准备

一、成本的分类

根据使用的目的和用途，成本可按如下标准进行分类。

(一) 成本按费用要素分类

按费用要素分类，成本可分为以下几类。

(1) 外购材料，是指耗用的一切从外部购入的原材料、主要材料、半成品、辅助材料、包装物、修理用备件、低值易耗品和外购商品等。

(2) 外购燃料，是指耗用的一切从外部购入的各种燃料。

(3) 外购动力，是指耗用的从外部购入的各种动力。

(4) 工资，是指企业应计入生产经营成本的职工工资。

(5) 职工福利费，是指企业按照工资总额的一定比例提取的职工福利费。

(6) 折旧费，是指企业提取的固定资产损耗。

(7) 税金，是指应计入生产经营成本的各项税金，如城镇土地使用税、房产税、印花税、车船税等。

(8) 其他支出，是指不属于以上各要素的耗费，如邮电通信费、差旅费、租赁费、外部加工费等。

按照费用要素分类反映的成本信息，可以反映企业在一定时期内发生了哪些生产经营耗费，数额各是多少，用以分析企业耗费的结构和水平；还可以反映物质消耗和非物质消耗的结构和水平，有助于统计工业净产值和国民收入。

(二) 成本按经济职能分类

生产经营成本按其经济职能可分为制造成本和非制造成本。制造成本又称为生产成本，非制造成本又称为非生产成本。

1. 制造成本

制造成本即生产成本，是指产品制造过程中所发生的有关耗费。制造成本包括以下成本项目。

(1) 直接材料。直接材料是指直接用于产品生产、构成产品实体的原料、主要材料、外购半成品、有助于产品形成的辅助材料及其他直接材料。

(2) 直接人工。直接人工是指参加产品生产的工人工资及按生产工人工资总额和规定的比例计算提取的职工福利费。

(3) 制造费用。制造费用是指为生产产品或提供服务所发生的各项间接费用，包括间接材料、间接人工和其他制造费用。

① 间接材料，是指在产品制造过程中发生，但难以直接归属于某一特定产品的有关材料的成本，如机物料消耗等。

② 间接人工，是指在产品制造过程中发生，但不直接进行产品加工的有关人员的工资，如生产管理人员、辅助工人、机修工人的工资等。

③ 其他制造费用，是指除上述两个项目以外的其他制造费，如机器设备的折旧、生产用水电费、照明费、取暖费、办公费等。

2. 非制造成本

非制造成本，即非生产成本，是指在非产品制造或提供服务过程中发生的支出，包括以下成本项目。

(1) 营业费用。营业费用也称推销成本，是指在销售产品或提供劳务等过程中发生的各项费用，包括营销成本、配送成本和客户服务成本。

(2) 管理费用。管理费用也称管理成本，是指企业行政管理部门为管理和组织生产经营活动所发生的各项费用，包括研究与开发成本、设计成本和行政管理成本。

成本按经济职能的分类，反映了企业不同职能的耗费。这种分类有利于企业按收益与费用配比原则划分产品成本与期间费用、直接费用与间接费用的界限，既反映了产品的成本构成，也适应了财务会计核算的要求，对企业全面经济核算具有重要意义。

(三) 成本按决策相关性分类

按决策相关性，成本可分为相关成本和无关成本。相关成本是指与决策有关的未来成本，如边际成本、机会成本、重置成本、专属成本、差量成本、付现成本等；无关成本是指与特定决策方案关系不大、对未来决策没有影响的成本。这种成本在决策分析时可以舍弃，无须考虑，常见的无关成本包括沉没成本、历史成本、不可避免成本、共同成本和联合成本等。

相关成本与无关成本的区分并不是绝对的。有些成本在某一决策方案中是相关成本，而在另一决策方案中却可能是无关成本。

二、成本性态分析

成本性态，又称成本习性，是指成本总额与业务量之间的依存关系。这里的业务量是指企业在一定的生产经营期内投入或完成的经营工作量的统称，根据具体的业务性质而有所不同。相关业务量也称成本动因，是指引起成本发生、变化的事件或因素。成本动因有很多：如生产量、销售量、处理的订单数量、材料采购的次数、检验产品的次数、饭店顾客的人数、邮局处理信件的数量等。不同的成本分析对象有不同的成本动因，而影响某一成本项目发生额的动因也可能会有许多种，为了对成本性态的考察不至于过分复杂，一般应选择与成本最相关且可以准确计量的动因。表 3-1 是有关成本项目及其对应的成本动因。

表 3-1 有关成本项目及其对应的成本动因

成　本	成本动因
工人工资	工作的小时数
管理者薪金	管理的人数
维修人员工资	机修工时数
折旧	机器运转小时数
能源	千瓦小时数

按照成本性态不同，通常可以把成本划分为固定成本、变动成本和混合成本三类。

(一) 固定成本

1. 固定成本总额和单位固定成本

固定成本是指在特定的业务量范围内不受业务量变动影响，一定期间的固定成本总额能保持相对稳定的成本，如按直线法计提的固定资产的折旧费用、租金、行政管理人员工资、财产保险费、广告费、职工培训费、科研开发费等。在成本曲线上，固定成本表现为一条水平线，如图 3-1 所示。

单位固定成本是成本总额除以业务量的结果，在成本曲线上表现为边际递减的凹曲线，即随着业务量的增加，单位固定成本呈下降趋势，但是下降速度逐渐放缓，如图 3-2 所示。利用固定成本的这些特征，企业可以采取相应的成本管理策略，尤其是对那些固定成本比重较高的企业而言，如何降低单位固定成本为企业创造更多的利润是其进行成本管理必须考虑的问题。

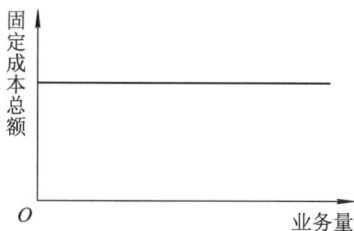

图 3-1 固定成本总额与业务量的关系　　图 3-2 单位固定成本与业务量的关系

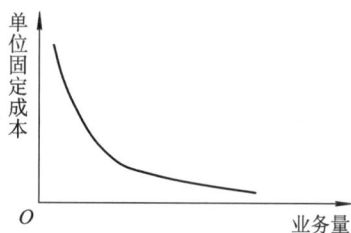

2. 固定成本的分类

固定成本按其支出额是否可以在一定期间内改变而分为酌量性固定成本和约束性固定成本两类。从决策的角度来看，有些固定成本因为决策需要进行调整而被称为酌量性固定成本，而有些不能改变的被称为约束性固定成本。

(1) 酌量性固定成本。酌量性固定成本是指管理者的决策可以改变其支出数额的固定成本，如广告费、职工教育培训费、技术开发费等。企业管理者通常会在每一会计年度开始前，制定酌量性固定成本年度安排，决定每一项开支的多寡及新增或取消某项开支。许多酌量性固定成本的大小直接关系到企业未来竞争力，因此管理者的判断力非常重要。

(2) 约束性固定成本。约束性固定成本是指管理者的当前决策无法改变其支出数额的固定成本。典型的约束性固定成本是维持企业正常生产经营能力所必须负担的最低固定成本，其数额大小只取决于企业生产经营的规模与质量，因而具有很大的约束性，这类固定成本又称经营能力成本。例如，厂房及机器设备按直线法计提的折旧、房屋及设备租金、不动产税、财产保险费、照明费、行政管理人员的薪金等，均属于约束性固定成本。

由以上分析可知，对于酌量性固定成本，在保证不影响生产经营能力的前提下，管理者可以尽量减少这部分成本支出；对于约束性固定成本，不能采用降低其总额的措施，只能着眼于更为经济合理地形成和利用生产经营能力，提高工作效率，降低单位固定成本，以取得更大的经济效益。

(二) 变动成本

1. 变动成本的概念

变动成本是指在一定时期和一定业务量范围内，其成本总额随着业务量的变动而呈正比例变动的成本。例如，直接材料、直接人工都是和单位产品的生产直接相联系的，销售人员的提成是与销售数量直接相联系的。变动成本总额会随着业务量的增减呈正比例增减，两者之间呈线性关系变动。而单位变动成本则是固定的，它一般不会随业务量的变动而变动。例如，某电脑经销商为鼓励销售人员努力推销，制定一项激励政策，在基本工资的基础上，按销售量给予奖励，奖金的标准是每销售 1 台电脑，提成 100 元。变动成本总额与业务量的关系可以用图 3-3 表示，而单位变动成本与业务量的关系可以用图 3-4 表示。

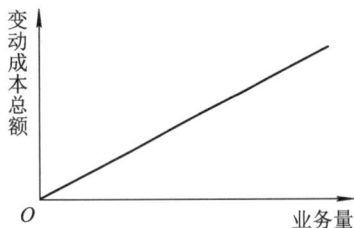

图 3-3 变动成本总额与业务量的关系   图 3-4 单位变动成本与业务量的关系

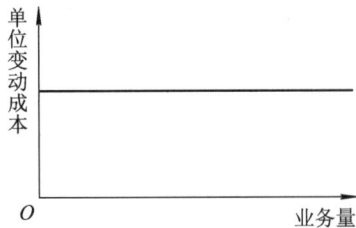

2. 变动成本的分类

依据管理人员是否能决定发生额，变动成本分为两大类：技术性变动成本和酌量性变动成本。

(1) 技术性变动成本。技术性变动成本也称约束性变动成本，是指由技术或设计关系所决定的变动成本，其单位成本受客观因素决定。例如，生产一辆自行车需要耗用一个车架、前轮、后轮、两个轮胎、两个脚踏板和链条等，这种成本只要生产就必然会发生，如果不生产，就不会发生。该成本与业务量有明确的技术或实物关系，通常表现为直接材料成本、直接人工成本。当企业将产品设计完成后，其产品外形、大小、色彩、重量和品质就已经确定下来，其生产过程中耗费的直接材料、直接人工成本的大小就具有了很大程度上的约束性。这类成本可以通过改进设计方案、改造工艺技术条件、采用新设备等技术革新手段来降低。

(2) 酌量性变动成本。酌量性变动成本是指通过管理者的决策行为可以改变的变动成本，如按销售收入的一定百分比支付的销售佣金、新产品研制费(如研发活动直接消耗的材料、燃料和动力费用等)、技术转让费等。这类成本的特点是其单位变动成本的发生额不受客观因素决定,可由企业最高管理层决定。酌量性变动成本的效用主要是提高竞争能力或改善企业形象,其最佳的合理支出难以计算,通常要依靠经理人员的综合判断来决定。经理人员的决策一经作出,其支出额将随业务量变动呈正比例变动,具有与技术性变动成本同样的特征。

如果把成本分为固定成本和变动成本两大类,在相关范围内,业务量增加时固定成本不变,只有变动成本随业务量增加而增加。总成本的增加额是由变动成本增加引起的。

(三) 混合成本

1. 混合成本的概念

从成本习性来看,固定成本和变动成本只是两种极端的类型。在现实经济生活中,大多数的成本是介于这两种成本性态之间的,这类成本的基本特点是:发生额虽受业务量变动影响,但其变动的幅度并不同业务量的变动保持严格的正比例关系。这类成本被称为混合成本。

2. 混合成本的分类

混合成本兼有固定成本与变动成本两种性质,可进一步将其细分为半变动成本、阶梯式变动成本、延期变动成本和曲线变动成本。

(1) 半变动成本。半变动成本是指在有一定初始量的基础上,随着业务量的变化而呈正比例变动的成本。这些成本的特点是:它通常有一个初始的固定基数,在此基数内与业务量的变化无关,这部分成本类似于固定成本;在此基数之上的其余部分,则随着业务量的增加呈正比例增加。例如,手机话费,手机的月租费属于固定成本,同时还有根据通话时间收取的话费。假定月租费 20 元,每分钟话费 0.2 元,对于手机用户来讲,若用数学模型表示手机话费支出,设 y 为话费支出,a 为其中的固定成本,b 为单位变动成本,x 代表成本动因的数量(即通话时间),则有 $y = a + bx = 20 + 0.2x$,话费支出与通话时间的关系如图 3-5 所示。一般地,机器设备的维护修理费、销售人员的薪金,都属于这种性态的成本。

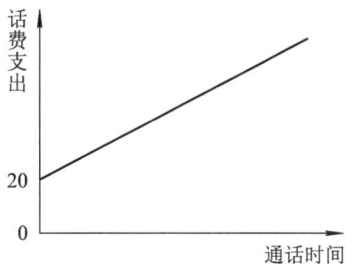

图 3-5 话费支出与通话时间的关系

(2) 阶梯式变动成本。阶梯式变动成本又称半固定成本,在一定的业务量范围内,这种成本发生额是固定的,一旦业务量超过这一范围,成本总额就会上升到一个新的水平,然后在新的业务量范围内又保持不变;当业务量再次超过一定水平时,成本又向上达到一个新水平,从而形成了类似于阶梯形状的变化轨迹,如图 3-6 所示。例如,质检部门质检人员工资是 3 000 元,如果产品产量增加 1 000 件,就要增加一名质检人员。这样,质检人员的工资就是阶梯式变动成本。

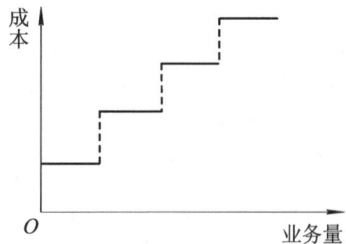

图 3-6 阶梯式变动成本与业务量的关系

一般地,企业的化验员、运货员、质检员、保养工人等人员的工资就属于阶梯式变动成本。

(3) 延期变动成本。延期变动成本在一定的业务量范围内有一个固定不变的基数,当业务量增长超出了这个范围,与业务量的增长呈正比例变动。例如,职工的基本工资,在正常工作时间情况下是不变的；但当工作时间超出正常标准，则需按加班时间的长短成比例地支付加班薪金。常见的手机流量费也是一种延期变动成本。假设每月的套餐费为 50 元，流量额为 5G，每月的流量超过 5G 之后，按照 0.1 元/兆收费，如果某月的总流量在 5G 之内，流量费为 50 元，如果超出 1 兆，其流量费为 50.1 元；超出 10 兆，为 51 元。延期变动成本与业务量的关系如图 3-7 所示。

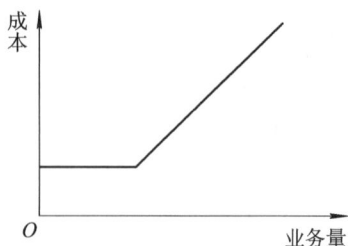

图 3-7　延期变动成本与业务量的关系

(4) 曲线变动成本。曲线变动成本通常有一个不变的初始量，相当于固定成本，在这个初始量的基础上，随着业务量的增加，成本也逐步变化，但它与业务量的关系是非线性的。这种曲线成本又可以分为以下两种类型：一是递增曲线成本，例如，累进计件工资、违约金等，随着业务量的增加，成本逐步增加，并且增加幅度是递增的；二是递减曲线成本，例如，价格折扣或优惠条件下的水、电消费成本、"费用封顶"的通信服务费等，用量越大则总成本越高，但增长越来越慢，变化率是递减的。递增曲线成本和递减曲线成本与业务量的关系分别如图 3-8 和图 3-9 所示。

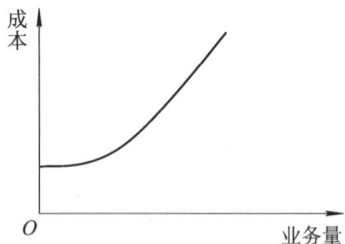

图 3-8　递增曲线成本与业务量的关系

图 3-9　递减曲线成本与业务量的关系

(四) 成本性态分析的数字化实现

在如今的数字时代，信息技术正飞速发展，企业财务核算工作正在经历一场深刻的变革。传统的财务核算工作，如账目记录、财务报告编制等，正逐渐被自动化工具和财务机器人所取代。Python 作为一种功能强大的编程语言，在成本性态分析中发挥着重要作用。成本性态分析是指对企业的成本结构和成本行为进行分析，以了解成本与业务活动之间的关系。利用 Python 工具，财务人员可以编写程序来实现成本性态分析。

> 💡 **数智赋能——用 Python 实现成本性态分析**
>
> **案例背景**
>
> 在物流行业中，成本控制对于企业的盈利能力和市场竞争力至关重要。甲物流公司作为一家知名的物流服务提供商，一直在寻求通过优化成本结构来提升其业务效益。为了实现这一目标，公司需要对其主要成本要素进行深入分析，以便更好地理解成本行为并制定相应的成本管理策略。
>
> Python 常见语法
>
> 在过去的 12 个月内，甲物流公司收集了一系列运营成本数据，包括业务量、人员工资、折旧费、通信费和冷库电费等，见表 3-2。这些数据反映了公司在不同业务活动中的

成本支出情况，为成本性态分析提供了丰富的信息资源。

表 3-2　甲物流公司运营成本数据　　　　　　金额单位：元

月份/月	业务量	人员工资	折旧费	通信费	冷库电费
1	33 768.00	8 000.00	16 473.00	2 588.40	4 276.80
2	35 456.40	8 000.00	16 967.19	2 709.50	4 319.00
3	37 229.22	8 000.00	17 476.21	2 630.80	4 361.60
4	39 090.68	8 000.00	18 000.49	2 752.30	4 404.60
5	41 045.22	8 000.00	18 540.51	2 734.05	4 348.10
6	43 097.48	8 000.00	19 096.72	2 796.00	4 492.00
7	45 252.35	8 000.00	19 669.62	2 918.20	4 536.40
8	47 514.97	8 000.00	20 259.71	2 840.60	4 681.20
9	49 890.72	8 000.00	20 867.50	2 963.25	4 726.50
10	52 385.25	8 000.00	21 493.53	2 886.10	4 672.20
11	55 004.51	8 000.00	22 138.33	3 009.20	4 818.40
12	57 754.74	8 000.00	22 802.48	2 902.55	5 065.10

要求：

1. 用 corr( ) 函数计算各成本与业务量的相关性。

2. 运用回归直线法，回归函数可使用 numpy 的 polyfit(x, y, deg)。

3. 用散点图观察成本与业务量的关系。

4. 使用 Python 实现成本性态分析，分解给定实验数据的固定成本和变动成本。

数字实践

1. 导入必要的库，如 pandas 用于数据处理，numpy 用于数学计算，pyplot 用于绘图。

2. 使用 Python 获取数据源，导入甲物流公司的成本数据。

3. 使用 corr( ) 函数计算各个变量之间的相关性。

4. 使用 pyplot 函数绘制散点图，观察工作量与各成本的关系。

5. 运用 numpy 库中的 polyfit 函数进行函数拟合。

6. 结果输出，分解固定成本和变动成本。

用 Python 实现
成本性态分析

通过以上实践对甲物流公司成本数据的分析，成功实现了成本性态分析，并为公司提供了成本优化建议。结果表明，运用 Python 编程语言进行成本性态分析是一种高效、实用的方法，有利于帮助企业在竞争激烈的市场中保持优势。

三、混合成本的分解

混合成本分解，一般是根据大量的历史成本资料或成本发生的具体过程，进行分析计算，寻找混合成本与业务量之间的规律性的数量关系，最终确定固定成本和变动成本的历史平均值或标准值，它们代表正常的成本水平。

确定固定成本和变动成本的历史平均值或标准值，进行混合成本分解的目的是建立总成本的直线方程，以便在决策和计划中使用。由于一定期间的固定成本的发生额是稳定的，它可以用 $y=a$ 来表示；变动成本的发生额因业务量而变，它可以用 $y=bx$ 表示；如果只有这两类成本，则总成本可以用 $y=a+bx$ 来表示。只要确定了 a 和 b，便可以计算出在相关范围内任何业务量下的总成本。

混合成本的分解主要有高低点法、回归直线法、账户分析法、技术测定法和合同确认法等。这里重点介绍高低点法和回归直线法。

(一) 高低点法

高低点法是以过去某一会计期间的总成本和业务量资料为依据，从中选取业务量最高点和业务量最低点，将总成本进行分解，测算出混合成本中固定成本和变动成本各是多少的方法。

高低点法以企业一定期间资金占用的历史资料，按照资金习性原理和直线方程式 $y=a+bx$，选用最高业务量对应的成本与最低业务量对应的成本之差，除以最高销售量与最低销售量之差，求出 b 的值，再代入直线方程求出 a 的值，从而预测出资金需要量。高低点法需要特别注意高低点的选择问题，高低点是指业务量的高低点，而非资金占用量。具体公式如下：

$$单位变动成本 = \frac{最高点业务量成本 - 最低点业务量成本}{最高点业务量 - 最低点业务量}$$

$$固定成本总额 = 最高点业务量成本 - 单位变动成本 \times 最高点业务量$$

或

$$固定成本总额 = 最低点业务量成本 - 单位变动成本 \times 最低点业务量$$

单位变动成本的计算公式中，分子是业务量变动时总成本的增加量，分母是业务量的增加量，两者相除是增加单位产品时总成本的增量。根据前面对变动成本特点的分析可知，业务量增加时总成本的增加是由变动成本增加引起的。所以，单位产品的增量成本就是单位产品的变动成本。

固定成本总额的计算公式中，根据已经计算出来的单位变动成本，推算业务量最高或最低点的变动成本总额，然后用最高点或最低点业务量成本减去最高点或最低点的变动成本求得固定成本。

使用高低点法分解混合成本时，需要注意，分子不是"(最高成本-最低成本)"，而是"(最高点业务量成本-最低点业务量成本)"。

【工作实例 3-1】 裕丰公司的业务量以直接人工小时为单位，2019—2024 年的业务量在 60 万～90 万小时之间变化，维修成本与业务量之间的关系如表 3-3 所示。

假设 2025 年的维修时长为 80 万小时，要求：预测 2025 年的维修成本。

表 3-3 维修时长与维修成本之间的关系表

年份/年	业务量(x_i)/万小时	维修成本(y_i)/万元
2019	75	630
2020	66	610
2021	80	646
2022	90	790
2023	84	722
2024	60	550

本例中，最高点业务量为 90 万小时，对应的维修成本为 790 万元；最低点业务量 60 万小时，对应的维修成本为 550 万元，所以：

$$单位变动成本 = \frac{790 - 550}{90 - 60} = 8(万元/万小时)$$

$$固定成本总额 = 790 - 8 \times 90 = 70(万元)$$

或

$$固定成本总额 = 550 - 8 \times 60 = 70(万元)$$

维修成本的一般方程式为

$$y = 70 + 8x$$

$$2025 年的维修成本 = 70 + 8 \times 80 = 710(万元)$$

(二) 回归直线法

回归直线法是根据过去一定期间的业务量和混合成本的历史资料，运用最小二乘法的原理，建立反映成本和业务量之间关系的回归直线方程，并据此确定混合成本中固定成本和变动成本的一种定量分析方法。

具体步骤有如下五步。

第一步，收集连续的 n 期历史数据，n 大于等于 5。

第二步，通过列表对历史资料加工，求出 $\sum x$、$\sum y$、$\sum xy$、$\sum x^2$。

第三步，计算相关系数 r，判断业务量与成本总额之间的线性关系。

相关系数 r 的取值范围一般为 $-1 \sim 1$。当 $r = -1$ 时，说明 x 与 y 之间完全负相关，也就是一个变量(业务量)增加或减少时，另一个变量(单位产品分摊的固定费用)却相应地减少或增加。当 $r = 0$ 时，说明 x 与 y 之间不存在相互依存关系。当 $r = 1$ 时，说明 x 与 y 之间完全正相关，也就是一个变量(成本)完全依随另一个变量(业务量)的变动而变动。

$$r = \frac{n\sum xy - \sum x \sum y}{\sqrt{\left[n\sum x^2 - \left(\sum x\right)^2\right]\left[n\sum y^2 - \left(\sum y\right)^2\right]}}$$

第四步，计算 b 和 a 的值。

$$b = \frac{n\sum xy - \sum x \sum y}{n\sum x^2 - \left(\sum x\right)^2}, \quad a = \frac{\sum y - b\sum x}{n}$$

第五步，建立成本性态模型。

将解出的 a、b 值代入 $y = a + bx$，得到成本性态分析模型。

【工作实例 3-2】 以【工作实例 3-1】裕丰公司的资料来举例说明回归直线法的具体运用。为便于计算，先对资料作如下处理，如表3-4所示。

表3-4　计　算　表

年份/年	业务量 (x_i)/万小时	维修成本 (y_i)/万元	xy	x^2	y^2
2019	75	630	47250	5625	396900
2020	66	610	40260	4356	372100
2021	80	646	51680	6400	417316
2022	90	790	71100	8100	624100
2023	84	722	60648	7056	521284
2024	60	550	33000	3600	302500
$n=6$	$\sum x = 455$	$\sum y = 3948$	$\sum xy = 303938$	$\sum x^2 = 35137$	$\sum y^2 = 2634200$

① 计算相关系数 r。

$$r = \frac{n\sum xy - \sum x \sum y}{\sqrt{\left[n\sum x^2 - \left(\sum x\right)^2\right]\left[n\sum y^2 - \left(\sum y\right)^2\right]}}$$

$$= \frac{6 \times 303\,938 - 455 \times 3\,948}{\sqrt{\left[6 \times 35\,317 - 455^2\right]\left[6 \times 2\,634\,200 - 3\,948^2\right]}} \approx 0.95$$

相关系数 r 在 -1 和 +1 之间，符合相关范围条件，依次判断业务量 x 与成本总额 y 之间存在线性关系，即 $y = a + bx$。

② 计算 a 和 b 的值。

$$b = \frac{n\sum xy - \sum x \sum y}{n\sum x^2 - \left(\sum x\right)^2} = \frac{6 \times 303\,938 - 455 \times 3\,948}{6 \times 35\,137 - 455^2}$$

混合成本分解方法

$$= \frac{27\,288}{3\,797} \approx 7.19 \,(万元/万小时)$$

$$a = \frac{\sum y - b\sum x}{n} = \frac{3\,948 - 7.19 \times 455}{6} = \frac{676.55}{6} \approx 112.76 \,(万元)$$

③ 建立成本性态模型。

根据上述计算结果，采用回归直线法计算出的设备维修费混合成本的直线方程为：

$$y = 112.76 + 7.19x$$

回归直线法与高低点法相比，回归直线法由于运用了最小二乘法的原理，因此，其计

算结果更为准确。与高低点法相比，回归直线法由于选择了包括高、低两点在内的全部观测数据，因而避免了高低点法可能具有的偶然性，所以是一种比较好的混合成本分析方法。但其计算工作量较大，比较烦琐。

◎ 小组讨论

某家具公司生产某种类型桌子的全部制造成本是200元，其中，生产一张桌子消耗原材料80元，直接人工60元，固定成本60元(包括固定资产折旧在内的所有固定制造费用)。现有一名客户愿意出180元来购买一批该类型桌子。关于卖或不卖该类型桌子，公司管理层有两种不同意见：一种意见是不卖，理由是价格低于成本，每张桌子要亏损20元；另一种意见是卖，理由是价格超过了变动成本，卖出一张桌子可获得的贡献毛益40(180－140)元，而固定成本60元，无论是否生产出售，都是已经发生的，可以不必考虑。

你赞成哪种意见，理由是什么？

任务评测

一、单项选择题

1. 将全部成本分为固定成本、变动成本和混合成本所采用的分类依据是( )。

A. 成本的经济职能　　　　　　B. 成本的性态

C. 成本的可追溯性　　　　　　D. 成本的目标

2. 在相关范围内，单位变动成本( )。

A. 随业务量增加而增加　　　　B. 随业务量增加而减少

C. 不随业务量发生增减变动　　D. 在不同的产量水平各不相同

3. 在相关范围内，业务量增加时，单位固定成本将( )。

A. 直线上升　　　B. 直线下降　　　C. 保持不变　　　D. 曲线下降

4. 混合成本模型 $y = a + bx$，其中 bx 表示( )。

A. 固定成本总额　　　　　　　B. 变动成本总额

C. 单位固定成本　　　　　　　D. 单位变动成本

5. 某企业每月生产产品数量在1000件以内，需要检验员2名；在此基础上，每增加产量500件，需要增加1名检验员。该企业检验员的工资属于( )。

A. 半固定成本　　　　　　　　B. 半变动成本

C. 延期变动成本　　　　　　　D. 曲线变动成本

二、多项选择题

1. 成本性态中的业务量一般是指( )。

A. 生产量　　　B. 销售量　　　C. 人工工时　　　D. 机器工时

2. 下列成本中属于约束性固定成本的是( )。

A. 广告费　　　B. 设备折旧费　　　C. 保险费　　　D. 职工培训费

3. 为便于管理决策，通常需要从混合成本中分解出( )。

A. 固定成本　　B. 半固定成本　　C. 变动成本　　　D. 半变动成本

4. 我国工业企业的制造费用中不随产量变化的固定成本包括(　　)。

A. 折旧费、租赁费　　　　　　　B. 办公费、差旅费

C. 劳动保护费　　　　　　　　　D. 管理人员工资

5. 根据历史资料进行成本性态分析的方法主要有(　　)。

A. 高低点法　　B. 回归直线法　　C. 散布图法　　D. 技术测定法

三、判断题

1. 递增型混合成本的特点是成本总额的增长幅度小于业务量的增长幅度。　　(　　)

2. 根据成本的经济用途，将成本分为制造成本和非制造成本两类。　　(　　)

3. 在表现形式方面，与固定成本不同，变动成本一般表现为单位额。　　(　　)

4. 混合成本总额会随业务量的变动而变动，但不与业务量的变动成正比例。　　(　　)

5. 企业的电话费、公用事业费等都属于半变动成本。　　(　　)

四、计算分析题

某企业只生产一种产品，1—6 月该企业发生的制造费用如表 3-5 所示。

表 3-5　1—6 月企业制造费用资料

月份/月	1	2	3	4	5	6
产量/件	82	85	95	84	95	100
制造费用/元	17 500	18 100	19 600	18 700	19 800	19 600

要求：分别采用高低点法和回归分析法对该企业的制造费用进行分解。

任务二　变动成本法

学海航标

1. 掌握变动成本法和完全成本法下计算利润差异产生的原因及差异的规律；

2. 学会在成本和收益之间寻找平衡点；

3. 理解企业经营不仅要考虑短期利润，还要考虑长远发展。

知识准备

一、变动成本法的认知

在生产企业，以成本性态分析为基础的内部成本管理报告可以先对产品成本作性态分解，让产品成本只包含与生产量直接相关的变动成本，而将与产品制造有关的固定成本作为期间费用，从而让产品销售收入先弥补变动成本，然后再弥补固定成本的利润创造过程呈现出来，这一方法称为变动成本法。

生产企业应用变动成本法首先要对产品成本作性态分解。产品生产过程中耗费的直接材料、直接人工都属于随产量消耗的变动成本，而制造费用作为一项混合成本需要经过分

解，其中的变动制造费用可归为变动成本，固定制造费用视为期间费用。由此，基于变动成本法的核算口径，产品成本包含直接材料、直接人工和变动制造费用，这使每一期的产品成本只包含变动成本。

成本性态分析不仅针对产品制造，也可以推广至期间费用，分解出变动期间费用与固定期间费用。这使贡献毛益存在两个口径：一是制造贡献毛益，具体是指产品销售收入减去产品变动成本后的余额；二是营业贡献毛益，具体是指企业全部收入减去全部变动成本(包括产品变动成本和变动期间费用)后的余额。

变动成本法与财务会计中的成本核算法相比，最明显的不同是将固定制造费用从产品成本中剔除，并视为期间费用。而财务会计核算的产品成本则包含了全部的制造费用。为加以区分，管理会计将财务会计的成本核算方法称为完全成本法。

二、变动成本法与完全成本法的比较

变动成本法与完全成本法对固定制造费用的不同处理方式导致两种方法产生一系列差异，主要表现在产品成本的构成内容及计算损益的公式两个方面。

(一) 产品成本的构成内容不同

完全成本法将所有成本分为制造成本和非制造成本两大类，将制造成本完全计入产品成本，而将非制造成本作为期间费用。

变动成本法的产品成本包括直接材料、直接人工费和变动制造费用，固定制造费用与非制造成本都作为期间费用。

两种方法在产品成本计算上的差异可以从图 3-10 和图 3-11 中体现出来。

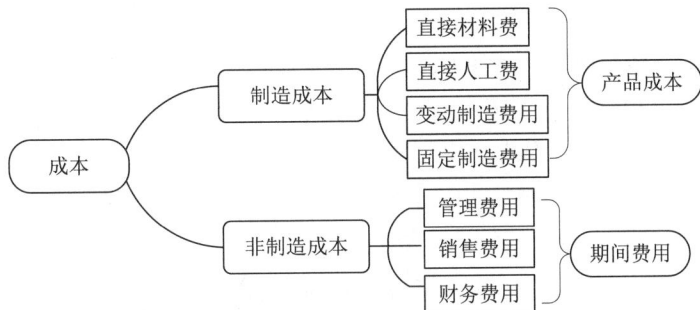

图 3-10 完全成本法下的成本构成

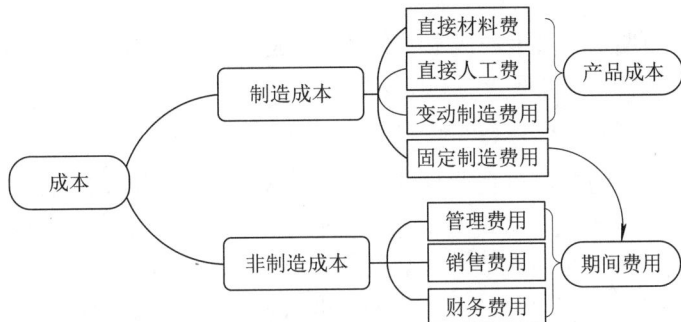

图 3-11 变动成本法下的成本构成

【工作实例3-3】 裕丰公司年初产品A的库存为0,本年度生产A产品5000件,每件产品消耗原材料10元,直接人工12元,变动制造费用6元,固定制造费用全年为10000元,假设本期销售1500件,销售单价60元,固定销售费用1500元,变动销售费用是3元每件,固定管理费用1000元,变动管理费用是2元每件,求完全成本法和变动成本法下的单位产品成本和期末存货成本。

$$单位固定制造费用 = \frac{10\ 000}{5\ 000} = 2\ (元/件)。$$

变动成本法下:

单位产品成本＝10＋12＋6＝28 (元/件)。

期末存货成本＝28×(5 000－1 500)＝98 000 (元)。

完全成本法下:

单位产品成本＝10＋12＋6＋2＝30 (元/件)。

期末存货成本＝30×(5 000－1 500)＝105 000 (元)。

在完全成本法下,每件产品吸收了固定制造费用2元,单位产品完全成本为30元,无论是产品存货或已销售产品成本均以30元计价。而在变动成本法下,每件产品的单位成本是28元,固定制造费用10000元全部成为损益表上当期销售收入的抵减项目。

(二) 计算损益的公式不同

1. 在变动成本法下,营业利润的计算公式

贡献毛益＝销售收入－变动成本

营业利润＝贡献毛益－固定成本

其中:

变动成本＝变动生产成本＋变动非生产成本

＝单位变动生产成本×销售量＋单位变动非生产成本×销售量

固定成本＝固定生产成本＋固定非生产成本

＝固定制造费用＋固定销售费用＋固定管理费用＋固定财务费用

2. 在完全成本法下,营业利润的计算公式

销售毛利＝销售收入－产品销售成本

营业利润＝销售毛利－营业费用

其中:

产品销售成本＝期初存货生产成本＋本期生产成本－期末存货生产成本

营业费用＝销售费用＋管理费用＋财务费用

变动成本法
和完全成本
法的优缺点

3. 两种成本法下的利润表格式比较

在完全成本法下,为满足与企业有经济利益关系的各方面的需要而编制的利润表,把所有成本项目按生产、推销、管理等不同经济职能进行排列,称为"职能式利润表"。变动成本法下编制的利润表把所有成本项目按成本习性分为变动成本和固定成本两大类,主要是为了便于获得边际贡献信息,因此称为"贡献式利润表"。两种成本法下的利润表如表3-6所示。

表 3-6 完全成本法下和变动成本法下的利润表

完全成本表(职能式利润表)	变动成本法(贡献式利润表)
销售收入	销售收入
减：销售成本	减：变动成本
期初存货成本	变动生产成本
加：本期生产成本	变动销售费用
减：期末存货成本	变动管理费用
销售成本合计	边际贡献
销售毛利	减：固定成本
减：期间费用	固定制造费用
销售费用	固定销售费用
管理费用	固定管理费用
财务费用	固定财务费用
营业利润	营业利润

【工作实例 3-4】 接【工作实例 3-3】要求计算本年度的变动成本法下的贡献毛益和营业利润，以及完全成本法下的销售毛利和营业利润，并编制相应的利润表，见表 3-7。

变动成本法：

贡献毛益 = 销售收入 − 变动成本 = $60 \times 1500 - (28 + 3 + 2) \times 1500 = 40\,500$(元)。

营业利润 = 贡献毛益 − 固定成本 = $40\,500 - (10\,000 + 1500 + 1000) = 28\,000$(元)。

完全成本法：

销售毛利 = 销售收入 − 产品销售成本 = $60 \times 1500 - 30 \times 1500 = 45\,000$(元)。

营业利润 = 销售毛利 − 营业费用 = $45\,000 - (1500 + 3 \times 1500 + 1000 + 2 \times 1500) = 35\,000$(元)。

表 3-7 完全成本法下和变动成本法下的利润表 单位：元

完全成本表(职能式利润表)		变动成本法(贡献式利润表)	
销售收入	90 000	销售收入	90 000
减：销售成本	45 000	减：变动成本	49 500
期初存货成本	0	变动生产成本	42 000
加：本期生产成本	150 000	变动销售费用	4 500
减：期末存货成本	105 000	变动管理费用	3 000
销售成本合计	45 000	边际贡献	40 500
销售毛利	45 000	减：固定成本	
减：期间费用		固定制造费用	10 000
销售费用	6 000	固定销售费用	1 500
管理费用	4 000	固定管理费用	1 000
财务费用	0	固定财务费用	0
营业利润	35 000	营业利润	28 000

【职场经验】

变动成本法适用于企业内部管理的需要，而对外提供财务报表需要使用完全成本法。所以企业在实际运用时，会采用"结合制"，即将变动成本法与完全成本法结合使用，日常核算建立在变动成本法的基础之上，对产品成本、存货成本、边际贡献和税前利润都按变动成本法计算，以满足企业内部经营管理的需要；定期将按变动成本法确定的成本与利润等会计资料调整为按完全成本法反映的会计资料，以满足企业外部投资者等各方面的需要。

◎ 小组讨论

李俊是某公司家居部门的经理，该部门负责生产和销售室内家居用品，包括高档沙发、木质床、写字台和书柜等产品。其中高档沙发是部门的主要获利产品，沙发销售的利润占到部门利润的90%以上。

近年来，高档沙发市场竞争十分激烈，新厂商不断加入，产品也不断更新。李俊作为部门经理面对激烈的竞争感到了极大的压力。面对激烈的竞争，公司去年对各部门经理的业绩考核方法进行了改革。由原来按照销售额考核调整为按各部门的营业利润进行考核。如果部门的营业利润上升10%。则该部门经理就可以获得年度业绩奖金。上升越多，奖励也就越高。如果没有达到10%，则只给予基本奖金。如果下降，则不给任何奖金。针对这项考核方案，李俊对产品的销售不敢有任何的松懈。一方面，加大促销力度，增加销售渠道，通过了解客户需求的变化灵活调整生产，取得了非常好的效果。当年销售增加了20%，库存量从年初的10 000件下降到2 000件。另一方面，李俊通过对产品成本的积极控制，使产品在不断变化的同时，单位产品的用料和人工成本及固定成本总额(主要是折旧成本和生产设备的维护成本)基本保持不变。面对这样喜人的业绩，李俊日后能够获得该年度的业绩奖金。但是，当会计人员将当年的利润表呈给李俊时，他几乎不敢相信自己的眼睛，家居部门当年利润竟出现了大幅度的下滑。

作为一名管理会计人员，你认为引起这种现象的可能原因是什么呢？这种以利润作为业绩考核的指标是否合适呢？

任务评测

一、单项选择题

1. 在变动成本法下，本期销货成本等于(   )。
A. 本期发生的产品成本　　　　　B. 单位生产成本×本期销售量
C. 单位变动生产成本×本期销售量　　D. 期初存货成本+本期发生的产品成本

2. 某企业生产甲产品，当年的生产量为8 000件，销售量为6 000件，发生的直接材料为12 000元，直接人工为9 000元，变动制造费用为8 400元，固定制造费用为12 800元，变动销售及管理费用为4 800元，固定销售及管理费用为2 000元，则按变动成本法和全部成本法分别计算确定的单位产品成本为(   )。
A. 3.675元，6.075元　　　　　B. 5.275元，3.675元
C. 3.675元，5.875元　　　　　D. 3.675元，5.275元

3. 变动成本法和全部成本法计算的税前利润存在差异的根本原因在于(　　)。

A. 两者计入当期利润表的制造费用不同

B. 两者计入当期利润表的固定制造费用不同

C. 两者计入当期利润表的变动制造费用不同

D. 两者计入当期利润表的变动管理费用不同

4. 若前后各期成本水平、价格和存货计价方法都不变，则变动成本法和全部成本法计算确定的税前利润结果(　　)。

A. 可能相等　　　B. 一定相等　　　C. 一定不相等　　　D. 无法比较

5. 下列有关变动成本法说法不正确的是(　　)。

A. 变动成本法能简化产品成本核算　　　B. 变动成本法能正确评价不同期间业绩

C. 变动成本法能防止盲目生产　　　　　D. 变动成本法能适应长期决策的需要

二、多项选择题

1. 在变动成本法下，下列项目中属于产品成本的有(　　)。

A. 直接材料　　　　　　　　　　B. 直接人工

C. 变动制造费用　　　　　　　　D. 固定制造费用

2. 下列项目中属于变动成本法优点的有(　　)。

A. 有利于管理当局进行短期决策

B. 可以简化成本计算过程，减少费用分摊的主观随意性

C. 成本计算结果更精确

D. 有利于进行成本控制和业绩评价

3. 变动成本法下的期间成本包括(　　)。

A. 固定制造费用　　　　　　　　B. 变动制造费用

C. 固定管理和销售费用　　　　　D. 变动管理和销售费用

4. 全部成本法下的期间成本包括(　　)。

A. 固定制造费用　　　　　　　　B. 变动制造费用

C. 固定管理费用　　　　　　　　D. 变动管理费用

5. 下列关于变动成本法和全部成本法计算的税前利润的表述中，正确的有(　　)。

A. 当期产销量不平衡，则两种方法计算的结果一定不相等

B. 当期产销量平衡，则两种方法计算的结果一定相等

C. 当期产销量不平衡，则两种方法计算的结果可能相等

D. 当期产销量平衡，则两种方法计算的结果可能不相等

三、判断题

1. 变动成本法和全部成本法的主要区别是对固定制造费用的处理不同。　　　(　　)

2. 在变动成本法下，各期生产量相等，则计算出的利润必然也相等。　　　(　　)

3. 按变动成本法对期末产成品和在产品的估价必然高于按全部成本法所做的估价。

(　　)

4. 在变动成本法下，产品成本是变动成本，即包括变动生产成本和变动非生产成本。

(　　)

5. 变动成本法所提供的成本资料可以适应企业长期决策的需要。 (   )

四、计算分析题

1. 某公司只产销一种产品,计划年度生产量为5 000件,销售量为4 500件,期初存货为0。预计发生直接材料30 000元、直接人工35 000元、变动制造费用28 000元、固定制造费用20 000元。

要求:分别用完全成本法和变动成本法计算单位产品成本、期末存货成本。

2. 某企业过去3年的产销业务量资料如表3-8所示。

表 3-8 企业产销业务量资料   单位:件

项　目	第 1 年	第 2 年	第 3 年
期初存货量	0	3 000	0
本年生产量	13 000	12 000	9 000
本年销售量	10 000	15 000	9 000
期末存货量	3 000	0	0

假定:

(1) 每年的产量是当年投产且全部完工的产量(即无期初、期末在产品);

(2) 每年的销售量中不存在销售退回、折让和折扣问题;

(3) 各期成本水平(单位变动成本和固定成本总额)、售价水平不变;

(4) 存货计价采用先进先出法。

该企业成本及售价资料如下:产品售价为130元/件;单位变动生产成本为38元/件;每年固定生产成本为230 000元;单位变动非生产成本为16元/件;每年固定非生产成本为190 000元。

要求:

(1) 计算完全成本法和变动成本法下的单位产品成本;

(2) 分别按完全成本法和变动成本法计算甲公司近3年的税前利润,填写表3-9和表3-10;

表 3-9 按完全成本法编制的税前利润表   单位:元

项　目	第 1 年	第 2 年	第 3 年	合计
销售收入				
减:销售成本				
期初存货成本				
本期生产成本				
本期可供销售成本				
减:期末存货成本				
本期销售成本总额				
销售毛利				
减:期间成本				
税前利润				

表 3-10　按变动成本法编制的税前利润表　　　　　　单位：元

项　目	第 1 年	第 2 年	第 3 年	合计
销售收入				
减：销售成本				
期初存货成本				
本期生产成本				
本期可供销售成本				
减：期末存货成本				
本期销售成本总额				
销售毛利				
减：期间成本				
税前利润				

(3) 分析两种方法下的税前利润发生差异的原因，并进行调整，填写表 3-11。

表 3-11　两种方法下税前利润的调整　　　　　　单位：元

项　目	第 1 年	第 2 年	第 3 年	合计
完全成本法下的税前利润				
减：期末存货中的固定制造费用				
加：期初存货中的固定制造费用				
变动成本法下的税前利润				

任务三　标准成本法

学海航标

1. 分析成本差异，确定成本控制和改进措施；
2. 强调按照既定的标准和程序进行成本计算、控制和培养规范操作的意识。

知识准备

一、标准成本法的认知

标准成本法是指预先制定成本标准，并将实际成本与标准成本进行比较，揭示成本差异，分析差异产生的原因，明确经济责任，消除差异，并据以加强成本控制的一种成本计算和成本控制系统。采用标准成本法的前提是预先制定标准成本，重点是成本差异的计算分析，目的是加强成本控制。标准成本法的具体流程如图 3-12 所示。

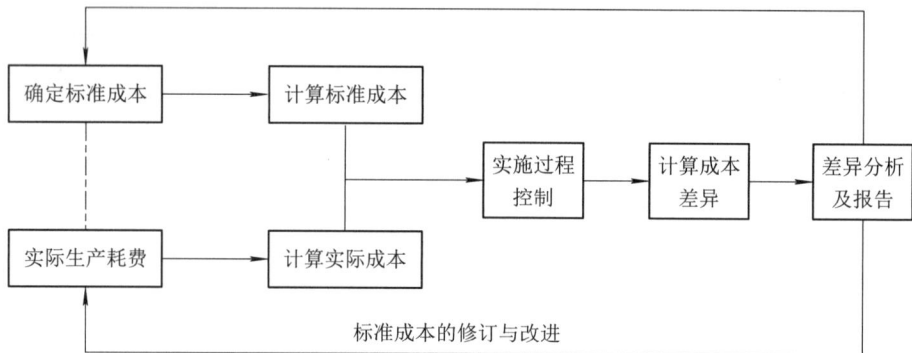

图 3-12   标准成本法的具体流程

二、标准成本的制定

采用标准成本法的前提和关键是标准成本的制定。为了便于进行成本控制、成本核算和成本差异分析工作，标准成本可以按车间、产品、成本项目分别反映。标准成本的成本项目与会计日常核算所使用的成本项目应当一致，直接材料应按材料的不同种类或规格分别详细列出标准，直接人工应按不同工种列出标准，制造费用应按固定制造费用和变动制造费用分项列出标准，将各个成本项目的标准成本加总，即构成产品标准成本。各个成本项目的标准成本，通常是由用量标准和价格标准两个因素决定的，即某成本项目的标准成本＝用量标准×价格标准。

产品成本由直接材料、直接人工和制造费用三个项目组成。无论是确定哪一个项目的标准成本，都需要分别确定其用量标准和价格标准，两者的乘积就是每一项目的标准成本，将各项目的标准成本汇总，即得到单位产品的标准成本。其计算公式为：

单位产品的标准成本＝直接材料标准成本＋直接人工标准成本＋制造费用标准成本
$$= \sum(用量标准×价格标准)$$

产品标准成本的构成如表 3-12 所示。

表 3-12   产品标准成本的构成

成 本 项 目	用 量 标 准	价 格 标 准
直接材料	单位产品材料用量标准	材料价格标准
直接人工	工时用量标准	工资率标准
制造费用	工时用量标准	制造费用分配率标准

(一) 直接材料标准成本的制定

直接材料的标准成本，是由直接材料的用量标准和价格标准来确定的。

材料的用量标准是指在现有生产技术条件下，生产单位产品所需的材料数量。它包括构成实体的材料和有助于产品形成的材料，以及生产过程中必要的损耗和难以避免的损失所耗用的材料。材料的用量标准一般应根据科学的统计调查，以技术分析为基础计算确定。

材料的价格标准通常采用企业编制的计划价格，它通常是以订货合同的价格为基础，并考虑到未来物价、供求等各种变动因素后按材料种类分别计算的。一般由财务部门、采购部门等共同制定。

在制定直接材料标准成本时，基本程序是：首先，区分直接材料的种类；其次，逐一确定它们在单位产品中标准用量和标准价格；再次，按照种类分别计算各种直接材料的标准成本；最后，汇总得出单位产品的直接材料标准成本。其计算公式是：

$$直接材料标准成本 = \sum(单位产品材料用量标准 \times 材料价格标准)$$

【工作实例 3-5】 裕丰格式 A 产品耗用甲、乙、丙三种直接材料，其直接材料标准成本的计算如表 3-13 所示。

表 3-13　A 产品直接材料标准成本

项　目	标　准		
	甲材料	乙材料	丙材料
价格标准①	40 元/千克	10 元/千克	30 元/千克
用量标准②	3 千克/件	6 千克/件	9 千克/件
标准成本③＝②×①	120 元/件	60 元/件	270 元/件
单位产品直接材料标准成本④＝∑③	450 元		

(二) 直接人工标准成本的制定

直接人工标准成本，是由直接人工用量标准和直接人工的价格标准两项标准决定的。

直接人工用量标准，即工时用量标准，它是指在现有的生产技术条件下，生产单位产品所耗用的必要的工作时间，包括对产品直接加工工时、必要的间歇或停工工时，以及不可避免的废次品所耗用的工时等。一般由生产技术部门、劳动工资部门等运用特定的技术测定方法和分析统计资料后确定。

直接人工的价格标准就是工资率标准，它通常由劳动工资部门根据用工情况制定。采用计件工资制时，工资率标准就是产品的计件单价；采用计时工资制时，工资率标准就是小时工资率标准，是由标准工资总额除以标准总工时的商来确定的，即：

$$标准工资率 = \frac{标准工资总额}{标准总工时}$$

因此，直接人工标准成本 $= \sum(工时用量标准 \times 工资率标准)$。

【工作实例 3-6】 沿用【工作实例 3-5】中的资料，A 产品直接人工标准成本的计算如表 3-14 所示。

表 3-14　A 产品直接人工标准成本

项　目	标　准
月标准总工时①	16 000 小时
月标准总工资②	320 000 元
小时标准工资率③＝②÷①	20 元/小时
单位产品工时用量标准④	1.6 小时/件
直接人工标准成本⑤＝④×③	32 元/件

(三) 制造费用标准成本的制定

制造费用的标准成本，是由制造费用用量标准和制造费用价格标准两项因素决定的。

制造费用用量标准，即工时用量标准，其含义与直接人工用量标准相同。

制造费用价格标准，即制造费用的分配率标准。其计算公式为：

$$标准制造费用分配率 = \frac{标准制造费用总额}{标准总工时}$$

因此，制造费用标准成本＝工时用量标准×标准制造费用分配率。

成本按照其性态分为变动成本和固定成本。前者随着产量的变动而变动；后者相对固定，不随产量波动。所以，制定制造费用标准时，也应分别制定变动制造费用和固定制造费用的成本标准。

【工作实例 3-7】　沿用【工作实例 3-5】中的资料，甲产品制造费用的标准成本计算如表 3-15 所示。

表 3-15　甲产品制造费用标准成本

项　目		标　准
工时	月标准总工时①	16 000 小时
	单位产品工时标准②	1.6 小时/件
变动制造费用	标准变动制造费用总额③	48 000 元
	标准变动制造费用分配率④＝③÷①	3 元/小时
	变动制造费用标准成本⑤＝②×④	4.8 元/件
固定制造费用	标准固定制造费用总额⑥	176 000 元
	标准固定制造费用分配率⑦＝⑥÷①	11 元/小时
	固定制造费用标准成本⑧＝②×⑦	17.6 元/件
单位产品制造费用标准成本⑨＝⑤＋⑧		22.4 元

三、成本差异的计算及分析

成本差异是指一定时期内生产一定数量的产品所发生的实际成本与相关标准成本之间的差额。实际成本大于标准成本的称为超支差异，也叫不利差异；实际成本小于标准成本的则称为节约差异，也叫有利差异。

从标准成本的制定过程可以看出，任何一项费用的标准成本都是由用量标准和价格标

准两个因素决定的。因此，差异分析就应该从这两个方面进行。差异的计算公式为：

总差异＝实际产量下的实际成本－实际产量下的标准成本

＝实际用量×实际价格－实际产量下标准用量×标准价格

＝(实际用量－实际产量下标准用量)×标准价格＋实际用量×(实际价格－标准价格)

＝用量差异＋价格差异

其中，用量差异＝标准价格×(实际用量－实际产量下标准用量)；

价格差异＝(实际价格－标准价格)×实际用量。

成本差异包括直接材料成本差异、直接人工成本差异和制造费用差异，如图 3-13 所示。

图 3-13　成本差异的种类

(一) 直接材料成本差异的计算分析

直接材料成本差异，是指直接材料的实际总成本与实际产量下标准总成本之间的差异。它可进一步分解为直接材料用量差异和直接材料价格差异两部分，如图 3-14 所示。有关计算公式如下：

直接材料成本差异＝实际产量下实际成本－实际产量下标准成本

＝实际用量×实际价格－实际产量下标准用量×标准价格

＝直接材料用量差异＋直接材料价格差异

直接材料用量差异＝(实际用量－实际产量下标准用量)×标准价格

直接材料价格差异＝实际用量×(实际价格－标准价格)

图 3-14　直接材料成本差异

直接材料的用量差异形成的原因是多方面的，有生产部门原因，也有非生产部门原因，如产品设计结构、原材料的质量、工人的技术熟练程度、废品率的高低等都会导致材料用量的差异。材料用量差异的责任需要通过具体分析才能确定，但主要往往应由生产部门承担。

材料价格差异的形成受多种主客观因素的影响,较为复杂,如市场价格、供货厂商、运输方式、采购批量等因素的变动,都可以导致材料的价格差异。但由于它与采购部门的关系更为密切,所以其差异应主要由采购部门承担责任。

【工作实例3-8】 沿用【工作实例3-5】中的资料,A产品甲材料的标准价格为40元/千克,用量标准为3千克/件。假定企业每月投产A产品9 000件,领用甲材料35 000千克,其实际价格为36元/千克。其直接材料成本差异计算如下:

直接材料成本差异＝35 000×36－9 000×3×40＝180 000(元)(超支)。

其中,材料用量差异＝(35 000－9 000×3)×40＝320 000(元)(超支);

材料价格差异＝35 000×(36－40)＝－140 000(元)(节约)。

通过以上计算可以看出,A产品本月耗用甲材料发生180 000元超支差异。由于生产部门耗用材料超过标准,导致超支320 000元,应该查明材料用量超标的具体原因,以便改进工作,节约材料。从材料价格而言,由于材料价格降低节约了140 000元,从而抵销了一部分由于材料超标耗用而形成的成本超支。

(二) 直接人工成本差异的计算分析

直接人工成本差异,是指直接人工的实际总成本与实际产量下标准总成本之间的差异。它可分为直接人工工资率差异和直接人工效率差异两部分,如图3-15所示。有关计算公式如下:

直接人工成本差异＝实际总成本－实际产量下标准工时×标准工资率

　　　　　　　　＝实际工时×实际工资率－实际产量下标准工时×标准工资率

　　　　　　　　＝直接人工工资率差异＋直接人工效率差异

直接人工工资率差异＝(实际工时－实际产量下标准工时)×标准工资率

直接人工效率差异＝实际工时×(实际工资率－标准工资率)

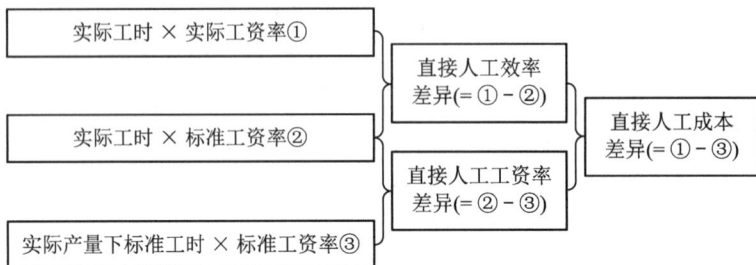

图3-15　直接人工成本差异

直接人工效率差异属于用量差异,其形成原因是多方面的,例如,工人技术状况、工作环境和设备条件的好坏等,都会影响效率的高低,但其主要责任还是在生产部门。

直接人工工资率差异属于价格差异,其形成原因比较复杂,例如,工资制度的变动、工人的工资等级、加班或临时工的增减等都将导致工资率差异。一般地,这种差异的责任不在生产部门,劳动人事部门更应对其承担责任。

【工作实例3-9】 沿用【工作实例3-6】中的资料,A产品标准工资率为20元/小时,工时标准为1.6小时/件,工资标准为32元/件。假定企业本月实际生产A产品9 000件,用工12 000小时,实际应付直接人工工资264 000元。其直接人工差异计算如下:

$$实际工资率 = \frac{264\,000}{12\,000} = 22\,(元/小时)。$$

直接人工成本差异 = 264 000 - 9 000 × 32 = -24 000 (元)(节约)。

其中，直接人工效率差异 = (12 000 - 9 000 × 1.6) × 20 = -48 000 (元)(节约)。

直接人工工资率差异 = (22 - 20) × 12 000 = 24 000 (元)(超支)。

通过以上计算可以看出，该产品的直接人工成本总体上节约 24 000 元。其中，人工效率差异节约 48 000 元，但工资率差异超支 24 000 元。工资率超过标准，可能是为了提高产品质量，调用了一部分技术等级和工资级别较高的工人，使小时工资率增加了 2 元。但也因此在提高产品质量的同时，提高了效率，使工时的耗用由标准的 14 400(9 000 × 1.6)小时降低为 12 000 小时，节约工时 2 400 小时，从而导致了最终的成本节约。

(三) 变动制造费用成本差异的计算分析

变动制造费用成本差异是指实际发生的变动制造费用总额与实际产量下标准变动费用总额之间的差异。它可以分解为变动制造费用效率差异和变动制造费用耗费差异两部分。其计算公式如下：

变动制造费用成本差异 = 实际变动制造费用 - 实际产量下标准变动制造费用

= 实际工时 × 实际变动制造费用分配率 - 实际产量下标准工时 × 标准变动制造费用分配率

= 变动制造费用效率差异 + 变动制造费用耗费差异

变动制造费用效率差异 = (实际工时 - 实际产量下标准工时) × 变动制造费用标准分配率

变动制造费用耗费差异 = 实际工时 × (变动制造费用分配率 - 变动制造费用标准分配率)

其中，效率差异属于用量差异，耗费差异属于价格差异。变动制造费用效率差异的形成原因与直接人工效率差异的形成原因基本相同。

【工作实例 3-10】 沿用【工作实例 3-7】中的资料，A 产品标准变动制造费用分配率为 3 元/小时，工时标准为 1.6 小时/件。假定企业本月实际生产 A 产品 9 000 件，用工 12 000 小时，实际发生变动制造费用 39 600 元。其变动制造费用成本差异计算如下：

$$实际变动制造费用分配率 = \frac{39\,600}{12\,000} = 3.3(元/小时)。$$

变动制造费用成本差异 = 39 600 - 9 000 × 1.6 × 3 = -3 600(元)(节约)。

其中，变动制造费用效率差异 = (12 000 - 9 000 × 1.6) × 3 = -7 200(元)(节约)；

变动制造费用耗费差异 = (3.3 - 3) × 12 000 = 3 600(元)(超支)。

通过以上计算可以看出，A 产品变动制造费用节约 7 200 元，这是由于提高效率，工时由 14 400(9 000 × 1.6)小时降为 12 000 小时的结果。由于费用分配率由 3 元提高到 3.3 元，变动制造费用发生超支，从而抵销了一部分变动制造费用的节约额。

(四) 固定制造费用成本差异的计算分析

固定制造费用成本差异是指实际发生的固定制造费用与实际产量下的标准固定制造费用的差异。其计算公式为：

固定制造费用成本差异＝实际产量下实际固定制造费用－实际产量下标准固定制造费用

＝实际工时×实际分配率－实际产量下标准工时×标准分配率

$$标准分配率＝\frac{固定制造费用预算总额}{预算产量下标准总工时}$$

由于固定制造费用相对固定，实际产量与预算产量的差异会对单位产品所应承担的固定制造费用产生影响，所以，固定制造费用成本差异的分析方法有其特殊性，分为两差异分析法和三差异分析法。

1. 两差异分析法

两差异分析是指将总差异分为耗费差异和能量差异两部分。其中，耗费差异是指固定制造费用的实际金额与固定制造费用预算金额之间的差额，也称预算差异；而能量差异则是指固定制造费用预算金额与固定制造费用标准成本的差额。计算公式如下：

耗费差异＝实际固定制造费用－预算产量下标准固定制造费用

＝实际固定制造费用－预算产量×标准工时×标准分配率

＝实际固定制造费用－预算产量下标准工时×标准分配率

能量差异＝预算产量下标准固定制造费用－实际产量下标准固定制造费用

＝预算产量下标准工时×标准分配率－实际产量下标准工时×标准分配率

＝(预算产量下标准工时－实际产量下标准工时)×标准分配率

【工作实例 3-11】 沿用【工作实例 3-7】中的资料，A 产品固定制造费用标准分配率为 11 元/小时，工时标准为 1.6 小时/件。假定企业 A 产品预算产量为 10 500 件，实际生产 A 产品 9 000 件，用工 12 000 小时，实际发生固定制造费用 200 000 元。其固定制造费用成本差异计算如下：

固定制造费用成本差异＝200 000－9 000×1.6×11＝41 600 (元)(超支)。

其中，耗费差异＝200 000－10 500×1.6×11＝15 200 (元)(超支)；

能量差异＝(10 500×1.6－9 000×1.6)×11＝26 400 (元)(超支)。

通过以上计算可以看出，该企业 A 产品固定制造费用超支 41 600 元，主要是由于生产能力不足，实际产量小于预算产量所致。

2. 三差异分析法

三差异分析是将两差异分析法下的能量差异进一步分解为产量差异和效率差异，即将固定制造费用成本差异分为耗费差异、产量差异和效率差异三个部分。其中耗费差异的概念和计算与两差异分析法下一致。相关计算公式为：

耗费差异＝实际固定制造费用－预算产量下标准固定制造费用

＝实际固定制造费用－预算产量×标准工时×标准分配率

＝实际固定制造费用－预算产量下标准工时×标准分配率

产量差异＝(预算产量下标准工时－实际产量下实际工时)×标准分配率

效率差异＝(实际产量下实际工时－实际产量下标准工时)×标准分配率

【工作实例 3-12】 沿用【工作实例 3-7】中的资料，计算其固定制造费用的成本差异如下：

固定制造费用成本差异＝20 000－9 000×1.6×11＝41 600 (元)(超支)。

其中，耗费差异$=20\,000-10\,500\times1.6\times11=15\,200$(元)(超支)；

产量差异$=(10\,500\times1.6-12\,000)\times11=52\,800$(元)(超支)；

效率差异$=(12\,000-9\,000\times1.6)\times11=-26\,400$(元)(节约)。

通过上述计算可以看出，采用三差异分析法，能够更好地说明生产能力利用程度和生产效率高低所导致的成本差异情况，便于分清责任。

两差异分析法和三差异分析法如图3-16所示。

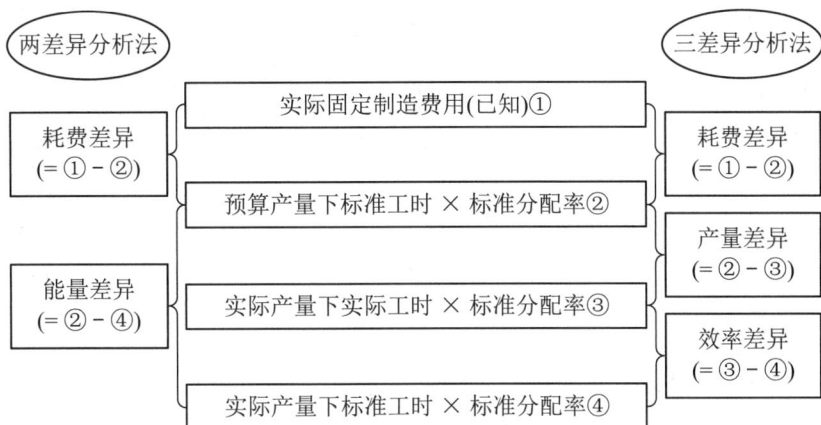

图3-16　两差异分析法和三差异分析法

(五) 分析结果的反馈

标准成本差异分析是企业规划与控制的重要手段。通过差异分析，企业管理人员可以进一步揭示实际执行结果与标准产生差异的深层次原因。差异分析的结果，可以更好地凸显实际生产经营活动中存在的不足，这对企业成本的持续降低、责任的明确划分及经营效率的提高具有十分重要的意义。

在传统环境下进行标准成本差异分析可以提高工作效率和降低工作压力，但在数字时代，其管理复杂性可能会增加，即时性和实时性需求可能会导致任务处理更快速，并且还要求用更加全局性和综合性的视角去看待成本的计算，这就有必要探索成本分析的数字化实现方式，以赋能管理。

数智赋能——成本数字化分析实践

在数字化浪潮的冲击下，企业面临着前所未有的挑战和机遇。传统的成本计算方式已经无法满足现代企业对效率、准确性和实时性的要求。为此，数字化智能成本计算实践悄然兴起，它利用先进的信息技术，将成本计算过程细分化、智能化，为企业提供了更为精确、高效的成本数据。这一创新实践不仅有助于企业准确把握成本构成，优化资源配置，还能提升企业的市场竞争力。下面我们基于分批法的原理探讨数字化智能成本计算实践的具体操作和实际效果，共同领略数字化时代成本计算的魅力。

案例背景

雅尚国风服饰有限公司是一家致力于传承与发扬中华优秀服饰文化的现代化服装企业，专注于中高档国风裙装的制作，产品主要是旗袍裙、汉服裙和襦裙。2022年，公司正处于初创阶段，由于品牌知名度尚未广泛建立，且产品风格相对小众，因此生产订单相对较少。为了提高生产效率，公司决定采用分批法来计算产品成本。同时，为确保成本的准确性，制造费用将按照人工工时比例进行合理分摊。这种管理方式不仅简化了操作流程，还有效地保障了成本的精确控制。2023 年年初公司推出的马面裙迅速在网络上走红，吸引了大量消费者的瞩目与喜爱，订单量不断攀升，为此公司计划提高生产效率和成本控制。由于市场变化难以预测，公司决定保持售价稳定，此时成本核算就成了一大挑战，特别是间接费用分配。相关人员建议采用分批法原理建立新的分配模型，并通过 Power BI 实现成本分析的可视化，以支持管理层决策。

根据模型的执行结果，根据 Power BI 成本分析驾驶舱进行可视化决策分析。

数字实践

在当今竞争激烈的商业环境中，企业需要实时、准确地掌握成本状况，以便及时调整战略、优化资源配置。Power BI 成本分析驾驶舱应运而生，它是一种基于先进数据分析工具的成本管理解决方案。通过 Power BI，企业可以轻松构建成本分析仪表板，实时监控成本变化，深入挖掘成本构成，发现潜在的成本节约机会。

分批别成本
计算结果

下面基于 Power BI 来构建成本分析驾驶舱，实现雅尚国风服饰有限公司实现成本管理的智能化、可视化，助力降本增效，赋能决策，提升竞争力。

获取并更新数据

过程实现

1. 扫描二维码获取并更新数据

2. 打开 Power BI 并设置数据源

打开 Power BI 并单击"编辑与查询"选项，然后选择"数据源设置"。在这里，单击"更改源数据"，如图 3-17 所示，以便于导入刚刚下载的数据表。

图 3-17　选择数据源

3. 运用看板分析数据

在数据源设置完成后，利用 Power BI 的看板功能来分析数据。看板是一种可视化的数据展示方式，可以帮助我们快速理解和洞察数据。在这一步骤中，可以创建多个看板，每个看板专注于不同的分析视角，例如，基本趋势分析、成本结构分析等。为了创建看板，需要从 Power BI 的左侧菜单中选择相应的数据字段，并拖拽到中间的工作区域来创建不同的图表，如柱状图、折线图或饼图等。

通过以上步骤，可以得到雅尚国风服饰有限公司成本分析的可视化面板图，如图3-18～图 3-21 所示。

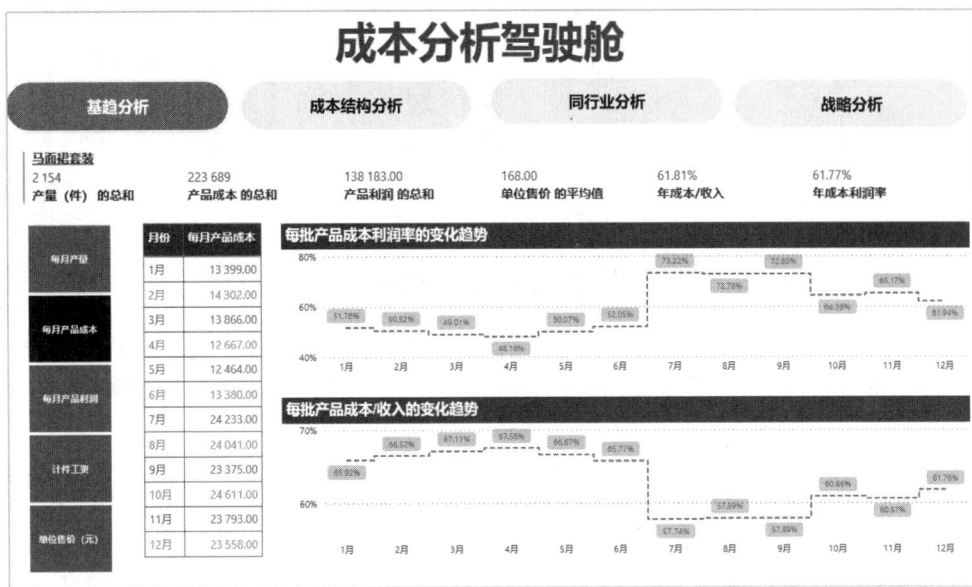

图 3-18 基趋分析

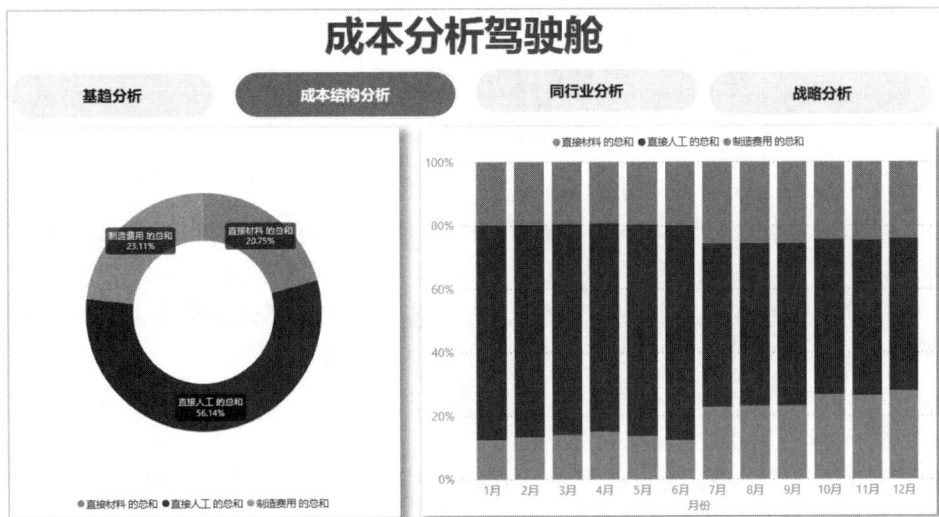

图 3-19 成本结构分析

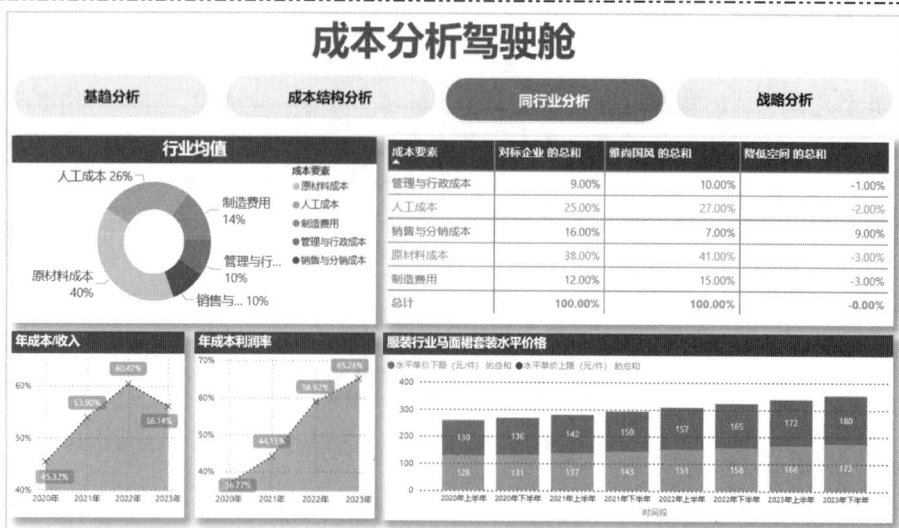

图 3-20　同行业分析

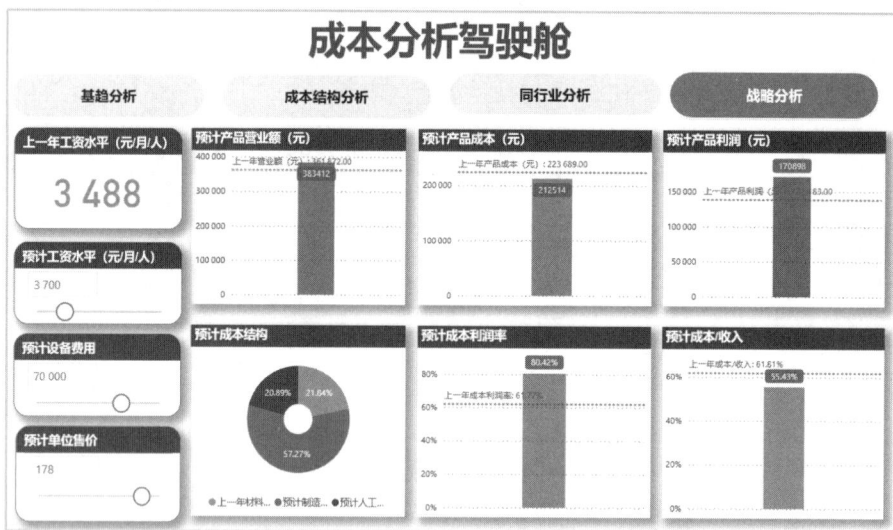

图 3-21　战略分析

根据可视化结果图，可以分析出：

(1) 尽管原材料价格波动导致部分利润被抵消，但公司最终通过提高生产效率，成功维持并提升了成本利润率。

(2) 通过调整人员配置，公司降低了人工成本，马面裙套装的成本占收入的比例得以下降，这一举措有效提升了公司的盈利能力和市场竞争力。

(3) 2023 年下半年公司加大对自动化设备的投入力度，相较于上半年来说人工费用的占比有所下降，制造费用的占比有所上升。

(4) 原材料成本方面，马面裙产品不仅高于行业平均水平，而且与对标企业相比，降低空间为 −3%。为了降低这部分成本，公司可以考虑寻找更优质且价格合理的供应商，以及优化材料使用方式；管理与行政成本方面，马面裙产品目前略高于行业平均水平，降

低空间为 -1%。为了降低这部分成本，公司可以考虑精简管理层级，优化管理流程。

总的来说，尽管公司努力控制人工成本，但人工费用占比依旧偏高，与行业均值和竞争对手相比仍有差距。为此，公司亟待重新审视和调整成本管理策略。

【职场经验】

标准成本法可以帮助企业评估各个部门或产品的绩效。如果某个部门或产品的实际成本远低于标准成本，这可能表明该部门或产品的管理效率高；反之，则可能存在效率低下的情况。

◎ **小组讨论**

什么叫标准成本？标准成本和实际成本有什么区别？为什么说标准成本是营业成本，是成本控制业绩考评的依据？

任务评测

一、单项选择题

1. "标准成本"一词，在实际工作中指( )。
A. 单位产品的标准成本　　　　B. 实际产量的标准成本
C. 理想标准成本　　　　D. 单位产品的标准成本或实际产量的标准成本

2. 以现有生产经营条件处于最佳状态为基础确定的最低水平的成本称为( )。
A. 理想标准成本　　　　B. 基本标准成本
C. 平均标准成本　　　　D. 现实标准成本

3. 通常应对不利的材料价格差异负责的部门是( )。
A. 质量控制部门　　　　B. 采购部门
C. 生产部门　　　　D. 产品设计部门

4. 成本差异分析中下列属于数量差异的是( )。
A. 直接材料价格差异　　　　B. 直接材料用量差异
C. 直接人工工资率差异　　　　D. 变动制造费用分配率差异

5. 某企业生产乙产品 200 件，实际耗用总工时 400 小时，标准总工时 380 小时，标准工资率为 1 元/小时，实际工资率为 0.8 元/小时，则工资率差异为( )。
A. 20 元　　　B. 42 元　　　C. -40 元　　　D. -80 元

二、多项选择题

1. 标准成本在实际工作中的含义可以是( )。
A. 单位产品的标准成本　　　　B. 计划产品的标准成本
C. 基本产品的标准成本　　　　D. 实际产量的标准成本

2. 产品标准成本一般包括( )。
A. 直接材料成本　　　　B. 直接人工成本
C. 制造费用成本　　　　D. 管理费用成本

3. 在生产过程发生的成本差异有(　　)。

A. 材料价格差异　　　　　　　　B. 材料用量差异

C. 直接人工效率差异　　　　　　D. 直接人工工资率差异

4. 直接材料的价格标准包括材料的(　　)。

A. 买价　　　　B. 运杂费　　　　C. 检验费　　　　D. 保险费

5. 制定标准成本的用量标准时，包括(　　)。

A. 产品直接材料消耗总量　　　　B. 单位产品直接人工总量

C. 产品直接人工总量　　　　　　D. 单位产品直接人工工时

三、判断题

1. 在材料成本差异分析中，价格差异总金额是根据单价偏差乘以"实际"用量计算的，而数量差异总额却是根据单耗偏差乘以"标准"价格计算的。　　　　　　　　(　　)

2. 标准成本制度不仅可以用于制造类企业，也可以用于服务类企业。　　(　　)

3. 材料价格差异是指材料外购的实际价格与标准价格之间的差异。　　(　　)

4. 直接人工效率差异、变动制造费用效率差异和固定制造费用效率差异三者形成的原因是相同的，只是程度不同。　　　　　　　　　　　　　　　　　　　(　　)

5. 在成本差异分析中，数量差异的大小是由用量脱离标准的程度及实际价格高低决定的。　　　　　　　　　　　　　　　　　　　　　　　　　　　　　　(　　)

四、计算分析题

1. 甲公司是一家生产经营比较稳定的制造企业，假定只生产一种产品，并采用标准成本法进行成本计算分析。单位产品用料标准为 6 千克/件，材料标准单价为 1.5 元/千克。2019 年 1 月份实际产量为 500 件，实际用料为 2 500 千克，直接材料实际成本为 5 000 元。另外，直接人工实际成本为 9 000 元，实际耗用工时为 2 100 小时，经计算，直接人工效率差异为 500 元，直接人工工资率差异为 −1 500 元。

要求：

(1) 计算单位产品直接材料标准成本。

(2) 计算直接材料成本差异、直接材料数量差异和直接材料价格差异。

(3) 计算该产品的直接人工单位标准成本。

2. 甲公司生产某产品，预算产量为 10 000 件，单位标准工时为 1.2 小时/件，固定制造费用预算总额为 36 000 元。该产品实际产量为 9 500 件，实际工时为 15 000 小时，实际发生固定制造费用 38 000 元。公司采用标准成本法，将固定制造费用成本差异分解为三差异进行计算与分析。

要求：

(1) 计算固定制造费用耗费差异。

(2) 计算固定制造费用产量差异。

(3) 计算固定制造费用效率差异。

(4) 计算固定制造费用成本差异，并指出该差异属于有利还是不利差异。

任务四 作业成本法

学海航标

1. 掌握作业成本法的核算流程及相关计算，识别和控制成本驱动因素；
2. 识别和分配成本到具体的作业或活动上，实现成本计算的公平和公正。

知识准备

一、作业成本法的认知

作业成本法是以"作业消耗资源、产品(服务)消耗作业"为原则，按照资源动因将资源费用追溯或分配至各项作业，计算出作业成本，然后再根据作业动因，将作业成本追溯或分配至各成本对象，最终完成成本计算的成本管理方法。

作业成本法认为，企业的全部经营活动是由一系列相互关联的作业组成的，企业每进行一项作业都要耗用一定种类和一定数量的资源，而企业生产的产品或提供的服务需要通过一系列的作业来完成。产品成本实际上就是企业生产该产品的全部作业所消耗的资源的总和。因此，作业成本法的理论依据可以表述为"作业消耗资源，成本对象(产品或服务)消耗作业"，如图 3-22 所示。

图 3-22 作业成本法的理论依据

生产经营导致作业发生，作业耗用资源，产品耗用作业，从而导致产品成本发生。因此，在计算产品成本时，首先按经营活动中发生的各项作业来归集成本，计算作业成本；然后按各项作业与成本对象(产品、服务或活动)之间的因果关系，将作业成本追溯到成本对象，最终完成成本计算过程。

二、作业成本法的相关概念

(一) 资源费用

资源费用，是指企业在一定期间内开展经济活动所发生的各项资源耗费。资源费用既包括房屋及建筑物、设备、材料、商品等有形资源的耗费，也包括信息、知识产权、土地使用权等无形资源的耗费。为便于将资源费用直接追溯或分配至各作业中心，还可以按照资源与不同层次作业的关系，将资源分为以下五类。

(1) 产量级资源：包括为单个产品或服务所取得的原材料、零部件、人工、能源等。

(2) 批别级资源：包括用于生产准备、机器调试的人工等。

(3) 品种级资源：包括为提供某种产品或服务所需要的专门化设备、软件和人力等。

(4) 客户级资源：包括为特定客户提供所需要的专门化设备、软件和人力等。

(5) 设施级资源：包括土地使用权、房屋及建筑物，以及所保持的不受产量、批别、产品、服务和客户变化影响的人力资源等。

对产量级资源费用，应直接追溯至各作业中心的产品等成本对象。对其他级别的资源费用，应选择合理的资源动因，按照各作业中心的资源动因量比例，分配至各作业中心。企业为执行每一种作业所消耗的资源费用的总和，构成该种作业的总成本。

(二) 作业

作业是指企业中特定组织(成本中心、部门或产品线)重复执行的任务或活动，如签订材料采购合同、将材料运达仓库、对材料进行质量检验、办理入库手续、登记材料明细账等。每一项作业，是针对加工或服务对象重复执行特定的或标准化的活动。例如，轴承工厂的车工作业，无论加工何种规格型号的轴承外套，都须经过将加工对象(工件)的毛坯固定在车床的卡盘上，开动机器进行切削，然后将加工完毕的工件从卡盘上取下等相同的特定动作和程序。

作业可能是非常具体的活动，如车工作业；也可能泛指一类活动，如机加工车间的车、铣、刨、磨等所有作业可以统称为机加工作业；甚至可以将机加工作业、产品组装作业等统称为生产作业(相对于产品研发、设计、销售等作业而言)。由若干个相互关联的具体作业组成的作业集合，被称为作业中心。

执行任何一项作业都需要耗费一定的资源。资源是指作业耗费的人工、能源和实物资产(车床和厂房等)。任何一项产品的形成都要消耗一定的作业。作业是连接资源和产品的纽带，它在消耗资源的同时生产出产品。从技术角度看，作业是企业生产过程中的各工序和环节；但从管理角度看，作业是基于一定的目的、以人为主体、消耗一定资源的特定范围内的工作。作业应具备如下特征：① 作业是以人为主体的一项工作；② 作业消耗一定的资源，作业是员工所做的工作，必然要消耗各种人力和物质资源；③ 区分不同作业的标志是作业目的。可以将企业的制造过程按不同环节的目的划分为若干项作业，每项作业中，员工负责完成自己职权内的工作。描述作业时可以采取一个行为动词加一个宾语的做法，如加工零件、检验产品、生产准备、运输物料、编写数控代码、验收材料、包装产品等。

从不同的角度出发，作业有不同的分类。

1. 按消耗对象不同

按消耗对象不同，作业可以分为主要作业和次要作业。

主要作业是被产品、服务或客户等最终成本对象消耗的作业。次要作业是被原材料、主要作业等介于中间地位的成本对象消耗的作业。例如，产品设计与改良属于企业技术部门的主要作业；技术人员参加会议、进行专项培训则属于次要作业。

2. 按受益对象、层次和重要性不同

按受益对象、层次和重要性，作业可分为以下五类。

(1) 产量级作业，是指明确地为个别产品或服务实施的，使单个产品或服务受益的作业。该类作业的数量与产品或服务的数量成正比例变动，包括加工产品、检验产品等。

(2) 批别级作业，是指为一组(或一批)产品或服务实施的，使该组(或批)产品或服务受益的作业。该类作业的发生是由生产的批量数而不是单个产品或服务引起的，其数量与产品或服务的批量成正比例变动，包括设备调试、生产准备等。

(3) 品种级作业，是指为生产和销售某种产品或服务实施的，使该种产品或服务的每个单位都受益的作业。该类作业用于产品或服务的生产或销售，但独立于实际产量或批量，其数量与品种的多少成正比例变动。该类作业包括新产品设计、现有产品质量与功能改进、生产流程监控、工艺变换需要的流程设计、产品广告等。

(4) 客户级作业，是指为服务特定客户所实施的作业。该类作业保证企业将产品或服务销售给个别客户，但作业本身与产品或服务数量独立。该类作业包括向个别客户提供的技术支持活动、咨询活动、独特包装等。

(5) 设施级作业，是指为提供生产产品或服务的基本能力而实施的作业。该类作业是开展业务的基本条件，其使所有产品或服务都受益，但与产量或销售量无关。该类作业包括管理作业、针对企业整体的广告活动等。

(三) 作业中心

作业中心是指一类相互关联的作业组成的作业集合。例如，在原材料采购环节，材料采购、材料检验、材料入库、材料仓储保管等各项作业都是相互联系的。因此，可将上述作业均归于材料处理作业中心。设置作业中心，一是为了寻找相同或相似工作的共性和规律，提高管理效率；二是方便对资源耗费价值进行归集，正确计算资源成本。

按对客户价值的贡献分类

(四) 成本动因

成本动因是指诱导成本发生的原因，是成本对象与其直接关联的作业和最终关联的资源之间的中介。成本动因通常以作业活动耗费的资源来度量。例如，产量增加时，直接材料成本就增加，产量是诱导直接材料成本发生的原因，即直接材料成本的动因；检验成本随着检验次数的增加而增加，检验次数就是诱导检验成本发生的原因，即检验成本的动因。在作业成本法下，成本动因是成本分配的依据，按其在资源流动中所处位置和作用，成本动因可分为资源动因和作业动因。

1. 资源动因

资源动因是引起作业成本增加的驱动因素，是引起资源耗用的成本动因，它反映了资源耗用与作业量之间的因果关系，是将资源费用分配到作业中心的标准。以"维修设备"作业为例，这项作业消耗的资源有零部件、工具、设备、人工和水电等。其中，零部件、工具、设备等材料可以直接追溯到"维修作业"，而人工和水电等无法直接追溯。这时就可以考虑使用"机器小时"这一资源动因来分配人工和水电费。因此这项作业的总成本就等于可直接追溯的资源成本与按资源动因分配的成本之和。企业一般应选择那些与资源费用总额成正比例关系变动的资源动因作为资源费用分配的依据。常见的资源及对应的资源动因见表3-16。

表 3-16   常见的资源及对应的资源动因

资 源	资源动因
人工	消耗劳动时间
材料	消耗材料数量
动力	消耗电力数
房屋租金	使用房屋面积

2. 作业动因

作业动因是引起作业耗用的成本动因，反映了作业耗用与最终产出的因果关系，是将作业成本分配到流程、产品、分销渠道、客户等成本对象的依据。例如，作业动因"维修工作小时数"可被用来将"维修设备"作业的成本进一步分配至成本对象。常见的作业及对应的作业动因如表 3-17 所示。

表 3-17   常见的作业及对应的作业动因

作 业	作业动因
调试设备	调试次数
包装设备	包装次数
检验产品	检验小时
采购材料	订单份数
使用机器	机器小时
搬运存货	搬运次数

三、作业成本核算

作业成本法下，成本计算的第一阶段除了把直接成本追溯到产品以外，还要将各项间接费用分配到各有关作业，并把作业看成按照产品生产需求重新组合的"资源"；第二阶段按照作业消耗与产品之间不同的因果关系，将作业成本分配到产品。因此，作业成本法下间接费用的分配路径是"资源→作业→产品"。作业成本核算流程如图 3-23 所示。

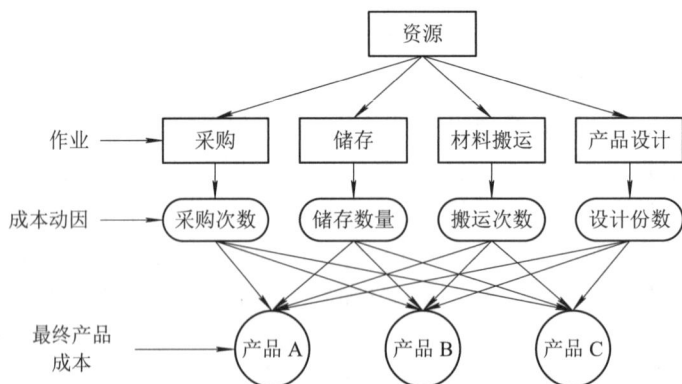

图 3-23   作业成本核算流程

【工作实例 3-13】 某服装生产企业在实行作业成本法之前采用逐步结转分步法进行产品成本计算，生产过程分为以下三个步骤：

第一步骤是备料，备料车间包括各种布匹的整理、选配等；

第二步骤为缝纫，缝纫车间包括裁剪、机器缝纫、手工锁扣眼、手工钉扣、检验等；

第三步骤为包装，包装车间包括熨烫、配号、包装等。

该企业只生产夹克和西服两种产品。该企业为了进一步改进夹克和西服成本核算，决定实行作业成本法，作业成本法实施情况如下。

1. 确定成本对象

无论采用哪种方法计算成本都必须首先明确成本计算对象，作业成本法也不例外。假定现以该服装企业第二生产步骤——缝纫车间加工的两种产品——夹克和西服作为成本对象。

2. 确定直接成本的类别

在作业成本法下，直接成本采用直接追溯法直接计入产品成本对象中，无需进行分配。其他的作为间接成本，应当采用动因追溯法进行分配计算。根据该服装企业产品的特点，经过分析确定生产夹克使用的布料及辅助材料(包括纽扣、商标等)作为直接材料成本，生产西服使用的面料、衬里及其他辅助材料(包括纽扣、商标等)作为直接材料成本，除此之外的其他成本作为间接成本。

3. 识别作业，分析成本动因，明确作业中心(成本库)，确定成本中心

一个企业整个生产经营过程的作业很多，需要对每项作业在进行分析的基础上，查明影响成本真实性的关键性作业，并将有着相同产品成本动因的作业作为一类，作为一个作业中心；其所发生的资源耗费构成一个成本集合或成本库。

作业成本的计算程序与确认关键性作业密切相关。经过分析，缝纫车间可以归纳出 6 项关键性作业，并将每一项关键性作业，作为一个作业中心。这 6 个作业中心分别是样板制作、生产准备、机器缝纫、手工钉扣和锁眼、检验、车间管理。

4. 设置成本核算科目，进行成本费用的归集

作业成本法下设置会计核算科目，既要根据作业中心设置作业账户，考虑作业成本的归集、分配和分析，又要考虑财务报表成本所需的成本资料，以便编制对外报送财务报表。以上述所举的服装公司缝纫车间为例，应在"生产成本"科目下，按照夹克和西服作为成本计算对象，设置成本计算单，并按直接材料、直接人工、作业成本设置专栏。在将资源分配到各作业中心时，如果某资源能分清是哪一作业所耗，可将该资源直接分配到该作业中心，如直接材料、直接人工；如果某资源由几个作业中心共同耗费，不能分清是哪一作业所耗，则须采用一定的资源动因，将该资源在共同耗费该资源的作业中心之间进行分配。

作业成本法要求将"作业成本"取代"制造费用"科目，在该科目下按照作业成本库设置"样板制作""生产准备""机器缝纫""手工钉扣和锁眼""检验""车间管理"等明细科目，并开设有关费用专栏。例如作业中心 3 所设置的"作业成本——缝纫车间"的明细账资料如表 3-18 所示。

表 3-18　"作业成本——缝纫车间"的明细账　　　　　　　　　单位：元

项　目	直接人工成本	折旧费	动力费	缝纫线	机物料消耗	合计
……						
发生额合计	130 000	325 000	96 000	3 700	2 600	557 300
本月转出	130 000	325 000	96 000	3 700	2 600	557 300
本月结余	0	0	0	0	0	0

5. 进行作业成本计算，编制作业成本分配表

进行作业成本分配计算的基础是成本动因的选择，如裁剪批次(次)、机器台时(小时)、人工工时(小时)、检验时间(小时)、实际产量(件)、预计单位售价(元)等。成本动因的选择应遵循因果关系、受益性、合理性等原则。在归集作业成本和确定成本动因的分配基础以后，就可以计算出实际作业成本分配率(间接成本动因率)，然后用实际作业成本分配率乘以产品或批次耗用的作业量(成本动因量)，即得该产品或批次所分得的该项间接成本。其计算公式分别如下：

$$实际作业成本分配率 = \frac{当期实际发生的作业成本}{当期实际作业产出}$$

$$某产品耗用的作业成本 = \sum(该产品耗用的作业量 \times 实际作业成本分配率)$$

某服装企业按实际作业成本和实际分配基础，计算实际作业成本分配率，并以实际分配率来分配作业成本，编制作业成本分配表见表 3-19。

表 3-19　作业成本分配表

	项　目	作业 1	作业 2	作业 3	作业 4	作业 5	作业 6	合计
	本期作业成本发生额/元	189 000	420 000	55 200	310 200	147 000	315 000	1 933 200
分配基础	产品型号(型号数)	9						
	生产准备数/次		12					
	机器工时/小时			4 600				
	人工工时/小时				14 100			
	检验时间/小时					175		
	(实际产量×预计单价)/元						450 000	
	分配率	21 000	35 000	12	22	840	0.7	
	西服耗用作业动因	3	4	2 600	8 500	95	3 200 000	
	夹克耗用作业动因	6	8	2 000	5 600	80	1 300 000	
	西服分配作业成本/元	63 000	140 000	312 000	187 000	79 800	224 000	927 400
	夹克分配作业成本/元	126 000	280 000	240 000	123 200	67 200	91 000	1 933 200

表 3-19 是实际作业成本和实际分配为基础，计算实际成本分配率。在实务中，还可以选择预算成本分配率进行各项作业成本的分配。某一作业成本的预算成本分配率，可根据该作业中心的预算成本和预计的分配基础计算求得。用预算成本分配率乘以实际发生的作业量(分配基础)，计算应分配各个成本对象的作业成本。

【职场经验】

管理会计在计算产品的作业成本时一般依照这些步骤：收集产品费用信息，确定作业中心——区分相关费用的性质，将资源耗费分配到各作业中心——将作业中心成本分配到各产品中。

因此需要注意：

1. 作业成本法包括以前年度的期间费用，因此需要注意与现行会计制度衔接；
2. 确保会计信息完整、真实可靠。

四、作业成本法的适用条件

作业成本法是一种先进科学的方法，但并非适用于所有的企业，企业规模小、产品范围窄、制造费用低的企业，则不宜采用。概括起来，采用作业成本法必须满足以下条件。

(一) 企业规模大，产品种类多

如果企业生产单一品种，为生产该产品而发生的直接材料、直接人工、制造费用最终都由该产品来负担，不存在制造费用的分配问题，则不需要采用作业成本法。只有产品种类较多，各种产品耗用作业量不同的企业，才适宜采用作业成本法。先将制造费用按作业中心归集，然后按照各种产品耗用作业量的不同比例向产品进行分配，这样才能使计算的产品成本比较准确。

(二) 产品成本构成中，制造费用比重大

作业成本法主要是为了解决制造费用中传统不合理的分配方法的问题而产生的。随着现代制造业自动化程度的日益提高，产品成本中制造费用的比重较以往也有大幅度提高，且这些费用与各种产品的生产工时的直接相关性大大降低，这时如果再采用传统的成本计算法进行制造费用的分配，必然降低成本计算的准确性，进而影响决策的效果。

(三) 产品工艺过程复杂，作业环节多

在企业或企业某一个车间生产产品的结构、工艺制造过程复杂，所要经过的工序、作业环节较多的情况下，传统的成本计算方法不考虑各种产品耗用不同作业的情况，统一采用一个标准分配，导致成本资料不够准确。而作业成本法按照成本动因进行费用的分配，使直接归属于这种产品的成本比重大大增加，而按人为标准分配于这种产品成本的比重大大减少。

(四) 各种产品需要技术服务的层次不同

由于各种产品所运用的作业不相同，因而所运用的技术方法也存在着明显的差异，如各种产品生产准备时间长短的差别、各种产品机器加工时间长短的差别、各种产品质量检验次数多少的差别、各种产品设计复杂程度的差别、各种产品所耗材料数量的差别等。若对这些存在较大差异的产品采用单一分配标准进行分配，必然不公平。只有采用作业成本法，对不同的作业采用不同的分配标准，才能保证成本计算的公平合理。

(五) 会计电算化程度要求较高

作业成本法是一种较为烦琐的成本计算系统，与传统成本计算方法相比，除了按各种产品归集费用，计算各种产品的成本以外，还要以各作业中心为成本计算对象，归集成本使成本计算对象的数量增加，程序复杂、工作量增大；同时要提高成本计算的及时性。因此，作业成本法需借助现代化的计算和账务处理手段来进行，以保证成本计算的准确、可靠和及时。

◎ **小组讨论**

某制造企业正在进行数字化转型，其中一项重要任务是优化成本管理。企业决定引入作业成本法来更准确地计算产品成本。

如何利用大数据和人工智能技术优化作业成本法？

● 任务评测

一、单项选择题

1. 作业成本法的成本计算以(   )为中心。

A. 产品   B. 作业   C. 费用   D. 资源

2. 下列属于增值作业的是(   )。

A. 原材料储存作业   B. 原材料等待作业

C. 包装作业   D. 质量检查作业

3. 使用作业成本法计算技术含量较高、生产量较小的产品，其单位成本与使用传统成本法计算相比，要(   )。

A. 高   B. 低   C. 两者一样   D. 两者不一样

4. 作业的主体是(   )。

A. 产品   B. 人   C. 劳务   D. 物

5. 作业成本计算法下间接成本与产量之间的关系为(   )。

A. 订购量越大，采用作业成本法计算的单位成本越低

B. 订购量越大，采用作业成本法计算的单位成本越高

C. 订购量越小，采用作业成本法计算的单位成本越低

D. 无论订购量多少，计算出的单位成本都是相同的

二、多项选择题

1. 成本动因选择主要考虑因素有(   )。

A. 成本计算   B. 成本动因与所耗资源成本的相关程度

C. 成本率   D. 成本中心

2. 与作业成本法相比，关于传统成本计算方法，下列说法错误的有(   )。

A. 传统成本法低估了产量大而技术复杂程度低的产品成本

B. 传统成本法高估了产量大而技术复杂程度低的产品成本

C. 传统成本法低估了产量小而技术复杂程度高的产品成本

D. 传统成本法高估了产量小而技术复杂程度低的产品成本

3. 作业成本计算法与传统成本计算法的主要区别体现在( )。

A. 成本计算基础不同   B. 成本计算对象不同

C. 成本计算程序不同   D. 费用分配标准不同

E. 提供的成本信息不同

4. 狭义作业成本计算法一般步骤包括( )。

A. 明确作业中心   B. 归集成本资源

C. 选择成本动因   D. 分配间接费用

E. 计算每种产品的作业成本

5. 与传统的成本管理相比,作业成本管理的特点在于( )。

A. 传统成本管理的对象主要是产品,作业成本管理的对象不是产品,而是作业

B. 传统成本管理关注的重点是成本,而作业成本管理关注的重点是作业

C. 传统的成本管理一般以部门(或生产线)作为责任中心,作业成本管理则是以作业及相关作业形成的价值链来划分职责

D. 传统的成本管理以现实可能达到的水平作为控制标准,作业成本管理以最优或理想成本作为控制标准

三、判断题

1. 作业成本计算法是通过分析成本发生的动因,对构成产品成本的各种主要间接费用采用不同的间接费用率进行成本分配的成本计算方法。   ( )

2. 成本动因与作业之间是一对一的对应关系。   ( )

3. 作业的目的不同于某一项具体工作目的,作业的划分是循着成本动因展开的,这为按照成本动因分配费用提供了基础。   ( )

4. 作业成本计算仅仅是一种成本核算方法,并非一种现代成本管理的方法。   ( )

5. 作业成本计算法适用于生产经营的作业环节不多,各种产品需要技术服务的程度相差不大的情况。   ( )

四、计算分析题

大华公司同时生产甲、乙两种产品。20××年9月,该公司发生的制造费用总计800 000元,过去该公司制造费用按直接人工工时进行分配,有关资料如表3-20、表3-21所示。

表3-20 产品相关资料

项 目	甲 产 品	乙 产 品
产量/件	1 200	2 400
直接材料成本/(元/件)	70	90
材料用量/千克	3 500	1 500
直接人工工时/(小时/件)	3	2
机器调控次数/次	18	6
产品抽检比例	60%	30%
小时工资率/(元/小时)	40	40

表 3-21　制造费用资料　　　　　　　　　单位：元

作　业	作业动因	成本库	制造费用
质量控制	抽检件数	质量控制	400 000
机器调控	调控次数	机器调控	300 000
材料整理	整理数量	材料整理	200 000
制造费用合计			900 000

要求：分别采用完全成本法和作业成本法两种方法计算产品成本，填写表 3-22～表 3-25。

表 3-22　完全成本法产品成本计算

成本项目	甲产品	乙产品	合　计
直接材料总成本/元			
直接人工总成本/元			
制造费用/元			
产品成本合计/元			
产量/件			
单位成本/(元/件)			
其中：制造费用分配率/%			

表 3-23　制造费用分配率计算

成本库	制造费用/元	成本动因	分配率/%
质量控制			
机器调控			
材料整理			

表 3-24　制造费用分配表

成本库	制造费用/元	分配率/%	甲产品		乙产品	
			作业动因	分配成本/元	作业动因	分配成本/元
质量控制						
机器调控						
材料整理						
合计						

表 3-25　作业成本法产品成本计算　　　　　　　　　单位：元

成本项目	甲产品		乙产品	
	单位成本	总成本	单位成本	总成本
直接材料成本				
直接人工成本				
制造费用				
合计				

引思明鉴

降耗增效，绿色发展

为应对节能监察，某企业大力推行机器设备、工艺流程的节能降耗，然而收效甚微。后来听说有关部门发起工业节能诊断服务，该企业马上请第三方专业机构上门对工业技术装备、能源管理体系等进行全面诊断，找到了平时"看不到"的节能问题，一番改造后每年能节约270吨标准煤，直接降低企业运营成本170万元。

2020年以来，我国部分工业企业面临经营压力。为帮助企业纾困发展，政府陆续出台了一系列为企业降低成本的政策措施，通过降低用能用地用工成本等为企业送上"真金白银"。政府在从外部为企业"减负"的同时，也想方设法激活企业降成本的内生动力。企业以节能改造为突破口，通过降低能耗，节约生产成本，短期看能纾困，长远看有利于其在提质增效的道路上轻装前行。只有内外兼顾、双管齐下，企业才能真正为高质量发展积蓄力量。

党的二十大报告强调，推动绿色发展，促进人与自然和谐共生。大自然是人类赖以生存发展的基本条件。尊重自然、顺应自然、保护自然，是全面建设社会主义现代化国家的内在要求。

当前，绿色发展已成为提升企业竞争力的重要手段，特别是在推动全球气候治理的当下，以工业节能诊断为抓手，让节能监察与节能服务相辅相成，才能涌现出更多在绿色制造上具有全球竞争力的一流工业企业。

赛学融合

赛题一：标准成本差异分析

北京微米视像有限公司是微米视像科技有限公司的子公司，简称北京微米。北京微米主要生产和销售蓝鲸电视P11、蓝鲸电视P21。

1. 标准成本资料

北京微米采用标准成本法核算产品成本，2021年两种产品的标准成本资料如表3-26所示。

表3-26 两种产品的标准成本资料

项 目		蓝鲸电视P11	蓝鲸电视P21
直接材料	标准用量/(份/台)	1.00	1.00
	价格标准/(元/份)	640.00	620.00
直接人工	标准用量/(时/台)	2.00	1.50
	价格标准/(元/时)	150.00	121.00
变动制造费用	标准用量/(时/台)	2.00	1.50
	价格标准/(元/时)	85.00	74.00
固定制造费用	标准用量/(时/台)	2.00	1.50
	价格标准/(元/时)	6.00	4.50

2. 实际成本资料

北京微米 2021 年实际生产蓝鲸电视 P11 和蓝鲸电视 P21 的成本资料如表 3-27 所示。

表 3-27　两种产品的实际成本资料

产品	蓝鲸电视 P11	蓝鲸电视 P21
实际产量/台	34 585	28 790
实际耗用材料/元	22 213 322.97	17 870 808.06
实际人工/元	10 307 675.20	5 269 555.72
实际变动制造费用/元	5 836 834.80	3 265 293.46
实际固定制造费用/元	417 927.12	189 046.66

2021 年蓝鲸电视 P11 和蓝鲸电视 P21 的预算产量为 35 500 台和 30 000 台。

北京微米 2021 年的实际单位成本资料如表 3-28 所示。

表 3-28　两种产品的实际单位成本资料

产品	直接材料/(元/份)	直接人工/(元/时)	变动制造费用/(元/时)
蓝鲸电视 P11	641.00	149.56	84.69
蓝鲸电视 P21	619.80	122.02	75.61

注：北京微米产销平衡，变动制造费用和固定制造费用的实际工时一致。

要求：根据本任务资源和已完成相关任务结果，完成表 3-29。以完整小数位数引用计算，结果四舍五入保留两位小数。

表 3-29　标准成本差异分析　　　　　　　　　　　　　单位：元

项　　目		蓝鲸电视 P11	蓝鲸电视 P21
直接材料	数量差异		
	价格差异		
直接人工	效率差异		
	工资率差异		
变动制造费用	效率差异		
	耗费差异		
固定制造费用	耗费差异		
	产量差异		
	效率差异		

赛题二：作业成本差异分析

天津联丰旅游有限公司(以下简称"公司""联丰旅行社"或"旅行社")经营 3 条旅游线路，分别为天津 2 日游、北京 2 日游和秦皇岛 2 日游。公司不另设线下旅行社，所有旅行团均从天津出发，分别去往各个旅游目的地。

公司目前采用传统成本法核算旅行社的经营成本，这种核算方法较难判断费用消耗是否合理，费用分配是否均衡，不利于公司进行成本管控。为了提高旅行社资源的使用效率，同时增强旅行社成本费用管理的可控性，公司拟采用作业成本法核算旅行社的成本。现以公司2023年5月份的经营数据为例进行模拟测算。

一、作业中心划分及费用分配规则

(一) 作业中心划分

根据旅行社的工作及业务流程，分为产品设计与营销中心、发团中心、管理及后勤服务中心。各作业中心作业内容及作业动因如表3-30所示。

表3-30　作业中心作业内容及作业动因

作 业 中 心	作 业 内 容	作业动因
产品设计与营销中心	负责市场调研，旅游线路的设计，产品营销	工作时长
发团中心	负责组团、接团和出团，游客一条龙服务	游客人数
管理及后勤服务中心	为旅行社的日常运营提供管理及后勤服务	工作时长

(二) 费用分配规则

1. 成本费用介绍

旅行社经营发生的成本费用项目如表3-31所示。

表3-31　成本费用项目

项　目	成本费用说明	成本费用分类
票务费	游客进入景区的门票费用	直接费用
食宿费	游客在旅行过程中发生的包含在旅行套餐中的餐饮及住宿费用	直接费用
旅游大巴费用	旅游大巴租赁费，旅游大巴专线专用	直接费用
人工成本	旅行社工作人员薪酬	间接费用
办公费	旅行社日常办公支出	间接费用
差旅费	旅游线路设计及策划时发生的差旅费	间接费用
业务招待费	旅行社管理人员及市场部招待客户的费用	间接费用
使用权资产折旧	旅行社办公场所系租赁所得，此处指办公场所折旧费	间接费用
固定资产折旧	旅行社固定资产折旧费	间接费用
广告宣传费	推销公司旅游产品发生的广告费及宣传费	间接费用
其他	除以上说明之外的其他成本费用	间接费用

直接费用指可直接归属于某一旅游产品线的成本费用，不能直接计入某一旅游产品线的成本费用为间接费用。

2. 间接费用分配规则

间接费用分配规则详见表 3-32。

表 3-32   间接费用分配规则

项　目	产品设计与营销中心	发团中心	管理及后勤服务中心
人工成本	√	√	√
办公费	√	√	√
差旅费	√	—	—
业务招待费	√	—	√
使用权资产折旧	√	√	√
固定资产折旧	√	√	√
广告宣传费	√	—	—
其他	√	√	√

二、旅行社 2023 年 5 月份经营数据

(一) 接待人数

联丰旅行社 2023 年 5 月份接待游客数量：天津 2 日游 500 人，北京 2 日游 600 人，秦皇岛 2 日游 300 人。

(二) 直接费用

旅行社 5 月份发生的可直接归属于旅游线路产品的费用如表 3-33 所示。

表 3-33   直接费用发生情况

线　路	票务费/元	食宿费/元	旅游大巴费用/元
天津 2 日游	150 000.00	250 000.00	29 700.00
北京 2 日游	180 000.00	540 000.00	65 100.00
秦皇岛 2 日游	75 000.00	180 000.00	57 900.00
合计	405 000.00	970 000.00	152 700.00

(三) 间接费用

间接费用发生情况详见表 3-34 及表 3-35。

表 3-34   人员配置及人工成本说明

归属部门	岗位名称	归属作业中心	员工性质	人数/人	5 月份人工成本/元
综合管理部	总经理	管理及后勤服务中心	正式工	1	13 000
综合管理部	副经理		正式工	1	11 000
综合管理部	人力行政		正式工	2	13 000
综合管理部	保洁员		劳务派遣	1	3 800
财务部	会计		正式工	1	7 000
财务部	出纳		正式工	1	5 600

归属部门	岗位名称	归属作业中心	员工性质	人数/人	5月份人工成本/元
运营部	主管	发团中心	正式工	1	9 800
运营部	导游		劳务派遣	5	25 000
运营部	客服、接待员		正式工	4	22 400
市场部	营销员	产品设计与营销中心	正式工	4	36 000
市场部	策划员		正式工	2	14 000
合计			—	23	160 600

表 3-35　其他间接成本费用

项　　目	金额/元
办公费	3 450.00
差旅费	10 000.00
业务招待费	10 000.00
使用权资产折旧	50 000.00
固定资产折旧	2 000.00
广告宣传费	50 000.00
其他	20 000.00
合计	145 450.00

(四) 作业量

作业量统计情况如表 3-36 所示。

表 3-36　作业量情况统计

作业中心	作业动因	5月份作业量	天津2日游	北京2日游	秦皇岛2日游
产品设计与营销中心	工作时长/小时	1 000	200	400	400
发团中心	游客人数/人	1 400	500	600	300
管理及后勤服务中心	工作时长/小时	1 300	400	400	500

三、间接费用在各作业中心之间的分配比例

1. 人工成本

人工成本按各岗位人员作业中心归属分配至各作业中心。

2. 差旅费和广告宣传费

差旅费和广告宣传费直接归属于产品设计与营销中心。

3. 业务招待费

业务招待费按照 3∶1 的比例在产品设计与营销中心、管理及后勤服务中心分配。

4. 其他间接费用

其他间接费用分配方式见表 3-37。

表 3-37   其他间接费用分配方式

项 目	产品设计与营销中心	发团中心	管理及后勤服务中心
办公费	2	1	2
使用权资产折旧	1	1	3
固定资产折旧	1	1	3
其他	1	2	2

实训要求：

1. 作业成本法下成本计算

完成联丰旅行社 2023 年 5 月份的作业成本法下成本计算，并将结果填入表 3-38 中。计算结果以完整小数位引用计算，人数结果四舍五入保留整数作答，其余结果四舍五入保留两位小数作答。

表 3-38   作业成本法下成本计算

项 目	直接费用/元	间接费用/元	合计/元	接待游客数/人	单位游客成本/(元/人)
天津 2 日游					
北京 2 日游					
秦皇岛 2 日游					

2. 传统成本法下成本计算

完成联丰旅行社 2023 年 5 月份的传统成本法下成本计算，并将结果填入表 3-39 中。计算结果以完整小数位引用计算，人数结果四舍五入保留整数作答，其余结果四舍五入保留两位小数作答。

表 3-39   传统成本法下成本计算

项 目	直接费用/元	间接费用/元	合计/元	接待游客数/人	单位游客成本/(元/人)
天津 2 日游					
北京 2 日游					
秦皇岛 2 日游					

项目四 预算管理

学习目标

【知识目标】

1. 熟悉预算管理的概念和内容；
2. 掌握预算管理应遵循的原则和应用环境；
3. 熟悉滚动预算、零基预算、弹性预算的编制方法和优缺点；
4. 掌握全面预算的编制方法。

【能力目标】

1. 能够充分认识预算管理的作用；
2. 能够正确编制滚动预算、零基预算、弹性预算；
3. 能够正确编制经营预算、财务预算。

【素养目标】

1. 将预算管理理念和方法应用到个人生活中，提升资金使用效率；
2. 掌握信息的收集与处理方法，针对企业实际情况选择适合的预算方法，提升解决问题的能力。

项目导图

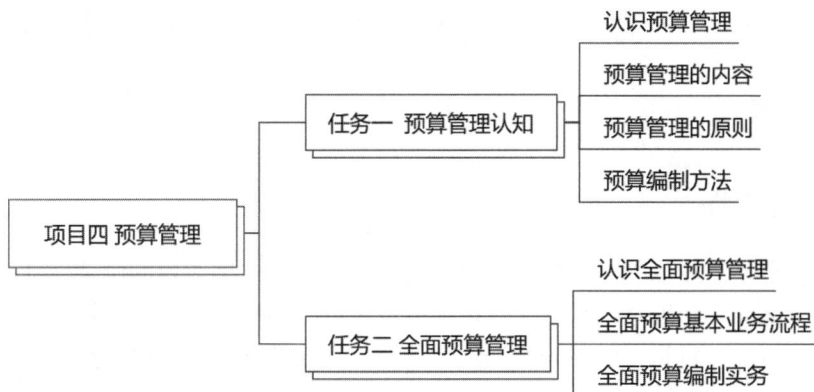

项目引例

某大型零售连锁企业，以其遍布全国的门店网络和丰富的商品种类，成为消费者喜爱的购物选择。然而，随着门店数量的不断增加和商品种类的日益丰富，预算管理成为了该企业面临的一大挑战。由于门店分布广泛，销售数据、库存数据、人员成本等数据量庞大且复杂，传统的预算管理方式已经难以满足企业的需求。

为了解决这个问题，该企业决定引入大数据技术进行预算管理。其中就包括运用大数据技术进行"销售预测与库存优化"的预算管理。该功能要求企业首先通过大数据技术，将来自各个门店的销售数据、库存数据、市场数据等进行整合和分析，然后利用先进的预测算法和模型，基于历史销售数据、季节性因素、促销活动等多种因素，预测未来一段时间内的销售趋势和商品需求。

基于这些预测结果，企业可以更加精准地制订预算计划，包括商品的采购计划、库存的调配计划、人员成本的分配计划等。通过合理的预算分配，企业可以确保在满足市场需求的同时，降低库存积压和人员成本过高的风险。此外，该系统还能够实时监控销售数据和库存数据的变化情况，一旦发现销售数据异常或库存不足的情况，系统会立即发出预警，并自动调整预算计划，以确保企业的正常运营。

通过引入大数据技术进行预算管理，该企业不仅提高了预算的准确性和效率，还降低了运营成本，提升了市场竞争力。

问题思考：

(1) 为什么企业对预算管理给予如此高的重视？预算管理对企业有哪些影响？

(2) 如何理解大数据在预算管理中的核心作用和价值？

任务一   预算管理认知

学海航标

1. 明确预算管理的概念和内容；
2. 理解预算管理在企业运营和决策中的核心地位，了解预算管理的各项原则。

知识准备

一、认识预算管理

预算管理是指企业以战略目标为导向，通过对未来一定期间内的经营活动和相应的财务结果进行全面预测和筹划，科学、合理地配置企业各项财务和非财务资源，并对执行过程进行监督和分析，对执行结果进行评价和反馈，指导经营活动的改善和调整，进而推动实现企业战略目标的管理活动。

20 世纪 20 年代，预算管理在美国通用电气公司、杜邦公司等知名企业产生，很快成为大型工商企业的标准业务管理流程。预算管理从开始的计划、协调功能，逐渐发展到兼具绩效评价、管理控制功能，最后成为企业经营战略的综合管理工具的重要组成部分。

在企业战略规划下，战略目标细化分解为未来某一特定期间的经营计划和目标，在预测销售的基础上，对成本、生产及现金收支情况进一步预测，以期按照计划在生产周期内组织、调配生产及经营活动。预算管理与管理会计其他工具方法的整合能够有效提升企业的经营管理水平和经营业绩效益。

二、预算管理的内容

预算管理的内容主要包括经营预算、专门决策预算和财务预算。经营预算(也称业务预算)是指与企业日常业务直接相关的一系列预算，包括销售预算、生产预算、采购预算、费用预算、人力资源预算等。专门决策预算是指企业重大的或不经常发生的、需要根据特定决策编制的预算，包括投融资决策预算等。财务预算是指与企业资金收支、财务状况或经营成果等有关的预算，包括资金预算、预计资产负债表、预计利润表等。

预算管理工作流程主要包括预算编制、预算执行(又可分为预算控制和预算调整)、预算考核环节。要实现预算编制的正确性、执行的有效性和考核的科学性，必须深入分析预算编制执行考核的流程。图 4-1 展示了预算管理的逻辑流程。

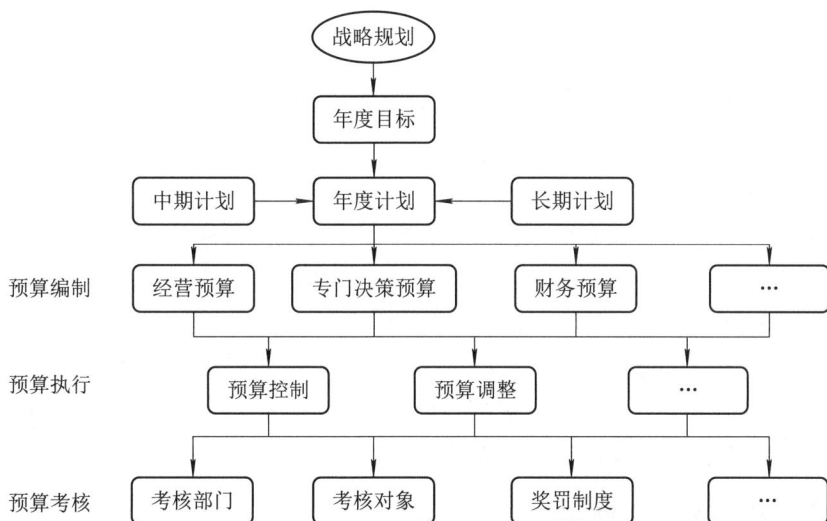

图 4-1　预算管理和逻辑流程图

企业在编制预算工作时需要先明确企业的战略规划、年度目标和年度计划，辅以中期预算和长期预算，并以此为基础进一步分配相应的资源，编制对应的预算。经营预算、专门决策预算和财务预算等按照一定的逻辑和编制流程，共同构成完整的全面预算体系。

三、预算管理的原则

企业进行预算管理，一般应遵循以下原则。

(一) 战略导向原则

预算管理应围绕企业的战略目标和业务计划有序开展，引导各预算责任主体聚焦战略、专注执行、达成绩效。

(二) 过程控制原则

预算管理应通过及时监控、分析等手段，把握预算目标实现的进度并实施有效的评价和信息反馈，为企业经营决策提供有效支撑。

(三) 融合性原则

预算管理应以业务为先导、以财务为协同，将预算管理嵌入企业经营管理活动的各个领域、层次和环节。

(四) 平衡管理原则

预算管理应平衡长期目标与短期目标、整体利益与局部利益、收入与支出、结果与动因等关系，促进企业可持续发展。

(五) 权变性原则

预算管理应把刚性与柔性相结合，既强调预算对经营管理的刚性约束，又可根据内外环境的重大变化调整预算，并针对例外事项进行特殊处理。

四、预算编制方法

企业应建立和完善预算编制的工作制度，明确预算编制依据、编制内容、编制程序和编制方法，确保预算编制依据合理、内容全面、程序规范、方法科学，确保形成各层级广泛接受的、符合业务假设的、可实现的预算控制目标。

预算管理方法按不同的编制要求可分为增量预算与零基预算、固定预算与弹性预算、定期预算与滚动预算等方法。企业可根据其战略目标、业务特点和管理需要，结合不同工具方法的特征及适用范围，选择恰当的预算管理方法综合运用。

(一) 增量预算与零基预算

按预算编制的基础不同，预算有增量预算和零基预算之分。

1. 增量预算

增量预算又称调整预算，是指以基期收入、成本、费用水平为基础，结合预算期业务量水平及有关影响收入、成本、费用因素的未来变动情况，通过调整有关原有收入、成本、费用项目而编制的预算。

这种预算方法承认过去发生的一切都是合理的，主张以过去的预算水平为基础适当增加或减少。优点是预算工作比较简单，不足之处在于它往往不加分析地保留或接受原有成本项目，或按主观臆断平均削减，或只增不减，这样容易造成预算的不足或者预算不合理的开支。

2. 零基预算

零基预算又称零底预算，是指在编制预算时，对于所有的预算支出均以零为基础，不考虑以往情况如何，从实际需要与可能出发，研究分析各项预算费用开支是否必要和合理，进行综合平衡，从而确定预算费用。可见这种预算不以过去支出为基础，而是以零为出发点，一切推倒重来，零基预算即因此而得名，它弥补了增量预算的不足。

零基预算的程序如下：

(1) 企业内部各部门的员工，根据企业的生产经营目标，详细讨论计划期内应该发生的费用项目，并对每一项目编写一套方案，提出费用开支的目的及需要开支的费用数额。

(2) 划分不可避免的费用项目和可避免的费用项目。在编制预算时，对不可避免费用项目必须保证资金供应；对可避免费用项目，则需要逐项进行成本与效益分析，尽量控制可避免费用项目纳入预算当中。

(3) 划分不可延缓费用项目和可延缓费用项目。在编制预算时，应把预算期内可供支配的资金在各费用项目之间进行分配。应优先安排不可延缓费用项目的资金，然后根据需要按照费用项目的轻重缓急确定可延缓费用项目的开支。

零基预算的优点是不受现有条条框框限制，对一切预算支出都以零为出发点，这样不仅能压缩资金开支，而且能切实做到把有限的资金用在最需要的地方，合理使用资金，从而调动各部门人员的积极性和创造性，提高效益。其缺点是由于一切支出均以零为起点进行分析、研究，势必带来繁重的工作量，有时甚至得不偿失，难以突出重点。为了弥补零基预算这一缺点，企业不是每年都按零基预算来编制预算的，而是每隔若干年进行一次零基预算，以后几年内略作适当调整，这样既减轻了预算编制的工作量，又能适当控制费用。

【职场经验】

实际工作中，若采用增量预算，极易出现"年初抢指标，年末抢花钱"的乱象，若实际情况不允许管理会计使用零基预算法编制预算，则可采取以下方式应对：

(1) 建立预算执行监控机制，定期跟踪和分析预算执行情况，设立专门的预算执行监控小组或利用信息化系统，实时监控各部门的预算执行情况，以便及时发现和解决预算执行中的问题，对预算偏差进行预警和提醒。

(2) 完善预算管理制度，明确预算管理的职责和权限，规范预算管理的流程和程序。同时，加强对预算执行的监督和审计，通过内部审计或外部审计等方式，对预算执行情况进行定期或不定期的检查和评估，确保预算的合规性和有效性。

通过以上措施的实施，可以在一定程度上缓解乱象，提高预算管理的有效性和合规性。

(二) 固定预算与弹性预算

按预算与业务量的关系不同，预算有固定预算和弹性预算之分，其区别在于基础业务量的数量特征。

1. 固定预算

固定预算又称静态预算，是将预算期内正常的、可实现的某一固定的业务量水平作为唯一基础来编制的预算。固定预算是最传统、最基本的预算编制方法。不论企业预算期内业务量水平发生怎样的变动，编制财务预算所依据的成本费用和利润信息都只是在一个预定的业务量水平的基础上确定的。

显然，这种预算要求必须是预计业务量与实际业务量相一致或相差很小，才比较适合。但是，在实际工作中，如果预计业务量与实际水平相差比较远，必然导致有关成本费用及利润的实际水平与预算水平因基础不同而失去可比性，不利于开展控制与考核。例如，某企业预计业务量为销售 10 万件产品，按此业务量给销售部门的预算费用为 4 万元。如果销售部门实际销售量达到 14 万件，则大幅超出了预算业务量，而固定预算下的费用仍为 4 万元，实际成本与预算成本相比，则超支很大。

可见，固定预算方法的优点是简便易行，但因其过于机械呆板、可比性较差。因此，固定预算只能适合那些业务量水平较为稳定的企业或非营利组织编制预算时采用。

2. 弹性预算

弹性预算又称为动态预算，是为了克服固定预算的缺点而设计的。它关键在于把所有的成本按其性态划分为变动成本与固定成本两大部分。它是依据业务量、成本和利润之间的依存关系，按照预算期可预见的系列业务量水平编制的预算。

在编制预算时，变动成本随业务量的变动而变动，固定成本则在相关的业务量范围内稳定不变。这种在成本习性分析基础上，以业务量、成本和利润之间的依存关系为依据，以预算期可见的各种业务量水平为基础，编制能够适应多种情况预算的方法，称为弹性预算，其特点是预算随着业务量的变动作机动调整，适用面广、可比性强。

弹性预算是充分考虑预算期各预定指标可能发生的变化而编制的能适应各项预定指标不同变化情况的预算，可使企业在预算期内对实际情况的把握更加具有针对性。

弹性预算法与固定预算法相比，其优点在于两方面：一是预算范围宽，能够适应不同经营活动情况的变化，扩大了预算的适用范围，使预算能真正起到为企业经营活动服务的作用；二是可比性强，它能够对预算的实际执行情况进行评价与考核，便于更好地发挥预算的控制作用。

由于未来业务量的变动会影响成本费用和利润各个方面，因此，弹性预算理论上讲适用于与业务量有关的各种预算。但从实用角度看，它主要用于进行制造费用、销售费用及管理费用等半变动成本(费用)的预算和利润预算。

编制弹性预算时要选用一个最能代表生产经营活动水平的业务量计量单位。例如，以手工操作为主的车间，可以选用人工工时；制造单一产品或零件的部门，可以选用实物数量；修理部门可以选用直接修理工时等。

弹性预算法所采用的业务量范围视企业或部门的业务量变化情况而定，务必使实际业务量不至于超出相关的业务量范围。一般来说，可定在正常生产能力的 70%～110% 之间，或以历史上最高或最低业务量为其上下限，间隔 5%～10%。

运用弹性预算法编制预算的基本步骤如下：

第一步，选择业务量的计量单位；

第二步，确定适用的业务量范围；

第三步，逐项研究并确定各项成本和业务量之间的数量关系；

第四步,计算各项预算成本,并用一定的方式来表达。

弹性预算法又分为公式法和列表法两种具体方法。

1) 公式法

公式法就是运用总成本性态模型,测算预算期的成本费用数额,并编制成本预算的方法。根据成本性态,成本与业务量之间的数量关系可用公式表示为:

$$y = a + bx$$

其中,y 表示某项预算成本总额,a 表示该项成本中的预算固定成本额,b 表示该项成本中的预算单位变动成本额,x 表示预计业务量。

【工作实例 4-1】 裕丰公司属于制造业企业,制造费用中的修理费用与修理工时密切相关。裕丰公司经过分析得出某种产品的制造费用与人工工时密切相关,采用公式法编制的制造费用预算如表 4-1 所示。

表 4-1 制造费用预算(公式法)

业务量范围	400～700(人工工时)	
费用项目	固定费用/(元/月)	变动费用/(元/人工工时)
运输费用		0.3
电力费用		1.1
材料费用		0.3
修理费用	100	0.95
油料费用	120	0.4
折旧费用	320	
人工费用	150	
合计	690	3.05
备注	当业务量超过 620 工时后,修理费中的固定费用将由 100 元上升到 200 元	

本例中,针对制造费用而言,在业务量为 400～620 人工工时的情况下,$y=690+3.05x$;在业务量为 620～700 人工工时的情况下,$y=790+3.05x$。如果业务量为 550 人工工时,则制造费用预算为 $690+3.05 \times 550 = 2\,367.5$(元);如果业务量为 650 人工工时,则制造费用预算为 $790+3.05 \times 650 = 2\,772.5$(元)。

公式法的优点是便于在一定范围内计算任何业务量的预算成本,可比性和适应性强,编制预算的工作量相对较小。其缺点是按公式进行成本分解比较麻烦,需要对每个费用子项目甚至细目逐一进行分解,工作量很大。另外对于阶梯成本和曲线成本只能先用数学方法修正为直线,才能应用公式法。必要时,还需在"备注"中说明适用不同业务量范围的固定费用和单位变动费用。

2) 列表法

列表法是在预计的业务量范围内将业务量分为若干个水平,然后按不同的业务量水平编制预算。该方法一般以 5% 的业务量为间距(实务中可视具体情况再大一些或再小一些),按费用项目列出不同业务水平下的弹性预算。

【工作实例 4-2】表 4-2 为裕丰公司采用列表法编制的 2024 年 6 月制造费用弹性预算。

表 4-2　制造费用弹性预算(列表法)　　　金额单位：元

机器运转时间/小时	42 000	48 000	54 000	60 000	66 000
生产能力利用率/%	70	80	90	100	110
变动成本项目					
燃油	3 360	3 840	4 320	4 800	5 280
辅助工资	33 600	38 400	43 200	48 000	52 800
混合成本项目					
水费	26 000	29 600	33 200	36 800	40 400
辅助材料	7 540	8 260	8 980	9 700	10 420
检验员工资	21 500	24 500	27 500	30 500	33 500
固定成本项目					
管理人员工资	6 000	6 000	6 000	6 000	6 000
保险费	6 000	6 000	6 000	6 000	6 000
设备租金	8 000	8 000	8 000	8 000	8 000
制造费用预算额	112 000	124 600	137 200	149 800	162 400

裕丰公司 2024 年 6 月机器实际运转了 60 000 小时，则对应的制造费用预算为 149 800 元。若实际制造费用为 149 000 元，则裕丰公司 2024 年 6 月实际制造费用节约了 800 元。

列表法可以直接从表中查得各种业务量下的成本预算，便于预算的控制和考核。在实际工作中往往是把公式法和列表法结合起来使用。

(三) 定期预算与滚动预算

按预算期间是否变动，预算有定期预算和滚动预算之分。

1. 定期预算

定期预算是在编制预算时以固定不变的会计期间(如年度、季度、月度)作为预算期的一种预算编制的方法。其优点在于能够使预算期间与会计期间相配比，便于依据财务报告的数据与预算进行比较，从而有利于考核和评价预算的执行结果。但这种预算的缺点也是显而易见的，主要体现在三大方面：第一，盲目性。因为定期预算多在其执行年度开始前两三个月进行，难以预测预算期的后期情况，特别是在多变的市场环境下，许多数据资料只能估计，具有盲目性。第二，滞后性。由于定期预算在实施过程中不能随情况的变化而及时进行调整，而预算执行中会产生许多不测因素，不仅会妨碍预算的指导功能，甚至还会使其失去作用。第三，间断性。定期预算只考虑一个会计年度的经营活动，即使年中修订的预算也只是针对剩余的预算期，对下一个会计年度很少考虑，缺乏必要的预算连续性，形成人为的预算间断。因此，用定期预算方法编制的预算不利于企业的长远发展。

2. 滚动预算

滚动预算又称连续预算或永续预算，是企业在编制预算时，根据上一期预算执行情况和新的预测结果，按既定的预算编制周期和滚动频率，对原有的预算方案进行调整和补充，逐期滚动、持续推进的预算编制方法。滚动频率是指调整和补充预算的时间间隔，一般以月度、季度、年度作为滚动频率。预算编制周期是指每次预算编制所涵盖的时间跨度，它一般包括中期滚动预算和短期滚动预算。中期滚动预算的编制周期通常为 3 年或 5 年，以年度作为预算滚动频率。短期滚动预算通常以 1 年为预算编制周期，以月度、季度作为预算编制频率。

企业应研究外部环境变化，分析行业特点、战略目标和业务性质，结合企业管理基础和信息化水平，确定预算编制的周期和预算的滚动频率。滚动预算的主要特点是：每过去一个月，企业就根据新的情况进行调整和修订后几个月的预算，并在原预算基础上补充下一个月的预算，从而逐期向后滚动，连续不断地以预算形式规划未来的经营活动。这种预算要求一年中头几个月的预算要详细完整，后几个月可以粗略一些；随着时间的推移，原来较为粗略的预算逐渐详细，后面又补充新的较为粗略的预算，以此不断滚动。滚动预算的示例如图 4-2 所示。

图 4-2　滚动预算的示例

运用滚动预算编制预算，预算期间依时间顺序向后滚动，能够保持预算的持续性，有利于企业结合近期目标和长期目标考虑未来业务活动；预算随时间的推进不断加以调整和修订，能使预算与实际情况更相适应，有利于充分发挥预算的指导和控制作用。

滚动预算的主要优点：通过持续滚动预算编制、逐期滚动管理，实现动态反映市场、建立跨期综合平衡，从而有效指导企业营运，强化预算的决策与控制职能。

滚动预算的主要缺点：一是预算滚动的频率越高，对预算沟通的要求越高，预算编制的工作量越大；二是过高的滚动频率容易增加管理层的不稳定性，导致预算执行者无所适从。

数智赋能——利用 Python 编制滚动预算

针对上述滚动预算频率越高，预算编制的工作量越大的缺点，我们可以用 Python 的数据分析库 Pandas，来实现自动化部分或全部预算编制过程，从而满足获得即时预算的目的，同时大大节约人工与时间成本。请看以下案例。

案例背景：

2020 年 3 月 31 日，复兴航空主运营机场的财务部门正在编制航线"广州—海口"的预算，假如你是财务部门的经理，请以本量利(成本—产量—利润)分析模型为基础，根据前三个月的实际情况，采用滚动预算方法编制下个月的预算。滚动预算制定规则如下：

(1) 以一个月为滚动频率，每月月底在前三个月实际数的基础上编制下一个月的滚动预算，当实际数发生时，需更新实际数，再编制往后月份的预算；

(2) 机票的平均票价按照上个月的 5%增长；单位变动成本按照上个月的 5%增长；销量和固定成本等于前三个月平均数。

前三个月的实际经营数据如表 4-3 所示。

表 4-3　项目实际经营数据

	一月	二月	三月
机票销量/张	6 000	6 700	5 810
平均票价/元	1 080	960	770
单位变动成本/元	650	700	480
固定成本/元	1 500 000	1 500 000	1 500 000

请根据上述案例背景利用 Python 完成下列两个任务：

(1) 在 1～3 月实际发生数的基础上，制定 4 月份的预算。

(2) 更新 4 月份实际数，再次滚动制定 5 月份的预算。

数字实践：

(一) 构建本量利模型　　　　　　　　　　　　　　构建本量利模型代码

在 Python 中进行财务分析时，为了确保数据处理的准确性和效率，我们首先需要进行一些初始设置。二维码中是详细的步骤和相应的代码。

(1) 引入 Pandas 并设置所有数值保留两位小数，这有助于我们在查看数据时保持数值的清晰和易于理解。

(2) 建立本量利模型，定义为"CVP"，参数分别为：平均票价(unit_price)、单位变动成本(unit_variable_costs)、销售量(volume)、固定成本(fixed_costs)。

(二) 得出实际数利润表

在构建本量利模型的基础上，我们使用该模型来制作实际利润表。具体实现方式为：将 1～3 月实际发生数定义为 Actual，并将完整代码写入 Python，运行得出 1～3 月实际利润表。

在 Python 中写入下列代码，计算并生成包含平均票价、单位变动成本、单位边际贡献、机票销量、销售额、变动成本、边际贡献、固定成本和营业利润的实际利润表。

```
Actual = {'一月':CVP(1080,650,6000,1500000),
          '二月':CVP(960,700,6700,1500000),
          '三月':CVP(770,480,5810,1500000)}
df = pd.DataFrame(Actual,index=['平均票价','单位变动成本','单位边际贡献','机票销量','销售额','变动成本','边际贡献','固定成本','营业利润'])
```

(三) 制定第一次滚动预算

以 1～3 月实际利润表为基础，在 Python 中写入下列代码，用于通过滚动预算制定 4 月份的预算。

```
def rolling(df,m):
    for i in range(1):
        f_unit_price=df.iloc[0,m-1]*1.05
        f_unit_variable=df.iloc[1,m-1]*1.05
        f_volume=(df.iloc[3,m-1]+df.iloc[3,m-2]+df.iloc[3,m-3])/3
        f_fixed=(df.iloc[7,m-1]+df.iloc[7,m-2]+df.iloc[7,m-3])/3
    df['forecast'+str(i+1)]=CVP(f_unit_price,f_unit_variable,f_volume,f_fixed)
        m=m+1
rolling(df,3)
```

步骤(二)、(三)所写代码的输出结果见图4-3。

	一月	二月	三月	forecast1
平均票价/元	1 080	960	770	808.50
单位变动成本/元	650	700	480	504.00
单位边际贡献/元	430	260	290	304.50
机票销量/张	6 000	6 700	5 810	6 170.00
销售额/元	6 480 000	6 432 000	4 473 700	4 988 445.00
变动成本/元	3 900 000	4 690 000	2 788 800	3 109 680.00
边际贡献/元	2 580 000	1 742 000	1 684 900	1 878 765.00
固定成本/元	1 500 000	1 500 000	1 500 000	1 500 000.00
营业利润/元	1 080 000	242 000	184 900	378 765.00

图4-3 步骤(二)和(三)输出结果

根据Python输出结果可以得到4月份的预算(销量结果保留整数,其他结果保留两位小数)。

(四)制定第二次滚动预算

前面已经在1~3月实际发生数的基础上,通过滚动预算制定了4月份的预算。已知这条航线四月份的实际经营情况是:机票销售量6 010张,单位变动成本比上月增长6%,其他数据与预算规则一致。更新4月份的实际经营数据,并将完整代码写入Python,再次滚动预算制定5月份的预算,具体实施步骤如下:

```
df.insert(loc=3,column='四月',value=CVP(808.5,508.8,6010,1500000))
rolling(df,4)
```

代码输出结果见图4-4。

	一月	二月	三月	四月	forecast1
平均票价/元	1 080	960	770	808.50	848.93
单位变动成本/元	650	700	480	508.80	534.24
单位边际贡献/元	430	260	290	299.70	314.69
机票销量/张	6 000	6 700	5 810	6 010.00	6 173.33
销售额/元	6 480 000	6 432 000	4 473 700	4 859 085.00	5 240 697.00
变动成本/元	3 900 000	4 690 000	2 788 800	3 057 888.00	3 298 041.60
边际贡献/元	2 580 000	1 742 000	1 684 900	1 801 197.00	1 942 655.40
固定成本/元	1 500 000	1 500 000	1 500 000	1 500 000.00	1 500 000.00
营业利润/元	1 080 000	242 000	184 900	301 197.00	442 655.40

图4-4 步骤(四)输出结果

根据Python输出结果即可得到5月份的预算。

总的来说,利用Python进行滚动预算制定是一种高效、自动化的方法,能够帮助企业更准确地预测和规划未来财务状况。Python 的强大数据处理和分析能力，结合滚动预算的连续性和动态调整特性，能够使预算制定过程更加灵活和精准。

因此，对于那些希望在管理过程中获得即时、准确的预算的管理者来说，学习和运用 Python 进行滚动预算制定是一个非常有价值的技能，这使管理者能提高预算效率，并更高效地监控预算执行情况，迅速应对市场变化，确保企业稳健发展。

◎ 小组讨论

有人说："永远不变的是变化"，以至于"年度预算，编制一年"，预算编制"耗时耗力，得不偿失"。你对此有何感想？怎样才能解决环境变动下的预算管理有效性问题？

也有人说：在编制预算的过程中上下级之间往往处于对立面，因而出现了"一刀切""头戴三尺帽，不怕砍三刀"及"期末狂欢"的现象。你认为怎么做才能解决预算编制中的问题？

任务评测

一、单项选择题

1. 下列各项中，不属于预算管理应遵循的原则的是(　　)。
   A. 战略导向原则　　　　　　　　B. 公平性原则
   C. 融合性原则　　　　　　　　　D. 权变性原则

2. 以预算期内正常的、最可能实现的某一业务量水平为固定基础来编制预算的方法称为(　　)。
   A. 零基预算法　　B. 定期预算法　　C. 静态预算法　　D. 滚动预算法

3. 在分析业务量与预算项目之间数量依存关系的基础上，分别确定不同业务量及其相应预算项目所消耗资源的预算编制方法是指(　　)。
   A. 固定预算　　　B. 弹性预算　　　C. 增量预算　　　　D. 滚动预算

4. 下列项目中，能够克服定期预算缺点的是(　　)。
   A. 固定预算　　　B. 弹性预算　　　C. 滚动预算　　　　D. 零基预算

5. 在成本性态分析的基础上，分别按一系列可能达到的预计业务量水平编制的能适应多种情况的预算是指(　　)。
   A. 固定预算　　　B. 弹性预算　　　C. 增量预算　　　　D. 滚动预算

二、多项选择题

1. 编制预算的方法按其业务量基础的数量特征不同，可分为(　　)。
   A. 固定预算　　B. 零基预算　　C. 滚动预算
   D. 弹性预算　　E. 增量预算

2. 在下列预算中，属于业务预算的内容的有(　　)。
   A. 资本支出预算　B. 销售预算　　　C. 生产预算
   D. 现金预算　　　E. 零基预算

3. 零基预算与传统的增量预算相比较，其不同之处有(　　)。

A. 一切从可能出发　　　　B. 以零为基础

C. 以现有的费用水平为基础　　D. 一切从实际需要出发

E. 不考虑以往会计期间所发生的费用

4. 按照定期预算方法编制的预算的缺点有(　　)。

A. 灵活性　　　B. 滞后性　　　C. 盲目性

D. 间断性　　　E. 预见性

5. 编制弹性预算所用的业务量可以是(　　)。

A. 产量　　　B. 销售量　　　C. 直接人工工时

D. 机器台时　　E. 材料消耗量

三、判断题

1. 无论什么样的预算管理模式都需要编制现金预算。　　　　　　　　(　　)

2. 弹性预算又称固定预算。　　　　　　　　　　　　　　　　　　(　　)

3. 编制预算的方法按其业务量基础的数量特征不同，可分为固定预算方法和弹性预算方法两大类。　　　　　　　　　　　　　　　　　　　　　　(　　)

4. 在实务中，企业并不需要每年都按零基预算方法来编制预算。　　　(　　)

5. 预算管理的内容仅包括预算编制和预算执行两个环节。　　　　　　(　　)

任务二　全面预算管理

学海航标

1. 理解全面预算管理的内涵，掌握全面预算编制方法；

2. 了解各种全面预算编制方法的优缺点，选择最合适的预算编制方法。

知识准备

一、认识全面预算管理

全面预算就是把企业作为一个整体而制订的预算，它反映的是企业未来某一特定时期的全部生产经营活动的财务计划，故又称综合预算或总体预算。全面预算管理是指企业对一定期间的经营活动、投资活动、财务活动等作出的预算安排。全面预算作为一种全方位、全过程、全员参与编制与实施的预算管理模式，凭借其计划、协调、控制、激励、评价等综合管理功能，整合和优化配置企业资源，提升企业运行效率，成为促进企业实现发展战略的重要工具。

编制全面预算的目的，是通过对供、产、销各环节和人、财、物诸因素的综合平衡，全面安排各项经营业务，为实现企业的总目标创造条件和提供保证。全面预算的编制通常以销售预测为起点，进而对生产、成本费用及现金收支等各方面进行预测，编制预计资产负债表、预计利润表等预计财务报表，以规划企业未来的财务状况和经营成果。

【职场经验】

全面预算应该由谁来做？

全面预算应该由财务部、由管理会计来做，是严重的误区！不仅高估了财务部的能力(如牵头能力、组织能力、协调能力等)，还会让全面预算陷入一个脱离现实、可有可无的境地，失去原本应有的意义。

真正的全面预算管理，是全方位、全员参与的系统管理工作，人人参与，人人有责，并不是某一个人或某一个部门的事。这就需要企业所有部门通力合作、充分沟通、各司其职、明确分工、做好权责划分。

作为管理会计，则应做好预算前的规划；预算中的引导，并统筹各部门间信息，作出最有利的决策；预算后的监控，并在必要情况下作出调整。

二、全面预算基本业务流程

企业的全面预算可分为经营预算、财务预算和专门决策预算。其中，经营预算主要反映一家企业获取收入的活动，即销售、生产和存货，具体包括销售预算、生产预算、直接材料预算、直接人工预算、制造费用预算、期末产成品存货预算、销售成本预算、销售与管理费用预算。财务预算主要反映一家企业的现金流入和流出，以及总体财务状况和经营成果，包括现金预算、预计利润表和预计资产负债表。

企业的预算是建立在历史数据、经营与财务计划和对未来各种因素的变化的预测基础上的。通常，企业首先对产品销售进行预测，编制销售预算，然后按"以销定产"的方法，逐步对产品生产、材料采购、存货、费用等进行预算。企业的财务预算是在经营预算的基础上编制出来的，全面预算编制流程如图4-5所示。

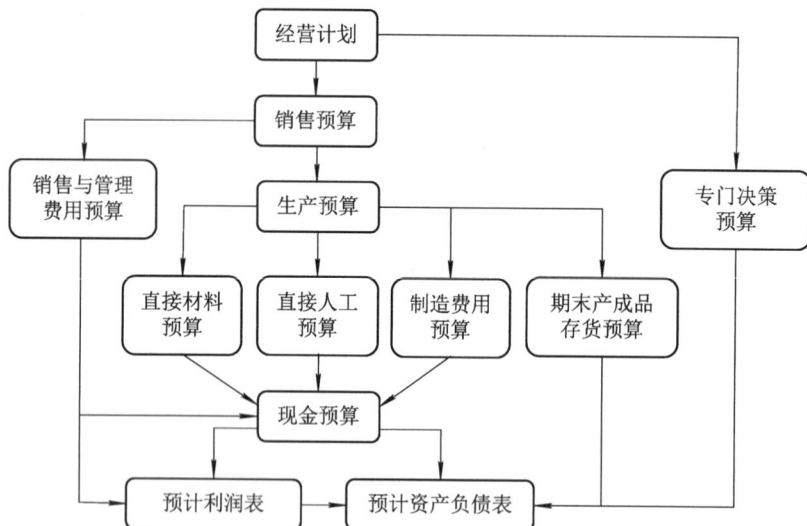

图 4-5　全面预算编制流程

企业全面预算业务的基本流程一般包括预算编制、预算执行和预算考核三个阶段。

(一) 预算编制阶段

1. 预算编制方式

企业一般按照分级编制、逐级汇总的方式,采用自上而下、自下而上、上下结合或多维度相协调的流程编制预算。预算编制流程与编制方式的选择应与企业现有的管理模式相适应。

2. 预算编制要求

企业应建立和完善预算编制的工作制度,明确预算编制依据、编制内容、编制程序和编制方法,确保预算编制依据合理、内容全面、程序规范、方法科学,确保形成各层级广泛接受的、符合业务假设的、可实现的预算控制目标。

3. 预算编制审批

预算编制审批包括预算内审批、超预算审批、预算外审批等。预算内审批事项,应简化流程,提高效率;超预算审批事项,应执行额外的审批流程;预算外审批事项,应严格控制,防范风险。

4. 预算批准与下达

预算编制完成后,应按照相关法律法规及企业章程的规定报经企业预算管理决策机构审议批准,以正式文件形式下达执行。企业应将预算目标层层分解至各预算责任中心。预算分解应按各责任中心权、责、利相匹配的原则进行,既公平合理,又有利于企业实现预算目标。

(二) 预算执行阶段

预算执行阶段一般按照预算控制、预算调整等程序进行。

1. 预算控制

预算控制,是指企业以预算为标准,通过预算分解、过程监督、差异分析等促使日常经营不偏离预算标准的管理活动。

企业应建立预算授权控制制度,强化预算责任,严格控制预算;建立预算执行的监督、分析制度,提高预算管理对业务的控制能力;通过信息系统展示、会议、报告、调研等多种途径及形式,及时监督、分析预算执行情况,找出预算执行差异的原因,提出对策建议。

2. 预算调整

年度预算经批准后,原则上不可进行调整。企业应在制度中严格明确预算调整的条件、主体、权限和程序等事宜,当内外战略环境发生重大变化或突发重大事件等,导致预算编制的基本假设发生重大变化时,可进行预算调整。

(三) 预算考核阶段

预算考核阶段主要针对定量指标进行考核,是企业绩效考核的重要组成部分。其具体包括:

(1) 企业应按照公开、公平、公正的原则实施预算考核。

(2) 企业应建立健全预算考核制度,并将预算考核结果纳入绩效考核体系,切实做到有奖有惩、奖惩分明。

(3) 预算考核主体和考核对象的界定应坚持上级考核下级、逐级考核、预算执行与预算考核职务相分离的原则。

(4) 预算考核以预算完成情况为考核核心，通过预算执行情况与预算目标的比较，确定差异并查明产生差异的原因，进而据以评价各责任中心的工作业绩，并通过与相应的激励制度挂钩，促使其与预算目标相一致。

综上所述，全面预算是企业加强内部控制、实现发展战略的重要工具和手段，但也是企业内部控制的对象。企业应当结合自身情况及管理要求，制定具体的全面预算业务流程。

三、全面预算编制实务

(一) 经营预算

经营预算也称业务预算，是反映企业日常经营活动业务的各种预算，具体包括销售预算、生产预算、直接材料消耗及采购预算、直接人工预算、制造费用预算、产品生产成本预算、税金及附加预算、销售费用预算、管理费用预算、期末存货预算等。这些预算前后衔接，相互勾稽。

1. 销售预算的编制

销售预算是指在销售预测的基础上根据企业目标利润规划编制的，用于规划预算期销售活动的一种业务预算。销售预算是编制全面预算的出发点，也是编制现金预算等其他预算的基础。生产、采购、费用等方面的预算，归根结底都要以销售预算为基础。

【工作实例 4-3】 裕丰公司 2024 年度只产销一种产品，单位售价为 80 元，预计全年产销量为 9 000 件，其中第一季度 2 000 件，第二季度 2 500 件，第三季度 3 000 件，第四季度 1 500 件，预计在各季度销售中有 40% 在当季收到现金，其余 60% 在下一季度收到现金。年初应收账款余额 70 000 元将在第一季度收回。根据上述资料编制裕丰公司 2024 年度销售预算及预计现金收入计算表，如表 4-4 所示。

表 4-4　裕丰公司 2024 年度销售预算及预计现金收入

项　目	第一季度	第二季度	第三季度	第四季度	全年
预计销售量/件	2 000	2 500	3 000	1 500	9 000
销售单价/元	80	80	80	80	80
销售收入/元	160 000	200 000	240 000	120 000	720 000
预计现金收入：					
期初应收账款/元	70 000				70 000
一季度销售收入/元	64 000	96 000			160 000
二季度销售收入/元		80 000	120 000		200 000
三季度销售收入/元			96 000	144 000	240 000
四季度销售收入/元				48 000	48 000
预计现金收入合计/元	134 000	176 000	216 000	192 000	718 000

销售预算的编制依据是销售量、销售单价、产品的销售方式及预计的信用条件、收款方式等资料。编制销售预算，通常应分别按产品的品种，分月份(或季度)、分销售区域反映产品的销售量、销售单价和销售收入。在实际工作中，一般还应包括预计现金收入的计算，以便于为编制现金预算提供资料。

2. 生产预算的编制

生产预算是关于预算期内生产数量的预算，该预算应在销售预算的基础上，按产品名称、数量分别编制。但由于计划期间除必须备有足够的产品以供销售外，还必须考虑计划期初和期末存货的预计水平，以避免存货太多，形成存货(资金)积压、浪费，或存货太少，影响下一季度销售活动的正常进行。其计算公式可表示为：

预算期生产量＝预算期销售量＋预算期末存货量－预算期初存货量

【工作实例4-4】 裕丰公司2024年第一季度期初存货数量为200件，第四季度期末存货量为210件，各季度期末存货量按下季度销售量的10%计算。根据上述资料编制的裕丰公司2024年度生产预算如表4-5所示。

表4-5 裕丰公司2024年度生产预算 单位：件

项 目	第一季度	第二季度	第三季度	第四季度	全年
预计销售量	2 000	2 500	3 000	1 500	9 000
加：期末存货量	250	300	150	210	210
减：期初存货量	200	250	300	150	200
预计生产量	2 050	2 550	2 850	1 560	9 010

【职场经验】

作为预算编制者，实际工作中编制生产预算时要考虑的因素要更加复杂。

例如，要考虑产量受到生产能力的限制，产成品存货数量受到仓库容量的限制，因此只能在此范围内来安排产成品存货数量和各期生产量。当编制生产预算的产品存在季节性特征时，则要考虑使用赶工增产，这就要多付加班费；而提前在淡季生产，则会因增加产成品存货量而多付仓储费用。

编制者要权衡各方案得失，选择成本最低的方案。

3. 直接材料预算的编制

直接材料预算应以生产预算为基础编制，同时要考虑原材料存货水平。一般采用如下关系式：

预计采购量＝生产量×单位耗用量＝预计生产用量＋期末存货量－期初存货量

材料采购金额＝预计采购量×预计采购单价

影响采购材料现金支出的因素有应付账款折扣情况等。

【工作实例4-5】 裕丰公司季度的购料款当季度支付50%，其余在下季度付讫，各季度的期末存料按下季生产需要量的20%计算，各季度期初存料与上季度期末存料相同。裕丰公司预算期期初存料量为1 000千克，预算期期末存料量为1 100千克。根据上述资料编制的直接材料预算和预计现金支出计算表如表4-6所示。

表 4-6 裕丰公司 2024 年度直接材料预算

项 目	第一季度	第二季度	第三季度	第四季度	合计
预计生产量/件	2 050	2 550	2 850	1 560	9 010
单位耗用量/(千克/件)	3	3	3	3	3
总耗用量/千克	6 150	7 650	8 550	4 680	27 030
加：期末库存量/千克	1 530	1 710	936	1 100	1 100
减：期初库存量/千克	1 000	1 530	1 710	936	1 000
预计采购量/千克	6 680	7 830	7 776	4 844	27 130
单价/(元/千克)	6	6	6	6	6
预计采购金额/元	40 080	46 980	46 656	29 064	162 780
支 出	预计现金支出				
期初应付账款/元	15 000				15 000
一季度采购支出/元	20 040	20 040			40 080
二季度采购支出/元		23 490	23 490		46 980
三季度采购支出/元			23 328	23 328	46 656
四季度采购支出/元				14 532	14 532
现金支出合计/元	35 040	43 530	46 818	37 860	163 248

4. 直接人工预算的编制

直接人工预算是一种既反映预算期内人工工时消耗水平，又规划人工成本开支的业务预算。直接人工预算，也是以生产预算为基础编制的，分为全年和分季度的直接人工工时和直接人工成本。由于人工工资都需要使用现金支付，所以，不需另外预计现金支出，可直接参加现金预算的汇总。

$$直接人工成本 = 预计生产量 \times \sum (单位工时工资率 \times 单位产品工时定额)$$

【工作实例 4-6】 裕丰公司预算期间所需直接人工只有一种，单位产品需耗用直接人工 4 小时，该工种直接小时工资率为 5 元。根据上述资料所编制的直接人工预算如表 4-7 所示。

表 4-7 裕丰公司 2024 年度直接人工预算

项 目	第一季度	第二季度	第三季度	第四季度	合计
预计生产量/件	2 050	2 550	2 850	1 560	9 010
单位工时/(小时/件)	4	4	4	4	4
总工时/小时	8 200	10 200	11 400	6 240	36 040
平均工资率/(元/小时)	5	5	5	5	5
直接人工成本/元	41 000	51 000	57 000	31 200	180 200

5. 制造费用预算的编制

制造费用预算是对生产成本中除直接材料和直接人工以外的其他一切生产费用所作的预算。在编制该预算时，应将这些费用按其性态划分为变动性制造费用和固定性制造费用。

如果有完善的标准成本资料，用单位产品的标准成本与产量相乘，即可得到相应的预算金额；如果没有标准成本资料，就需要逐项预计计划生产量需要的各项制造费用。固定制造费用需要逐项进行预计，通常与本期产量无关，按全年实际需要的支付额预计。变动性制造费用分配率的计算公式如下：

$$变动性制造费用分配率 = \frac{预计变动制造费用总额}{分配标准预算总数}$$

制造费用 = 预计生产量 × 单位产品耗用工时 × 变动性制造费用分配率 + 固定制造费用

【工作实例 4-7】 裕丰公司 2024 年度制造费用预算如表 4-8 所示。

表 4-8　裕丰公司 2024 年度制造费用预算

变动制造费用预算		固定制造费用预算	
间接人工/元	15 000	维护费/元	25 000
间接材料/元	27 000	折旧费/元	24 000
维护费/元	8 000	管理人员工资/元	35 000
水电费/元	19 000	保险费/元	8 000
润滑材料/元	8 100	财产税/元	4 000
合计/元	77 100	合计/元	96 000
直接人工小时总数 30 000 分配率 = 77 100/30 000 = 2.57(元/小时)		减：折旧/元	24 000
变动制造费用预算		付现固定制造费用/元	72 000
		固定制造费用预算分配率 = 96 000/30 000 = 3.2(元/小时)	
		每季付现数 = 72 000/4 = 18 000(元)	
预计现金支出计算表			
项　目	第一季度	第二季度	第三季度	第四季度	合计
预计生产量/件	2 050	2 550	2 850	1 560	9 010
直接人工小时/小时	8 200	10 200	11 400	6 240	36 040
变动制造费用/元	21 074	26 214	29 298	16 036.8	92 622.8
固定制造费用/元	18 000	18 000	18 000	18 000	72 000
现金支出合计/元	39 074	44 214	47 298	34 036.8	164 622.8

6. 产品生产成本预算的编制

产品生产成本预算是销售预算、生产预算、直接材料预算、直接人工预算、制造费用预算的汇总。编制单位产品生产成本预算是为了综合反映计划期内生产单位产品预计的成本水平，同时为正确预计利润表中的产品销售成本和预计资产负债表中的期末产成品项目提供相应的成本数据。

【工作实例 4-8】 根据裕丰公司的有关资料编制其产品生产成本及期末存货预算，如表 4-9 所示。

表 4-9   裕丰公司 2024 年度产品生产成本及期末存货预算

成本项目	单位生产成本			生产成本/元 (9 010 件)	期末存货/元 (210 件)	产品成本/元 (9 000 件)
	单价	单耗	成本/元			
直接材料	6 元/千克	3 千克/件	18	162 180	3 780	162 000
直接人工	5 元/工时	4 工时/件	20	180 200	4 200	180 000
变动制造费用	2.57 元/工时	4 工时/件	10.28	92 622.8	2 158.8	92 520
固定制造费用	3.20 元/工时	4 工时/件	12.80	115 328	2 688	115 200
合计			61.08	550 330.8	12 826.8	549 720

7. 销售及管理费用预算的编制

销售费用预算是指为了实现销售所需支付的费用预算。它以销售预算为基础，分析销售收入、销售利润和销售费用的关系，力求实现销售费用的最有效使用。在安排销售费用时，利用本量利分析方法，费用的支出应能获取更多的收益。在草拟销售费用预算时，要对过去的销售费用进行分析，考察过去销售费用支出的必要性和使用效果。销售费用预算应和销售预算相配合，具体包括按品种、按地区、按用途的销售预算。

管理费用是做好一般管理业务所必要的费用。随着企业规模的扩大，管理职能日益重要，其费用也相应增加。在编制管理费用预算时，分析企业的业务成绩和一般经济状况，务必做到费用合理化。管理费用多属于固定成本，所以，一般是以过去的实际开支为基础，按预算期的可预见变化来调整。重要的是，在编制管理费用预算时，必须充分考虑每种费用是否必要，以便提高费用效率。

【工作实例 4-9】 假定裕丰公司的销售及管理费用在各季均衡发生，并假定全部为现金支出。根据该企业预算年度的有关资料，编制其销售及管理费用预算，如表 4-10 所示。

表 4-10   裕丰公司 2024 年度销售及管理费用预算   单位：元

项 目	预 算 金 额
销售费用：	
销售人员工资	12 000
广告费	10 000
包装、运输费	8 000
保管费	14 000
折旧	10 000
管理费用：	
管理人员工资	14 000
福利费	4 800
保险费	4 200
办公费	10 000
折旧	11 000
销售费用和管理费用全年合计：	98 000
全年折旧	21 000
每季度平均支付现金(全年支付现金 77 000 元)	19 250

(二) 专门决策预算的编制

专门决策预算主要是长期投资预算(又称资本支出预算)，通常是指与项目投资决策相关的专门预算，它往往涉及长期建设项目的资金筹集与投放，并经常跨越多个年度。编制专门决策预算的依据，是项目财务可行性分析资料及企业筹资决策资料。

专门决策预算的要点是准确反映项目资金投资支出与筹资计划，它也是编制现金预算和预计资产负债表的依据。

【工作实例 4-10】 假定裕丰公司 2024 年度专门决策预算如表 4-11 所示(假定无其他现金收入)。

表 4-11　裕丰公司 2024 年度专门决策预算

单位：元

项　　目	第一季度	第二季度	第三季度	第四季度	合计
投资支出预算	100 000	—	—	150 000	250 000
借入长期借款	80 000			80 000	160 000

(三) 财务预算的编制

1. 资金预算

资金预算也称现金预算，是以经营预算和专门决策预算为依据编制的，专门反映预算期内预计现金收入与现金支出，以及为满足理想现金余额而进行筹资或归还借款等的预算。

资金预算由现金收入、现金支出、现金余缺、现金筹措与运用四部分构成。

(1) 现金收入包括预算年初现金余额和预算年度发生的各种现金收入，其中产品销售收入是取得现金收入的最主要来源。

(2) 现金支出指预算年度内预计要发生的所有现金支出，包括直接材料、直接人工、制造费用、销售及管理费用和专门决策等预算中所预计的现金支出。

(3) 现金余缺指现金收入合计与现金支出合计的差额。差额为正，说明收大于支，现金有多余；差额为负，说明支大于收，现金不足。

(4) 资金筹措与运用是指根据预算期现金收支的差额和企业有关资金管理的各项政策，确定筹集和运用资金的数额。如果现金不足，则需要向银行取得借款或通过其他方式筹集资金以保证经营正常进行，并预计还本付息的期限和数额；如果现金多余，除了可用于偿还借款外，还可用于购买有价证券作为短期投资。

编制资金预算的主要目的是加强在预算期内对现金流量的控制，使企业财务人员了解企业在预算期间现金收支情况及资金余缺情况，以便今后合理运用或及时筹措资金。

【工作实例 4-11】 假定裕丰公司期初现金余额为 2 000 元，预算期间的现金最低限额为 1 000 元。现金不足时，需要在季度初向银行取得借款，银行借款须是 10 000 元的整数倍；现金多余时，须于季末偿还借款，同时支付借款利息，其他资料见前述各预算。根据以上资料，编制裕丰公司 2024 年度现金预算，如表 4-12 所示。

表 4-12　裕丰公司 2024 年度现金预算　　　　　单位：元

项　目	第一季度	第二季度	第三季度	第四季度	全年
期初现金余额	2 000	8 636	3 642	6 526	2 000
加：现金收入(来自表 4-4)	134 000	176 000	216 000	192 000	718 000
可供使用现金	136 000	184 636	219 642	198 526	720 000
减：现金支出					
直接材料(来自表 4-6)	35 040	43 530	46 818	37 860	163 248
直接人工(来自表 4-7)	41 000	51 000	57 000	31 200	180 200
制造费用(来自表 4-8)	39 074	44 214	47 298	34 036.8	164 622.8
销售及管理费用(来自表 4-10)	19 250	19 250	19 250	19 250	77 000
所得税费用	6 000	6 000	6 000	6 000	24 000
购买设备	100 000			150 000	250 000
现金支出合计	240 364	163 994	176 366	278 346.8	859 070.8
现金余缺	-104 364	20 642	43 276	-79 820.8	-139 070.8
现金筹措与运用					
借入长期借款	80 000			80 000	160 000
取得短期借款	40 000			10 000	50 000
归还短期借款		10 000	30 000		40 000
短期借款利息(年利率 10%)	1 000	1 000	750	250	3 000
长期借款利息(年利率 12%)	6 000	6 000	6 000	8 400	26 400
期末现金余额	8 636	3 642	6 526	1 529.2	1 529.2

表中：

可供使用现金＝期初现金余额＋现金收入

可供使用现金－现金支出＝现金余缺

现金余缺＋现金筹措－现金运用＝期末现金余额

其中，"期初现金余额"是在编制预算时预计的，下一季度的期初现金余额等于上一季度的期末现金余额，全年的期初现金余额指的是年初的现金余额，所以等于第一季度的期初现金余额。"现金收入"的主要来源是销货取得的现金收入，具体数据来自销售预算。"现金支出"部分包括预算期的各项现金支出："直接材料""直接人工""制造费用""销售及管理费用""购买设备"的数据分别来自前述有关数据；此外，还包括所得税费用、股利分配等现金支出，有关数据分别来自另行编制的专门预算。

财务部门应根据现金余缺与理想期末现金余额的比较，并结合固定的利息支出及其他因素，来确定预算期现金运用或筹措的数额。本例中理想的现金余额是 10 000 元以下，如果资金不足，可以取得短期借款，银行的要求是借款额必须是 10 000 元的整数倍。本例中借款利息按季度支付，做现金预算时假设新增借款发生在季度的期初，归还借款发生在季度的期末(如果需要归还借款，先归还短期借款，归还的数额为 10 000 元的整数倍)。本例中，裕丰公司上年末的长期借款余额是 120 000 元，所以，第一季度、第二季度、第三季度的长期借款利息为(80 000＋120 000)×12%÷4＝6 000(元)，第四季度的长期借款利息为

(80 000＋80 000＋120 000)×12%÷4＝8 400(元)。

由于第一季度的长期借款利息支出 6 000 元，理想的现金余额是 10 000 元以下，所以，(现金余缺＋借入长期借款 80 000 元)的结果只要大于 10 000 元，就需要借入短期借款，而第一季度的现金余缺是 -104 364 元，借入长期借款 80 000 元后的现金余额是 -24 364 元，所以需要借入短期借款。本例中，裕丰公司上年末不存在短期借款，由于按照要求借款必须是 10 000 元的整数倍，同时又要保证最佳的现金余额是低于 10 000 元，所以需要借入短期借款 40 000 元，季度末需要支付短期借款的利息为 40 000×10%÷4＝1 000(元)，期末现金余额为 -104 364＋80 000＋40 000－1 000－6 000＝8 636(元)。

第二季度的现金余额是 20 642 元，余额较多，需要归还短期借款 10 000 元，再支付短期借款利息 1 000 元和长期借款利息 6 000 元，则期末现金余额为 20 642－10 000－1 000－6 000＝3 642(元)，小于 10 000 元，符合最佳现金余额的要求。

第三季度的现金余额是 43 276 元，现金余额依然很多，可以归还短期借款 30 000 元，支付短期借款利息为(40 000－10 000)×10%÷4＝750(元)，支付长期借款利息 6 000 元，期末现金余额为 43 276－30 000－750－6 000＝6 526(元)，小于 10 000 元，符合最佳现金余额的要求。

第四季度的现金余缺是 -79 820.8 元，长期借款利息支出为(80 000＋80 000＋120 000)×12%÷4＝8 400(元)。长期借款 80 000 元，还有资金余缺 -8 220.8 元，所以需要借入短期借款 10 000 元，短期借款利息为 10 000×10%÷4＝250(元)，则期末现金余额为 -8 220.8＋10 000－250＝1 529.2(元)，小于 10 000 元，符合最佳现金余额的要求。

2. 预计利润表的编制

预计利润表用来综合反映企业在计划期内的预计经营成果，是企业最主要的财务预算表之一。通过编制预计利润表，企业可以了解预期的盈利水平。如果预算利润与最初编制方针中的目标利润有较大差距，就需要调整部门预算，设法达成目标，或者经企业领导同意后修改目标利润。编制预计利润表的依据是各项经营预算、专门决策预算和资金预算。

预计利润表的编制方法与实际利润表的编制方法基本一致，只不过前者使用的是预计数。预计利润表可以按季度或按年度汇总编制。通过编制预计利润表可以预测利润水平。如果预计利润水平低于目标利润水平，就应对有关预算进行必要的调整，以设法达到目标。

【工作实例 4-12】 根据前面相关资料编制裕丰公司 2024 年预计利润表，如表 4-13 所示(其中数据来源已在表中注明)。

表 4-13 裕丰公司 2024 年度预计利润表　　单位：元

项　目	金　额
销售收入(来自表 4-4)	720 000
销售成本(来自表 4-9)	549 720
毛利	170 280
销售及管理费用(来自表 4-10)	98 000
利息(来自表 4-12)	29 400
利润总额	42 880
所得税费用(估计)	24 000
净利润	18 880

其中，"销售收入"项目的数据来自销售收入预算；"销售成本"项目数据来自产品成本预算；"毛利"项目的数据是前两项的差额；"销售及管理费用"项目的数据来自销售费用及管理费用预算；"利息"项目的数据来自现金预算。

此外，"所得税费用"项目是在利润规划时估计的，并已列入现金预算。它通常不是根据"利润总额"和所得税税率计算出来的，因为有诸多的纳税调整事项存在。

3. 预计资产负债表的编制

预计资产负债表是用来反映企业在计划期末预计财务状况的总括性预算。编制预计资产负债表的目的，在于判断预算反映的财务状况的稳定性和流动性。如果通过预计资产负债表的分析，发现某些财务比率不佳，必要时可修改有关预算，以改善财务状况。预计资产负债表的编制需以计划期开始日的资产负债表为基础，结合计划期间各项经营预算、专门决策预算、资金预算和预计利润表进行编制。它是全面预算编制流程的最后一步。

预计资产负债表是以预算期初资产负债表各项目的数字为基础，根据各项预算引起的相关数据的变动，进行必要的调整来编制的。其计算公式可表示为：

期末预计资产负债表=期初预计资产负债表+预算期财务状况变动

【工作实例4-13】 根据前面的预算资料所编制的裕丰公司2024年年末的资产负债表见表4-14，表中已注明了数据的来源。

表4-14   裕丰公司2024年年末的资产负债表   单位：元

资　产			负债及所有者权益		
项　目	年初数	年末数	项　目	年初数	年末数
流动资产			流动负债		
货币资金(来自表4-12)	2 000	1 529.2	短期借款	0	10 000
应收账款(来自表4-4)	70 000	72 000	应付账款(来自表4-6)	15 000	14 532
存货(来自表4-6、表4-9)	18 216	19 426.8	流动负债合计	15 000	24 532
流动资产合计	90 216	92 956	非流动负债		
非流动资产			长期借款	120 000	280 000
固定资产	420 000	375 000	非流动负债合计	120 000	280 000
在建工程	520 000	770 250	负债合计	135 000	304 532
非流动资产合计	940 000	1 145 250	所有者权益		
			实收资本	500 000	500 000
			资本公积	141 500	161 078
			盈余公积	250 000	250 000
			未分配利润	3 716	22 596
			所有者权益合计	895 216	933 674
资产总计	1 030 216	1 238 206	负债及所有者权益合计	1 030 216	1 238 206

"货币资金"的数据来源于表4-12中的"现金"的年初和年末余额。

"应收账款"的年初余额来自表4-4的"上年应收账款"，年末余额=120 000×60%=72 000(元)。

"存货"包括直接材料和产成品，直接材料的年初余额=1 000×6=6 000(元)；产成品的年初余额=(210+9 000-9 010)×61.08=12 216(元)，则存货的年初余额=6 000+12 216=18 216(元)；直接材料的年末余额=1 100×6=6 600(元)；产成品的年末余额=210×61.08=12 826.8(元)，则存货的年末余额=6 600+12 826.8=19 426.8(元)。

"固定资产"和"在建工程"的年初余额来自裕丰公司上年末的资产负债表(略)。

"固定资产"的年末余额=420 000-45 000=375 000(元)，其中本年计提的折旧来源于现金流量表(略)。

"在建工程"本年的增加额来源于在建工程明细表(略)。

"短期借款"的年初余额为 0，年末余额=0+(40 000-10 000-30 000+10 000)=0+10 000=10 000(元)，其中本年增加额 10 000 元来自表 4-12。

"应付账款"的年初余额 15 000 来源"上年应付账款"，年末余额=29 064×50%=14 532(元)。

"长期借款"的年初余额 120 000 来自裕丰公司上年末的资产负债表。年末余额=120 000+(80 000+80 000)=280 000(元)，其中增加额=80 000+80 000=160 000(元)，来自表 4-12。

"未分配利润"本年的增加额 18 880 元来自表 4-13，年末余额=3 716+18 880=22 596(元)；所有者权益各项目的期初余额均来自裕丰公司上年末的资产负债表(略)。

💡 数智赋能——Python 在现金预算中的应用

现金预算对于现金流管理、决策支持、风险管理、促进内部合作与交流等方面具有重要的意义。然而，由于现金预算需要从大量往期数据中发现规律，传统的计算方法往往费时费力，人工处理容易受限于人力和时间等因素。为了提升现金预算的精确度和效率，我们可以采用大数据工具及前沿技术，如 Python 编程语言。通过编写代码，充分利用 Python 强大的数据处理和分析能力，我们能够迅速处理海量的数据，并运行复杂的财务模型。这不仅能大幅提高工作效率，还能确保现金预算结果更为精确和可靠。在任务一部分，我们通过 Python 实现滚动预算的编制。以下将尝试通过 Python 完成现金预算的编制。

案例背景

猪八戒肉食股份有限公司位于上海，该地区的子公司是一家有机黑猪肉礼盒制造企业(以下简称公司)。在 2020 年年末，公司的财务部门汇报了部分信息如下：

(1) 公司已经和上海市政府达成了一项扶贫基金项目协议，该协议需要公司在 2021年 6 月末对该基金项目出资现金 50 万元。

(2) 预计在 2021 年，公司的年初现金余额为 52 万元。

(3) 2021 年，公司的现金收入信息如下：

① 预计第一季度，礼盒单位售价 100 元；第二季度礼盒单位售价 90 元；第三季度礼盒单位售价 85 元。

② 每季度销售收入 60%当季收现，40%下季收现，2021 年年初应收账款余额 800万元，第一季度收回。

(4) 2021 年，公司的现金支出信息如下：

① 2021 年初产成品存货 3 万件，每季末产成品存货为下季销量的 10%。

② 单位产品材料消耗量 10 千克，单价 4 元/千克，当季所购材料当季全部耗用，季初季末无材料存货，每季度材料采购货款 50% 当季付现，50% 下季付现。2021 年年初应付账款余额 420 万元，第一季度偿付。

③ 单位产品人工工时 2 小时，人工成本 10 元/小时；制造费用按人工工时分配，分配率 7.5 元/小时。

④ 销售和管理费用全年 400 万元，每季度 100 万元。人工成本、制造费用、销售和管理费用全部当季付现。

⑤ 全年所得税费用 100 万元，每季度预缴 25 万元。

⑥ 公司计划在上半年安装一条猪肉劈半生产线，第一、二季度分别支付设备购置 450 万元、250 万元。

(5) 公司每季末现金余额不能低于 50 万元。低于 50 万元时，向上海银行借入短期借款，借款金额为 10 万元的整数倍。借款季初取得，每季末支付当季利息，季度利率 2%。高于 50 万元时，高出部分按 10 万元的整数倍偿还借款，季末偿还。

根据上述汇报内容，财务总监作出了以下指示：

① 以公司过去十余年的广告投入金额和销售量数据为基础，通过构建"线性回归"模型，预测 2021 年第一季度销量、第二季度销量、第三季度销量。

② 编制公司 2021 年第一、二季度现金预算，判断公司是否能够通过自有资金对基金项目进行出资。

请根据上述资料，完成财务总监的指示要求。

数字实践

(一) 回归分析确认广告投入与销售量的线性关系

(1) 导入 Pandas 库用于数据处理；

(2) 通过 Python 软件，导入"有机黑猪肉礼盒广告投入与销售量"数据表，建立线性回归模型；

"有机黑猪肉礼盒广告投入与销售量"数据表

(3) 将"广告投入/万元"设置为 x (即 x 轴)，将"销售量/万盒"设置为 y (即 y 轴)，确认训练该模型。

具体实施步骤如下：

```
from pandas import read_csv
data = read_csv('有机黑猪肉礼盒广告投入与销售量数据.csv',encoding='gbk')
from sklearn.linear_model import LinearRegression
Model = LinearRegression( )
x = data[['广告投入/万元']]
y = data[['销售量/万盒']]
Model.fit(x,y)
```

(二) 预测销售量

前面已经构建并训练了以"广告投入/万元"为 x 轴、"销售量/万盒"为 y 轴的线性回归模型。现已知，2021 年预计该公司第一季度的广告投入为 290 万元、第二季度的广告投入为 400 万元、第三季度的广告投入为 515 万元。

在 Python 中写入下列代码，将三个季度的预计广告投入输入前述线性回归模型，得到 2021 第一、第二、第三季度的预测销量。

```
print(Model.predict([[290], [400], [515]]))
```

步骤(二)代码输出结果见图 4-6。

```
[[29.900 617 84]
 [39.602 078 2 ]
 [49.744 514 04]]
```

图 4-6 步骤(二)输出结果

现金预算表解析

根据输出结果可知，2021 年第一季度销量为 30 万盒(保留整数)、第二季度销量为 40 万盒(保留整数)、第三季度销量为 50 万盒(保留整数)。

(三) 编制现金预算表

根据上述步骤信息及背景资料，编制公司 2021 年第一、二季度现金预算表，填写结果表 4-15，解析过程见二维码。

表 4-15 现金预算表
单位：万元

项　　目	第一季度	第二季度
期初现金余额	52	50
加：销货现金收入	2 600	3 360
可供使用的现金合计	2 652	3 410
减：各项支出	—	—
材料采购	1 040	1 440
人工成本	620	820
制造费用	465	615
销售和管理费用	100	100
所得税费用	25	25
购买设备	450	250
现金支出合计	2 700	3 250
现金多余或不足	−48	160
加：短期借款	100	0
减：归还短期借款	0	100
减：支付短期借款利息	2	2
期末现金余额	50	58

(四) 判断自有现金资金出资能力

计算项目第二季度期末现金余额，判断自有现金资金出资能力。

基于上述数据计算可得出，第二季度期末现金余额=58 万元，大于 50 万元，所以该项目自有现金资金出资能力充足。

总的来说，利用 Python 进行企业现金预算是一种高效且精准的方法，Python 的强大数据处理和统计分析能力使其可以分析历史财务数据，找出影响现金预算的关键因素，并预测未来的现金流入流出。

此外，Python 的灵活性和易用性使财务人员能够根据企业的实际情况调整模型参数，以满足不同的预算需求，这样不仅提高了预算的准确性，还有助于企业及时发现潜在的财务风险，从而做出更明智的决策。

任务评测

一、单项选择题

1. 编制全面预算的基础是(   )。

A. 直接材料预算 B. 直接人工预算
C. 生产预算 D. 销售预算

2. 资本支出预算是(   )。

A. 财务预算 B. 生产预算
C. 专门决策预算 D. 业务预算

3. 全面预算按其涉及的业务活动领域分为财务预算和(   )。

A. 经营预算 B. 销售预算 C. 生产预算 D. 现金预算

4. 可以概括了解企业在预算期间盈利能力的预算是(   )。

A. 专门决策预算 B. 现金预算
C. 预计利润表 D. 预计资产负债表

5. 某企业编制第四季度的直接材料消耗与采购预算，预计季初材料存量为 500 千克，季度生产需用量为 2 500 千克，预计期末存量为 300 千克，材料采购单价为 10 元，若材料采购货款有 40%当期付清，另外 60%在下季度付清，则该企业预计资产负债表年末"应付账款"项目为(   )元。

A. 10 800 B. 13 800 C. 23 000 D. 16 200

二、多项选择题

1. 全面预算的作用概括起来有(   )。

A. 明确工作目标 B. 协调各职能部门的关系
C. 控制各部门日常经济活动 D. 考核各部门工作业绩
E. 组织各部门的工作

2. 在管理会计中，构成全面预算内容的有(   )。

A. 业务预算 B. 财务预算 C. 专门决策预算
D. 经营预算 E. 销售预算

3. 财务预算的主要内容包括(   )。

A. 现金预算 B. 预计利润表 C. 预计资产负债表
D. 投资决策预算 E. 销售预算

4. 下列各项中，属于编制现金预算依据的有(   )。

A. 销售预算 B. 直接材料采购预算
C. 直接人工预算和制造费用预算 D. 产品成本预算

E. 销售与管理费用预算

5. 在编制现金预算时，(　　)是决定企业是否进行资金融通以及确定资金融通数额的依据。

A. 期初现金余额　　　　　　　　B. 期末现金余额

C. 预算期内发生的现金收入　　　D. 预算期内发生的现金支出

E. 企业既定的现金余额范围

三、判断题

1. 在全面预算体系中，生产预算是唯一不涉及价值计量单位的预算。（　　）

2. 预计生产量＝预计销售量＋预计期期初存货量－预计期期末存货量。（　　）

3. 在编制生产预算时，应考虑产成品期初期末存货水平。（　　）

4. 预计资产负债表和预计利润表构成了整个财务预算。（　　）

5. 销售预算是以生产预算为依据编制的。（　　）

四、计算分析题

1. 甲公司编制资金预算的相关资料如下。

资料一：甲公司预计 2018 年每季度的销售收入中，有 70% 在本季度收到现金，30% 在下一季度收到现金，不存在坏账。2017 年年末应收账款余额为零。不考虑增值税及其他因素的影响。

资料二：甲公司 2018 年各季度的资金预算如表 4-16 所示。

表 4-16　甲公司 2018 年各季度的资金预算　　　单位：元

季　度	一季度	二季度	三季度	四季度
期初现金余额	500	(B)	1 088	1 090
预计销售收入	2 000	3 000	4 000	3 500
现金收入	(A)	2 700	(C)	3 650
现金支出	1 500	*	3 650	1 540
现金余缺	*	−700	*	(D)
向银行借款	*	*	*	*
归还银行借款及利息	*	*	*	*
期末现金余额	1 000	*	*	*

注：表内"*"为省略的数值。

要求：

(1) 计算 2018 年年末预计应收账款余额。

(2) 计算表中用字母代表的数值。

2. 甲公司在 2016 年第四季度按照定期预算法编制 2017 年度的预算，部分资料如下。

资料一：2017 年 1～4 月的预计销售额分别为 600 万元、1 000 万元、650 万元和 750 万元。

资料二：公司的目标现金余额为 50 万元，经测算，2017 年 3 月末预计"现金余缺"为 30 万元，公司计划采用短期借款的方式解决资金短缺。

资料三：预计 2017 年 1～3 月净利润为 90 万元，没有进行股利分配。

资料四：假设公司每月销售额于当月收回 20%，下月收回 70%，其余 10%将于第三个月收回；公司当月原材料金额相当于次月全月销售额的 60%，购货款于次月一次付清；公司第 1、2 月份短期借款没有变化。

资料五：公司 2017 年 3 月 31 日的预计资产负债表(简表)如表 4-17 所示。

表 4-17   资产负债表(简表)   单位：万元

资　产	年初余额	月末余额	负债与股东权益	年初余额	月末余额
现金	50	(A)	短期借款	612	(C)
应收账款	530	(B)	应付账款	360	(D)
存货	545	*	长期负债	450	*
固定资产净额	1 836	*	股东权益	1 539	(E)
资产总计	2 961	*	负债与股东权益总计	2 961	*

注：表内"*"为省略的数值。

要求：确定表格中字母所代表的数值。

引思明鉴

华为全面预算管理

1. 华为全面预算管理

全面预算管理，顾名思义，是一项全员参与、全方位管理、全过程控制的综合性、系统性的管理活动。

(1) 全员：包括企业内部各部门、各单位、各岗位。

(2) 全方位：指企业的一切经济活动，包括人、财、物各个方面，供、产、销各个环节。

(3) 全过程控制：指企业各项经济活动的事前、事中和事后控制。

华为的全面预算主要包括经营预算、战略专项、投资或筹资预算及集团财务预算(三大报表预算、税务预算等)，重大风险及关键预算假设也被视为全面预算的有机组成部分。

公司及事业部和子公司的财务部门，应定期向财经管理委员会提交预算执行情况的分析报告。根据预算目标实现程度和预算实现偏离程度，考核财务部预算编制和预算控制效果。

华为全面预算的指导方针是：以客户为源头，以项目为基础，反映业务实质。

2. 华为全面预算管理框架

华为认为，全面预算管理是在批准的战略规划的基础上，确定资源配置和投入规划，并进行过程监控，保证公司经营目标达成的管理方法。

同时，清晰的发展战略和业务规划是实施预算的前提条件，任正非的这句话也传达了这个意思："我从来不支持从预算开始变革，我们的业务系统都是混乱的，怎么会有正确的预算呢？我们的预算还要努力往前走，把盐碱地洗干净，我们才能种庄稼。"

华为的全面预算管理框架如图 4-7 所示。

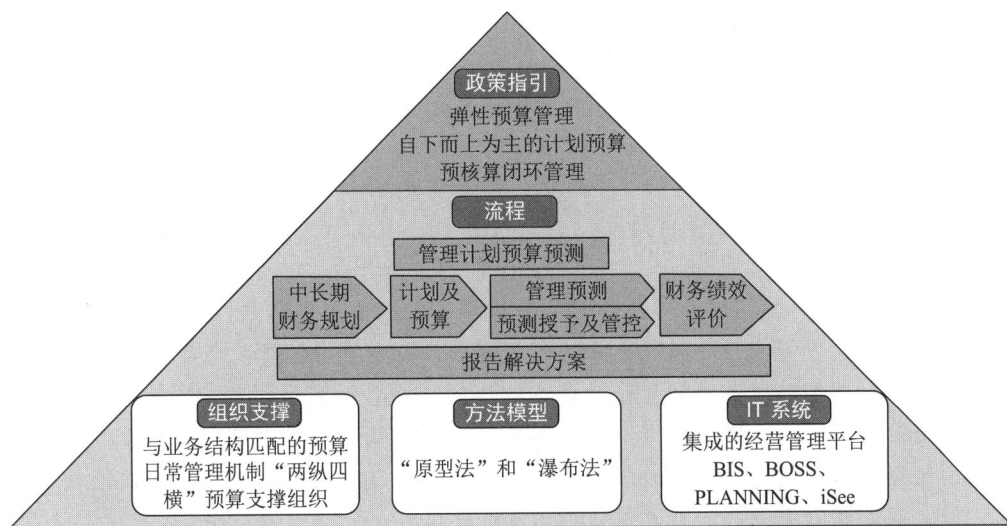

图 4-7　全面预算管理框架

(1) 中长期财务规划：根据公司中长期战略意图和经营诉求，分析市场环境、竞争对手及历史财务状况，揭示公司中长期财务趋势、问题和风险，制定并发布公司中长期财务规划。

(2) 计划及预算：根据公司战略意图，形成集团、BG(business group，业务集团)、SBG(服务型 BG)、区域、机关职能平台的业务和财务预算，批准并发布。

(3) 管理预测：开展集团、BG、SBG、区域、机关职能平台的业务和财务预测与分析，实现对预算目标的管理，并支撑公司宏观调控与准确决策，作为跟踪与闭环管理的依据。

(4) 预算授予及管控：授予预算，对预算的申请、变更及超授予等进行管理及控制。

(5) 财务绩效评价：对财务绩效指标进行设计、赋值及评价。

3. 两纵两横的预算组织架构

华为设立了多级预算控制体系，其两纵四横的预算组织架构如图 4-8 所示。

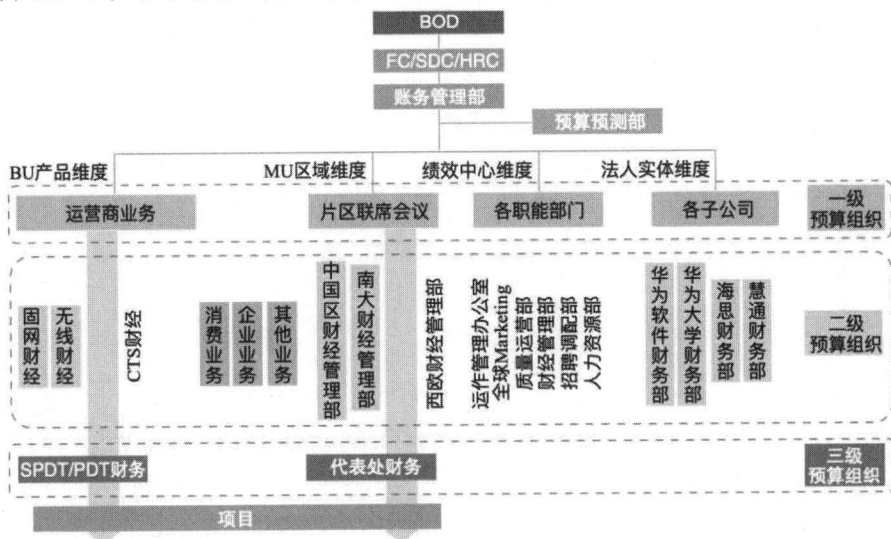

图 4-8　两纵四横的预算组织架构

(1) 董事会(BOD)：公司主要的决策和批准机构，各级经营管理团队对相应层级的全面预算管理负责。

(2) 财经委员会组织(FC)：全面预算的日常管理机构。

(3) 集团财经管理部：执行机构，负责日常工作协调。

(4) 各级责任中心：预算预测编制与执行的主体，形成纵横交错并互锁的预算责任体系。

(5) 机关平台的费用预算：基于成熟度、改进率进行管理。

4. 华为做好全面预算管理的措施

预算的生成，应以客户为起点，以项目为基础，由外向内生成预算。正如任正非说："我们的利润来源于'客户'，因此我们的预算源头也应该是'客户'，只有把面向客户销售的预算做清楚，才能向后分解成可靠的、扎实的产品及区域维度的年度预算。"

年度预算的制定就是基于项目和机会点，按照"战略计划—项目—预算"的逻辑建立预算分配机制。项目经营团队根据业务计划及授予的预算向支撑组织购买资源。

全面预算从时间维度来说有长期和短期之分，长期就是战略财经预算，短期就是年度预算。华为年度预算编制的时点及流程如图4-9所示。

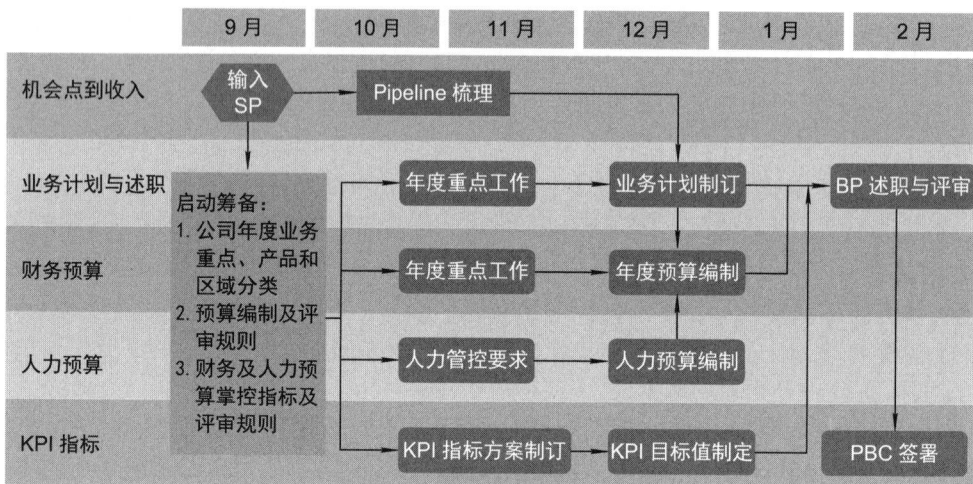

图4-9   年度预算编制的时点及流程

产品和项目预算是华为做好经营管理的基本单元，华为虽然更强调项目预算这个维度，但也没有忽略产品的生命周期预算。

全面预算还要进行闭环管理，通过计划预算来牵引，通过核算对计划预算的执行情况进行评估和监控，以保障业务可持续发展，实现规避风险与敢于投资的平衡。

赛学融合

北京鼎丰旅游有限公司(以下简称"鼎丰旅游"或"公司")是一家专业的旅游公司。截至2022年年末，公司开设并经营的旅游线路有内蒙古旅游线路、张家界旅游线路、江苏旅游线路和杭州旅游线路。公司通过线下旅行社和线上公众号两种方式进行业务宣传与运营。公司以优质的服务、合理的价格为游客提供团体及散客观光旅游、企业奖励旅游、文化交流等服务，让游客放心消费，轻松旅游。

公司在2022年年末采用增量预算方法对未来一年的经营情况进行预测。预计2023年开始，旅游热重新回归。基于此，公司管理层拟在 2023 年下半年新开设西安旅游线路。

1. 原有旅游线路人数预测

预计 2023 年内蒙古旅游线路、张家界旅游线路、江苏旅游线路和杭州旅游线路旅游人数均在 2022 年人数的基础上增加 50%，2022 年产品均价及旅游人数如表 4-18 所示。

表 4-18　2022 年产品均价及旅游人数

路　　线	2022 年产品均价/元	旅游人数/人
内蒙古旅游	1 880	11 500
张家界旅游	2 070	11 000
江苏旅游	1 060	14 600
杭州旅游	2 082	6 700

2. 新开设旅游线路人数预测

预计 2023 年下半年，西安旅游线路旅游人数为 10 000 人。

3. 原有旅游线路产品价格预测

各线路 2023 年产品均价均在 2022 年实际价格的基础上进行调整得出，2023 年产品均价调整比例如表 4-19 所示。

4. 新开设旅游线路产品价格预测

西安 3 日游线路产品价格根据公司设定的旅游线路、食宿条件，结合各大知名旅行社及平台的报价进行预测，2023 年西安 3 日游产品各旅行社及平台的报价统计如表 4-20 所示。

表 4-19　2023 年产品均价调整比例

路　　线	均价上涨比例
内蒙古旅游	5%
张家界旅游	1%
江苏旅游	2%
杭州旅游	2%

表 4-20　2023 年西安 3 日游产品各旅行社及平台的报价统计

旅行社/平台	平均报价/(元/人)
欣欣旅游	1 500
去哪儿网	2 000
携程	1 650
同程旅行	1 200
美团	1 400

以上述旅行社及平台报价的算术平均数作为公司 2023 年西安 3 日游产品平均价格。

5. 各季度销售收入预测

根据旅游淡旺季预测，2023 年各季度各旅游线路旅游人数占比如表 4-21 所示。

表 4-21　2023 年各季度各旅游线路旅游人数占比

线　　路	第一季度	第二季度	第三季度	第四季度
内蒙古旅游	10%	20%	40%	30%
张家界旅游	20%	25%	35%	20%
江苏旅游	20%	25%	30%	25%
杭州旅游	25%	20%	30%	25%
西安旅游	—	—	60%	40%

各季度收入以"各季度旅游人数×平均价格"计算。

实训要求：

(1) 根据上述资料，完成鼎丰旅游 2023 年销售收入预测，旅游人数以四舍五入保留至百位的整数形式填列，平均价格以四舍五入保留至十位的整数形式填列，旅游人数和平均价格均以填制结果进行后续计算，收入结果四舍五入保留两位小数作答，2023 年收入预测如表 4-22 所示。

表 4-22   2023 年销售收入预测

项　　目	旅游人数/人	平均价格/(元/人)	预计收入/元
内蒙古旅游			
张家界旅游			
江苏旅游			
杭州旅游			
西安旅游			
合　计		—	

(2) 根据本任务资源及已完成相关任务结果，完成鼎丰旅游 2023 年各季度收入预测，各季度旅游人数以四舍五入保留至十位的整数形式填列，差额挤到第四季度，并以填制结果进行后续计算，其余数据以完整小数位引用计算，结果四舍五入保留两位小数填列，2023年各季度销售收入预测如表 4-23 所示。

表 4-23   2023 年各季度销售收入预测

项目	线　路	第一季度	第二季度	第三季度	第四季度	合计
旅游人数/人	内蒙古旅游					
	张家界旅游					
	江苏旅游					
	杭州旅游					
	西安旅游					
	内蒙古旅游					
	张家界旅游					
	江苏旅游					
	杭州旅游					
	西安旅游	—	—			
营业收入/元	内蒙古旅游					
	张家界旅游					
	江苏旅游					
	杭州旅游					
	西安旅游					
	内蒙古旅游					
	张家界旅游					
	江苏旅游					
	杭州旅游					
	西安旅游	—	—			

项目五 营 运 管 理

学习目标

【知识目标】

1. 熟悉营运管理的概念和内容；
2. 掌握营运管理应遵循的四大原则；
3. 掌握本量利分析方法；
4. 掌握生产决策分析的基本原则；
5. 了解定价决策分析的原理。

【能力目标】

1. 能够充分认识营运管理的作用；
2. 能够正确进行本量利分析；
3. 能够综合运用所学知识，进行全面的短期经营决策分析，提高企业的经营绩效。

【素养目标】

1. 掌握精确计算的方法，培养新时代工匠精神；
2. 掌握 PDCA 管理原则，使工作更加条理化、系统化、科学化。

项目导图

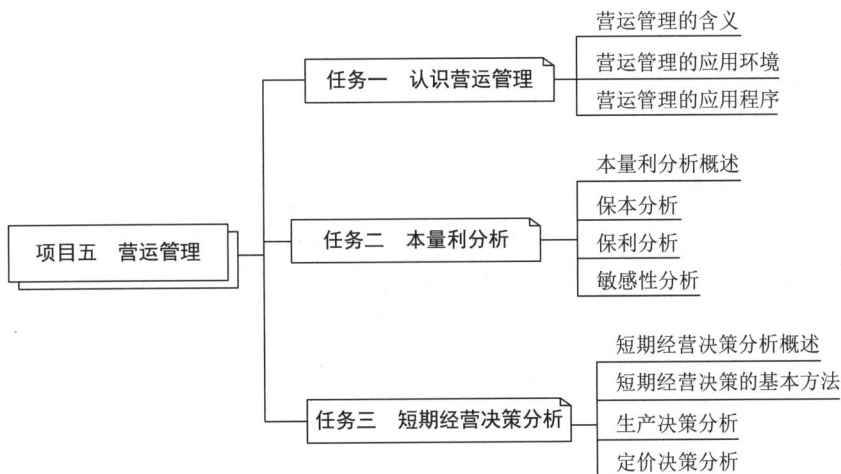

项目引例

某中型制造企业，专业从事电子设备的生产与销售。随着市场竞争的加剧和消费者需求的多样化，企业面临着提高经营效益和市场份额的双重压力。为了应对这些挑战，企业决定进行数字化转型，引入了一套先进的 ERP 系统。该 ERP 系统集成了企业生产、销售、库存、财务等关键业务数据，通过数据集成和流程自动化，提高了企业的运营效率。企业能够通过 ERP 系统实时监控生产进度、库存水平和销售情况，从而更加精准地把握市场动态。

为了优化产品组合和提高利润，企业决定利用本量利分析技术。通过分析不同产品的销售价格、变动成本和固定成本，企业希望能够找到一个利润最大化的产品组合。同时，企业还计划利用大数据分析技术，对市场趋势和消费者购买行为进行深入分析，以指导产品生产和销售策略的调整。

问题思考：

(1) 企业在进行本量利分析时，应该如何利用 ERP 系统提供的数据？请详细描述如何计算不同产品组合下的总成本、总收入和总利润，并解释这些数据如何帮助企业确定最优的产品组合。

(2) 在利用大数据分析市场趋势和消费者需求时，企业可能面临哪些挑战？如何利用数字化技术来解决这些挑战？请给出具体的实施方案。

任务一　认识营运管理

学海航标

1. 了解营运管理的应用程序，包括营运计划的制订、执行、调整、监控分析与报告、营运绩效管理等；

2. 关注营运管理过程中的细节和风险，以企业整体利益为重，增强责任心。

知识准备

一、营运管理的含义

营运管理，是指为了实现企业战略和营运目标，各级管理者通过计划、组织、指挥、协调、控制、激励等活动，实现对企业生产经营过程中的物料供应、产品生产和销售等环节的价值增值管理。

营运管理工具方法，包括但不限于本量利分析、边际分析、敏感性分析和标杆管理等。企业应根据自身业务特点和管理需要等，对不同的营运管理工具方法进行适当选择与综合运用，更好地实现营运管理的目标。

企业进行营运管理时，应正确区分计划(Plan)、实施(Do)、检查(Check)、处理(Act)四个阶段(简称 PDCA 管理原则)，如图 5-1 所示，形成闭环管理，使营运管理工作更加条理化、系统化、科学化。

图 5-1　PDCA 循环

二、营运管理的应用环境

企业营运管理的应用环境包括组织架构、管理制度和流程、信息系统及相关外部环境等。

为确保营运管理的有序开展，企业应建立健全营运管理组织架构，制定营运管理流程，明确各管理层级或管理部门在营运管理中的职能和职责，有效组织开展营运计划的制订审批、分解下达、执行监控、分析报告、绩效管理等日常营运管理工作。

企业应建立和完善营运管理的相关制度与流程，明确营运管理各环节在营运管理中的工作目标、职责分工、工作程序、工具方法、信息报告等内容。

企业应建立完整的业务信息系统，规范信息的收集、整理、传递和使用等，有效支持管理者决策。

【职场经验】

营运管理在企业中的应用主要表现在以下几个方面。

(1) 生产运营管理：企业通过合理配置生产资源，控制生产成本，提高生产效率，确保产品质量，以实现生产目标。

(2) 供应链管理：企业对供应链进行有效管理，优化采购、生产、销售等流程，以降低库存成本，提高响应速度。

(3) 销售运营管理：企业通过市场调研、产品定位、定价策略、渠道选择等手段，制定销售计划，实现销售目标。

(4) 物流运营管理：企业对物流过程进行规划、组织、协调、控制，以降低物流成本，提高物流效率。

(5) 服务运营管理：企业通过客户关系管理、服务质量管理等手段，提供优质服务，以提升客户满意度。

(6) 信息化管理：企业通过建立 ERP、CRM 等信息系统，实现内部信息共享，提高运营效率。

三、营运管理的应用程序

企业营运管理工具方法的应用程序包括营运计划的制订、营运计划的执行、营运计划的调整、营运监控分析与报告、营运绩效管理等。

(一) 营运计划的制订

营运计划，是企业根据战略决策和营运目标的要求，从时间上和空间上对营运过程中所需要的各种资源所做出的统筹安排，主要作用是分解营运目标，分配企业资源，合理安排营运过程中的各项活动。

营运计划按计划的时间可分为长期营运计划、中期营运计划和短期营运计划；按计划的内容可分为销售、生产、供应、财务、人力资源、产品开发、技术改造和设备投资等营运计划。

企业在制订营运计划时，应开展营运预测，将其作为营运计划制订的基础和依据。

营运预测，是指通过收集整理历史信息和实时信息，恰当运用科学预测方法，对未来经济活动可能产生的经济效益和发展趋势做出科学合理的预计和推测的过程。

企业应用多种管理工具方法制订营运计划时，应根据自身实际情况，选择单独或综合应用预算管理、平衡计分卡、价值树、标杆管理等管理工具方法；同时，应充分应用本量利分析、敏感分析、边际分析等管理会计工具，为营运计划的制订提供具体量化的数据分析，有效支持决策。

企业应当科学合理地制订营运计划，充分考虑各层次营运目标、业务计划、管理指标等方面的内在逻辑联系，形成涵盖各价值链的、不同层次和不同领域的、业务与财务相结合的、短期与长期相结合的目标体系和行动计划。

企业应采取自上而下和自下而上相结合的方式制订营运计划，充分调动全员积极性，通过沟通、讨论达成共识。

企业应根据营运管理流程，对营运计划进行逐级审批。企业各部门应在已经审批通过的营运计划基础上，进一步制订各自的业务计划，并按流程履行审批程序。

企业应对未来的不确定性进行充分的预估，在科学营运预测的基础上，制订多方案的营运计划，以便应对未来不确定性带来的风险与挑战。

(二) 营运计划的执行

经审批的营运计划应以正式文件的形式下达执行。执行企业应逐级分解营运计划，按照横向到边、纵向到底的要求分解落实到各下级企业或部门、岗位或员工，确保营运计划得到充分落实。

经审批的营运计划应分解到季度、月度，形成月度的营运计划，逐月下达、执行。各执行企业应根据月度的营运计划组织开展各项营运活动。

企业应建立配套的监督控制机制，及时记录营运计划执行情况，进行差异分析与纠偏，持续优化业务流程，确保营运计划有效执行。

企业应在月度营运计划的基础上，开展月度、季度滚动预测，实时反映滚动营运计划所对应的实际营运状况，为企业资源配置的决策提供有效支持。

(三) 营运计划的调整

企业的营运计划一旦批准下达，一般不予调整。宏观经济形势、市场竞争形势等发生重大变化，导致企业营运状况与预期出现较大偏差时，企业可以适时对营运计划做出调整，使营运目标更加切合实际。

企业在营运计划的执行过程中，应关注和识别所存在的各种不确定因素，分析和评估其对企业营运的影响，适时启动调整原计划的有关工作，确保企业营运目标更加切合实际，更合理地进行资源配置。

企业在进行营运计划调整的决策时，应及时分析和评估营运计划调整方案对企业营运的影响，包括对短期的资源配置、营运成本、营运效益等的影响，以及对长期战略的影响。

企业应建立营运计划调整的流程和机制，规范营运计划的调整活动。营运计划的调整应由具体执行部门提出调整申请，层层审批，批准后下达正式文件。

(四) 营运监控分析与报告

为了强化营运监控，确保企业营运目标的顺利完成，企业应结合自身实际情况，按照日、周、月、季、年等频率建立营运监控体系；并按照 PDCA 的管理原则，不断优化营运监控体系的各项机制，做好营运监控分析工作。

营运分析的一般步骤

企业的营运监控分析，是指以本期财务和管理指标为起点，通过指标分析查找异常，并进一步揭示差异所反映的营运缺陷，追踪缺陷成因，提出并落实改进措施，不断提高企业营运管理水平的过程。

营运管理监控的基本任务是发现偏差、分析偏差以及纠正和调整偏差。

(1) 发现偏差。企业通过各类手段和方法，分析营运计划的执行情况，发现计划执行中的问题和偏差。

(2) 分析偏差。企业对营运计划执行过程中出现问题和偏差的原因进行研究，采取针对性的措施。

(3) 纠正和调整偏差。企业根据偏差产生的原因采取针对性的纠偏对策，使企业营运过程中活动按既定的营运计划进行，同时，如果营运计划本身存在不合理之处，或者外部环境发生了重大变化，企业还需要对营运计划进行必要的调整，以确保企业的营运活动能够适应新的环境和挑战。

企业营运监控分析应至少包括发展能力、盈利能力、偿债能力等方面的财务指标，以及生产能力、管理能力等方面的非财务指标，并根据所处行业的营运特点，通过趋势分析、对标分析等工具方法，建立完善营运监控分析指标体系。

企业应将营运监控分析的对象、目的、程序、评价及改进建议形成书面分析报告。分析报告按照分析的范围及内容可以分为综合分析报告、专题分析报告和简要分析报告；按照分析的时间可以分为定期分析报告和不定期分析报告。

企业应建立预警、督办、跟踪等营运监控机制，及时对营运监控过程中发现的异常情

况进行通报、预警，按照 PDCA 管理原则督促相关责任人将工作举措落实到位。

企业可以建立信息报送、收集、整理、分析、报告等日常管理机制，保证信息传递的及时性和可靠性；建立营运监控管理信息系统、营运监控信息报告体系等，保证营运监控分析工作的顺利开展。

(五) 营运绩效管理

企业应当开展营运绩效管理，激励员工为实现营运管理目标作出贡献。

企业可以建立营运绩效管理委员会、营运绩效管理办公室等不同层级的绩效管理组织，明确绩效管理流程和审批权限，制定绩效管理办法、实施细则等绩效管理制度。

企业可以以营运计划为基础，制定绩效管理指标体系，明确绩效指标的定义、计算口径、统计范围、绩效目标、评价标准、评价周期、评价流程等内容，确保绩效指标具体、可衡量、可实现、相关及具有明确期限。

绩效管理指标应以企业营运管理指标为基础，做到无缝衔接、层层分解，确保企业营运目标的落实。

◎ **小组讨论**

华夏电子公司近年来面临市场竞争加剧、生产成本上升和客户需求多样化等挑战。为了应对这些挑战，公司高层决定对现有的运营进行评估和优化。在评估过程中，公司发现营运和运营在一些方面存在联系，但也存在区别。营运主要关注公司的整体运作，包括市场定位、战略规划、资源配置等。而运营则侧重于公司的日常管理工作，如生产流程优化、库存管理、团队协作等。

为了使公司能够更好地应对市场竞争，高层决定聘请专业咨询团队对公司进行诊断，并提出改进措施。在咨询团队的协助下，公司对营运和运营进行了系统性梳理，明确了二者之间的联系与区别，并针对性地制定了一系列优化方案。

1. 请简要阐述营运和运营的定义，并说明二者之间的联系与区别。

2. 针对华夏电子的案例，你认为公司应如何调整和优化营运和运营，以提高竞争力？请提出具体建议。

⬤ **任务评测**

一、单项选择题

1. 企业进行营运管理时，PDCA 管理原则不包括的阶段是(   )。

　A. 计划　　　　B. 实施　　　　C. 检查　　　　D. 处理　　　　　E. 识别

2. (   )是指通过收集整理历史信息和实时信息，恰当运用科学预测方法，对未来经济活动可能产生的经济效益和发展趋势做出科学合理的预计和推测的过程。

　A. 营运计划　　　B. 营运目标　　　C. 营运预测

　D. 业务计划　　　E. 管理指标

3. (   )是指以本期财务和管理指标为起点，通过指标分析查找异常，并进一步揭示差异所反映的营运缺陷，追踪缺陷成因，提出并落实改进措施，不断提高企业营运管理水平。

A. 营运计划　　　B. 营运目标　　　C. 营运预测

D. 业务计划　　　E. 营运监控分析

4. 营运管理监控的基本任务不包括(　　)。

A. 发现偏差　　　B. 分析偏差　　　C. 纠正偏差　　　D. 管理偏差

5. 在营运计划制订时，企业应主要依据(　　)。

A. 员工意见　　　　　　　　　B. 竞争对手的动向

C. 战略目标和年度营运目标　　D. 市场最新潮流

二、多项选择题

1. 应用程序包括(　　)。

A. 营运计划的制订　　　　　　B. 营运计划的执行

C. 营运计划的调整　　　　　　D. 营运监控分析与报告

E. 营运绩效管理等

2. 营运管理工具方法，包括(　　)。

A. 本量利分析　　B. 边际分析　　C. 敏感性分析　　D. 标杆管理

3. 营运管理的应用环境通常包含(　　)要素。

A. 组织架构　　　　　　　　　B. 信息系统

C. 外部市场环境　　　　　　　D. 管理制度和流程

4. 营运管理在企业中的直接对象及目的可能包括(　　)。

A. 对企业战略进行维护和监控　　B. 股东意志的表达与实现

C. 对企业非专业技术的一切公共事务的执行与解决　　　D. 提高员工福利

5. 在营运计划执行过程中，企业应进行的活动有(　　)。

A. 关注和识别各种不确定因素　　B. 分析和评估不确定因素对企业营运的影响

C. 立即调整原计划　　　　　　　D. 适时启动调整原计划的有关工作

三、判断题

1. 营运预测的主要作用是分解营运目标，分配企业资源，安排营运过程中的各项活动。

(　　)

2. 营运计划按计划的内容可分为长期营运计划、中期营运计划和短期营运计划。(　　)

3. 企业应采取自上而下和自下而上相结合的方式制定营运计划。　　　　　　(　　)

4. 企业的营运计划一旦批准下达，一般不予调整。　　　　　　　　　　　　(　　)

5. 企业可以建立营运绩效管理委员会、营运绩效管理办公室等不同层级的绩效管理组织。　　　　　　　　　　　　　　　　　　　　　　　　　　　　　　　　　　(　　)

任务二　本量利分析

学海航标

1. 熟悉本量利分析的相关知识；

2. 掌握保本分析、保利分析和敏感性分析的计算。

知识准备

一、本量利分析概述

(一) 本量利分析的概念

本量利分析的优缺点

本量利分析是指以成本性态分析和变动成本法为基础，运用数学模型和图式，对成本、利润和业务量等因素之间的依存关系进行分析，发现变动的规律性，为企业进行预测、决策、计划和控制等活动提供支持的一种方法。其中，"本"是指成本，包括固定成本和变动成本；"量"是指业务量，一般是指销售量；"利"一般是指营业利润。

(二) 本量利分析的基本假设

本量利分析所涉及的许多模型是基于以下假设而确立的。

(1) 成本性态分析假设。假定本量利分析所涉及的成本因素已经区分为变动成本和固定成本两类，相关的成本性态模型已经形成。

(2) 相关范围及线性假设。假定在一定时期和一定的产销业务量范围内，成本水平始终保持不变，单价也不因业务量的变化而变化。

(3) 产销平衡和品种结构不变假设。假定企业生产出的产品能达到产销平衡。

(4) 变动成本法假设。假定产品成本是按变动成本法计算的，并按贡献式损益程序确定营业利润。

(5) 目标利润假设。假定有关利润指标是经过预测而确定的目标利润。

(三) 本量利分析的基本公式

在管理会计中，将成本、业务量和利润三者之间的依存关系用数学方程式来表达，即可得到本量利关系的基本关系式，其中涉及的因素包括销售量、销售单价、单位变动成本、固定成本总额和利润。它们之间的关系可以用公式表示：

利润＝销售收入－变动成本－固定成本

＝销售单价×销售量－单位变动成本×销售量－固定成本

＝(销售单价－单位变动成本)×销售量－固定成本

为了简化关系式，常常用字母代替变量。其中 π 表示利润，S 表示销售收入，VC 表示变动成本，FC、a 表示固定成本，x 表示销售量，p 表示销售单价，b 表示单位变动成本。

因此上述公式又可表示为：$\pi = S - VC - FC = px - bx - a = (p - b)x - a$。

这个关系式表现了本量利关系的基本定义，本量利分析的其他关系都是在此基础上建立起来的，所以上述关系又被称为标准本量利关系式。在这个关系式中，可以清晰地看出成本、销售量和利润三者之间的数量关系。本量利分析的基本原理就是在假设销售单价、单位变动成本和固定成本为常量，以及在产销平衡的基础上，将销售量、利润作为自变量和因变量，给定销售量，便可以求出其利润，或者给定目标利润，计算出目标产量。

(四) 本量利分析的相关概念

1. 边际贡献(mx)

边际贡献又称贡献边际、贡献毛益或边际利润，它描述的是企业的销售收入弥补全部的变动成本后的剩余部分。边际贡献是衡量产品盈利能力的重要指标，在企业的预测决策分析和考核评价中被广泛使用。

计算公式为：边际贡献=销售收入－变动成本，即 $mx = px - bx$。

根据本量利分析的基本公式：$\pi = px - bx - a = (p-b)x - a = mx - a$。

因此，边际贡献也可以表述为：边际贡献=利润＋固定成本，即 $mx = \pi + a$。

企业在一定时期发生的成本，按成本性态可划分为变动成本和固定成本，边际贡献首先要补偿固定成本，然后，剩余部分将形成利润。如果边际贡献不足以补偿固定成本，则该期会发生亏损。所以，边际贡献可以从根本上揭示产品销售为企业做出的"贡献"水平。

除了以总额形式表示外，边际贡献(mx)还可以表示成单位边际贡献(m)。单位边际贡献(m)是产品的销售单价减去单位变动成本后的余额，也可用边际贡献总额(贡献毛益)除以销售量来表示，反映的是每增加一个单位销售量所增加的边际贡献。

计算公式为：单位边际贡献=销售单价－单位变动成本=$\dfrac{\text{贡献毛益}}{\text{销售量}}$，即 $m = \dfrac{mx}{x} = p - b$。

【工作实例5-1】 裕丰公司只产销一种产品，销售单价为30元/件，单位变动成本为15/件，2024年销售量5 000件，固定成本为10 000元。要求：计算该公司产品的边际贡献和2024年的利润。

根据边际贡献公式，边际贡献 $mx = px - bx = 30 \times 5\,000 - 15 \times 5\,000 = 75\,000$（元）。

利润 $\pi = m - a = 75\,000 - 10\,000 = 65\,000$（元）。

由此可见，在目前的销售单价和成本结构的情况下，该公司的边际贡献为75 000元，销售5 000件产品，实现的利润为65 000元。

2. 边际贡献率(m')

边际贡献率(m')是指以单位边际贡献(单位贡献毛益)除以销售单价的百分比，或以边际贡献总额(贡献毛益)除以销售收入的百分率。它表明每增加一元销售收入能够为企业提供的毛益金额。其计算公式为：

$$\text{边际贡献率} = \frac{\text{单位贡献毛益}}{\text{销售单价}} \times 100\% = \frac{\text{贡献毛益}}{\text{销售收入}} \times 100\%$$

即

$$m' = \frac{mx}{px} \times 100\% = \frac{m}{p} \times 100\% = \frac{p-b}{p} \times 100\%$$

3. 变动成本率(d')

与边际贡献率密切相关的指标是变动成本率。所谓变动成本率，是指以单位变动成本除以销售单价的百分率，或以变动成本总额除以销售收入的百分率。它表明每增加一元销售收入所增加的变动成本金额。其计算公式为：

$$变动成本率 = \frac{单位变动成本}{销售单价} \times 100\% = \frac{变动成本总额}{销售收入} \times 100\%$$

即

$$d' = \frac{bx}{px} \times 100\% = \frac{b}{p} \times 100\%$$

综上可知，边际贡献率+变动成本率=1，即 $m'+a'=1$。

以上基本概念及其计算公式在管理会计中十分重要，必须在理解的基础上熟练掌握。

【工作实例5-2】 裕丰公司生产A产品，每件售价1 500元，耗用的原材料、人工等变动成本900元。固定成本总额为450 000元，共生产销售了1 000件。要求：计算该产品的边际贡献率、变动成本率和利润。

由已知条件知：$p=1\,500$ 元，$b=900$ 元，$a=450\,000$ 元，$x=1\,000$ 件。

单位边际贡献 $m = p - b = 1\,500 - 900 = 600$ (元)。

边际贡献 $mx = px - bx = 1\,500 \times 1\,000 - 900 \times 1\,000 = 600\,000$(元)。

边际贡献率 $m' = \frac{m}{p} \times 100\% = \frac{600}{1\,500} \times 100\% = 40\%$。

变动成本率 $d' = \frac{b}{p} \times 100\% = \frac{900}{1\,500} \times 100\% = 60\%$。

利润 $\pi = px - bx - a = 1\,500 \times 1\,000 - 900 \times 1\,000 - 450\,000 = 150\,000$ (元)。

【职场经验】

在实际工作中，产品销售价格、销售数量、单位变动成本和固定成本总额等因素的变动或多或少总会有一定的不确定性。如果不确定性较大或有多种可能性，在进行本量利分析时就应该运用概率技术以提高分析结果的可靠性。具体来说，首先确定各个因素在不同概率条件下的预计数值，然后计算各种组合情况下的盈亏临界点或目标利润，再根据各种组合下的组合概率计算组合期望值，最后以各组合期望值的合计数作为最终的预测值。

二、保本分析

保本是一个用于概括企业在一定时期内收支相等、不盈不亏、利润为零的专用术语。当企业恰好处于收支相等、不盈不亏、利润为零的特殊情况时，可称企业达到保本状态。

保本点是指能使企业达到保本状态时的业务量的总称，又称盈亏平衡点、损益两平点。

保本分析又称盈亏平衡点分析、保本点分析、损益两平点分析，是研究当企业恰好处于保本状态时成本、业务量和利润三者之间关系的一种定量分析方法。它是本量利分析的核心内容之一，也是确定企业经营安全程度和进行保利分析的基础。

(一) 单一产品保本分析

在单一产品品种条件下，确定保本点就是计算保本点的销售量和销售额或确定其位置的过程。保本点的求解有以下三种方法。

1. 公式法

如前所述，本量利分析的基本公式为 $\pi=(p-b)x-a$。

设保本点销售量为 x_0，保本点销售额为 S_0，根据保本点的含义可知，企业在这一点上正好处于不亏不盈状态，即利润为零，则 $(p-b)x_0-a=0$。所以保本点的销售量 $x_0=\dfrac{a}{p-b}$，保本点的销售额 $S_0=px_0$。

【工作实例 5-3】 按【工作实例 5-2】所提供的资料要求按基本公式法计算保本点的销售量和销售额。

保本点的销售量 $x_0=\dfrac{a}{p-b}=\dfrac{450\,000}{1\,500-900}=750$（件）。

保本点的销售额 $S_0=px_0=1\,500\times750=1\,125\,000$（元）。

所以，该企业只有当产品销量达到 750 件，销售收入达到 1 125 000 元时才能保本。

2. 边际贡献法

根据本量利分析的数学模型 $\pi=(p-b)x-a=mx-a=m'px-a$。

当 $\pi=0$ 时企业处在保本状态，则有 $0=mx_0-a=m'px_0-a$。

保本点销售量 $x_0=\dfrac{a}{m}$，保本点销售额 $S_0=px_0=\dfrac{a}{m'}$。

【工作实例 5-4】 按【工作实例 5-2】所提供的资料要求按边际贡献法计算保本点的销售量和销售额。

单位边际贡献 $m=p-b=1\,500-900=600$（元）。

边际贡献率 $m'=\dfrac{m}{p}\times100\%=\dfrac{600}{1\,500}\times100\%=40\%$。

保本点销售量 $x_0=\dfrac{a}{m}=\dfrac{450\,000}{600}=750$（件）。

保本点销售额 $S_0=px_0=1\,500\times750=1\,125\,000$（元）。

所以，该企业只有当产品销量达到 750 件，销售收入达到 1 125 000 元时才能保本。

3. 图示法

图示法是通过绘制保本图来确定保本点位置从而求出保本点销售量和销售额的一种分析方法。

图示法的基本原理是当总收入等于总成本时，企业恰好保本，在平面直角坐标系内画出销售收入线和总成本线，两条线的交点就是保本点。保本点对应的横坐标就是保本点的销售量，纵坐标就是保本点的销售额。

与公式法相比，保本图具有形象直观、简明易懂的特点，但由于图示法是依靠目测求得保本点，所以不可能十分准确，通常与公式法配合使用。

保本图是围绕保本点，将影响企业利润的有关因素及相互关系，集中在一张图上形象而具体地表现出来。利用它，可以清楚地看到有关因素变动对利润的影响，因而对在经营管理工作中提高预见性和主动性有较大的帮助。下面具体说明保本图的绘制方法及其所揭示的有关成本、产销业务量与利润三者之间的规律性联系。

保本图有以下三种绘制方法。

(1) 传统绘制法。

传统绘制法是保本图最基本的形式，它突出了固定成本不随销售量变动的特征，传统式保本图如图 5-2 所示。

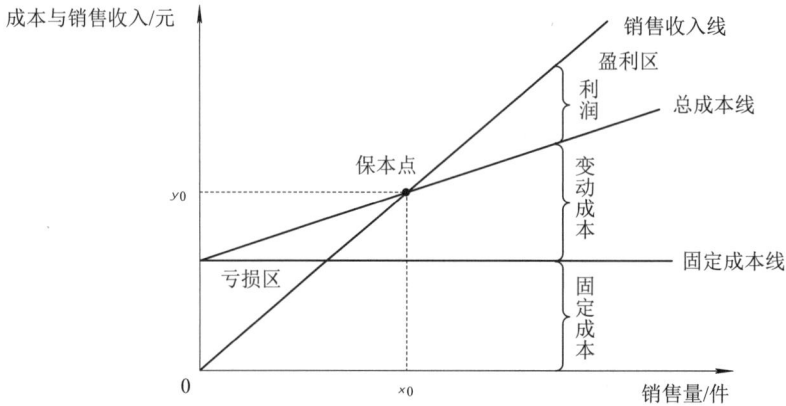

图 5-2　传统式保本图

总成本线与销售收入线的交点就是保本点。保本点对应的横坐标就是保本点的销售量 x_0，纵坐标就是保本点的销售收入 S_0 与成本 y_0。

【工作实例 5-5】 裕丰公司只产销一种产品，销售单价为 10 元/件，单位变动成本为 3 元/件，固定成本为 7 元。要求：绘制保本图。

由已知条件知：$p=10$ 元，$b=3$ 元，$a=7$ 元。

销售收入线 $y=px=10x$；

总成本线 $y=bx+a=3x+7$；

固定成本线 $y=a=7$。

传统式保本图绘制如图 5-3 所示。

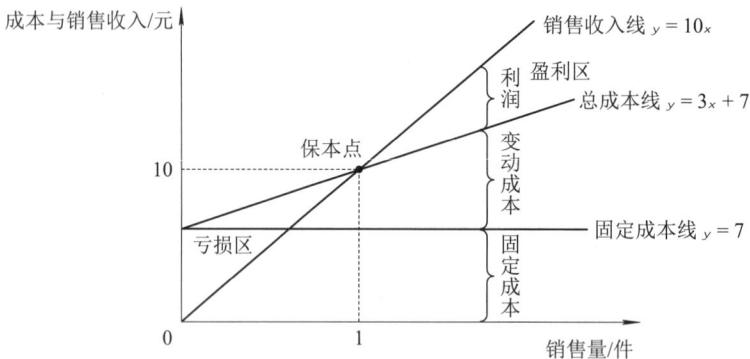

图 5-3　传统式保本图绘制

(2) 边际贡献绘制法。

边际贡献绘制法突出了变动成本随销售量成正比例变动的特性，也突出了边际贡献指标。具体绘制方法如下：

① 在直角坐标系中，以横轴表示销售数量 x，以纵轴表示成本 y 与销售收入 S。

② 绘制变动成本线。根据变动成本的特性，过坐标原点作以单位变动成本 b 为斜率的直线 $y=bx$，该直线即为变动成本线。

③ 绘制总成本线。过坐标点 $(0, a)$ 作一条 $y=bx$ 的平行线 $y=bx+a$，该直线即为总成本线。

④ 绘制销售收入线。以坐标原点为起点，画出一条斜率为单价 p 的直线 $S=px$，此线即总收入线。

总成本线与销售收入线的交点就是保本点。保本点对应的横坐标就是保本点的销售量 x_0，纵坐标就是保本点的销售额 S_0。

按【工作实例 5-5】中的数据，销售收入线 $y=px=10x$；总成本线 $y=bx+a=3x+7$；变动成本线 $y=bx=3x$，绘制的边际贡献式保本图如图 5-4 所示。

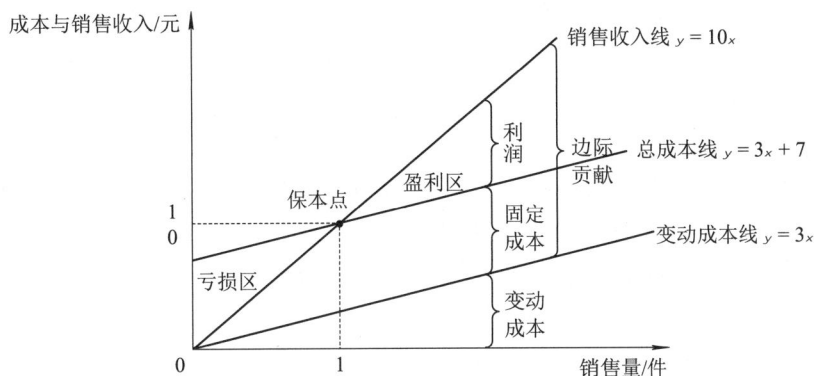

图 5-4 边际贡献式保本图

由传统式保本图和边际贡献式保本图可以看出本量利三者之间相互关系的一些规律。

① 在保本点不变的情况下，销售量超过保本点的数量越大，企业实现的利润越多；销售量低于保本点的数量越大，亏损额越大。

② 在销售量不变的情况下，保本点越低，实现的利润越多，或亏损越少；保本点越高，实现的利润越少，或亏损越多。

③ 在销售总成本已确定的情况下，保本点受产品单价变动的影响，产品单价越高，则销售收入线的斜率越大，保本点就越低；否则，保本点就越高。

④ 在销售收入已确定的情况下，保本点高低取决于单位变动成本和固定成本的多少。如果单位变动成本越多或固定成本越多，则保本点越高；反之，保本点越低。

(3) 利量式绘制法。

利量式绘制法的特点是不考虑销售收入与成本因素，在坐标图上仅仅反映利润与销售量之间的依存关系。具体绘制方法如下：

① 在直角坐标系中，以横轴 x 表示销售量，纵轴 y 表示利润。

② 在纵轴上找出与固定成本 a 相对应的一点 $(0, -a)$，并过该点画一条平行于横轴的直线 $y=-a$，该直线到横轴的距离即为固定成本 a。

③ 过点 $(0, -a)$ 作一条斜率为单位边际贡献 m 的直线 $y=mx-a$，该直线即为利润线。利润线与横轴的交点即为保本点的销售量 x_0。

按【工作实例 5-5】中的数据，利润线 $y=mx-a=7x-7$，所绘制的利量式保本图如图 5-5 所示。

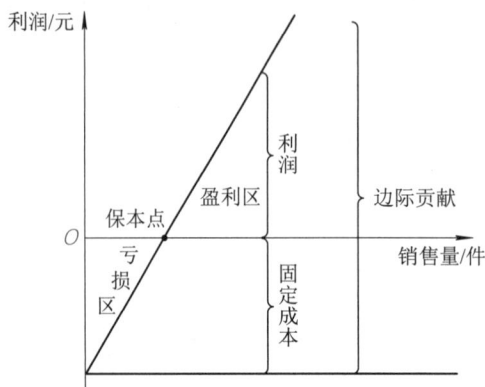

图 5-5　利量式保本图

4. 与保本点有关的指标

(1) 保本点作业率。

保本点作业率，是指保本点销售量占企业实际或预计销售量的比重。由于管理会计的主要任务是控制现在或规划未来，因此，实际或预计的销售量就是指现在或未来的正常销售量。所谓正常销售量，是指正常市场和正常开工情况下企业的销售数量，也可以用销售额来计算。

保本点作业率的计算公式如下：

$$保本点作业率 = \frac{保本点销售量}{实际或预计销售量} \times 100\% = \frac{x_0}{x} \times 100\%$$

这个比率表明企业保本的业务量在实际或预计业务量中所占的比重。由于多数企业的生产经营能力是按实际或预计销售量来规划的，生产经营能力与实际或预计销售量基本相同，所以，保本点作业率还表明保本状态下的生产经营能力的利用程度。

【工作实例 5-6】　按【工作实例 5-4】企业实际或预计销售额为 1 500 000 元，保本点销售额为 1 125 000 元，要求：计算保本点作业率。

$$保本点作业率 = \frac{x_0}{x} \times 100\% = \frac{1\,125\,000}{1\,500\,000} \times 100\% = 75\%$$

计算表明，该企业的作业率必须达到正常作业的 75% 以上才能取得盈利，否则就会发生亏损。

(2) 安全边际和安全边际率。

安全边际，是指实际或预计的销售额(量)超过保本点销售额(量)的差额，表明销售额(量)下降多少企业仍不至亏损。安全边际是一个安全区间。安全区间越大，风险越小。

安全边际的计算公式如下：

安全边际额 = 实际或预计销售额 − 保本点销售额

安全边际量 = 实际或预计销售量 − 保本点销售量

企业有时为了考察当年的生产经营安全情况，还可以用本年实际订货额(量)代替实际或预计销售额(量)来计算安全边际。企业生产经营的安全性，还可以用安全边际率来表示，即安全边际与实际或预计销售额(量)[或实际订货额(量)]的比值。

安全边际率的计算公式如下:

$$安全边际率 = \frac{安全边际额(量)}{实际或预计销售额(量)[或实际订货额(量)]} \times 100\%$$

【工作实例 5-7】 根据【工作实例 5-6】中的有关数据,要求计算安全边际额、安全边际量和安全边际率。

安全边际额=实际或预计销售额-保本点销售额=1 500 000-1 125 000=375 000(元);

$$安全边际量=实际或预计销售量-保本点销售量=\frac{1\,500\,000}{1\,500}-\frac{1\,125\,000}{1\,500}$$

$$=1\,000-750=250(件);$$

$$安全边际率=\frac{安全边际额(量)}{实际或预计销售额(量)[或实际订货额(量)]} \times 100\%=\frac{375\,000}{1\,500\,000}=25\%。$$

安全边际和安全边际率的数值越大,企业发生亏损的可能性越小,企业就越安全,即风险越低。安全边际率是相对指标,便于不同企业和不同行业的比较。安全边际可用图 5-6 来表示。

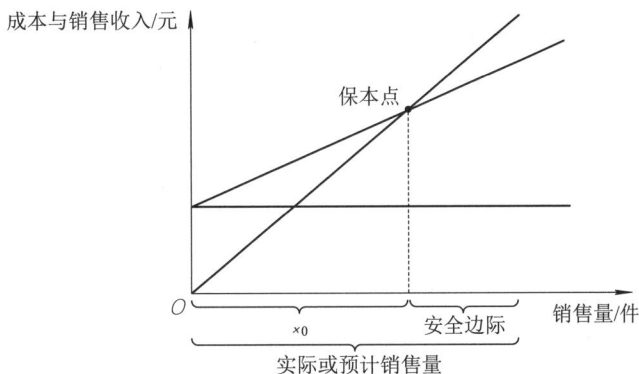

图 5-6 安全边际

从图 5-6 可以看出,保本点把实际或预计销售量分为两部分:一部分是保本点销售额(量);另一部分是安全边际额(量),即:

实际或预计销售额=保本点销售额+安全边际额

实际或预计销售量=保本点销售量+安全边际量

上述公式两端同时除以实际或预计销售额(量)得:

保本点作业率+安全边际率 =1

根据【工作实例 5-6】【工作实例 5-7】中的有关资料计算:

保本点作业率+安全边际率=75%+25%=1。

表 5-1 为安全边际率与评价企业经营安全程度的一般性检验标准,该标准可以作为评价企业经营安全与否的参考。

表 5-1 企业经营安全性检验标准

安全边际率	40%以上	30%～40%	20%～30%	10%～20%	10%以下
经营安全程度	很安全	安全	较安全	值得注意	危险

(二) 多种产品保本分析

以上所讨论的保本分析，都是假定在单一产品品种条件下进行的。但是在实际经济生活中，大多数企业都不会只生产经营一种产品。在这种情况下，前面介绍的本量利模型就无法运用。因为不同品种的销售量无法直接相加，所以就无法直接使用以单一产品品种为基础的保本公式；同时，以销售量为横轴的保本图也不能用于反映多品种的本量利关系。这就需要进一步研究适用于多品种条件下的本量利分析方法模型。

在企业产销多种产品时，其保本点的预测就不能直接用保本销售量来表示，而只能用保本销售额来反映。现举例说明其中两种常用的计算方法。

【工作实例 5-8】 裕丰公司产销 X、Y、Z 三种产品，有关资料见表 5-2。

表 5-2　三种产品基本资料

项　目	产　品		
	X 产品	Y 产品	Z 产品
预计产销数量/件	12 000	8 000	5 000
单位产品售价/元	10	18	25
单位变动成本/元	7.5	12.2	21.5
固定成本总额/元	80 000		

现根据以上资料，分别用综合法和加权平均法两种方法计算该企业实现保本应达到的销售水平。

(1) 综合法。

① 计算有关预计数据。

销售收入 S＝X 产品的销售收入＋Y 产品的销售收入＋Z 产品的销售收入

$\quad\quad$ ＝ 12 000 × 10 + 8 000 × 18 + 5 000 × 25 = 389 000(元)。

变动成本 B＝X 产品的变动成本＋Y 产品的变动成本＋Z 产品的变动成本

$\quad\quad$ ＝ 12 000 × 7.5 + 8 000 × 12.2 + 5 000 × 21.5 = 295 100(元)。

边际贡献总额＝销售收入 - 变动成本，即 $mx = px - bx = 389\,000 - 295\,100 = 93\,900$(元)。

② 计算边际贡献率 m'。

边际贡献率 ＝ $\dfrac{\text{边际贡献}}{\text{销售收入}} \times 100\%$，即 $m' = \dfrac{mx}{px} \times 100\% = \dfrac{93\,900}{389\,000} \times 100\% = 24.14\%$。

③ 计算整个公司保本销售额 S_0。

保本销售额 ＝ $\dfrac{\text{固定成本}}{\text{贡献毛益率}} \times 100\%$，即 $S_0 = \dfrac{a}{m'} = \dfrac{80\,000}{24.14\%} \times 100\% = 331\,400$(元)。

(2) 加权平均法。

加权平均法是指在确定整个企业的综合边际贡献率($\overline{m'}$)时，要在计算各种产品边际贡献率的基础上，以各种产品的销售比重为权数进行加权平均。

① 全部产品的总销售额＝$\sum$(各种产品的销售单价×该产品的销售量)。

② 各种产品占总销售额的比重 $=\sum \dfrac{各种产品的销售额}{全部产品的总销售额}$。

③ 综合边际贡献率$(\overline{m'}) = \sum$(各种产品的贡献毛益率×该种产品占总销售额的比重)。

④ 综合保本销售额 $=\dfrac{固定成本总额}{综合边际贡献率}$。

⑤ 某种产品的保本销售额 = 综合保本销售额×该产品占总销售额的比重。

⑥ 某种产品的保本销售量 $=\dfrac{某种产品的保本销售额}{某种产品的销售单价}$。

m' 为各种产品的边际贡献率，$\overline{m'}$ 为综合边际贡献率，S 为各种产品的销售收入，$\dfrac{S}{\sum S}$

为各种产品占总销售额的比重，其他符号与前同。

即有：

(1) 计算 $S=\sum P_i x_i$。

(2) 计算各个产品占总销售额的比重 $\dfrac{S}{\sum S}$。

(3) 计算 $\overline{m'} = \sum m' \dfrac{S}{\sum S}$。

(4) 计算 $S_0 = \dfrac{a}{\overline{m'}}$。

(5) 计算 $S_{0i} = S_0 \dfrac{S}{\sum S}$。

(6) 计算 $x_{0i} = \dfrac{S_{0i}}{p_i}$。

【工作实例 5-8】
加权平均法计算过程

在对多种产品进行保本分析时，以金额单位表示的多种产品保本点，并不能取代实际工作中有关产品的具体生产安排。为了安排正常的产品生产活动，还应将按上述方法计算所得的保本销售收入分别换算成各有关产品的保本销售量。只有这样，企业管理者才能按照以销定产的原则，具体安排和组织日常产品生产和销售。

三、保利分析

保利分析即目标利润分析，是在保本分析的基础上，计算为达成目标利润所需达到的业务量、收入和成本的一种利润规划方法。

保利分析包括单一产品的保利分析和产品组合的保利分析。单一产品的保利分析重在分析每个要素的重要性。产品组合的保利分析重在优化企业产品组合。

(一) 单一产品的保利分析

企业要实现目标利润(π_1)，在假定其他因素不变时，通常应提高销售量或销售价格，降低固定成本或单位变动成本。单一产品的保利分析公式如下：

$$目标利润=(单价-单位变动成本)\times 实现目标利润的销售量-固定成本$$

即
$$\pi_1=(p-b)-a$$

$$实现目标利润的销售量=\frac{目标利润+固定成本}{单价-单位变动成本}$$

即
$$x_1=\frac{\pi_1+a}{p-b}$$

$$实现目标利润的销售额=单价\times 实现目标利润的销售量=单价\times\frac{目标利润+固定成本}{单价-单位变动成本}$$

$$=\frac{目标利润+固定成本}{贡献毛益率}$$

即
$$S_1=px_1=p\frac{\pi_1+a}{p-b}=\frac{\pi_1+a}{m'}$$

【工作实例 5-9】 裕丰公司生产和销售单一产品，产品单价为 50 元，单位变动成本为 25 元，固定成本为 50 000 元。要求：假定企业目标利润为 40 000 元，计算实现目标利润的销售量和销售额。

由题意知 p=50 元，b=25 元，a=50 000 元，π_1=40 000 元。

实现目标利润的销售量 $x_1=\dfrac{\pi_1+a}{p-b}=\dfrac{40\ 000+50\ 000}{50-25}=3\ 600(件)$。

实现目标利润的销售额 $S_1=px_1$=50×3 600=180 000(元)。

即该企业销售数量到 3 600 件，销售额为 180 000 元时，能实现目标利润 40 000 元。

(二) 多种产品保利分析

如果企业产销多种产品，进行本量利分析时，在确保目标利润的条件下，必须先求保利点的销售额，再根据产品的不同比重推算出各种产品保利点的销售量。

根据多种产品保本分析和单一产品保利分析可看出，企业生产多种产品时，实现目标利润的销售额公式为 $S_1=\dfrac{\pi_1+a}{m'}$，然后按各种产品销售比重计算出各种产品保利点的销售额，再进一步推算出能够实现目标利润的各种产品的销售量。

四、敏感性分析

敏感性分析是一种应用广泛的分析方法，该方法研究的是当一个系统的周围条件发生变化时，这个系统的状态发生了怎样的变化，这种变化是敏感(变化大)还是不敏感(变化小)。在一个确定的模型有了最优解后，敏感性分析研究的是：该模型中的某个或某几个参数允许变化到怎样的数值(最大或最小)，原最优解仍能保持不变；或者当某个参数的变化已经超出允许范围，原有的最优解不再"最优"时，怎样用简捷的方法重新求得最优解。

从前面保本点分析中可以看出，销售量、单价、单位变动成本、固定成本诸因素中的某个或者某几个因素的变动，都会对保本点和目标利润产生影响。但由于各因素在计算保本点和目标利润的过程中作用不同，影响程度也就不一样，或者说保本点和目标利润对不同因素变动所做出的反应在敏感性上存在差异。本量利关系中的敏感性分析主要研究两方面的问题，一是有关因素发生多大变化时会使企业由盈利变为亏损，二是利润对有关因素变化的敏感程度。

(一) 有关因素临界值的确定

销售量、单价、单位变动成本、固定成本的变化，都会对利润产生影响。当这种影响是消极的且达到一定程度时，就会使企业的利润为零而进入保本状态；如果这种变化超出一定程度，企业就转入了亏损状态，发生质的变化。敏感性分析的目的就是确定能引起这种质变的各因素变化的临界值。简单来说，就是求得达到保本点的销售量和单价的最小允许值及单位变动成本和固定成本的最大允许值，超越了这些临界值，企业就会由盈利变为亏损，所以这种方法也称为最大最小法。

根据本量利分析的基本模型 $\pi=(p-b)x-a$，求得最大最小的允许值的计算公式如下：

销售量的最小允许值 $x_0=\dfrac{a}{p-b}$。

单价的最小允许值 $p_0=b+\dfrac{a}{x}$。

单位变动成本的最大允许值 $b_0=p-\dfrac{a}{x}$。

固定成本的最大允许值 $a_0=(p-b)x$。

(二) 利润对有关因素变动的敏感程度

销售量、单价、单位变动成本、固定成本的变化，都会对利润产生影响，但在影响程度上存在差别。有些因素只要有较小的变动就会引起利润的较大变化，说明利润对这些因素的变化十分敏感，这些因素称为敏感性因素；有些因素虽有较大变化，但对利润的影响却不大，说明利润对这些因素的变化并不敏感，这种因素称为非敏感性因素。企业的决策者需要知道利润对哪些因素的变化比较敏感，对哪些因素的变化不太敏感，以便分清主次，及时采取必要的调整措施，确保目标利润的完成。

【工作实例5-10】 计算敏感系数

反映利润敏感程度的指标称敏感系数，其计算公式如下：

$$敏感系数=\dfrac{利润变动百分比}{有关因素变动百分比}$$

【职场经验】
在进行敏感性分析时，关键是数值的大小，数值越大，敏感程度越高。敏感系数的符号只与影响方向有关，与敏感程度无关。

各因素敏感系数可以通过以下简洁公式计算而得:

$$销售量的敏感系数 = \frac{(p-b)x}{\pi} = \frac{mx}{\pi}, \quad 单价的敏感系数 = \frac{px}{\pi}$$

$$单位变动成本的敏感系数 = -\frac{bx}{\pi}, \quad 固定成本的敏感系数 = -\frac{a}{\pi}$$

注意: 以上符号含义与前同,但在此均代表当期或基期的相应资料。

(三) 敏感性分析的应用

在现代企业管理中,对经营数据的深入分析是制定有效战略和提高运营效率的关键。采用 Python 技术可使敏感性分析更为高效和准确,下面实例将展示如何利用 Python 进行敏感性分析,帮助企业更好地理解各种因素对营运的影响。

数智赋能——用 Python 进行敏感性分析

案例背景:

2024 年年初,南京理念软件股份有限公司的财务部为了能更好地了解自身营运情况,为 2024 年的营运做好准备,通过分析 2023 年的经营数据,如表 5-3 所示,对"在线法律咨询系统"项目进行盈亏平衡分析及敏感性分析。

表 5-3　在线法律咨询系统经营数据　　单位:元

项　目	实际数
单价	4 915
单位变动成本	2 000
单位边际贡献	3 048
固定成本	2 994 399

要求:

1. 在 Python 中构建模型。

2. 导入实际数据编制利润表。

3. 计算盈亏平衡点,进行盈亏平衡分析。

4. 计算变动百分比并绘制可视化图,进行敏感性分析。

用 Python 进行敏感性分析

数字实践:

1. 导入必要的库,如 Pandas 用于数据处理,Matplotlib 用于绘制图表。

2. 构建本量利模型,定义一个函数或类来计算项目的本量利情况,包括单位变动成本、固定成本、营业利润等。

3. 在 Python 中计算盈亏平衡点,使用构建的本量利模型,输入给定的数据,计算出盈亏平衡点。

4. 通过 Python 模型进行敏感性分析,改变模型的关键参数,计算利润的变化情况,并记录下来。

5. 输出敏感性分析图，使用 Matplotlib 库将敏感性分析的结果绘制成图表，以便直观地展示各项变量对利润的影响程度。

通过 Python 运行结果可知，敏感性系数最高的是单价，这意味着单价对项目的盈利能力影响最大。如果单价发生变动，项目的利润将会有较大的变化。因此，项目运营团队应密切关注市场动态，适时调整定价策略，以优化盈利水平。

通过上述内容，可以得出：在企业正常盈利的条件下，各因素敏感系数的排列有如下规律：
(1) 单价的敏感系数总是最高。
(2) 销售量的敏感系数不可能最低。
(3) 单价的敏感系数与单位变动成本的敏感系数绝对值之差等于销售量的敏感系数。
(4) 销售量的敏感系数与固定成本的敏感系数绝对值之差等于 1。

◎ **小组讨论**

随着科技的飞速发展，数字化已成为企业竞争的新焦点。在某城市，一家名为"智能物流解决方案"的初创公司应运而生，致力于为客户提供专业的数字化物流和供应链管理服务。该公司拥有先进的技术团队和丰富的行业经验，为不同规模的企业提供定制化的解决方案，帮助它们降低成本、提高运营效率。

结合本量利分析，阐述该公司如何评估和选择最佳的供应链管理决策，以提高客户企业的利润。

传统的盈亏平衡计算方法虽然能在一定程度上帮助企业确定经营策略，但在数字化飞速发展的时代，已无法满足现代企业对数据分析的实时性、动态性和直观性的需求。为此，我们利用 Power BI 强大的数据处理和可视化能力，构建了一套盈亏平衡分析的动态可视化图，不仅可以帮助企业更精准地把握盈亏平衡点，还能实时调整经营策略。下面通过 Power BI 实训案例，详细介绍如何实现这一创新性分析。

数智赋能——Power BI 实现盈亏平衡的可视化分析

案例背景

"创新科技"公司主要从事电子产品的研发、生产和销售。在激烈的市场竞争中，公司需要不断调整产品结构和销售策略，以实现盈利目标。在"创新科技"公司的战略规划过程中，管理层面临着一个关键挑战：如何在多元化的电子产品市场中找到最佳的盈利策略。为了做出明智的决策，公司决定采用 Power BI 工具来创建一个盈亏平衡分析的动态可视图。该图将展示九种不同的业务方案，领导层可以通过调节切片器来观察不同方案的盈亏平衡销量。

请根据上述案例背景完成下列两个任务：
(1) 构建盈亏平衡分析动态可视图。
(2) 根据动态可视化结果判断九种业务方案回本速度。

数字实践

(一) 数据获取——构建模拟数据

在 Power BI 中构建盈亏平衡分析的动态可视化图表，需要先定

关键参数设置过程

义盈亏平衡点的关键参数，如销量、单位变动成本、固定成本和毛利率，参数设置如表5-4所示。

表5-4　定义新建参数

名　　称	数据类型	取值范围	增　量	切片器
销量	整数	0～2 000	1	添加至此页
单位变动成本	整数	50～60	1	添加至此页
固定成本	整数	0～10 000	1 000	添加至此页
毛利率	十进制数字	0.1～0.6	0.05	添加至此页

(二) 数据建模——计算盈亏平衡点

参数定义完成后，需要新建度量值，以集中定义和计算影响盈亏平衡的关键指标。通过创建度量值，可以确保在整个报表中使用一致的计算逻辑，同时提供用户友好的交互方式，如参数和切片器，以便用户可以根据不同的业务场景快速调整分析结果。具体操作步骤如下：

(1) 单击主页新建表→命名为度量值，如图5-7所示。为方便后续对度量值的查看，将以下所需的度量值都放置于该表下。

图5-7　新建表—度量值

(2) 新建变动成本、收入、总成本、利润、盈亏平衡点、盈亏平衡点销量、盈亏平衡点收入度量值，相关度量值DAX表达式见表5-5。

表5-5　相关度量值DAX表达式

度　量　值	DAX 表达式
变动成本	=[单位变动成本值]*[销量值]
收入	=DIVIDE([变动成本], 1-[毛利率值])
总成本	=[固定成本值]+[变动成本]
利润	=[收入] - [总成本]
盈亏平衡点	=VAR bep=MINX(ALL('销量'), IF([利润]>=0, [利润]))RETURN IF([利润]=bep, [收入])
盈亏平衡点销量	=SUMX(ALL('销量'), IF([收入]=[盈亏平衡点], [销量]))
盈亏平衡点收入	=SUMX(ALL('销量'), [盈亏平衡点])

根据上述表格DAX表达式新建度量值，结果如图5-8所示。

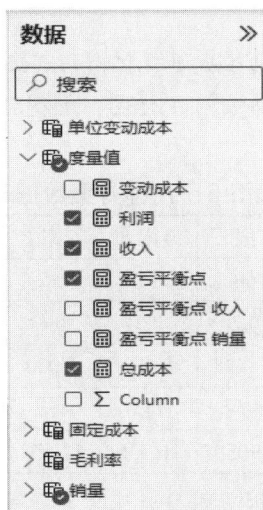

图 5-8 度量值新建完毕

(三) 数据可视化——商品盈亏平衡动态分析

度量值新建完毕后，利用 Power BI 进行数据可视化，以直观地分析和理解商品盈亏平衡动态。具体操作步骤如下：

(1) 单击可视化→设置报表页的格式→画布背景，选择蓝色；将单位变动成本、固定成本和毛利率切片器的背景设置成和画布背景一样的颜色，设置视觉对象格式→效果→背景，设置颜色。结果如图 5-9 所示。

(2) 单击折线图的可视化方式，"销量"为 X 轴，"收入""总成本""利润"和"盈亏平衡点"为 Y 轴，如图 5-10 所示。

(3) 点击分析插入 1 条 X 轴恒线和 2 条 Y 轴恒线。X 轴恒线的值为盈亏平衡点销量，打开阴影区域和数据标签。Y 轴恒线的值为盈亏平衡收入和 0 值，打开数据标签。

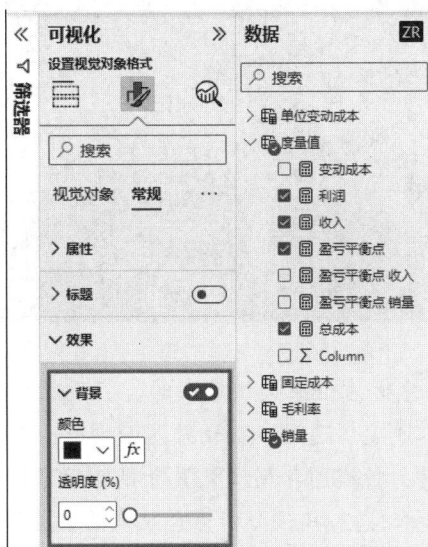

图 5-9 设置视觉对象格式

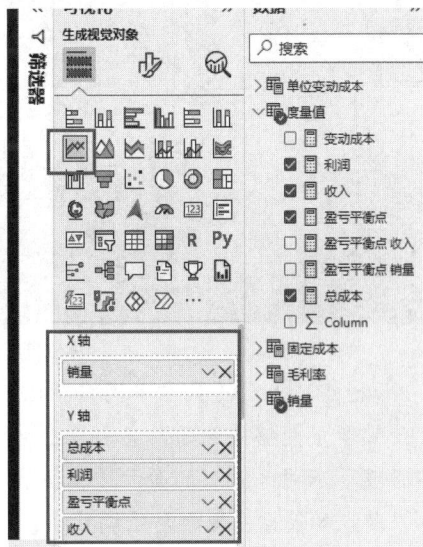

图 5-10 设置折线图 X、Y 轴

（四）可视化分析

通过以上操作，Power BI 自动生成可视化图形，接着根据表 5-6 的数据调节切片器，观察不同参数变化下的盈亏平衡分析可视化图，并得到九种方案的盈亏平衡销量和盈亏平衡收入。

表 5-6　九种方案数据表

项　目	方案一	方案二	方案三	方案四	方案五	方案六	方案七	方案八	方案九
单位变动成本	50	55	60	55	55	55	55	55	55
毛利率	0.2	0.2	0.2	0.3	0.4	0.5	0.5	0.5	0.5
固定成本	5 000	5 000	5 000	5 000	5 000	5 000	4 000	6 000	7 000
盈亏平衡销量	400	364	334	213	137	91	73	110	128
盈亏平衡收入	25 000	25 025	25 050	16 736	12 558	10 010	8 030	12 100	14 080

根据可视化图表结果，可分析不同参数变化对盈亏平衡的影响，并为企业决策提供支持。以方案一为例，在右侧切片器中输入单位变动成本 50、毛利率 0.2、固定成本 5 000，自动生成盈亏平衡销量 400 和盈亏平衡收入 25 000，如图 5-11 所示。以此类推，将上述表格数据依次输入动态式盈亏平衡分析折线图，完成表格填制。

根据上述的三个表格中的九个方案计算出的盈亏平衡销量可知，方案一的盈亏平衡销量最大，也就意味着企业需要销售的产品数量最多才能回本，因此在九种方案中回本最慢；而方案七的盈亏平衡销量最小，所以企业选择方案七能最快回本。

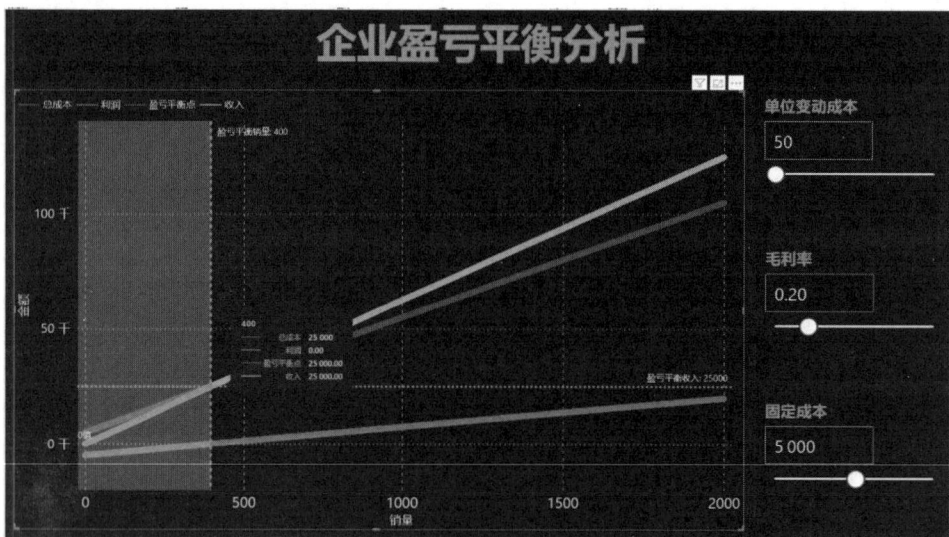

图 5-11　方案一盈亏平衡点

Power BI 实现的盈亏平衡分析动态可视化分析为企业提供了实时、直观的数据支持，使管理层能够快速了解各种业务方案的回本速度。通过参数切片器的调节，企业可以实时观察不同方案下的盈亏平衡点变化。同时，折线图和横线设置直观展示了销量和盈亏平衡点的关系，便于企业调整经营策略。这种动态可视化分析为企业提供了实时、直观的数据支持，助力企业精准把握盈亏平衡点，实现快速回本。

任务评测

一、单项选择题

1. 本量利分析是( )分析方法的简称。

A. 成本—业务量—利润 　　　　　B. 成本—产量—销售

C. 利润—成本—市场 　　　　　　D. 销售—变动成本—利润

2. 多种产品保本分析中，常用的分析方法不包括( )。

A. 加权平均法 　　B. 联合单位法 　　C. 变动成本法 　　D. 分算法

3. 敏感性分析主要用于评估( )。

A. 企业对市场的反应速度 　　　　B. 利润对特定因素变化的敏感程度

C. 产品的市场需求变化 　　　　　D. 成本控制的效率

4. 盈亏平衡点的计算公式中，如果按实物单位计算，其公式为( )。

A. $盈亏临界点 = \dfrac{固定成本}{单位产品销售收入 - 单位产品变动成本}$

B. $盈亏临界点 = \dfrac{固定成本}{单位产品贡献毛益}$

C. $盈亏临界点 = \dfrac{变动成本}{单价 - 固定成本}$

D. $盈亏临界点 = \dfrac{销售收入}{变动成本}$

5. 在保本分析中，单一产品的保本量计算公式为( )。

A. $保本量 = \dfrac{固定成本}{单价 - 单位变动成本}$ 　　　B. $保本量 = \dfrac{销售收入}{单价 - 单位变动成本}$

C. $保本量 = \dfrac{变动成本}{固定成本}$ 　　　D. $保本量 = 销售收入 - 固定成本$

二、多项选择题

1. 本量利分析的基本假设包括( )。

A. 总成本由固定成本和变动成本组成 　　B. 销售收入与业务量呈完全线性关系

C. 产销平衡 　　　　　　　　　　　　　D. 市场价格完全由企业控制

E. 产品产销结构稳定

2. 下列( )是本量利分析中的相关概念。

A. 盈亏平衡点 　　B. 保利点 　　　C. 边际贡献

D. 变动成本率 　　E. 市场占有率

3. 保利分析需要考虑的因素有( )。

A. 目标利润 　　　B. 固定成本 　　C. 变动成本

D. 销售价格 　　　E. 市场竞争情况

4. 敏感性分析可能涉及的因素包括( )。

A. 销售价格 　　　B. 销售量 　　　C. 固定成本

D. 变动成本　　　E. 原材料价格

5. 多种产品保本分析的方法可能包括(　　)。

A. 加权平均法　　B. 联合单位法　　C. 分算法　　　　D. 敏感性分析法

三、判断题

1. 本量利分析是研究产品价格、业务量、单位变动成本、固定成本等因素之间关系的分析方法。　　　　　　　　　　　　　　　　　　　　　　　　　　　(　　)

2. 本量利分析中的"利"指的是税后利润。　　　　　　　　　　　　(　　)

3. 在盈亏平衡分析中，盈亏平衡点也称为零利润点或保本点，表示销售收入等于总成本时的状态。　　　　　　　　　　　　　　　　　　　　　　　　　　(　　)

4. 保本分析中，如果单价降低，保利点也会相应降低。　　　　　　　(　　)

5. 保利分析是在保本分析的基础上，进一步研究企业在盈利条件下的本量利关系。
　　　　　　　　　　　　　　　　　　　　　　　　　　　　　　　　(　　)

四、计算分析题

1. 蓝鲸电子有限公司生产 GH-Q1 型集成电路板，每只单价为 2 000 元，单位变动成本为 1 000 元，月固定成本总额为 400 000 元，该厂计划月度内实现目标利润 800 000 元。要求：

(1) 计算实现目标利润的销售量。

(2) 计算实现目标利润的销售额。

2. 某企业只生产一种产品，正常月销售量 2 500 件，单价 2 元，单位变动成本 1.2 元，每月固定成本 1 600 元。要求：

(1) 计算该企业本月的下列指标：每月利润、边际贡献率、变动成本率、保本点销售量、保本点销售额、保本点作业率、安全边际、安全边际率。

(2) 确定以下因素最大最小的允许值：单价、单位变动成本、固定成本、销售数量。

(3) 确定利润对以下因素的敏感系数：销售量、单价、单位变动成本、固定成本。

任务三　短期经营决策分析

学海航标

1. 掌握短期经营决策分析的概念、基本方法和具体应用；
2. 在讨论定价决策时，关注企业应承担的社会责任。

短期经营决策
分析的相关概念

知识准备

一、短期经营决策分析概述

(一) 短期经营决策的含义

决策就是从备选方案中选优的过程或确定未来活动方案的过程。现代管理理论认为，管理的重心在于经营，经营的重心在于决策。一家企业常常由于管理者的正确决策而起死回生，并且兴旺发达。因此，正确的决策对于企业的生存与发展至关重要。

短期经营决策是指企业对近期(一年或一个周期)经营的方向、方法和策略做出的决策，侧重于对如何充分利用企业现有资源和经营环境，以取得尽可能大的经济效益而实施的决策。

(二) 短期经营决策分析的相关概念

短期经营决策分析的相关概念包括相关业务量(与特定决策方案相联系的产量或销量)、相关收入(与特定决策方案相联系的、能对决策产生重大影响的、在短期经营决策中必须予以充分考虑的收入)、相关成本(与特定决策方案相联系的、能对决策产生重大影响的、在短期经营决策中必须予以充分考虑的成本)、无关成本(不受决策结果影响，与决策关系不大，已经发生或注定要发生的成本)。

二、短期经营决策的基本方法

在短期经营决策中，需要采用不同的决策分析方法对各备选方案进行比较和判断，以选择最优方案。从实际工作中看，经常采用的决策方法有贡献毛益分析法、差量分析法和成本无差别点分析法。

(一) 贡献毛益分析法

贡献毛益分析法是在成本性态分类的基础上，通过比较各备选方案贡献毛益的大小来确定最优方案的分析方法。它可分为单位资源贡献毛益分析法和贡献毛益总额分析法。

1. 单位资源贡献毛益分析法

单位资源贡献毛益分析法，指以有关方案的单位资源贡献毛益作为决策评价指标的一种方法。

在企业生产只受到某一项资源(如某种原材料、人工工时或机器台时等)的约束，并已知备选方案中各种产品的单位贡献毛益和单位产品资源消耗定额(如材料消耗定额、工时定额)的条件下，可按下面的公式计算单位资源所能创造的贡献毛益，并以此作为决策评价指标。

$$单位资源贡献毛益 = \frac{单位贡献毛益}{单位产品资源消耗定额}$$

单位资源贡献毛益是个正指标，它做出决策的判断标准是：哪个方案的该项指标值大，哪个方案就为优。

【工作实例5-11】 裕丰公司具备利用甲材料开发一种新产品的生产经营能力，现有A、B两个品种可供选择。A品种的预计单价为230元，单位变动成本为170元，消耗甲材料的消耗定额为12千克；B品种的预计单价为120元，单位变动成本为70元，消耗甲材料的消耗定额为8千克。开发新品种不需要追加专属成本。

要求：做出企业应开发A产品还是B产品的决策。

A品种单位资源贡献毛益 $= \dfrac{230-170}{12} = 5$ (元/千克)。

B 品种单位资源贡献毛益 $= \dfrac{120-70}{8} = 6.25$ (元/千克)。

所以，开发 B 品种比开发 A 品种更有利，应开发 B 品种。

2. 贡献毛益总额分析法

贡献毛益总额分析法，指以有关方案的贡献毛益总额作为决策评价指标的一种方法。贡献毛益是销售收入减变动成本后的余额，它首先用来补偿固定成本，在此之后的余额才是利润。固定成本总额在相关范围内并不随业务量的变动而变动，因此，贡献毛益越大，利润也就越多；也就是说，贡献毛益的大小，反映了备选方案对企业利润目标所做贡献的大小。

贡献毛益总额是个正指标，它作出决策的判断标准是：哪个方案的该项指标值大，哪个方案就为优。

在运用贡献毛益总额分析法进行备选方案的择优决策时，应注意以下几点。

(1) 在不存在专属成本的情况下，通过比较不同备选方案的贡献毛益总额进行择优决策。

(2) 在存在专属成本的情况下，首先应计算备选方案的剩余贡献毛益(贡献毛益总额减专属成本后的余额)，然后通过比较不同备选方案的剩余贡献毛益总额进行择优决策。

(3) 不能根据单位贡献毛益额的大小来择优决策。因为贡献毛益总额受到单位贡献毛益和业务量两个因素的影响，单位贡献毛益大的产品不一定提供多的贡献毛益总额。

【工作实例 5-12】　裕丰公司现有设备的生产能力是 50 000 个机器工时，现有生产能力的利用程度为 80%。现准备用剩余生产能力开发新产品甲、乙或丙。由于现有设备加工精度不足，在生产丙产品时，需要增加专属设备费用 10 000 元。该企业现有剩余机器工时9 000 小时。新产品甲、乙、丙的有关资料如表 5-7 所示。

表 5-7　裕丰公司生产甲、乙、丙三种产品的相关资料

项　目	甲	乙	丙
单位产品定额工时/小时	4	5	6
单位销售价格/元	50	65	80
单位变动成本/元	30	35	40

要求：判断企业生产哪种产品获利更多。

在甲、乙、丙产品市场销售不受限制的情况下，进行方案选择可以采用贡献毛益总额分析法。根据已知数据编制分析表，如表 5-8 所示。

表 5-8　贡献毛益法计算过程

项　目	生产甲产品	生产乙产品	生产丙产品
最大产量/件①	9 000/4＝2 250	9 000/5＝1 800	9 000/6＝1 500
单位销售价格/元②	50	65	80
单位变动成本/元③	30	35	40
单位贡献毛益/元④＝③－②	20	30	40
专属成本/元⑤	—	—	5 500
贡献毛益总额/元⑥＝①×④	45 000	54 000	60 000
剩余贡献毛益总额/元⑦＝⑥－⑤	45 000	54 000	54 500

从计算结果可知，开发新产品丙最为有利。因为丙产品的贡献毛益总额为 54 500 元，比乙产品的贡献毛益总额多 500 元，比甲产品的剩余贡献毛益多 9 500 元。

贡献毛益总额分析法适用于收入成本型(收益型)方案的择优决策，尤其适用于多个方案的择优决策。

(二) 差量分析法

企业进行不同方案比较和选择的过程，实质是选择最大收益方案的过程，最大收益是在各个备选方案的收入、成本比较中产生的。当两个备选方案具有不同的预期收入和预期成本时，根据这两个备选方案间的差量收入、差量成本计算的差量损益进行最优方案选择的方法为差量分析法。

差量分析法的相关概念

如果差量损益为正(即为差量收益)，说明第一方案可取；如果差量损益为负(即为差量损失)，说明第二方案可取。差量分析过程如表 5-9 所示。

表 5-9　差量分析过程

甲 方 案	乙 方 案	差 量
相关收入	相关收入	差量收入
相关成本	相关成本	差量成本
相关损益	相关损益	差量损益

当差量损益＝0 时，甲、乙方案均可取；当差量损益＞0 时，甲方案可取；当差量损益＜0 时，乙方案可取。

【工作实例 5-13】裕丰公司计划生产甲产品，或生产乙产品。甲、乙两种产品预期的销售单价、销售数量和单位变动成本资料如表 5-10 所示。

表 5-10　裕丰公司生产 A、B 两产品的相关资料

项 目	甲产品	乙产品
预期销售数量/件	500	400
预期销售单价/元	42	50
单位变动成本/元	20	24

要求：根据以上资料，做出生产哪种产品对企业较为有利的决策。

(1) 计算制造甲产品与制造乙产品的差量收入。

差量收入＝42×500－50×400＝21 000－20 000＝1 000 (元)。

(2) 计算制造甲产品与制造乙产品的差量成本。

差量成本＝20×500－24×400＝10 000－9 600＝400 (元)。

(3) 计算差量损益。

差量收益＝1 000－400＝600 (元)。

以上计算结果表明，生产甲产品可比制造乙产品多获益 600 元，所以生产甲产品对企业较为有利。

应用差量分析法时应注意：

(1) 该分析法并不严格要求哪个方案是比较方案，哪个方案是被比较方案，只要遵循

同一处理原则，就可以得出正确结论。

(2) 该方法仅适用于两个方案之间的比较，如果有多个方案可供选择，在采用差量分析法时，只能分别两两进行比较、分析，逐步筛选，选择出最优方案。

(三) 成本无差别点分析法

成本无差别点分析法是指对成本型的备选方案通过判断处于不同水平上的业务量与成本无差别点业务量之间的关系进行决策的方法。

成本无差别点分析法要求各方案的业务量单位必须相同，方案之间的相关固定成本与单位变动成本恰好相反，即如果第一个方案的相关固定成本大于第二个方案的相关固定成本，那么，第一个方案的单位变动成本必须小于第二个方案的单位变动成本，否则无法应用该方法。成本无差别点业务量是指能使两方案总成本相等的业务量，又叫成本无差别点或成本分界点。在成本按性态分类的基础上，任何方案的总成本都可以用 $y = a + bx$ 表述。

设：x 为业务量；a_1、a_2 为两个备选方案的固定成本总额；b_1、b_2 为两个备选方案的单位变动成本；y_1、y_2 为两个备选方案的总成本。

$$y_1 = a_1 + b_1 x$$
$$y_2 = a_2 + b_2 x$$

因为在成本无差别点上，两个方案总成本相等，即 $y_1 = y_2$，则 $a_1 + b_1 x_0 = a_2 + b_2 x_0$

$$成本无差别点业务量 \; x_0 = \frac{a_1 - a_2}{b_1 - b_2}$$

这时，整个业务量被分割为两个区域，即 $0 \sim x_0$ 及 $x_0 \sim +\infty$，其中 x_0 为成本无差别点。

在成本无差别点上，两个备选方案的总成本相等，也就是说两个方案都可取；如果业务量低于成本无差别点，则应选固定成本低(或单位变动成本高)的方案作为最优方案；如果业务量高于成本无差别点，则应选固定成本高(或单位变动成本低)的方案作为最优方案。

【工作实例 5-14】 裕丰公司生产 A 产品，有两种工艺方案可供选择。有关成本数据如表 5-11 所示。

表 5-11　裕丰公司生产 A 产品的相关成本资料　　　单位：元

工艺方案	固定成本总额	单位变动成本
新方案	560 000	600
旧方案	400 000	700

要求：判断企业采用哪种方案更有利。

根据资料，利用产量成本关系，确定新、旧方案的总成本公式如下：

$$y_1 = 560\,000 + 600x$$
$$y_2 = 400\,000 + 700x$$

$$成本无差别点业务量 \; x_0 = \frac{560\,000 - 400\,000}{700 - 600} = 1\,600(件)$$

结论：当产量等于 1 600 件时，新、旧方案均可取；当产量大于 1 600 件时，新方案优于旧方案；当产量小于 1 600 件时，旧方案优于新方案。

成本无差别点分析法为在一定条件下调整生产计划提供了选择余地。但如果产量已定，则可通过直接测算两方案下的总成本来确定采用哪个方案。

贡献毛益分析法和差量分析法都适用于收入成本型(即收益型)方案决策。企业在生产经营中，面临许多成本型方案决策，如零部件自制还是外购的决策、不同生产工艺进行加工的决策等，这时可以考虑采用成本无差别点分析法进行方案的选优。

三、生产决策分析

生产决策旨在解决企业是否生产某种产品、生产什么产品及怎样安排产品的生产等问题。本节主要介绍"是否生产"和"生产什么"的问题，例如，生产何种新产品，亏损产品是否继续生产，亏损产品是否增产，是否接受低价追加订货，生产何种新产品，半成品是否深加工，零部件是自制还是外购等。

(一) 生产产品种类的决策分析

如果企业现有的设备可以生产多种产品，应该以生产哪种产品能为企业提供更多的边际贡献为决策依据。

【工作实例 5-15】 裕丰公司现有设备可生产防盗扣或门链，相关资料如表 5-12 所示。要求做出该公司生产哪种产品有利的决策。

表 5-12 防盗扣或门链相关资料

产品名称	防盗扣	门链
产销数量/件	40 000	60 000
单位售价/(元/件)	25	20
单位变动成本/(元/件)	9	6
固定生产成本/元	90 000	90 000
单位变动销售和管理费用/(元/件)	5	5
固定销售和管理费用/元	10 000	10 000

(1) 计算防盗扣或门链的差量收入。

差量收入 $= 25 \times 40\,000 - 20 \times 60\,000 = -200\,000$(元)。

(2) 计算防盗扣或门链的差量成本。

差量成本 $= (9+5) \times 40\,000 - (6+5) \times 60\,000 = -100\,000$(元)。

(3) 计算防盗扣或门链的差量损益。

差量损益 $= -200\,000 - (-100\,000) = -100\,000$(元)。

以上计算表明，生产防盗扣或门链的差量损益为负，因此，生产门链有利。

本例中的相关成本只包括变动生产成本，因为固定成本不论在哪种方案下，其总额都是相同的，在决策分析中属于无关成本，可不加以考虑。这类决策可以使用差量分析法，还可以使用边际贡献分析法。计算分析过程如下：

防盗扣的边际贡献 $= 40\,000 \times (25-9-5) = 440\,000$(元)。

门链的边际贡献 $= 60\,000 \times (20-6-5) = 540\,000$(元)。

从以上计算结果可看出，门链的边际贡献比防盗扣多 100 000 元，因此，生产门链更为有利。

(二) 利用现有产能开发新产品的决策分析

企业利用现有产能开发新产品的决策分析，应先确定剩余生产能力用于开发新产品的最大生产量。如果开发新产品不影响原有产品的生产，则以新产品中能为企业提供较多边际贡献的产品为优。如果开发新产品需要挤掉部分老产品的生产能力，则把老产品减产损失作为被开发的新产品的机会成本加以考虑。

【工作实例 5-16】裕丰公司现有生产能力为 120 000 机器小时，生产能力利用程度为 75%，为把剩余生产能力利用起来，计划开发新产品。市场调查研究表明，可开发生产产品儿童滑板和写字板。其相关资料如表 5-13 所示。

要求：

(1) 作出开发哪种新产品有利的决策。

(2) 如果开发写字板将挤占老产品的设备，使老产品减产损失 100 000 元，做出开发哪种新产品有利的决策。

【工作实例 5-16】答案

表 5-13　儿童滑板和写字板相关资料

产 品 名 称	儿童滑板	写 字 板
定额工时/(机器小时/件)	7.5	4
单位售价/(元/件)	110	70
单位变动成本/(元/件)	60	40
固定成本/元	160 000	160 000

(三) 亏损产品的决策分析

当企业生产的产品发生亏损时，管理层一方面要想方设法扭转亏损局面，另一方面要考虑是否停产或转产。从财务会计的角度来看，亏损的产品应当停产或转产。但事实未必如此。固定成本总额属于一种不可避免成本，不生产亏损产品只是减少了变动成本(可避免成本)，其负担的固定成本部分就会转嫁到其他产品上。这时，企业的整体利润可能不会增加，反而减少。因此，亏损产品是否停产的决策，应根据企业具体情况进行具体分析。

【工作实例 5-17】裕丰公司生产机械键盘、无线键盘、游戏键盘三种产品，相关资料如表 5-14 所示。

要求：

(1) 按完全成本法分别计算三种产品的营业利润，并编制营业利润表。

(2) 是否应该停止亏损产品的生产？

(3) 若停止生产亏损产品，其设备可用来生产游戏键盘，且产品销售不成问题，但需增加专属成本 60 000 元。请作出继续生产亏损产品还是转产的决策。

【工作实例 5-17】答案

表 5-14 公司产品资料

产 品 名 称	机械键盘	无线键盘	游戏键盘
产销数量/件	12 000	5 000	6 000
单位售价/(元/件)	80	90	120
单位变动成本/(元/件)	48	82	60
单位人工小时/(小时/件)	6	10	9
固定制造费用/元	270 000(按产品人工小时比例分摊)		
销售和管理费用/元	160 000(全部为固定成本)		

从上例计算结果可总结以下规律：

(1) 如果亏损产品不能产生边际贡献，就必须停产。

(2) 当亏损产品的生产能力无其他用途时，只要亏损产品能够产生边际贡献，就不应当停产。

(3) 若亏损产品的生产能力可以转作他用，也就是停产亏损产品后闲置设备可用于生产其他产品，只要转产后所产生的边际贡献小于亏损产品所提供的边际贡献，就不应当转产，而应继续生产亏损产品。

(四) 特殊订单的决策分析

特殊订单是指不包括在企业生产范围之内的一次性的、售价低于正常价格的订单。一般来说，产品的销售价格应该高于生产和销售该产品的全部成本。但是，在企业有剩余生产能力的情况下，如果有客户要求特殊订单，虽然从财务会计角度来看是不应接受的，但从管理会计角度来分析，有时接受特殊订单能为企业带来收益。当然，前提是特殊订单的售价不会违反国家有关的价格法规，也不会对企业正常销售价格产生不利影响。

是否接受特殊订单应考虑以下几种具体情况：

(1) 在生产能力允许范围内，剩余生产能力无其他用途，接受特殊订单不需要追加专属成本。这时，只要特殊订单能够提供边际贡献，也就是说特殊订单价格大于单位变动成本，就可以接受该订单。因为特殊订单只是利用剩余生产能力进行生产，不会影响固定制造费用，特殊订单产生的边际贡献可全部为企业带来营业利润。

(2) 在生产能力允许范围内，剩余生产能力无其他用途，接受特殊订单需要追加专属成本。这时，接受特殊订单的条件是，该订单产生的边际贡献大于专属成本，也就是特殊订单的相关损益为正。

(3) 在生产能力允许范围内，剩余生产能力可作其他用途。这时，应将在其他用途上产生的收益作为接受特殊订单的机会成本，只要该订单产生的边际贡献大于机会成本就可接受。

(4) 接受特殊订单将超过生产能力允许范围，将挤占正常生产量。这种情况下，应将减少正常生产而损失的边际贡献作为该订单的机会成本加以考虑。

【工作实例 5-18】 裕丰公司专业生产某计算机配件，年最大生产能力 120 000 件，开工率 70%。该产品正常销售价格 70 元/件，单位变动成本 40 元/件，固定成本总额 1 200 000 元。现有客户要求订货一批，出价 50 元/件。要求：就以下订货方案做出是否接受该特殊订单的决策。

(1) 订货 30 000 件，剩余生产能力无其他用途。

(2) 订货 40 000 件，剩余生产能力无其他用途。

(3) 订货 30 000 件，但目前有一家公司要租用裕丰公司的闲置设备，愿意支付租金 120 000 元。

【工作实例 5-18】答案

(4) 订货 40 000 件，由于该订单对产品加工工艺有特殊要求，需要添置一台价值 185 000 元的专用设备，另外，有一家公司要租用裕丰公司的闲置设备，愿意支付租金 120 000 元。

（五）自制或外购的决策分析

业务活动是由企业内部完成，还是向外部供应者购买的决策，称为自制或外购的决策。例如，产品所需的零部件是企业内部生产，还是从外部购买；租用设备还是购买设备；产品销售是委托他人经销还是自设门店；建筑公司自己做全部工程，还是将部分工程转包给其他企业来完成；某项服务是由企业内部提供，还是由企业外部提供等。

自制或外购的决策分析，通常只考虑相关成本，不考虑相关收入。因为不管是自制还是外购，最终出售的相关收入都是一样的。因此，在决策时，选择成本较低者为最优方案。

【工作实例 5-19】 裕丰公司每年需用波纹管 60 000 根，市场价格为 37 元/根。该公司的辅助车间还有闲置设备可生产这种零件。预计零件的成本资料如表 5-15 所示。

表 5-15　波纹管成本资料　　　　单位：元

成本项目	直接材料	直接人工	变动制造费用	固定制造费用
单位产品成本金额	20	10	5	3

要求：就以下情况分别做出自制还是外购的决策。

(1) 辅助车间的闲置设备可生产波纹管 60 000 根，且这批设备不能作别的用途。

(2) 辅助车间的闲置设备可生产波纹管 60 000 根，但这批设备也可生产水龙头，预计可产生边际贡献 150 000 元。

(3) 辅助车间的闲置设备最多可生产波纹管 40 000 根，且这批设备不能作别的用途。若要多生产，必须租入一台设备，年租金约 120 000 元，这样生产能力可达 6 000 根。

(4) 同(3)，企业也可采用另一种方案，即自制 40 000 根，另外 20 000 根向外部购入。

【工作实例 5-19】答案

对于零部件自制还是外购的决策，在需用量确定的情况下，可采用相关成本分析法进行决策；当需用量不确定时，可采用成本无差别点分析法进行决策。一般来说，固定成本属于不相关成本，决策分析时一般不考虑固定成本，但也应注意区分可避免固定成本与不可避免固定成本。如果剩余生产能力有其他用途，则必须考虑机会成本。取得方式的决策不能仅仅看成本因素，还应该考虑其他因素的影响，如外购的质量保证、价格水平波动的风险、市场供求量的变动等。在实际工作中，很多企业只有在其设备没有其他更好的用途时才自己生产零部件。

（六）深加工的决策分析

有些产品，完成了一定的工序后即可出售，也可以深加工后再出售。深加工后产品售价更高，但也增加了相应的成本。在深加工前的成本属于沉没成本，决策时不必考虑，只需考虑与进一步加工有关的成本与相关收入。对这类决策问题，一般采用差量分析法。

【工作实例 5-20】 裕丰公司利用原材料生产锑锭，年产量 300 吨，该产品可直接出售，售价为 65 000 元/吨，也可进一步加工成高纯锑后再出售，售价为 78 000 元/吨，但需增加变动成本 10 000 元/吨，且加工过程中会损耗 4%。要求做出锭直接出售，还是进一步加工成高纯锑后再出售的决策。

决策分析：采用差量分析法，如表 5-16 所示。

表5-16 差量分析表 单位：元

产品	深 加 工	直接出售	差 量
相关收入	$300 \times (1 - 4\%) \times 78\,000 = 22\,464\,000$	$300 \times 65\,000 = 19\,500\,000$	2 964 000
相关成本	$300 \times 9\,600 = 2\,880\,000$	0	2 880 000
差量损益			84 000

以上计算结果表明，差量损益大于 0，应选择深加工方案。

【职场经验】

深加工决策分析时，相关成本只包括与进一步加工相关的成本，相关收入则包括直接出售的有关收入和加工后出售的有关收入，只要进一步深加工增加的收入超过增加的成本，深加工方案就是有利的。

(七) 生产工艺技术方案的决策分析

企业在生产某种产品或零件时，往往可以采用不同的生产工艺技术。采用先进的生产工艺技术，可以提高劳动生产率、节省材料消耗，其单位变动成本较低，但固定成本较高；采用传统的生产工艺技术，通常固定成本较低，但单位变动成本较高。对此类问题进行决策分析时，通常采用成本无差别点法。

【工作实例 5-21】 裕丰公司生产儿童滑板，有两种不同的生产工艺技术方案可供选择。其一是采用先进的生产工艺技术，年固定成本 250 000 元，单位变动成本为 68 元/件；其二是采用传统的生产工艺技术，年固定成本 160 000 元，单位变动成本为 80 元/件。该公司应该采用哪种技术方案呢？

决策分析：采用成本无差别点分析法，计算分析如下。

成本无差别点业务量 $= \dfrac{250\,000 - 160\,000}{80 - 68} = 7\,500$(件)。计算结果表明，当计划生产量大于 7 500 件时，应选择先进的生产工艺技术方案；当计划生产量小于 7 500 件时，应选择传统的生产工艺技术方案。

四、定价决策分析

企业最常用的定价方法是成本基础定价法。成本基础定价法是在单位产品成本的基础上，加上适当比例的利润，以确定产品价格的方法。作为定价基础的成本可以是完全成本、变动成本、临界成本。

(一) 以完全成本为基础定价

从长远的观点来看，产品或服务的价格必须补偿全部成本并应获得正常利润。以完全成本为基础定价，就是在某种产品全部成本的基础上追加一定比例的利润，以此确定产品价格。全部成本信息可以从会计部门获得，因此，这是一种简单、快速的定价方法。计算公式为：

$$产品单价 = \frac{产品完全成本 + 目标利润}{产品产销量}$$

(二) 以变动成本为基础定价

以变动成本为基础定价，就是在某种产品变动成本的基础上追加一定比例的边际贡献，以此确定产品价格。计算公式为：

$$产品单价 = \frac{单位变动成本}{1 - 边际贡献率} = \frac{单位变动成本}{变动成本率}$$

(三) 以临界成本为基础定价

以临界成本为基础定价，就是在产销量一定的情况下，根据使成本总额等于收入总额(保本状态)的保本销售单价为基础，追加一定数额的利润，以此确定产品价格。计算公式为：

$$产品单价 = 保本销售单价 + \frac{预期利润}{产品产销量}$$

【工作实例5-22】裕丰公司全部资产平均余额为 8 000 000 元，目标投资报酬率20%，产品边际贡献率44.44%。2024 年计划生产冰箱 2 000 台，有关预计成本资料如表 5-17 所示。要求分别以完全成本、变动成本、临界成本为基础进行定价决策。

表 5-17   裕丰公司冰箱成本资料 　　　　　　　　　　单位：元

成本项目	单位成本	成本总额
直接材料	1 500	3 000 000
直接人工	280	560 000
变动制造费用	100	200 000
变动生产成本总额	1 880	3 760 000
固定制造费用	250	500 000
产品生产成本总额	2 130	4 260 000
销售费用	180	360 000
管理费用	270	540 000
合计	2 580	5 160 000

(1) 以完全成本为基础进行定价决策分析。

目标利润 = 8 000 000 × 20% = 1 600 000(元)。

$$产品单价 = \frac{产品完全成本 + 目标利润}{产品产销量} = \frac{5 160 000 + 1 600 000}{2 000} = 3 380(元)。$$

(2) 以变动成本为基础进行定价决策分析。

$$产品单价 = \frac{单位变动成本}{1-边际贡献率} = \frac{单位变动成本}{变动成本率} = \frac{1\,880}{1-44.44\%} \approx 3\,384(元)。$$

(3) 以临界成本为基础进行定价决策分析。

$$产品单价 = 保本销售单价 + \frac{预期利润}{产品产销量} = 2\,580 + \frac{1\,600\,000}{2\,000} = 3\,380(元)。$$

◎ 小组讨论

在进行是否接受特别订货的决策分析时，有人提出"凡是该批订货的单价低于按完全成本法计算的单位成本，均不宜接受"，这句话对不对？为什么？

● 任务评测

一、单项选择题

1. 短期经营决策分析主要关注的时间范围是(　　)。
A. 一年以上　　　　　　　　B. 五年以内
C. 一年或一个经营周期　　　D. 十年以内

2. 贡献毛益分析法是以(　　)作为决策评价指标。
A. 相关收入　　　　　　　　B. 相关成本
C. 贡献毛益总额　　　　　　D. 利润最大化

3. 差量分析法中，如果差量收入大于差量成本，说明(　　)。
A. 后一个方案更优　　　　　B. 前一个方案更优
C. 两个方案相等　　　　　　D. 无法判断

4. 在生产决策分析中，以下(　　)不属于主要任务。
A. 确定生产什么产品　　　　B. 安排长期投资计划
C. 决定生产多少　　　　　　D. 确定如何生产

5. 关于亏损产品的决策分析，以下(　　)情况可能支持继续生产。
A. 亏损产品贡献毛益为负
B. 亏损产品固定成本极高
C. 亏损产品贡献毛益为正，且有助于分摊固定成本
D. 亏损产品市场需求持续下降

二、多项选择题

1. (　　)一般属于无关成本的范围。
A. 历史成本　　B. 机会成本　　C. 联合成本
D. 专属成本　　E. 沉没成本

2. 短期经营决策分析主要包括(　　)。
A. 生产经营决策分析　　　　B. 定价决策分析
C. 销售决策分析　　　　　　D. 战略决策分析
E. 战术决策分析

3. 生产经营能力具体包括(　　)表现形式。

A. 最大生产经营能力   B. 剩余生产经营能力

C. 追加生产经营能力   D. 最小生产经营能力

E. 正常生产经营能力

4. 当剩余生产能力无法转移时，亏损产品不应停产的条件有(　　)。

A. 该亏损产品的变动成本率大于 1

B. 该亏损产品的变动成本率小于 1

C. 该亏损产品的贡献毛益大于 0

D. 该亏损产品的单位贡献毛益大于 0

E. 该亏损产品的贡献毛益率大于 0

5. 某企业生产 A 产品，其正常的单位成本包括直接材料、直接人工、单位变动制造费用，企业目前尚有剩余生产能力，在追加订货决策分析中，应考虑的项目有(　　)。

A. 直接材料   B. 直接人工   C. 单位变动制造费用

D. 单位固定制造费用   E. 客户出价

三、判断题

1. 对于那些应当停止生产的亏损产品来说，不存在是否应当增产的问题。　　(　　)

2. 企业采用先进的生产工艺技术，可以提高劳动生产率，降低劳动强度，减少材料消耗，可能导致较低的单位变动成本，所以在不同生产工艺技术方案的决策中，应选择先进的生产工艺技术方案。　　(　　)

3. 按管理会计的理论，即使追加订货的价格低于正常订货的单位完全生产成本，也不能轻易做出拒绝接受该项订货的决定。　　(　　)

4. 在"是否接受低价追加订货的决策"中，如果追加订货量大于剩余生产能力，必然会出现与冲击正常生产任务相联系的机会成本。　　(　　)

5. 在多种新产品的生产决策中，一般选择单位产品贡献毛益额作为比较标准。　　(　　)

四、计算分析题

北京微米视像有限公司现要制定 2022 年的产品生产销售计划。现有两个生产销售方案可供选择。

方案一：

2022 年公司的产品蓝鲸电视 P11 和蓝鲸电视 P21 的单价和成本资料和 2021 年一致，2021 年的相关资料如表 5-18 所示。

表 5-18　2021 年单位产品信息表

项　目		蓝鲸电视 P11	蓝鲸电视 P21
单价/(元/台)		1 250.00	1 120.00
变动成本	直接材料/元	642.28	620.73
	直接人工/元	298.04	183.04
	变动制造费用/元	168.78	113.42

预计 2022 年蓝鲸电视 P11 和蓝鲸电视 P21 的销售量分别为 35 300 台、29 785 台，2022

年依然保持产销平衡。

方案二：

公司生产的产品蓝鲸电视 P11 和蓝鲸电视 P21 均可进一步加工成网络电视蓝鲸电视 WL11 和蓝鲸电视 WL21，销售单价分别为 1 730 元和 1 500 元。每台产品需要追加变动成本均为 320 元，还需要增加新的生产设备，需要追加专属固定成本 400 000 元，在两产品间平均分配。销量和方案一一致。

公司具备足够的生产能力对产品进行加工，如果不对产品进一步加工，公司剩余的生产能力可用于对外承揽加工业务，加工业务一年可获得 5 600 000 元收入。

采用差量分析法对产品是否进一步深加工进行决策。

注：除上述因素外，不考虑其他因素。

要求：根据本任务资源，完成差额利润分析表，见表 5-19。以完整小数位数引用计算，结果四舍五入保留两位小数，应选择方案以(一/二)填制答案。

表 5-19 差额利润分析表   单位：元

项　　目	方案一	方案二	差　额
相关收入			
相关成本			
其中：变动成本			
专属成本			
机会成本			
差额利润			
应选择方案(一/二)			

注：差额为方案二与方案一的差额，以方案一为基数计算。

引思明鉴

X 物流公司营运管理实践与创新

物流企业的营运管理涉及运用管理原理和科学方法对物流活动进行全面的规划、组织、指挥、协调、控制和监督，旨在提高效率、降低成本，从而提升企业的经济效益。按照所涉及的环节进行划分，可分为网络规划、运力管理、终端管理、质量管理、调度管理及培训管理 6 个方面内容。

1. X 物流公司简介

X 物流公司(以下也称 X 物流)总部设于深圳，是国内行业领先的物流综合服务商，通过多年发展，已能够提供全流程物流解决方案，服务范围从配送延伸至生产、供应和销售等价值链前端环节。公司利用数据驱动和云计算技术，为客户提供包括储配管理、大数据分析和销售预测在内的一站式服务。X 物流拥有一个以"天网＋地网＋信息网"为特色的全球物流服务网络，并通过直营模式确保统一的运营管理质量。自 2013 年起，X 物流推行物流数字化，从粗放型管理转向精益管理，遵循 PDCA 模式，确保各项工作闭环，以此保证高效的物流服务和连续六年行业领先的顾客满意度。尽管营运管理规范，但也存在亟待解决的问题。

2. X 物流公司营运管理的优点

(1) 较为完善的管理信息系统。X 物流公司自有系统研发水平较高，仅营运线核心系统便有 10 个，关联二级子系统 58 个，且仍在不断优化中。完善的管理信息系统使日常作业更加便捷、高效，方便对各项营运指标进行监控，为经营决策的准确性提供有力保证。X 物流公司营运核心系统构架见图 5-12。

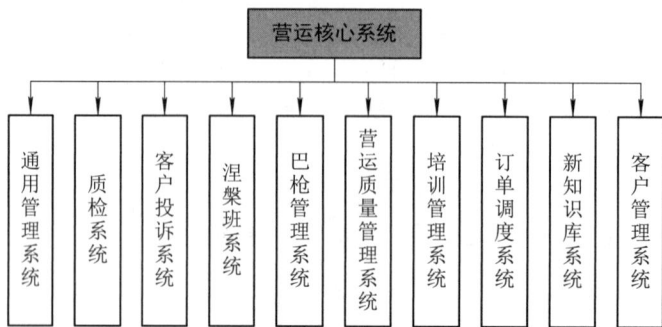

图 5-12　X 物流公司营运核心系统构架

(2) 健全的组织构架体系。X 物流公司坚持采用直营模式来进行网络架构，自上而下地形成了"总部—地区部—分部—点部"多层级的垂直管理体系，在让信息流动更通畅的同时，也加强了执行力传导。在多层级的垂直管理体系下，公司的决策逐级分解与下达执行，工作进度也会逐级监控并向上升级反馈，有较强的工作推动能力，使管理活动得以高效运转。X 物流公司垂直管理体系示意图见图 5-13。

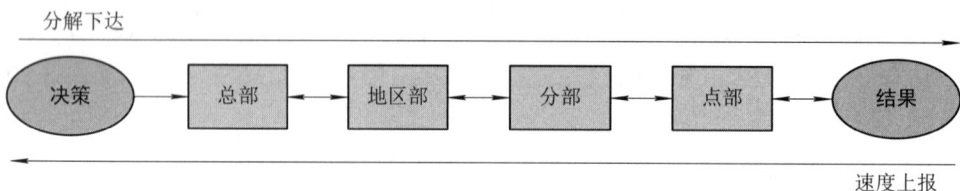

图 5-13　X 物流公司垂直管理体系示意图

另外，在地区部层面，X 物流公司以总经理责任制为主体，设立九大职能部门全面统筹地区各项日常事务，分工清晰明确，有利于各项工作在业务区层面推动并落实。X 物流公司地区部职能部门组织构架见图 5-14。

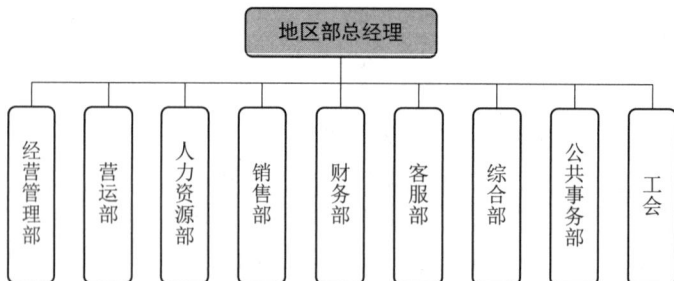

图 5-14　X 物流公司地区部职能部门组织构架

(3) 常规工作高度指标化。由于公司具有庞大的网络架构，为了对所辖分部实行有效管理，常规工作指标化已融入公司经营管理的方方面面，对各个营运环节进行可量化动态监控。工作指标分为核心考核指标和激励指标，每月以相应指标完成情况按权重进行计分来评价分部的经营状况，实现对管理人员的优胜劣汰。常规工作的指标化使管理的目标更加清晰且有章可循，在指引工作方向的同时，也能促进员工积极投入工作。

(4) 创新型项目的大力推行。在同业竞争日益激烈的当下，传统快递业务的利润瓶颈较难有重大突破，X 物流公司需要探寻新的利润增长点才能确保创收达成。而引入"数字包裹"的概念，大力推行的"X 创"项目，便是公司重点扶持的新型业务之一。"X 创"项目满足客户"无包裹、数字化"的需求，以拍照、视频、直播、调研等信息采集作为结果呈现方式，适用于广告与活动稽核、样品取样、全国连锁类型企业巡店等业务场景。因较传统快递业务有很大差异，故对于"X 创"项目的管理无法直接套用现有的管理方法进行应用，势必将推动公司管理团队转变现有思维方式，思考和制定新的管理方案进行解决。"X 创"项目无疑给公司的营运管理的创新注入了一针"强心剂"。

(5) 务实的营运管理理念。X 物流公司积极寻求内部改革，推进"构建服务型总部，助力地区自主经营"的管理理念，倡导地区部为分部服务、总部为地区部服务，给了各业务区更多的主动权，能最大限度地自主决策，因地制宜地及时处理异常问题。对于地区难以处理的问题，只要有利于经营，总部均开通绿色通道予以积极协调、安排专门接口进行跟进，直至妥善解决。此举大大加强了业务区开发业务的积极性，为诸如"靖州杨梅季""醴陵黄桃季"等一大批特色经济及与平安、滴滴等合作的独立项目能够顺利开展提供了有力保障和政策支持。

赛学融合

一、基本情况

太原茂业中心 18 号珠宝店是亦心珠宝股份有限公司的直营门店，该门店于 2011 年 1 月 1 日开始运营，该门店营业面积为 400 平方米，主要经营镶嵌首饰的销售、保养等业务。

二、标准成本相关资料

亦心珠宝股份有限公司采用标准成本法核算镶嵌首饰的产品成本，天津生产车间负责生产戒指和手链，2022 年全年戒指的实际产量为 10 000 个，手链的实际产量为 9 000 条。发生的实际成本明细见表 5-20。

表 5-20 亦心珠宝股份有限公司 2022 年实际成本明细

项 目		戒 指		手 链	
		实际耗用量/g	实际成本/元	实际耗用量/g	实际成本/元
直接材料	黄金/g	45 100.00	14 896 428.40	80 990.00	26 750 250.00
	铜/g	13 000.00	1 560.00	16 200.00	1 296.00
	其他/g	11 000.00	1 210.00	8 100.00	1 296.00
直接人工/h		10 300.00	2 060 000.00	13 500.00	2 673 000.00
变动制造费用/h		10 300.00	580 000.00	13 500.00	666 900.00

固定制造费用包括：房租物业水电费全年发生额 200 万元，设备折旧费 50 万元，车间管理员薪酬 40 万元。

固定制造费用按照直接人工工时在不同产品之间进行分配。

三、本量利分析

亦心珠宝股份有限公司太原茂业中心专卖店 2022 年的销售数据如表 5-21 所示。

表 5-21　太原茂业中心专卖店 2022 年销售数据

系列	种 类	数量单位	销售量	营业收入/元	营业成本/元	单位变动期间费用/元
素金首饰	戒指	个	1 992	2 389 900.00	1 565 200.00	75.00
	耳环	对	1 942	1 941 700.00	1 247 900.00	61.00
	挂坠	个	2 123	2 016 400.00	1 409 300.00	61.00
	手链(手镯)	条	830	1 120 100.00	739 300.00	75.00
镶嵌首饰	戒指	个	315	881 200.00	564 000.00	70.00
	耳环	对	239	597 200.00	396 500.00	70.00
	挂坠	个	341	614 500.00	413 800.00	80.00
	手链(手镯)	条	123	320 600.00	221 200.00	100.00

2022 年太原茂业中心专卖店共发生期间费用 2 149 900.00 元,期间费用按照成本性态分为固定期间费用和变动期间费用两部分,各种类产品的单位变动期间费用见表 5-21,固定期间费用按照收入占比在各种类产品之间进行分配。安全边际率通过销售量进行计算。除以上说明外,不考虑其他因素的影响。

实训要求:

(1) 完成亦心珠宝太原茂业中心专卖店 2022 年各种类产品本量利分析,计算边际贡献结果,四舍五入保留两位小数作答;边际贡献率结果,四舍五入保留%前两位小数作答,如 3.24%。

(2) 完成亦心珠宝太原茂业中心专卖店 2022 年各种类产品保本边际分析,盈亏平衡点销售量向上取整填制答案并以此结果进行后续计算,其余数据以完整小数位引用计算,结果四舍五入保留两位小数作答,带%项目四舍五入保留%前两位小数作答,如 3.24%。

项目六　投融资管理

学习目标

【知识目标】

1. 熟悉投融资的概念、分类和投融资管理原则；
2. 掌握投融资管理程序；
3. 认识投融资管理的重要性，以及在不同情况下投融资管理的流程；
4. 掌握投融资管理的主要方法。

【能力目标】

1. 能够理解投融资管理对于企业的重要意义；
2. 能够应用贴现现金流法进行项目决策；
3. 能够应用项目管理常用的三种方法进行项目决策；
4. 能够做出正确的投融资决策分析。

【素质目标】

1. 遵守金融行业的法律法规，坚持诚信、公正、客观的职业操守；
2. 认识投融资决策对社会和环境的影响，形成应有的社会责任感。

项目导图

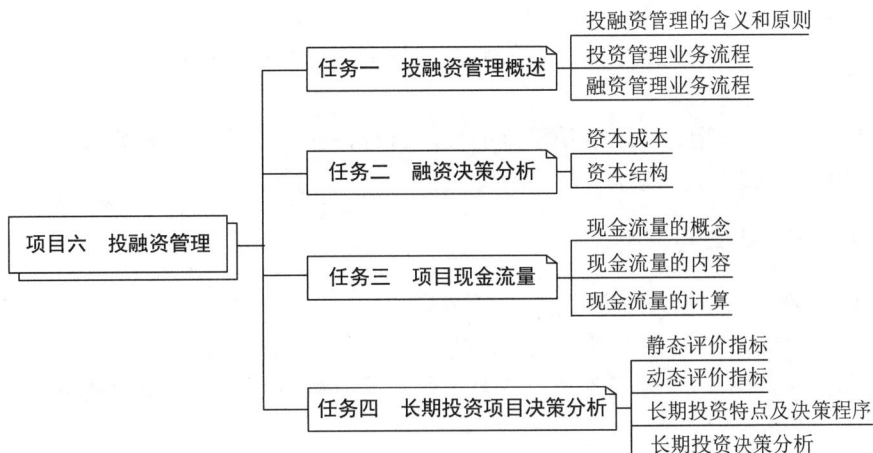

项目引例

大华公司准备在预算年度推出一个投资项目，有 A、B 两个方案可供选择：A 方案寿命期为 5 年，第一年年初生产设备投资 30 000 元，期满残值 2 000 元，同时垫支流动资金 8 000 元，于第五年年末全额变现收回。项目第一年销售收入为 40 000 元，全部成本为 35 000 元；后四年销售收入每年均为 45 000 元，全部成本每年均为 36 000 元。B 方案寿命期为 5 年，第一年年初固定生产设备投资 50 000 元，期满后残值为 4 000 元，建设期一年，流动资金 15 000 元在完工时投入，于报废时全额变现收回。项目投产后每年销售收入均为 60 000 元，全部成本为 49 000 元。该企业所得税税率为 25%(固定资产残值收入免税)。

上述两个备选投资方案，应选择哪一个？

任务一　投融资管理概述

学海航标

1. 通过了解投融资管理的含义、原则及投资和融资的业务流程，帮助构建投融资管理的知识框架，理解并掌握投融资决策的基本方法和步骤；

2. 通过实际案例分析和讨论，正确处理投融资过程中的道德和法律问题。

知识准备

一、投融资管理的含义和原则

(一) 投融资管理的含义

投融资管理包括投资管理和融资管理。

(1) 投资管理，是指企业根据自身战略发展规划，以企业价值最大化为目标，将资金投入营运所进行的管理活动。

(2) 融资管理，是指企业为实现既定的战略目标，在风险匹配的原则下，选择一定的融资方式和渠道筹集资金所进行的管理活动。

(二) 投融资管理的原则

企业进行投融资管理，一般应遵循以下原则：

(1) 价值创造原则。投融资管理应以持续创造企业价值为核心。

(2) 战略导向原则。投融资管理应符合企业发展战略与规划，与企业战略布局和结构调整方向保持一致。

(3) 风险匹配原则。投融资管理应确保投融资对象的风险状况与企业的风险综合承受能力相匹配。

二、投资管理业务流程

企业应建立健全投资管理的制度体系，根据组织架构特点，设置能够满足投资管理活动所需的，由业务、财务、法律及审计等相关人员组成的投资委员会或类似决策机构，对重大投资事项和投资制度建设等进行审核。有条件的企业可以设置投资管理机构，组织开展投资管理工作。企业应用投资管理工具方法，一般按照制定投资计划、进行可行性分析、实施过程控制和投资后评价的程序进行。

(一) 制订投资计划

企业投资管理机构应根据战略需要，定期编制中长期投资规划，并据此编制年度投资计划。

(1) 中长期投资规划一般应明确指导思想、战略目标、投资规模、投资结构等。

(2) 年度投资计划一般包括编制依据、年度投资任务、年度投资任务执行计划、投资项目的类别及名称、各项目投资额的估算及资金来源构成等，并将其纳入企业预算管理。

(二) 进行可行性分析

投资可行性分析的内容一般包括该投资在技术和经济上的可行性、可能产生的经济效益和社会效益、可以预测的投资风险、投资落实的各项保障条件等。

(三) 实施过程控制

企业进行投资管理，应当将投资控制贯穿于投资的实施全过程。投资控制的主要内容一般包括进度控制、财务控制、变更控制。

(1) 进度控制，是指对投资实际执行进度方面的规范与控制，主要由投资执行部门负责。

(2) 财务控制，是指对投资过程中资金使用、成本控制等方面的规范与控制，主要由财务部门负责。

(3) 变更控制，是指对投资变更方面的规范与控制，主要由投资管理部门负责。

(四) 投资后评价

投资项目实施完成后，企业应对照项目可行性分析和投资计划组织开展投资后评价。投资后评价的主要内容一般包括投资过程回顾、投资绩效和影响评价、投资目标实现程度和持续能力评价、经验教训和对策建议等，从而形成企业的投资报告。投资报告是重要的管理会计报告，应确保内容真实、数据可靠、分析客观、结论清楚，为报告使用者提供满足决策需要的信息。

投资报告应根据投资管理的情况和执行结果编制，用来反映企业投资管理的实施情况。投资报告主要包括以下两部分内容。

(1) 投资管理的情况说明，一般包括投资对象、投资额度、投资结构、投资风险、投资进度、投资效益及需要说明的其他重大事项等。

(2) 投资管理建议，可以根据需要以附件形式提供支持性文档。

企业可定期编制投资报告，反映一定期间内投资管理的总体情况，至少应于每个会计年度编制一份；也可根据需要编制不定期投资报告，主要用于反映重要项目节点、特殊事项和特定项目的投资管理情况。企业应及时进行回顾和分析，检查和评估投资管理的实施效果，不断优化投资管理流程，改进投资管理工作。

【职场经验】

企业的投资活动一般涉及企业未来的经营发展方向、生产能力与规模等问题，如厂房设备的新建与更新、新产品的研制与开发、对其他企业的股权控制等。这些投资活动，直接影响本企业未来的经营发展规模和方向，是企业简单再生产得以顺利进行并实现扩大再生产的前提条件。企业的投资活动先于经营活动，这些投资活动往往需要一次性地投入大量的资金，并在一段较长的时期内发挥作用，对企业经营活动的方向产生重大影响。

三、融资管理业务流程

企业应建立健全融资管理的制度体系，融资管理一般采取审批制。企业应设置满足融资管理所需的，由业务、财务、法律及审计等相关人员组成的融资委员会或类似决策机构，对重大融资事项和融资管理制度等进行审批，并设置专门归口管理部门牵头负责融资管理工作。企业应用融资管理工具方法，一般按照融资计划制订、融资决策分析、融资方案的实施与调整、融资管理分析的程序进行。

(一) 融资计划制订

企业对融资安排应实行年度统筹、季度平衡、月度执行的管理方式，根据战略需要、业务计划和经营状况，预测现金流量，统筹各项收支，编制年度融资计划，并据此分解至季度和月度融资计划。必要时企业应根据特定项目的需要，编制专项融资计划。

年度融资计划的内容一般包括编制依据、融资规模、融资方式、资本成本等；季度和月度融资计划的内容一般包括年度经营计划、企业经营情况、项目进展水平、资金周转水平、融资方式、资本成本等。企业融资计划可作为预算管理的一部分，纳入企业预算管理。

(二) 融资决策分析

企业应根据融资决策分析的结果编制融资方案。融资决策分析的内容一般包括资本结构、资本成本、融资用途、融资规模、融资方式、融资机构的选择依据、偿付能力、融资潜在风险和应对措施、还款计划等。

(三) 融资方案的实施与调整

融资方案经审批通过后，进入实施阶段，一般由归口管理部门具体负责落实。如果融资活动受阻或者融资量无法达到融资需求目标，归口管理部门应及时对融资方案进行调整，数额较大时应按照融资管理程序重新报请融资委员会或类似决策机构审批。

(四) 融资管理分析

企业融资完成后，应对融资进行统一管理，必要时应建立融资管理台账。企业应定期进行融资管理分析，内容一般包括还款计划、还款期限、资本成本、偿付能力、融资潜在风险和应对措施等。还款计划应纳入预算管理，以确保按期偿还融资。

融资报告应根据融资管理的执行结果编制，用来反映企业融资管理的情况和执行结果。融资报告主要包括以下两部分内容。

(1) 融资管理的情况说明，一般包括融资需求测算、融资渠道、融资方式、融资成本、融资程序、融资风险及应对措施、需要说明的重大事项等。

(2) 融资管理建议，可以根据需要以附件形式提供支持性文档。

融资报告是重要的管理会计报告，应确保内容真实、数据可靠、分析客观、结论清楚，为报告使用者提供满足决策需要的信息。企业可定期编制融资报告，反映一定期间内融资管理的总体情况，至少应于每个会计年度出具一份；也可根据需要编制不定期报告，主要用于反映特殊事项和特定项目的融资管理情况。

几种融资方式

企业应及时进行融资管理回顾和分析，检查和评估融资管理的实施效果，不断优化融资管理流程，改进融资管理工作。

◎ 小组讨论

假设你是一家成立不久的高科技型企业的财务主管，目前公司有一些好的发展项目，但是没有足够的资金来实施，且由于项目风险较高，公司资产不足，银行并不打算向公司提供项目所需贷款。那么，作为财务主管，你会通过什么融资渠道，使用什么融资方式筹集所需资金？

任务评测

一、单项选择题

1. 投资管理，是指企业根据自身战略发展规划，以(　　)为目标，对将资金投入营运进行的管理活动。

A. 企业利润最大化　　　　　　　　　B. 企业价值最大化

C. 股东财富最大化　　　　　　　　　D. 相关者利益最大化

2. 融资管理，是指企业为实现既定的战略目标，在(　　)原则下，对通过一定的融资方式和渠道筹集资金进行的管理活动。

A. 风险最小化　　B. 收益最大化　　　C. 融资最大化　　　　D. 风险匹配

3. 企业应建立健全融资管理的制度体系，融资管理一般采取(　　)。

A. 审批制　　　B. 审核制　　　　C. 分级审核制　　　D. 分级审批制

4. 下列属于内部融资的是(　　)。

A. 发行股票　　B. 发行债券　　　C. 银行借款　　　D. 留存收益

5. 将企业投资区分为发展性投资和维持性投资所依据的分类标志是(　　)。

A. 按投资活动与企业本身生产经营活动的关系

B. 按投资对象的存在形态与性质

C. 按投资活动对企业未来生产经营前景的影响

D. 按投资项目之间的相互关联关系

二、多项选择题

1. 企业进行投融资管理时，一般应遵循的原则有(　　)。

A. 价值创造原则 B. 战略导向原则

C. 风险匹配原则 D. 利润最大原则

2. 企业投资管理程序包括(　　)。

A. 投资计划制定 B. 投资可行性分析

C. 投资监督 D. 投资后评价

3. 直接投资是将资金投放于(　　)等资产上的企业投资。

A. 设备 B. 股票 C. 债券 D. 厂房

4. 企业年度融资计划的内容一般包括(　　)。

A. 编制依据 B. 融资规模 C. 融资方式 D. 资本成本

5. 企业融资报告内容包括(　　)。

A. 融资渠道 B. 融资成本

C. 融资管理的情况说明 D. 融资管理建议

三、判断题

1. 发展性投资，是为了维持企业现有的生产经营正常顺利进行，不会改变企业未来生产经营发展全局的企业投资。 (　　)

2. 融资方案一经确定后不得调整。 (　　)

3. 投融资中要尽量多考虑收益，风险不作为首要考虑因素。 (　　)

4. 对内投资都是直接投资，对外投资都是间接投资。 (　　)

5. 企业可定期编制投资报告，反映一定期间投资管理的总体情况，一般至少应于每个会计年度编制一份。 (　　)

任务二　融资决策分析

学海航标

1. 深入理解资本成本的概念及其作用，并能够利用其比较和选择最优的融资方案，以及评估投资项目的财务可行性；

2. 理解影响企业资本结构选择的关键因素，运用资本结构优化的方法制定和调整企业的资本结构，以实现资本成本最小化、企业价值最大化的目标。

知识准备

企业的融资管理，在确定融资需要量后，要对不同融资方式进行选择，同时，还要考虑企业资本结构。资本成本是衡量资本结构优化程度的标准，也是对投资获得经济效益的最低要求。

一、资本成本

资本成本是指企业为筹集和使用资本而付出的代价，包括融资费用和占用费用。融资费用指在资本筹措过程中为获取资本而付出的代价，如向银行支付的借款手续费，发行股票、债券而支付的发行费等。占用费用是指企业在资本使用过程中因占用资本而付出的代价，如向银行等债权人支付的利息、向股东支付的股利等。

(一) 资本成本的作用

1. 比较融资方式、选择融资方案

各种资本的资本成本率，是比较、评价各种融资方式的依据。在评价各种融资方式时，一般考虑的因素包括对企业控制权的影响、对投资者吸引力的大小、融资的难易和风险、资本成本的高低等，资本成本也是其中的重要因素。在其他条件相同的情况下，企业融资应选择资本成本率最低的方式。

2. 衡量资本结构

企业财务管理目标是企业价值最大化，企业价值是企业资产带来的未来现金流量的贴现值。计算企业价值时，通常采用平均资本成本作为贴现率，当平均资本成本最小时，企业价值最大，此时的资本结构是企业理想的资本结构。

3. 评价投资项目

任何投资项目，若其预期的投资收益率超过该项目使用资金的资本成本，则该项目在经济上可行。因此，资本成本率是企业用以确定项目要求达到的投资收益率的最低标准。

4. 考评企业整体业绩

一定时期企业资本成本率的高低，不仅反映企业融资管理的水平，还可作为评价企业整体经营业绩的标准。企业的生产经营活动，实际上就是所筹集资本经过投放后形成资产的营运，企业的总资产税后收益率应高于其平均资本成本率，这样才能带来剩余收益。

(二) 资本成本计算的基本模式

1. 一般模式

为了便于分析比较，资本成本通常用不考虑资金时间价值的一般通用模型计算。一般模式通用的计算公式为：

$$资本成本率 = \frac{年资金占用费用}{融资总额 - 融资费用} = \frac{年资金占用费用}{融资总额 \times (1 - 融资费用率)}$$

2. 贴现模式

对于金额大、时间超过 1 年的长期资本，更为准确的资本成本计算方式是采用贴现模式，即将债务未来还本付息或股权未来股利分红的贴现值与目前融资净额相等时的贴现率作为资本成本率。

(三) 个别资本成本的计算

1. 银行借款的资本成本率

银行借款资本成本包括借款利息和借款手续费用，手续费用是融资费用的具体表现，利息费用在税前支付，可以起抵税作用。银行借款的资本成本率按一般模式计算为：

$$K_b = \frac{i \times (1 - T)}{1 - f}$$

式中，K_b 表示银行借款资本成本率；i 表示银行借款年利率；f 表示融资费用率；T 表示所得税税率。

对于长期借款，考虑资金时间价值问题，还可以用贴现模式计算资本成本率。

【工作实例6-1】 裕丰公司本年度向中国工商银行取得6年期长期借款600万元，年利率为9%，每年付息一次，到期一次还本，所得税税率为25%，借款费用率为0.2%。

要求：计算长期借款资本成本率。

$$长期借款资本成本率 = \frac{600 \times 9\% \times (1 - 25\%)}{600 \times (1 - 0.2\%)} = 6.76\%$$

若考虑时间价值，该长期借款的资本成本计算如下：

$$600 \times (1 - 0.2\%) = 600 \times 9\% \times (1 - 25\%) \times (P/A, K_b, 6)$$

这里，P/A 表示年金现值系数，$(P/A, K_b, 6)$ 表示在资本成本率为 K_b 时，6年期的年金现值系数。通过迭代或插值法，我们可以求解出长期借款资本成本率。

2. 公司债券的资本成本率

公司债券资本成本，包括债券利息和债券发行费用。债券利息在税前支付，其处理与银行借款相同。债券发行可以溢价发行，也可以折价发行，其资本成本率按一般模式计算为：

$$K_b = \frac{年利息 \times (1 - 所得税税率)}{债券融资总额 \times (1 - 手续费率)} = \frac{I \times (1 - T)}{L \times (1 - f)}$$

式中，L 表示公司债券融资总额；I 表示公司债券年利息；f 表示融资费用率；T 表示所得税税率。

【工作实例6-2】 裕丰公司以1 200元的价格，溢价发行面值为1 000元，期限5年，票面利率为8%的公司债券一批。每年付息一次，到期一次还本，发行费用率为3%，所得税税率为25%。

要求：计算债券资本成本。

$$K_b = \frac{1\,000 \times 8\% \times (1 - 25\%)}{1\,200 \times (1 - 3\%)} \times 100\% = 5.15\%$$

若考虑时间价值，该项公司债券的资本成本计算如下：

$$\begin{aligned} 债券资本成本 \\ (考虑时间价值) &= 1200 \times (1 - 3\%) \\ &= 1000 \times 8\% \times (1 - 25\%) \times (P/A, \ K_b, \ 5) + 1000 \times (P/F, \ K_b, \ 5) \end{aligned}$$

这里，P/A 表示年金现值系数，P/F 表示复利现值系数，$(P/A, K_b, 5)$ 表示在资本成本率为 K_b 时，5年期的年金现值系数；$(P/F, K_b, 5)$ 表示在资本成本率为 K_b 时，5年期的复利现值系数。通过迭代或插值法，我们可以求解出债券资本成本率。

3. 普通股资本成本率

(1) 股利增长模型法。

假定资本市场有效，股票市场价格与价值相等。假定某股票本期支付的股利为 D_0，未来各期股利按 g 速度增长。目前股票市场价格为 P，则普通股资本成本率计算公式为：

$$K_s = \frac{D_0 \times (1+g)}{P_0 \times (1-f)} + g = \frac{D_1}{P_0 \times (1-f)} + g$$

式中，K_s 表示普通股资本成本率；D_1 表示预期下一年的股利；f 表示普通股融资费用率。

【工作实例6-3】　裕丰公司普通股市价40元，筹资费用率为3%，本年发放现金股利每股 0.6 元，预期股利增长率为8%。

要求：计算普通股资金成本。

$$K_s = \frac{0.6 \times (1+8\%)}{40 \times (1-3\%)} \times 100\% + 8\% = 9.67\%$$

(2) 资本资产定价模型法。假定资本市场有效，股票市场价格与价值相等。假定无风险收益率为 R_f，市场平均收益率为 R_m，某股票贝塔系数为 β，则普通股资本成本率为：

$$K_s = R_f + \beta(R_m - R_f)$$

【工作实例6-4】　裕丰公司普通股 β 系数为 1.2，此时一年期国债利率为4.8%，市场平均报酬率为 10%。

要求：计算该普通股资本成本率。

$$K_s = 4.8\% + 1.2 \times (10\% - 4.8\%) = 11.04\%$$

4. 留存收益的资本成本率

留存收益的资本成本率，表现为股东追加投资要求的收益率，其计算与普通股成本相同，也分为股利增长模型法和资本资产定价模型法，不同点在于不考虑融资费用。

(四) 平均资本成本的计算

企业平均资本成本，是以各项个别资本在企业总资本中的比重为权数，对各项个别资本成本率进行加权平均而得到的总资本成本率。其计算公式为：

$$K_w = \sum_{j=1}^{n} K_j W_j$$

式中：K_w 表示平均资本成本；K_j 表示第 j 种个别资本成本率；W_j 表示第 j 种个别资本成本在全部资本中的比重。

【工作实例6-5】　裕丰公司年初长期资本账面总额为 20 000 万元，其中，银行借款 6 000 万元，长期债券 4 000 万元，普通股 10 000 万元。银行借款、长期债券和普通股的个别资本成本分别为 4%、5%、11%。

要求：计算公司的平均资本成本。

$$K_w = 4\% \times \frac{6\,000}{20\,000} + 5\% \times \frac{4\,000}{20\,000} + 11\% \times \frac{10\,000}{20\,000} = 7.7\%$$

(五) 边际资本成本的计算

边际资本成本是企业追加融资的成本。企业在追加融资时，不能仅考虑目前所使用资本的成本，还要考虑新融资资本的成本，即边际资本成本。边际资本成本，是企业进行追加融资的决策依据。

二、资本结构

资本结构及其管理是企业融资管理的核心问题。如果企业现有资本结构不合理，应通过融资活动优化调整资本结构，使其趋于科学合理。

(一) 资本结构的含义

融资管理中，资本结构分为广义的资本结构和狭义的资本结构。广义的资本结构是指全部债务与股东权益的构成比例；狭义的资本结构是指长期负债与股东权益的构成比例。

不同的资本结构会给企业带来不同的影响。企业利用债务资本进行举债经营具有双重作用，既可以发挥财务杠杆效应，也可能带来财务风险。因此，企业必须权衡财务风险和资本成本的关系，从而确定最佳的资本结构。评价企业资本结构最佳状态的标准应该是既能够提高股权收益或降低资本成本，又能控制财务风险，最终实现提升企业价值的目的。

(二) 资本结构的影响因素

1. 企业经营状况的稳定性和成长率

企业产销业务量的稳定性和成长率对资本结构有重要影响。如果产销业务量稳定，企业可较多地负担固定的财务费用；如果产销业务量和盈余有周期性，那么企业负担固定的财务费用，将承担较大的财务风险。经营发展能力表现为未来产销业务量的增长率，如果产销业务量能够以较高的水平增长，企业可以采用高负债的资本结构，以提升权益资本的报酬。

2. 企业的财务状况和信用等级

企业的财务状况良好，信用等级高，债权人愿意向企业提供信用，企业容易获得债务资金。相反，如果企业财务状况欠佳，信用等级不高，债权人投资风险大，这样会降低企业获得信用的能力，加大债务资金融资的资本成本。

3. 企业资产结构

企业资产结构是企业筹集资本后进行资源配置和使用后的资金占用结构，包括长短期资产构成和比例，以及长短期资产内部的构成和比例。资产结构对企业资本结构的影响主要包括：拥有大量固定资产的企业主要通过长期负债和发行股票融通资金；拥有较多流动资产的企业更多地依赖流动负债融通资金；资产适用于抵押贷款的企业，负债较多；以技术研发为主的企业则负债较少。

4. 企业所有者和管理当局的态度

从企业所有者的角度看，如果企业股权分散，企业可能更多地采用权益资本融资以分散企业风险。如果企业为少数股东控制，股东通常重视企业控股权问题，为防止控股权稀释，企业一般尽量避免普通股融资，而是采用优先股或债务资金融资。从企业管理当局的角度看，高负债资本结构的财务风险高，一旦经营失败或出现财务危机，管理当局将面临市场接管的威胁或者被董事会解聘。因此，稳健的管理当局偏好于选择低负债比例的资本结构。

5. 行业特征和企业发展周期

不同行业资本结构差异很大。产品市场稳定的成熟产业经营风险低，可提高债务资金比重，发挥财务杠杆作用。高新技术企业的产品、技术、市场尚不成熟，经营风险高，可降低债务资金比重，控制财务杠杆风险。在同一企业不同发展阶段，资本结构安排不同。企业初创阶段，经营风险高，在资本结构安排上应控制负债比例；企业发展成熟阶段，产品产销业务量稳定和持续增长，经营风险低，可适度增加债务资本比重，发挥财务杠杆效应；企业收缩阶段，产品市场占有率下降，经营风险逐步加大，应逐步降低债务资本比重，保证经营现金流量能够偿付到期债务，保持企业持续经营能力，减少破产风险。

6. 经济环境的财政税收政策和货币金融政策

资本结构决策必然要研究财务环境，特别是宏观经济状况。政府调控经济的手段包括财政税收政策和货币金融政策，当所得税税率较高时，债务资本费用的抵税作用大，企业可以充分利用这种作用来提高企业价值。货币金融政策影响资本供给，从而影响利率水平的变动，当国家执行紧缩的货币政策时，市场利率较高，企业债务资本成本增大，企业债务融资会受到限制。

(三) 资本结构优化

资本结构优化，要求企业权衡负债的低资本成本和高财务风险的关系，确定合理的资本结构。资本结构优化的目标，是降低平均资本成本率或提高企业价值。

1. 每股收益分析法

每股收益分析法是用每股收益的变化来判断资本结构是否合理，即能够提高普通股每股收益的资本结构，就是合理的资本结构。每股收益受到经营利润水平、债务资本成本水平等因素的影响，分析每股收益与资本结构的关系，可以找到每股收益无差别点。所谓每股收益无差别点，是指在不同融资方式下每股收益都相等时的息税前利润或业务量水平。根据每股收益无差别点，可以分析判断不同的息税前利润或业务量水平适合的融资组合方式，进而确定企业的资本结构。

在每股收益无差别点上，不同融资方案的每股收益是相等的，用公式表示如下：

$$\frac{(\overline{EBIT} - I_1) \times (1-T) - DP_1}{N_1} = \frac{(\overline{EBIT} - I_2) \times (1-T) - DP_2}{N_2}$$

式中，$\overline{EBIT}$ 表示每股收益无差别点；I_1、I_2 表示两种融资方式下的债务利息；DP_1、DP_2 表示两种融资方式下的优先股股利；N_1、N_2 表示两种融资方式下普通股股数；T 表示所得税税率。

结论：当预期 $EBIT = \overline{EBIT}$ 时，两种融资方案一样，每股收益相等；当预期 $EBIT > \overline{EBIT}$，应当选择债务融资方案；当预期 $EBIT < \overline{EBIT}$，应当选择股权融资方案。

【工作实例6-6】裕丰公司目前资本结构：总资本20 000万元，其中债务资本为8 000万元(年利息800万元)，普通股资本12 000万元(12 000万股，面值1元，市价12元)。公司由于有一个较好的新投资项目，需要追加融资3 600万元，有以下两个融资方案：

甲方案：向银行取得长期借款3 600万元，利息率为8%。

乙方案：增发普通股1 800万股，每股发行价2元。

根据财务人员测算，追加融资后销售额可达到10 000万元，变动成本率为65%，固定成本为1 000万元，所得税税率为25%，不考虑融资费用因素。

要求：计算长期债务和普通股融资方式的每股收益无差别点，并根据每股收益分析法确定裕丰公司应该选择的方案。

$$\frac{(\overline{EBIT}-800-3\ 600\times8\%)\times(1-25\%)}{12\ 000}=\frac{(\overline{EBIT}-800)\times(1-25\%)}{12\ 000+1\ 800}$$

$$\overline{EBIT}=3008(万元)$$

这里，$\overline{EBIT}$ 为3 008万元是两个融资方案的每股收益无差别点。在此点上，两个方案的每股收益相等，均为0.12元。

企业追加融资后预期的EBIT = 10 000×(1−65%)−1 000=2 500(万元)，低于无差别点3 008万元，因此，企业应该选择财务风险小的乙方案，即增发普通股方案。在10 000万元销售额水平上，甲方案的每股收益为0.088元，乙方案的每股收益为0.092元。

2. 平均资本成本比较法

平均资本成本比较法，是通过计算和比较各种可能的融资组合方案的平均资本成本，选择平均资本成本率最低的方案的方法。这种方法侧重于从资本投入的角度对融资方案和资本结构进行优化分析。

【工作实例6-7】裕丰公司需筹集200万元长期资本，可以从贷款、发行债券、发行普通股三种方式筹集，其个别资本成本率已分别测定，有关资料如表6-1所示。

表6-1　裕丰公司资本成本与资本结构数据表

融资方式	资本结构/%			个别资本成本率/%
	A方案	B方案	C方案	
贷款	45	35	25	4
发行债券	15	20	15	7
发行普通股	40	45	60	11
合计	100	100	100	

要求：计算三个方案的综合资本成本 K。

A方案：$K_A=45\%\times4\%+15\%\times7\%+40\%\times11\%=7.25\%$；

B方案：$K_B=35\%\times4\%+20\%\times7\%+45\%\times11\%=7.75\%$；

C方案：$K_C=25\%\times4\%+15\%\times7\%+60\%\times11\%=8.65\%$。

如果公司各融资方案风险处于同一等级水平，应当考虑采用其资金成本最低的方案作为公司最佳资本结构方案。本例中，假设其他因素对方案选择的影响甚小，则A方案的综合资本成本最低，是公司的最佳资本结构方案。

任务评测

一、单项选择题

1. 资本成本的核心思想是(　　)。

A. 成本控制
B. 利润最大化
C. 风险最小化
D. 资金流动最大化

2. 在计算资本成本时，(　　)因素通常被用来衡量融资方式的经济性。

A. 利息支出
B. 筹资总额
C. 资本成本率
D. 股东权益

3. 下列(　　)不属于资本成本的作用。

A. 比较融资方式
B. 衡量资本结构
C. 预测股票价格
D. 评价企业整体业绩

4. 在计算普通股资本成本率时，通常采用的模型是(　　)。

A. 贴现模式
B. 市盈率模型
C. 股利增长模型
D. 资本资产定价模型

5. 资本结构主要反映的是企业(　　)的比例关系。

A. 股东与债权人
B. 负债与资产
C. 流动资产与固定资产
D. 营业收入与净利润

二、多项选择题

1. 资本成本的作用包括(　　)。

A. 比较融资方式、选择融资方案
B. 衡量资本结构
C. 评价投资项目
D. 预测未来市场趋势

2. 资本成本计算的基本模式包括(　　)。

A. 一般模式
B. 贴现模式
C. 机会成本模式
D. 边际成本模式

3. 以下(　　)因素会影响企业的资本结构。

A. 企业经营状况的稳定性和成长率
B. 企业的财务状况和信用等级
C. 企业的行业特征和发展周期
D. 政府的货币政策

4. 下列(　　)属于个别资本成本的计算。

A. 银行借款的资本成本率
B. 公司债券的资本成本率
C. 普通股资本成本率
D. 平均资本成本率

5. 资本结构优化方法包括(　　)。

A. 每股收益分析法
B. 平均资本成本比较法
C. 杠杆比率法
D. 资本周转率法

三、判断题

1. 资本成本是衡量企业融资活动所付出费用的关键因素。　　(　　)
2. 贴现模式通常用于计算长期资本的成本，因为它考虑了时间价值。　　(　　)
3. 资本成本率越高，说明企业融资的经济性越好。　　(　　)

4. 资本结构主要反映的是企业股东权益与负债之间的比例关系。   (   )

5. 企业的资本结构优化只能通过调整债务和股本的比例来实现。   (   )

四、计算分析题

1. 某公司目前处于发展成熟阶段，公司目前的资产总额为 10 亿元，所有者权益总额为 6 亿元，其中股本 2 亿元，资本公积 2 亿元，负债总额为 4 亿元。公司未来计划筹集资本 1 500 万元，所得税税率为 25%，银行能提供的最大借款限额为 500 万元。通过以下方案筹集所需资金。

方案 1：以最大借款限额向银行借款，借款期限 4 年，借款年利率为 7%，手续费率为 2%。

方案 2：溢价发行债券，每张债券面值为 1 000 元，发行价格为 1 250 元，票面利率为 9%，期限为 5 年，每年年末支付一次利息，到期还本，其筹资费用率为 3%。

方案 3：发行普通股，每股发行价为 10 元，预计第一年每股股利为 1.2 元，股利增长率为 8%，筹资费用率为 6%。

方案 4：发行面值 100 元的优先股，规定的年股息率为 8%。该优先股溢价发行，发行价格为 120 元；筹资费用率为 3%。

方案 5：剩余所需资金通过留存收益筹集。

要求：

(1) 计算借款的资本成本(一般模式)。

(2) 计算债券的资本成本(一般模式)。

(3) 计算新发普通股的资本成本。

(4) 计算优先股的资本成本。

(5) 计算留存收益的资本成本。

2. A 公司目前资本结构为：总资本 3 500 万元，其中债务资本 1 400 万元(年利息 140 万元，年利率 10%)；普通股股本 210 万元(210 万股，面值 1 元，市价 5 元)，资本公积 1 000 万元，留存收益 890 万元。企业由于扩大经营规模，需要追加筹资 2 800 万元，所得税税率 25%，不考虑筹资费用等因素。有三种筹资方案：

甲方案：增发普通股 400 万股，每股发行价 6 元；同时向银行借款 400 万元，年利率保持原来的 10%。

乙方案：增发普通股 200 万股，每股发行价 6 元；同时溢价发行 1 600 万元面值为 1 000 万元的公司债券，票面利率 15%。

丙方案：不增发普通股，溢价发行 2 500 万元面值为 2 300 万元的公司债券，票面利率 15%；由于受债券发行数额的限制，需要补充银行借款 300 万元，年利率 10%。

要求：

(1) 计算甲方案与乙方案的每股收益无差别点息税前利润。

(2) 计算乙方案与丙方案的每股收益无差别点息税前利润。

(3) 计算甲方案与丙方案的每股收益无差别点息税前利润。

(4) 若企业预计的息税前利润为 500 万元，应选择哪种筹资方案。

(5) 判断企业应如何选择筹资方案。

任务三 项目现金流量

学海航标

1. 掌握现金流量的内容和计算方法，为财务分析和决策提供必要的理论基础；
2. 熟悉现金流量，增强数据分析能力和决策能力，理解管理现金流量的重要性。

知识准备

一、现金流量的概念

现金流量是指由一项长期投资方案所引起的在未来一定期间内所发生的现金收支。其中，现金收入称为现金流入量，现金支出称为现金流出量，现金流入量与现金流出量相抵后的余额，称为现金净流量。

现金流量是计算项目投资决策评价指标的主要根据和关键的价值信息之一。现金流量的计算以收付实现制为基础。这里的"现金"是指广义的现金，既指库存现金、银行存款等货币性资产，也可以指相关非货币资产(如原材料、设备等)的变现价值。

二、现金流量的内容

现金流量包括现金流入量、现金流出量和现金净流量。

(一) 现金流入量

现金流入量是指项目投资方案引起的企业现金收入的增加额。主要包括：

1. 营业收入

营业收入是指项目投产后在生产经营期内每年实现的全部营业收入，为了简化计算，假定在正常生产经营年度内，每期生产的赊销额与回收的应收账款大致相等。

根据时点假设，生产经营期发生的营业收入均在每期期末。营业收入是生产经营期主要的现金流入量项目。

2. 回收流动资金

回收流动资金是指投资项目在项目计算期的终结点，收回原来垫付的全部流动资金。

3. 回收的固定资产残值

回收的固定资产残值是指投资项目的固定资产在报废清理时的残值收入或中途转让时的变价收入。此现金流入一般发生在项目计算期的终结点。

4. 其他现金流入量

其他现金流入量是指除以上三项指标以外的现金流入量项目。

(二) 现金流出量

现金流出量是指项目投资方案引起的企业现金支出的增加额。主要包括：

1. 建设投资

建设投资是指在项目建设期内所发生的固定资产投资、无形资产投资和开办费投资等投资的总和。建设投资是在建设期发生的主要现金流出量。

2. 垫付的流动资金

垫付的流动资金是指投资项目建成投产后，为开展正常生产经营活动而投放在流动资产上的投资增加额。流动资金一般在项目开始投产时一次或分次投入，但要到项目终结点才能全部收回。

3. 付现的营运成本

付现的营运成本是指在投资项目生产经营期内为满足正常生产经营活动而发生的用现金支付的成本。是经营期内最主要的现金流出量。

付现成本＝当年的总成本−非付现成本

＝当年的总成本−该年折旧额−该年无形资产摊销额−开办费摊销额等

4. 所得税支出

所得税是投资项目的现金支出，即现金流出量。

(三) 现金净流量

现金净流量(Net Cash Flow，NCF)是指在项目计算期内现金流入量与现金流出量的差额。

当现金流入量大于现金流出量时，现金净流量为正数，用"+"表示；

当现金流入量小于现金流出量时，现金净流量为负数，用"−"表示。

现金净流量＝现金流入量−现金流出量

$$NCF_t = CI_t - CO_t \quad (t = 0, 1, 2, \cdots, n)$$

其中，NCF_t 是第 t 年现金净流量，CI_t 是第 t 年现金流入量，CO_t 是第 t 年现金流出量。

【职场经验】

在实际工作中，企业需要实时进行现金流量监控，确保财务健康和可持续性。首先，企业需要制定详细的现金流量预算，并实时跟踪现金流量，确保实际现金流动与预算相符。其次，定期审查财务报表，特别是现金流量表，比较实际现金流量与预算现金流量的差异，并分析任何显著的偏差。最后，还需要管理应收账款和应付账款，保持足够的流动性，并建立预警系统以便及时应对现金流量问题。

三、现金流量的计算

投资项目从整个经济寿命周期来看，大致可以分为三个阶段：投资期、营业期和终结期，现金流量的各个项目也可归属于各个阶段之中。项目投资时间轴如图 6-1 所示。

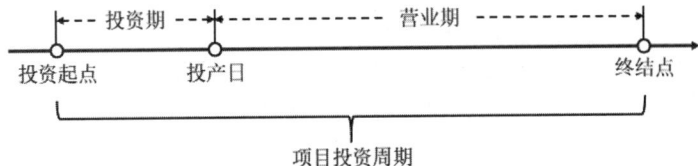

图 6-1 项目投资时间轴

(一) 投资期

投资期的现金流量主要是现金流出量,即在该投资项目的原始投资,包括在长期资产上的投资和垫付的流动资金。

(二) 营业期

营业期是投资项目的主要阶段,该阶段既有现金流入量,也有现金流出量,主要包括营业收入、付现成本和所得税支出。

营业现金净流量(NCF)＝营业收入－付现成本－所得税

＝营业收入－(销货成本－非付现成本)－所得税

＝净利润＋非付现成本

＝营业收入×(1－所得税税率)－付现成本×(1－所得税税率)＋

非付现成本×所得税税率

(三) 终结期

终结期的现金流量主要是现金流入量,主要包括固定资产变现净收入、固定资产变现净损益和垫付流动资金的收回。

【工作实例 6-8】 裕丰公司 2024 年拟建设一条新的生产线用于生产其开发的一种新产品,在建设起点一次性投入建设资金 2 100 万元,建设期为 1 年。生产线建成投产之时,需垫付流动资金 300 万元,以满足日常经营活动需要。生产线投产后,预计每年可为公司增加营业收入 950 万元,新增付现成本 320 万元。生产线使用年限为 6 年,预计净残值为 120 万元,采用直线法计提折旧。项目期满时,垫付的流动资金全额收回。所得税税率为 25%。

要求:计算该项目投资在项目计算期内各年的现金净流量,并编制投资项目现金流量表,见表 6-2。

$$每年折旧=\frac{2\,100-120}{6}=330(万元)。$$

(1) 投资期的现金净流量。

固定资产投资的现金流量 $NCF_0=-2\,100$(万元);

垫付流动资金的现金流量 $NCF_1=-300$(万元)。

(2) 第 2—6 年的营业现金净流量。

第 2—6 年的营业现金净流量 $NCF_{2-6}=(950-320-330)\times(1-25\%)+330=555$(万元)。

(3) 终结点的现金净流量。

项目寿命期结束时的回收额＝120＋300＝420(万元)；

NCF_7＝第7年营业现金净流量＋回收额＝555＋420＝975(万元)。

在实务中，对某一投资项目在不同时点上现金流量数额的测算，通常通过编制"投资项目现金流量表"进行。

表6-2　投资项目现金流量表

单位：万元

项　目	第0年	第1年	第2年	第3年	第4年	第5年	第6年	第7年
固定资产投资	−2 100							
流动资金垫付		−300						
营业收入①			950	950	950	950	950	950
付现成本②			320	320	320	320	320	320
固定资产折旧③			330	330	330	330	330	330
利润总额④＝①−②−③			300	300	300	300	300	300
所得税⑤＝④×25%			75	75	75	75	75	75
净利润⑥＝④−⑤			225	225	225	225	225	225
营业现金流量⑦＝⑥＋③			555	555	555	555	555	555
残值净收入								120
流动资金回收								300
现金流量合计	−2 100	−300	555	555	555	555	555	975

◎ 小组讨论

随着大数据技术的发展，企业能够收集和分析比以往更多的数据。这些数据包括市场趋势、历史财务记录、宏观经济指标等，对于项目现金流量的预测和管理具有重要价值。在大数据背景下，如何有效地利用这些数据资源来优化项目现金流量分析，成为企业财务管理和项目决策的关键问题。

如何利用大数据技术收集和整合与项目现金流量相关的内外部数据？

任务评测

一、单项选择题

1. 下列选项中，不属于营业期现金流量的是(　　)。
A. 营业收入　　B. 付现成本　　C. 折旧　　D. 所得税

2. 某投资方案投产后年营业收入为1 000万元，年营业成本为600万元(其中折旧为100万元)，所得税税率为25%，则该方案投产后年营业现金净流量为(　　)万元。
A. 325　　B. 400　　C. 300　　D. 475

3. 某投资方案的年营业收入为100 000元，年总营业成本为60 000元，其中年折旧额10 000元，所得税税率为25%，该方案的每年营业现金净流量为(　　)元。
A. 16 800　　B. 30 000　　C. 40 000　　D. 43 200

4. B 生产线项目预计寿命为 10 年，该生产线只生产一种产品，假定该产品的单位营业现金净流量始终保持为 100 元/件的水平，预计投产后各年的产销量数据：第 1～5 年每年为 2 000 件，第 6～10 年每年为 3 000 件，拟建生产线项目的固定资产在终结期的预计净残值为 5 万元，全部营运资金 30 万元在终结期一次回收，则该项目第 10 年现金净流量为（　　）万元。

A. 35　　　　　B. 20　　　　　C. 30　　　　　D. 65

5. 某公司打算投资一个项目，预计该项目需固定资产投资 400 万元，预计可使用 5 年。项目预计流动资产需用额为 160 万元，流动负债需用额为 55 万元。则该项目原始投资额为（　　）万元。

A. 400　　　　　B. 560　　　　　C. 345　　　　　D. 505

二、多项选择题

1. 在项目投资的经营期内现金流量主要有（　　）。

A. 原始投资额的现值　　　　B. 营业收入

C. 折旧额　　　　D. 经营成本

2. 在考虑所得税影响的情况下，下列关于营业现金流量的计算中，正确的有（　　）。

A. 营业现金流量=营业收入-付现成本-所得税

B. 营业现金流量=税后营业利润+非付现成本

C. 营业现金流量=税后收入-税后付现成本+非付现成本抵税

D. 营业现金流量=营业收入×(1-所得税税率)-付现成本×(1-所得税税率)+非付现成本

3. 下列各项中，构成项目终结期的现金流量的有（　　）。

A. 设备运输安装费　　　　B. 固定资产变价净收入

C. 垫支营运资金的收回　　　　D. 原材料购置费

4. 在项目现金流量的计算中，以下（　　）属于投资期的现金流出量。

A. 建设投资　　　　B. 垫付的流动资金

C. 初始购买原材料的支出　　　　D. 所得税支出

E. 土地购置费用

5. 营业期内的现金流量计算涉及（　　）方面。

A. 营业收入的流入　　　　B. 回收流动资金的流入

C. 付现的营运成本支出　　　　D. 固定资产折旧费用

E. 所得税支出

三、判断题

1. 营业收入是企业通过销售商品或提供服务所获得的全部收入，均属于现金流入。（　　）

2. 回收的固定资产残值是指项目结束时，固定资产按账面价值回收的金额。（　　）

3. 付现的营运成本是指企业在生产经营过程中，实际支付现金的成本费用，包括折旧费用。（　　）

4. 在投资期，项目的净现金流量通常为负，因为此时主要是资金投入阶段。（　　）

5. 所得税支出是企业根据税法规定，对其应纳税所得额计算并缴纳的税款，属于企业的一项现金流出。（　　）

四、计算分析题

甲公司是一家上市公司，企业所得税税率为25%，相关资料如下：

公司为扩大生产经营而准备购置一条新生产线，计划于2023年年初一次性投入资金6 000万元，全部形成固定资产并立即投入使用，建设期为0，使用年限为6年，新生产线第1～4年每年增加营业收入3 000万元，每年增加付现成本1 000万元，第5～6年每年预计增加税后营业利润为500万元。新生产线开始投产时需垫支营运资金700万元，在项目终结时一次性收回。税法规定固定资产采用直线法计提折旧，折旧年限6年，残值率为20%。预计最终回收的净残值为1 000万元。假设该投资项目的折现率为10%。

已知：$(P/A, 10\%, 2)=1.735\ 5$，$(P/A, 10\%, 4)=3.169\ 9$，$(P/F, 10\%, 4)=0.683\ 0$，$(P/F, 10\%, 6)=0.564\ 5$。

要求：

(1) 计算投资期现金净流量。

(2) 计算第1～4年每年的营业现金净流量。

(3) 计算第5～6年每年的营业现金净流量。

(4) 计算终结期回收的现金净流量。

任务四　长期投资项目决策分析

学海航标

1. 掌握长期投资项目决策分析的基本原理和方法，全面评估投资项目的财务可行性和时间价值；

2. 将投资决策分析中项目的实施放在国家宏观经济和社会发展的背景下考虑。

知识准备

当确定了项目投资在项目计算期的相关现金流量和必要收益率信息后，评价项目财务可行性的决策方法需被考虑，以决定是否采纳有关项目投资方案。

项目投资决策评价指标按是否考虑资金时间价值因素，主要分为两类：一类是没有考虑资金时间价值因素影响的评价指标，也称静态评价指标，包括投资收益率和静态投资回收期。另一类是考虑资金时间价值因素影响的评价指标，也称动态评价指标，包括净现值、现值指数、内含收益率和动态投资回收期等。

一、静态评价指标

(一) 投资收益率

投资收益率又称投资报酬率，是指投资项目的年平均净收益与该项目初始投资额的比率。

1. 投资收益率的计算公式

$$投资收益率 = \frac{年平均净收益}{初始投资额}$$

式中，"年平均净收益"是按项目投产后各年净收益总和的简单算术平均计算；"初始投资额"是指项目初始投资的金额。

【工作实例6-9】　裕丰公司拟购入一台设备，需投资 20 万元，可用 5 年，无残值。各年的税后利润分别为 6.5 万元、6.2 万元、7.5 万元、7.8 万元、6 万元。

要求：计算该项目的投资收益率。

$$年平均净收益 = \frac{6.5+6.2+7.5+7.8+6}{5} = 6.8 \,(万元)。$$

$$项目投资收益率 = \frac{6.8}{20} \times 100\% = 34\%。$$

2. 投资收益率的决策规则

(1) 对独立方案进行投资决策时，应事先确定基准投资收益率，如果投资项目的投资收益率大于基准投资收益率，则项目具有财务可行性；否则不可行。

(2) 对互斥方案进行投资决策时，在满足投资项目的投资收益率大于基准投资收益率的前提下，应选择投资收益率最高的投资方案。

3. 投资收益率的优缺点

投资收益率的优点是简明易懂，容易计算，所需要的资料是项目的净利润和初始投资额；缺点是没有考虑资金时间价值因素，不能正确反映建设期长短及投资方式不同、回收额的有无等条件对项目的影响，无法直接利用现金流量信息。

(二) 静态投资回收期

静态投资回收期是指在没有考虑资金时间价值的情况下，收回全部原始投资额所需要的时间，一般以年为单位，它是反映投资回收能力的重要指标。

1. 投资回收期的计算

一般来说，投资回收期越短越好。根据现金流量的特点，静态投资回收期的计算方法分以下两种情况。

(1) 未来年净现金流量相等时。

这种情况是一种年金形式，因此：

$$静态投资回收期 = \frac{原始投资额}{每年现金净流量}$$

【工作实例6-10】　裕丰公司拟购入一台设备，需要投资 140 000 元，使用年限 10 年，预计净残值为 0，直线法计提折旧。投产后，每年增加营业收入 45 000 元，新增付现成本 12 000 元。所得税税率为 25%。

要求：计算该项目的静态投资回收期。

$$每年折旧 = \frac{140\,000 - 0}{10} = 14\,000(元)。$$

每年现金净流量＝净利润＋非付现成本

$$=(45\,000-12\,000-14\,000)\times(1-25\%)+14\,000=28\,250(元)。$$

$$静态投资回收期=\frac{140\,000}{28\,250}=4.96(年)。$$

(2) 未来年净现金流量不相等时。

在这种情况下，应把未来每年的现金净流量逐年加总，根据累计现金流量来确定回收期。可依据如下公式进行计算(假设 M 是收回原始投资额的前一年)：

$$静态投资回收期=M+\frac{第M年的尚未收回额}{第(M+1)年的现金净流量}$$

【工作实例6-11】 裕丰公司2024年7月有一投资项目，需投资200 000元，使用年限为5年，每年的现金流量不相等，所得税税率为25%，有关资料如表6-3所示。

表6-3　投资项目现金流量表

项　　目	第0年	第1年	第2年	第3年	第4年	第5年
各年现金净流量	−200 000	40 000	45 000	65 000	55 000	50 000
年末累计现金净流量	−200 000	−160 000	−115 000	−50 000	5 000	55 000

要求：计算该项目第3年的静态投资回收期。

$$项目的静态投资回收期=3+\frac{50\,000}{55\,000}=3.9(年)。$$

2. 静态投资回收期的决策原则

(1) 对独立方案选择投资决策时，应设置基准静态投资回收期，如果静态投资回收期小于或等于基准投资回收期，投资项目具有财务可行性；否则不可行。

(2) 对互斥方案选择投资决策时，在静态投资回收期小于或等于基准投资回收期的投资方案的前提下，一般选择静态投资回收期最短的投资方案。

3. 静态投资回收期的优缺点

静态投资回收期的优点是能够直观地反映原始投资的回收期限，便于理解，计算简单，可以直接利用回收期之前的现金流量信息；缺点是没有考虑资金时间价值因素和回收投资后的现金流量，因而不能充分说明问题。

二、动态评价指标

(一) 净现值

净现值(NPV)是指投资项目在整个计算期内各个不同时点上产生的现金净流量，是按照同一折现率(资金成本率或必要报酬率)折算的现值之和，与投资额现值之和的差额。

其计算公式为：

净现值＝生产经营期各年现金净流量的现值−原始投资额的现值

当建设期 $s=0$，原始投资额(用 I_0 表示)在建设起点一次性投入时，NPV 的计算公式可相应调整为：

$$NPV = \sum_{t=1}^{n} \frac{NCF_t}{(1+i)^t} - I_0$$

净现值=各年净现金流量的现值之和

$$NPV = \sum_{t=0}^{n} \frac{(CI - CO)_t}{(1+i)^t}$$

式中，NPV 是净现值，i 是折现率，NCF_t 是第 t 年现金净流量，CI 是现金流入量，CO 是现金流出量，t 是第 t 年。

　　计算净现值时，要按预定的贴现率对投资项目的未来现金流量进行贴现。预定贴现率是投资者的资金成本率或所期望的最低投资报酬率。净现值为正，方案可行，说明方案的实际报酬率高于资金成本率或所要求的报酬率；净现值为负，方案不可行，说明方案的实际报酬率低于资金成本率或所要求的报酬率；净现值为零，说明方案的实际报酬率正好等于资金成本或所要求的报酬率。所以，净现值的经济含义是投资方案报酬超过基本报酬后的剩余收益。在其他条件相同时，净现值越大，投资方案越好。

净现值法评价投资
方案的一般步骤

　　【工作实例6-12】 裕丰公司的甲乙两种投资项目的现金流量预测资料如表6-4所示，假设资本成本为10%。要求：计算该项目的 NPV。

表6-4　项目现金流量预测表

项　目	0	1	2	3	4	5
甲投资项目 NCF/元	−180 000	40 000	50 000	70 000	60 000	78 000
乙投资项目 NCF/元	−170 000	55 200	55 200	55 200	55 200	55 200
(P/F, 10%, n)	1	0.909 1	0.826 4	0.751 3	0.683 0	0.620 9

$NPV_{甲}$=−180 000+40 000×(P/F, 10%, 1)+50 000×(P/F, 10%, 2)+70 000×(P/F, 10%, 3)+60 000×(P/F, 10%, 4)+78 000×(P/F, 10%, 5)

　　=−180 000+40 000×0.909 1+50 000×0.826 4+70 000×0.751 3+60 000×0.683 0+78 000×0.620 9

　　=39 685.20(元)

$NPV_{乙}$=−170 000+55 200×(P/A, 10%, 5)=−170 000+55 200×3.790 7=39 246.64 (元)

　　两方案的净现值都大于零，说明甲方案和乙方案的报酬率超过10%，这两个方案都是可行的。但由于两个方案的投资额不同，还不能比较出哪个方案更优。

　　净现值法简便易行，优点主要在于：第一，适用性强，能基本适用于项目年限相同的互斥投资方案的比较决策；第二，能灵活地考虑投资风险。

　　净现值法的缺点主要在于：第一，所采用的贴现率不易确定；第二，不适用于独立投资方案的比较决策，如果各方案的原始投资额现值不相等，则不一定能做出正确决策；第三，净现值有时也不能用于对寿命期不同的互斥投资方案进行直接决策。

　　(二) 现值指数

　　现值指数(PI)是指投产后按基准收益率或设定折现率折算的各年现金净流量的现值合计与原始投资额的现值合计之比。

$$现值指数(PI) = \frac{投产后各年现金净流量的现值合计}{原始投资额的现值}$$

如果投资方案的现值指数大于或等于1，则方案可行；如果现值指数小于1，则方案不可行；如果几个方案的现值指数均大于1，那么现值指数越大，投资方案越好。

【工作实例 6-13】 沿用【工作实例 6-12】的甲、乙两个独立投资方案的数据。试分析应选择何种方案。

$$PI_甲 = \frac{219\ 685.20}{180\ 000} = 1.22， \quad PI_乙 = \frac{209\ 246.64}{170\ 000} = 1.23$$

从净现值的绝对数来看，甲方案大于乙方案；但从现值指数来看，乙方案的现值指数大于甲方案的现值指数，应当选择乙方案。

现值指数法也是净现值法的辅助方法，在各方案原始投资现值相同时，实质上就是净现值法。由于现值指数是投产后各年现金净流量的现值合计与原始投资的现值合计之比，是一个相对数指标，反映了投资效率。所以，用现值指数指标来评价独立方案，可以弥补净现值指标不便于对原始投资额现值不同的独立投资方案进行比较和评价的不足，从而使对方案的分析评价更加合理、客观。

(三) 内含报酬率

内含报酬率(IRR)是指项目投资方案自身实际可望达到的投资报酬率，或能使投资项目的净现值为零时的折现率。

内含报酬率的理论依据：在计算方案的净现值时，用预期的投资报酬率作为贴现率计算，净现值的结果往往是大于零或者小于零的，则说明方案实际达到的投资报酬率大于或小于预期报酬率；若净现值为零，则说明两种报酬率一样。

所以，内含报酬率就是要计算出使净现值等于零时的贴现率，而这个贴现率就是投资方案实际可能达到的投资报酬率。

$$\sum NCF_n \times (P/F, IRR, n) = 0$$

式中，IRR 为内含报酬率，NCF_n 为第 n 年的净现金流量，P/F 代表复利现值系数。

内含报酬率的计算分以下两种情况：

1. 经营期每年现金净流量相等时

每年现金净流量相等是一种年金形式，通过查年金现值系数表，可计算出经营期现金净流量现值，并令其净现值等于零，则有：

未来每年现金净流量×年金现值系数－原始投资额现值＝0

计算出净现值等于零时的年金现值系数后，通过查年金现值系数表，即可找出对应的贴现率，该贴现率就是方案的内含报酬率。

【工作实例 6-14】 裕丰公司拟购入一台新型设备，购价为 16 万元，使用年限为 10 年，无残值。该方案的最低投资报酬要求为 12%(以此作为贴现率)。使用新设备后，估计每年产生现金净流量 3 万元。其中，$(P/A, 12\%, 10) = 5.650\ 2$，$(P/A, 14\%, 10) = 5.216\ 1$。

要求：用内含报酬率指标评价该方案是否可行。

令 30 000×年金现值系数−160 000＝0，得年金现值系数＝5.333 3。

采用插值法求得：

$$
\begin{array}{ccc}
i & & (P/A, i, 10) \\
14\% & \cdots\cdots\cdots & 5.216\ 1 \\
IRR & \cdots\cdots\cdots & 5.333\ 3 \\
12\% & \cdots\cdots\cdots & 5.650\ 2
\end{array}
$$

$$
\frac{IRR-14\%}{12\%-14\%}=\frac{5.333\ 3-5.216\ 1}{5.650\ 2-5.216\ 1}
$$

则 $IRR=13.46\%$。

该方案的内含报酬率为 13.46%，高于最低投资报酬率，故该方案可行。

2. 经营期每年现金净流量不相等时

这种情况，应该采用逐次测试法：先估计贴现率，试算未来现金净流量的现值。如净现值大于零，为正数，说明估计的贴现率低于方案实际的投资报酬率，需要重估一个较高的贴现率；反之，需要重估一个较低的贴现率进行试算。如此反复试算，直到净现值等于零时的贴现率就是内含报酬率。

【工作实例 6-15】 裕丰公司有一投资方案，需一次性投资 130 000 元，使用年限为 5 年，每年现金净流量分别为 40 000 元、50 000 元、60 000 元、70 000 元、75 000 元。

该企业要求最低投资报酬率为 10%。

【工作实例 6-15】答案

要求：计算该投资方案的内含报酬率，并据以评价方案是否可行。

内含报酬率法的主要优点有：第一，能够准确反映投资项目可能达到的报酬率；第二，各方案原始投资额现值不同，可以通过计算各方案的内含报酬率，反映各独立投资方案的获利水平。

内含报酬率法的主要缺点有：第一，计算复杂；第二，在进行互斥投资方案决策时，如果各方案的原始投资额现值不相等，无法做出正确的决策。

(四) 动态投资回收期

动态投资回收期是指在考虑资金时间价值的情况下，需要将投资引起的未来现金净流量进行贴现，计算以未来现金净流量的现值等于原始投资额现值时所经历的时间。

1. 动态投资回收期的计算

根据现金流量的特点，动态投资回收期的计算方法分以下两种情况：

(1) 未来年净现金流量相等时。

这种情况是一种年金形式，假定动态投资回收期为 n，则：

$$未来年现金净流量×(P/A, i, n)-原始投资额现值=0$$

$$(P/A, i, n)=\frac{原始投资额现值}{未来年现金净流量}$$

计算出年金现值系数后，通过查年金现值系数表，利用插值法，即可推算出动态回收期 n。

【**工作实例 6-16**】 裕丰公司拟购入一台设备，需要投资 30 000 元，使用年限为 5 年，无残值。使用新设备后，估计每年产生现金净流量 7 500 元。假设贴现率为 10%。

要求：计算该项目的动态投资回收期。

$$(P/A, 10\%, n) = \frac{30\ 000}{7\ 500} = 4$$

通过查表可知，当 $i=10\%$ 时，第 5 年的年金现值系数为 3.790 8，第 6 年的年金现值系数为 4.355 3。运用插值法计算，可得 $n=5.37$(年)。

(2) 未来年净现金流量不相等时。

在这种情况下，应把未来每年的现金净流量逐一贴现并加总，根据累计现金流量现值来确定回收期。可依据如下公式进行计算(假设 M 是收回原始投资额现值的前一年)：

$$动态投资回收期 = M + \frac{第M年的尚未收回额}{第(M+1)年的现金净流量}$$

【**工作实例 6-17**】 计算佳润乳业公司该投资项目的动态投资回收期，假设贴现率为 10%，有关资料如表 6-5 所示。

表 6-5   动态投资回收期现金流

项　目	第 0 年	第 1 年	第 2 年	第 3 年	第 4 年	第 5 年
各年现金净流量/元	−150 000	30 000	35 000	60 000	50 000	40 000
$(P/A, i, n)$	1	0.909 1	0.826 4	0.751 3	0.683 0	0.620 9
各年现金净流量现值/元	−150 000	27 273	28 924	45 078	34 150	24 836
累计现值/元	−150 000	−122 727	−93 803	−48 725	−14 575	10 261

从表 6-5 的累计现值栏中可见，该投资项目的动态回收期在第 4 年与第 5 年之间。为了计算较为准确的回收期，采用以下方法计算：

$$项目动态投资回收期 = 4 + \frac{14\ 575}{24\ 836} = 4.59\ (年)$$

2. 动态投资回收期的决策规则

对独立方案选择投资决策时，应设置基准动态投资回收期，如果动态投资回收期小于或等于基准投资回收期，投资项目具有财务可行性；否则不可行。

对互斥方案选择投资决策时，在动态投资回收期小于或等于基准投资回收期的投资方案中，一般选择动态投资回收期最短的投资方案。

3. 动态投资回收期的优缺点

动态投资回收期的优点是考虑了投资回收的现金流量的贴现，容易理解和计算；缺点是忽视了投资回收期以后的现金流量，也可能导致错误。

三、长期投资特点及决策程序

(一) 长期投资的含义及特点

1. 长期投资的含义

长期投资是指涉及投入大量资金，获取报酬或收益的持续期间超过一年，能在较长时间内影响企业经营能力的投资。长期投资既包括固定资产增加、扩建、改建方面的资金投入，也包括购买长期债券、股票等证券方面的资金投入。管理会计中所涉及的长期投资一般指前者。固定资产投资是指以获取未来收益为目的，将资金投放于固定资产及由固定资产投资所引起的其他生产经营性资产上的投资行为。由于固定资产投资活动所形成的各项支出通常不能用当年的销售收入来补偿，而且在较长时间内对企业有影响，所以此类投资在会计上也被称为资本性支出。

2. 长期投资的特点

(1) 投资金额大。企业的固定资产单位价值较大，使用期限较长，所以其投资额一般都较大。

(2) 影响时间长。长期投资的回收时间一般都在一年以上，投资项目一旦实施便会在较长时间内影响企业，甚至对企业的整个命运都有决定性的影响。

(3) 投资风险大。由于长期投资的金额大，投资方案一经决定执行就难以改变其用途，其变现能力及流动性在企业资产中是最差的。而且长期投资的影响时间长，所涉及的不确定因素多。这些都会使长期投资面临较高的风险。

(二) 长期投资决策的分类

1. 根据与企业生产经营活动的关系分类

根据与企业生产经营的关系不同，长期投资决策可以分为直接投资决策和间接投资决策。

(1) 直接投资是将资金直接投放于形成生产经营能力的实体性资产，如固定资产投资决策。固定资产投资主要是企业通过投资购买、改建、扩建固定资产。例如，机器、设备、厂房等扩大生产经营能力的决策，其目的是获得经营利润。

(2) 间接投资是指企业将资金投放在股票、债券等权益性资产上的企业投资。企业通过资本市场发行股票、债券而筹集资金，再把资金投资在形成生产经营能力的实体资产。企业通过股票、债券投资获得股利或利息收入，分享直接投资经营利润。

2. 根据投资对象的性质和存在形态分类

按照投资对象的性质与存在形态不同，长期投资决策可以分为项目投资决策和证券投资决策。

(1) 项目投资决策主要是指企业进行的生产性资本投资决策。项目投资指的是一种以特定项目为对象，直接与新建项目或更新改造项目有关的长期投资行为。

(2) 证券投资属于间接投资，是指企业通过购买具有权益性的证券资产，间接控制被投资企业的生产经营活动，从中获取投资收益的长期投资行为。

3. 根据投资项目之间的关系分类

根据投资项目之间相互关联关系不同，长期投资决策可以分为独立投资决策和互斥投资决策。

(1) 独立投资决策是相容投资决策，指某一项目的决策不会对其他项目产生影响，可以并存。例如，企业建设一个纺织厂和一个锅炉厂，它们之间是独立的，互不影响。

(2) 互斥投资决策是不相容投资决策，各个项目之间相互联系、相互影响，不能并存。在投资决策时，互斥投资决策考虑的是各个方案之间的排斥性，需要从中选择最优方案。

(三) 长期投资决策的基本程序

1. 确定投资目标

在调查研究企业所面临的经营形式和经营环境的基础上，按照长期经营目标的要求，企业提出项目建设的构想，明确规定投资项目在未来特定时间的投资报酬水平，为投资决策评价提供依据。

2. 拟订投资项目的备选方案

企业投资项目的实施可以通过不同途径，采用不同方式，在广泛调查研究并掌握足够的市场与政策信息的基础上拟订若干个全面、详细的备选方案。

3. 进行长期投资决策评价

按照特定的投资标准，企业采用适当的评价方法，对各备选方案的经济效果进行分析，评价各方案的优势和劣势。评价的主要内容包括估算投资方案的现金流量；确定资本成本水平；测定方案的收入现值；通过收入现值与所需资本现值支出的比较，决定方案的取舍。估算现金流量是评价投资项目的基础，也是整个投资决策过程中最复杂的环节。能否合理预计投资项目各年现金净流量是投资决策成败的关键问题。

4. 投资决策方案实施与控制

投资决策方案一经选定，企业即可确定专项资本预算并具体组织实施。在实施过程中，企业应重视项目的执行效果，做好有关信息的收集、加工和反馈，准确把握决策方案的实施进度与质量，以发现问题，纠正错误，弥补缺陷。

5. 长期投资决策再评价

在长期投资决策活动结束后，企业对已建成并投入运行项目的实际情况与可行性研究预测的数据进行对比分析，总结经验教训；对未达到预测目标的应制定措施，促进项目尽快发挥效益。事后分析与评估有助于指导企业未来决策。

四、长期投资决策分析

计算评价指标为长期投资决策提供定量依据，进行项目的优选。由于评价指标的运用范围不同、评价指标的自身特征不同，以及评价指标之间的关系比较复杂，因此，必须根据具体运用范围确定如何运用评价指标。

(一) 单一独立投资项目的决策

在只有一个投资项目可供选择的条件下，主要根据净现值、内含报酬率来判断项目的可行性。如果净现值大于零，内含报酬率大于设定的贴现率，项目是可行的；反之，则应拒绝这一投资项目。投资回收期与年平均投资报酬率可作为辅助指标，其结果可用于参考。例如，投资回收期较长，则表明该项目是有一定风险的。

【工作实例 6-18】 裕丰公司购入机器一台，价值为 270 000 元，可用 10 年，预计净残值为 0，每年税后净利为 55 000 元，以直线法计提折旧，假定贴现率为 10%。

要求：计算该项目的净现值、现值指数、内含报酬率、贴现投资回收期，并判断该项目是否可行。

(1) 净现值的计算。

$$年折旧 = \frac{270\,000}{10} = 27\,000(元)。$$

净现金流量 $NCF = 55\,000 + 27\,000 = 82\,000(元)。$

净现值 $NPV = 82\,000 \times (P/A, 10\%, 10) - 270\,000 = 82\,000 \times 6.144\,6 - 270\,000$
$= 233\,857.20(元)。$

(2) 现值指数的计算。

$$现值指数\ PI = \frac{82\,000 \times (P/A, 10\%, 10)}{270\,000} = \frac{503\,857.2}{270\,000} \approx 1.87。$$

(3) 贴现投资回收期的计算。

净现值为 0 时的年金现值系数, $NPV = 82\,000 \times (P/A, 10\%, n) - 270\,000 = 0。$

$$得: (P/A, 10\%, n) = \frac{270\,000}{82\,000} \approx 3.292\,7。$$

查表可得:

$(P/A, 10\%, 4) = 3.169\,9;$

$(P/A, 10\%, 5) = 3.790\,8;$

$$\frac{n-4}{5-4} = \frac{3.292\,7 - 3.169\,9}{3.790\,8 - 3.169\,9} = \frac{0.128\,8}{0.620\,9} \approx 0.21。$$

则 $n = 4.21(年)。$

(4) 内含报酬率的计算。

查表可得:

利率 $i_1 = 27\%$时, $NPV_1 = 82\,000 \times (P/A, 27\%, 10) - 270\,000 = 82\,000 \times 3.364\,4 - 270\,000 = 5\,880.8\,(元);$

利率 $i_2 = 28\%$时, $NPV_2 = 82\,000 \times (P/A, 28\%, 10) - 270\,000 = 82\,000 \times 3.268\,9 - 270\,000 = -1\,950.2(元);$

$$\frac{IRR - 27\%}{28\% - 27\%} = \frac{0 - 5\,880.8}{-1\,950.2 - 5\,880.8} = \frac{5\,880.8}{7\,830.33} \approx 0.75。$$

则 $IRR = 27.75\%。$

由于净现值大于 0, 内含报酬率大于设定的贴现率 10%, 因此项目是可行的, 并且风险也不大。

【工作实例6-19】 裕丰公司的某项目投资 800 000 元, 一年后建成。第二年起每年有销售收入 385 000 元, 每年的料、工、费付现成本为 85 000 元。项目建成后可用 10 年, 预计净残值为 0, 以直线法计提折旧, 贴现率为 10%, 所得税税率为 25%, 期望的回收期为 6 年(含建设期)。

要求: 用净现值、动态投资回收期对该项目进行评价。

(1) 净现值评价。

$$年折旧额 = \frac{800\,000}{10} = 80\,000(元)。$$

经营期每年的净利润=(收入总额-付现成本-非付现成本)×(1-25%)

$$=(385\,000-85\,000-80\,000)×(1-25\%)=165\,000\,(元)。$$

每年的净现金流量 $NCF=$ 每年的净利润+年折旧额$=165\,000+80\,000=245\,000\,(元)。$

净现值 $NPV=245\,000×(P/A,10\%,10)×(P/F,10\%,1)-800\,000$

$$=245\,000×6.144\,6×0.909\,1-800\,000=568\,583.69\,(元)。$$

(2) 动态投资回收期评价。

投资回收期也可按年现金净流入量相等的方法计算，但是要先将投资折算至第二年年初，即 $800\,000×(1+10\%)=880\,000\,(元)。$

$$(P/A,10\%,n)=\frac{880\,000}{245\,000}=3.591\,8。$$

查表可得：$(P/A,10\%,4)=3.169\,9$；$(P/A,10\%,5)=3.790\,8$。

则投资回收期$=\dfrac{3.591\,8-3.169\,9}{3.790\,8-3.169\,9}+4=\dfrac{0.421\,9}{0.620\,9}+4=4.68(年)。$

再加上一年建设期，投资回收期为 5.68 年。

该投资项目净现值大于 0，投资回收期小于期望的回收期，所以方案是可行的。

【工作实例 6-20】 假定【工作实例 6-19】中的投资不是一次性发生的，第一年年初发生 500 000 元，第二年年初发生 300 000 元，其余资料不变。

要求：用净现值、动态投资回收期对该项目进行评价。

【工作实例 6-20】
答案

【工作实例 6-21】 裕丰公司拟投资 920 000 元购置设备一台，可用 10 年，期满后有残值 20 000 元。使用该设备，每年可增加销售收入 650 000 元，每年付现成本将增加 250 000 元。假定采用直线法计提折旧，贴现率为 12%，所得税税率为 25%。

要求：用净现值法对该项目进行评价。

$$年折旧额=\frac{原值-预计净残值}{预计使用年限}=\frac{920\,000-20\,000}{10}=90\,000(元)。$$

经营期每年净利润=(收入-付现成本-非付现成本)×(1-所得税税率)

$$=(650\,000-250\,000-90\,000)×(1-25\%)=232\,500(元)。$$

$NCF_{1\sim9}=$ 每年净利润+非付现成本$=232\,500+90\,000=322\,500(元)。$

$NCF_{10}=$ 每年净利润+非付现成本+回收的净残值$=232\,500+90\,000+20\,000$

$$=342\,500(元)。$$

$NPV=322\,500×(P/A,12\%,9)+342\,500×(P/F,12\%,10)-920\,000$

$$=322\,500×5.328\,2+342\,500×0.322\,0-920\,000=908\,629.50(元)。$$

净现值大于 0，该项目是可行的。

(二) 多个互斥投资项目的决策

如果在决定投资一个项目时，有多个方案可供选择，采纳某一方案，就会排除其他方案，各方案之间是相互排斥的，那么这些方案为互斥方案。在这种情况下，即使方案的净现值大于零，内含报酬率大于设定的贴现率，方案也不一定可行。因为满足上述条件的方

案可能不止一个，要根据各个方案的使用年限、投资额相等与否等信息，采用不同的方法作出选择。

1. 使用年限相等

在使用年限相等的情况下，还应根据投资额是否相等而采用不同的方法进行判断。

(1) 投资额相等。

在对使用年限相等并且投资额相等的互斥方案进行评价时，可计算净现值或内含报酬率，哪个方案的净现值或内含报酬率高，哪个方案为最优。

【工作实例6-22】 裕丰公司有两个投资方案，投资额均为900 000元，都能使用5年。

A方案每年现金净流入量为350 000元，B方案5年的现金净流入量分别为350 000元、360 000元、370 000元、380 000元与400 000元。由于资金有限，只能两者取一，如果贴现率为12%。

要求：请作出选择。

$NPV_A = 350\,000 \times (P/A, 12\%, 5) = 350\,000 \times 3.604\,8 - 900\,000 = 361\,680(元)。$

$NPV_B = 350\,000 \times (P/F, 12\%, 1) + 360\,000 \times (P/F, 12\%, 2) + 370\,000 \times (P/F, 12\%, 3) + 380\,000 \times$
$\qquad (P/F, 12\%, 4) + 400\,000 \times (P/F, 12\%, 5) - 900\,000$

$\qquad = 350\,000 \times 0.892\,9 + 360\,000 \times 0.797\,2 + 370\,000 \times 0.711\,8 + 380\,000 \times 0.635\,5 + 400\,000 \times$
$\qquad 0.567\,4 - 900\,000$

$\qquad = 1\,331\,323 - 900\,000 = 431\,323\,(元)。$

由于B方案的净现值大于A方案的净现值，因此应选择B方案。

除了上述计算方法，我们还可以用Python来计算各个方案的盈利能力，下面我们通过Python的数据分析库Pandas和数学计算库NumPy来编写一个简单的程序，计算出每个方案的净现值和内含报酬率。

数智赋能——用Python计算净现值和内含报酬率

案例背景：

甲公司想将闲置资金用于项目投资，以下有四个项目A、B、C、D，如表6-6所示，起始投资分别为100 000元、100 000元、100 000元、120 000元，计算贴现率为7%和11%时的净现值和内部收益率。

表6-6 项目数据 单位：元

年	项目A	项目B	项目C	项目D
第0年	−100 000	−100 000	−100 000	−120 000
第1年	10 000	20 000	30 000	30 000
第2年	10 000	20 000	30 000	30 000
第3年	10 000	20 000	30 000	30 000
第4年	20 000	20 000	30 000	30 000
第5年	100 000	30 000	30 000	75 000
净利润	5 000	10 000	50 000	75 000

要求：

1. 计算贴现率为 7% 的净现值。

2. 计算贴现率为 11% 的净现值。

3. 计算项目 A、B、C、D 的内含报酬率。

数字实践：

1. 导入必要的库。

```
import numpy as np
import warnings
from scipy.optimize import root
```

使用 warnings 模块来控制警告消息的输出。

2. 准备实验数据，包括每个项目的年限和各年的现金流量。定义一个函数来处理现金流量数据，并确保所有负值被视为现金流出，正值视为现金流入。

3. 计算每个项目的内部收益率(*IRR*)时，使用 Numpy 库的 *IRR* 函数。由于 *IRR* 函数可能会抛出警告，我们使用 warnings 模块来捕获这些警告，并在需要时进行处理。

4. 计算不同贴现率(如 7% 和 11%)下的净现值(*NPV*)时，使用 Numpy 库的 *NPV* 函数。同样，由于可能出现警告，我们使用 warnings 模块来捕获这些警告。

5. 输出计算结果，对比分析不同项目的 *IRR* 和 *NPV*，以评估项目的可行性。

对于项目的可行性及决策，我们还需要考虑市场风险、项目特有风险等多方面因素，以保证投资考量的全面性和准确性。

(2) 投资额不等。

当多个互斥方案的投资额不相等时，只凭净现值或内含报酬率很难区分方案的优劣，通常采用差量投资净现值或差量投资内含报酬率来评判方案的好坏。

【工作实例 6-23】 裕丰公司决定投资一项目，可供选择的有 A、B 两个方案。A 方案的投资额为 100 000 元，每年的现金净流入量分别为 33 000 元、37 000 元、39 000 元和 41 000 元；B 方案的投资额为 80 000 元，每年的现金净流入量分别为 30 000 元、30 000 元、30 000 元和 30 000 元。如果贴现率为 10%。

$$\Delta NPV = (33\,000 - 30\,000) \times (P/F, 10\%, 1) + (37\,000 - 30\,000) \times (P/F, 10\%, 2) + (39\,000 - 30\,000) \times (P/F, 10\%, 3) + (41\,000 - 30\,000) \times (P/F, 10\%, 4) - (100\,000 - 80\,000)$$

$$= 3\,000 \times 0.909\,1 + 7\,000 \times 0.826\,4 + 9\,000 \times 0.751\,3 + 11\,000 \times 0.683\,0 - 20\,000$$

$$= 2\,786.8\,(元)。$$

本例表明 A 方案比 B 方案多投资 20 000 元，在以后的 4 年中，分别多流入了 3 000 元、7 000 元、9 000 元和 11 000 元。这 4 年的 ΔNPV 考虑了货币时间价值，抵补了投资差额后还净赚 2 786.8 元，即差额投资净现值大于零，因此 A 方案优于 B 方案。

2. 使用年限不等

在使用年限不等的情况下，不能简单地根据净现值或内含报酬率来评价项目，通常可根据不同的情况采用年回收额法和年平均成本法。

(1) 年回收额法。

在各方案使用年限不等，并且在年收入不同的情况下，可采用年回收额法。某一方案的年回收额等于该方案的净现值除以 n 年的年金现值系数，其实质是将净现值总额分摊到每一年，然后各方案均以年为单位进行比较，哪个方案年回收额大，即年均净现值大，则哪个方案好。

【工作实例6-24】 裕丰公司拟更新一台旧设备，以提高效率降低营运成本。旧设备原值为95 000元，净值为65 000元，年折旧额为10 000元，已用3年，尚可使用6年，6年后净残值为5 000元。旧设备的变现价值为45 000元。使用旧设备每年收入为90 000元，付现成本为70 000元。新设备购置价格为127 000元，可用8年，报废时残值为7 000元，年折旧为15 000元。使用新设备每年可增加收入12 000元，同时降低付现成本13 000元。假定贴现率为10%，所得税税率为25%。

【工作实例6-24】答案

要求：请做出设备是否要更新的决策。

(2) 年平均成本法。

在各方案使用年限不等、收入相同的情况下，可采用年平均成本法。当收入相同时，通常可以比较成本，但是由于使用年限不同，因此比较总成本无意义，唯一的分析方法是比较各个方案的年均成本。具体步骤如下。

首先，计算各方案的总成本现值。其次，将总成本现值分摊到每一年，只需将总成本现值除以 n 年的年金现值系数，其原理与计算年回收额相同。

【工作实例6-25】 裕丰公司的流水线上有一旧设备，工程技术人员提出更新要求，有关数据如表6-7所示(假设贴现率为10%)。

表 6-7 备选方案的相关资料

指 标	旧 设 备	新 设 备
原值/元	320 000	350 000
预计使用年限/元	10	10
已经使用年限/年	3	0
最终残值/元	4 000	5 000
变现价值/元	60 000	400 000
年营运成本/元	130 000	80 000

要求：请分析是否要更新。

继续使用旧设备的年均成本：

$$旧设备的年均成本 = \frac{60\,000 + 130\,000 \times (P/A, 10\%, 7) - 4\,000 \times (P/F, 10\%, 7)}{(P/A, 10\%, 7)}$$

$$= \frac{60\,000 + 130\,000 \times 4.868\,4 - 4\,000 \times 0.513\,2}{4.868\,4}$$

$$= 141\,902.72(元)。$$

更新方案的年均成本：

$$新设备的年均成本 = \frac{350\,000 + 80\,000 \times (P/A, 10\%, 10) - 5\,000 \times (P/F, 10\%, 10)}{(P/A, 10\%, 10)}$$

$$= \frac{350\,000 + 80\,000 \times 6.144\,6 - 5\,000 \times 0.385\,5}{6.144\,6}$$

$$= 136\,646.89(元)。$$

由于更新方案的年均成本低于继续使用旧设备的年均成本，因此应该更新。在上述计算中，旧设备的原值与净值是沉没成本，与决策无关，应考虑其变现价值。变现价值为机会成本，属于相关成本。

◎ **小组讨论**

站在企业角度，讨论投资收益率、净现值、现值指数、内含报酬率、投资回收期各自的适用范围和优缺点，并探索如何利用数字化工具(如 Excel、Python 等)解决长期投资决策问题。

项目投资决策评价指标对于指导投资决策、评估投资效果及优化资源配置具有重要的意义。然而，传统的计算方法往往费时费力，且容易受限于人工处理的局限性。为了提高决策分析的效率和准确性，我们可以引入大数据工具和相关技术，如 Python 编程语言。通过编写代码并利用 Python 强大的数据处理和分析能力，快速处理大量数据，运行复杂的财务模型，从而得出更为精确和高效的投资评价结果。

数智赋能——Python 在投资评价中的应用

案例背景

当前，保护环境、缓解气候变化是航空公司面临的一个巨大挑战。为此，大亚航空公司以"节能减排，绿色飞行"为指导思想，积极采取新的措施，将环保理念落实到生产运行的每一个环节。作为公司节能减排计划的措施之一，公司在 2020 年新引进的 35 架 A320 系列飞机上选装轻质经济舱座椅，此次选装的轻质座椅不仅更加舒适，而且将有效降低飞机重量，从而达到节省燃油消耗和减少温室气体排放量的作用，实现环境效益。

该项目需要 2 年改装完成(建设期)，每年年初投入建设资金 50 万元，共投资 100 万元。改装完成后，轻质经济舱座椅作为公司的固定资产处理，折旧年限为 5 年，估计每年新增税后销售收入 60 万元，每年为座椅正常使用支出维护现金 20 万元，所得税率 25%，采用直线折旧法。使用期满后，估计有残值净收入 10 万元。该项目的期望投资回报率是 10%。

请根据上述案例背景完成下列两个任务：

1. 利用 Python 制作项目的现金流量表；

2. 计算项目的净现值，最终确定该项目是否具有财务可行性。

数字实践

(一) 分析项目投资的现金流

在 Python 中进行财务分析时，为了确保数据处理的准确性和效率，我们首先需要进行一些初始设置。以下是详细的步骤和相应的代码：

1. 引入 Pandas 并设置所有数值保留两位小数，这有助于我们在查看数据时保持数值的清晰和易于理解。

2. 设置 Pandas 显示表格中的所有行和列。默认情况下，Pandas 可能会因为数据太多而省略中间的部分，通过设置确保我们能够看到完整的表格。

3. 根据提供的基础信息，计算项目每年的投资成本、销售收入、付现成本和折旧金额。这些计算是财务分析的基础，将帮助我们评估项目的盈利能力和现金流量。我们将使用这些数据来计算每年的财务指标。(说明：代码中数据以年为间隔，分别代表所属年的现金流，2 年建设期和 5 年经营期，合计 7 年)

步骤(一)代码输出结果见图6-2，各数据的单位为"元"。

	投资成本	销售收入	付现成本	折旧
0	500 000	0	0	0
1	500 000	0	0	0
2	0	600 000	200 000	180 000
3	0	600 000	200 000	180 000
4	0	600 000	200 000	180 000
5	0	600 000	200 000	180 000
6	0	600 000	200 000	180 000

图6-2　步骤(一)输出结果　　　　步骤(一)完整代码

(二) 分析项目每年现金净流量

在分析项目投资的现金流的基础上，我们使用这些基础数据来计算营业利润等更具体的指标，从而得到项目每年的现金净流量，这是评估项目长期财务表现的核心指标。具体实施步骤如下：

在Python中写入下列代码，用于计算项目的营业利润、所得税和税后营业利润。

```python
df['营业利润'] = df['销售收入']-df['付现成本']-df['折旧']
df['所得税'] = df['营业利润']*0.25

df['税后营业利润'] = df['营业利润']-df['所得税']
df['现金净流量'] = df['税后营业利润']+df['折旧']-df['投资成本']
```

(三) 计算每年现金流量折现值

前面已经计算了项目每年的现金净流量，这些流量是未来不同时点发生的。然而，资金具有时间价值，未来的现金流量并不等同于当前的现金流量。为了准确评估项目的投资价值，我们需要将未来的现金流量折现回当前时点，这样才能比较不同时点的现金流量对当前的投资决策的影响。具体实施步骤如下：

在Python中写入下列公式代码，用于计算折现系数(index代表年数)。

```python
df['折现系数'] = (1+0.1)**df.index
df['现金流折现'] = df['现金净流量']/df['折现系数']
print(df)
```

步骤(二)、(三)输出结果见图6-3，除"折现系数"外，其余项目的数据单位为"元"。

	投资成本	销售收入	付现成本	折旧	营业利润	所得税	税后营业利润	现金净流量
0	500 000	0	0	0	0	0.00	0.00	-500 000.00
1	500 000	0	0	0	0	0.00	0.00	-500 000.00
2	0	600 000	200 000	180 000	220 000	55 000.00	165 000.00	345 000.00
3	0	600 000	200 000	180 000	220 000	55 000.00	165 000.00	345 000.00
4	0	600 000	200 000	180 000	220 000	55 000.00	165 000.00	345 000.00
5	0	600 000	200 000	180 000	220 000	55 000.00	165 000.00	345 000.00
6	0	600 000	200 000	180 000	220 000	55 000.00	165 000.00	345 000.00

	折现系数	现金流折现
0	1.00	-500 000.00
1	1.10	-454 545.45
2	1.21	285 123.97
3	1.33	259 203.61
4	1.46	235 639.64
5	1.61	214 217.86
6	1.77	194 743.51

图6-3　步骤(二)、(三)输出结果

（四）评估项目是否可行

计算项目净现值，判断项目的财务可行性。

基于上述数据计算可得出，NPV＝234 383.14 元，大于 0，所以该项目可行。

总的来说，利用 Python 进行投资评价是一种高效且精确的方法，它可以帮助投资者和决策者深入理解项目的财务状况和盈利潜力。此外，Python 的灵活性使它能够适应不同的财务模型和分析需求，从而在投资评价中发挥重要作用。

因此，对于那些希望在投资决策过程中提高效率和准确性的投资者和决策者来说，学习和运用 Python 进行投资评价是一个非常有价值的技能。它不仅能够节省时间和减少错误，还能够提供更深层次的理解和洞察，从而在竞争激烈的投资市场中获得优势。

任务评测

一、单项选择题

1. 下列投资决策评价指标中，其数值越小越好的指标是(　　)。

A. 净现值　　　　　　　　　　　　B. 静态投资回收期

C. 内含报酬率　　　　　　　　　　D. 投资收益率

2. 某投资方案，当贴现率为 10%时，其净现值为 118 元，当贴现率为 12%时，其净现值为-12 元，则该方案的内部报酬率为(　　)。

A. 10.82%　　　　B. 11.12%　　　　C. 11.82%　　　　D. 10.12%

3. 某投资项目年营业收入为 180 万元，年付现成本为 60 万元，年折旧额为 40 万元，所得税税率为 25%，则该项目年经营现金净流量为(　　)万元。

A. 81.8　　　　　B. 100　　　　　C. 82.4　　　　　D. 76.4

4. 某投资项目原始投资为 12 000 元，当年完工投产，有效期 3 年，每年可获得现金净流量 4 600 元，则该项目的内含报酬率为(　　)。

A. 7.33%　　　　B. 7.68%　　　　C. 8.32%　　　　D. 6.68%

5. 若设定折现率为 i，NPV＞0，则(　　)。

A. IRR＞i，应降低折现率继续测试

B. IRR＞i，应提高折现率继续测试

C. IRR＜i，应降低折现率继续测试

D. IRR＜i，应提高折现率继续测试

二、多项选择题

1. 采用净现值法评价投资项目可行性时，所采用的折现率通常有(　　)。

A. 投资项目的资金成本率　　　　　B. 投资的机会成本率

C. 行业平均资金收益率　　　　　　D. 投资项目的内含报酬率

2. 下列有关投资项目评价的现值指数法和内含报酬率法的关系表述正确的有(　　)。

A. 二者都根据相对比率来评价投资方案

B. 两种方法对独立方案间选优的评价结论是相同的

C. 二者都是正指标

D. 使现值指数大于 1 的折现率一定低于方案本身的内含报酬率

3. 某项目的净现值小于零，则表明(　　)。

A. 各年利润小于零，不可行

B. 其内含报酬率小于零，不可行

C. 其内含报酬率没有达到预定的贴现率，不可行

D. 其内含报酬率不一定小于零

4. 以下关于项目经营期现金流量的计算公式，正确的有(　　)。

A. 经营期现金流量＝收入－付现成本－所得税

B. 经营期现金流量＝税后收入－税后付现成本＋折旧抵税

C. 经营期现金流量＝净利润＋折旧

D. 经营期现金流量＝收入－成本－所得税

5. 投资项目在终结点的现金流量包括(　　)。

A. 原始投资　　　　　　　　　B. 回收固定资产的余值

C. 回收垫支的营运资金　　　　D. 经营期期末营业现金净流量

三、判断题

1. 项目动态投资回收期小于项目寿命期，说明方案可行。　　　　　　(　　)

2. 一般情况下，使某投资方案的净现值小于零的贴现率，一定高于该投资方案的内含收益率。　　　　　　　　　　　　　　　　　　　　　　　　(　　)

3. 对单个投资项目进行财务可行性评价时，利用净现值法和现值指数法所得出的结论是一致的。　　　　　　　　　　　　　　　　　　　　　　　(　　)

4. 动态回收期指未来现金净流量累计到原始投资数额时所经历的时间。(　　)

5. 投资回收期指标虽然没有考虑货币的时间价值，但考虑了回收期满后的现金流量状况。　　　　　　　　　　　　　　　　　　　　　　　　　　　(　　)

四、计算分析题

1. 甲公司拟投资建设一条生产线，行业基准折现率为10%，现有四个方案可供选择，各年相关的现金净流量数据如表 6-8 所示。

表 6-8　各方案现金流量数据　　　　　　　　　单位：万元

方案	第0年	第1年	第2年	第3年	第4年	第5—8年	第9年	第10年	第11年
A	−1 050	−50	500	450	400	350	150	100	50
B	−1 100	0	275	275	275	275	275	275	275
C	−1 100	275	275	275	275	275	275	275	0
D	−550	−550	275	275	275	275	275	275	275

注：5—8 是指第 5 年到第 8 年的现金净流量一致。

相关的时间价值系数如表 6-9 所示。

表 6-9　相关的价值系数

t	$(P/F, 10\%, t)$	$(P/A, 10\%, t)$	$(P/A, 20\%, t)$	$(P/A, 24\%, t)$
第 1 年	0.909 1	0.909 1	0.833 3	0.806 5
第 5 年	0.620 9	3.790 8	2.990 6	2.745 4
第 6 年	0.564 5	4.355 3	3.325 5	3.020 5
第 10 年	0.385 5	6.144 6	4.192 5	3.681 9

要求：

(1) 计算 A 方案包括建设期的静态投资回收期。

(2) 计算 D 方案的现值指数。

(3) 计算 B 方案净现值和静态投资回收期。

(4) 计算 C 方案内含收益率。

(5) 计算 C 方案动态投资回收期。

2. 某企业拟进行一项固定资产投资，基准折现率为 6%，该项目的现金流量表(部分)如表 6-10 所示。

表 6-10　现金流量表(部分)　　　　　　　　　单位：万元

项　目	建设期		经　营　期					合计
	第 0 年	第 1 年	第 2 年	第 3 年	第 4 年	第 5 年	第 6 年	
现金净流量	−1 000	−1 000	100	1 000	(B)	1 000	1 000	2 900
累计现金净流量	−1 000	−2 000	−1 900	(A)	900	1 900	2 900	—
现金净流量现值	−1 000	−943.4	89	839.6	1 425.8	747.3	705	1 863.3
累计现金净流量现值	−1 000	−1 943.4	−1 854.4	−1 014.8	(C)	1 158.3	1 863.3	—

要求：

(1) 计算上表中用英文字母表示的项目数值。

(2) 计算或确定下列指标：① 静态投资回收期；② 净现值；③ 年金净流量；④ 动态投资回收期；⑤ 现值指数。

(3) 评价该项目的财务可行性。

引思明鉴

筹资管理之诚信为本

企业常用的负债筹资方式是银行借款和发行企业债券，无论哪种方式，均对企业信用要求较高。债券发行前的一个重要程序是企业信用评级，只有 BBB(国际通行的"四等十级制"评级等级，具体等级为：AAA，AA，A，BBB，BB，B，CCC，CC，C，D)级以上的债券才被视为可投资债券。企业信用状况不同，银行贷款利率和发行债券利率也有差别，这就从金融角度体现了信用的财务价值。

无论是个人还是企业，诚信都是立足之本，随着市场经济的深入发展和法律法规体系的完善，失信成本和由此带来的损失将越来越高。企业和个人要想发展，走得长远，信誉是保证。

赛学融合

公司计划投资电视生产线，实现产销一体，降低公司采购成本。对该投资项目进行前期调研，结果如下：

初始投资金额为 300 万元，全部计入固定资产，残值率 5%，折旧年限 8 年，以直线法进行折旧，不考虑建设期(即建设期为 0)，第 8 年年末生产线的处置价值是 10 万元。

第 1 年收入为 200 万元，每年收入增长 10 万元，公司付现成本费用率(付现成本费用/收入)为 70%，除折旧外无其他非付现费用。

经评估若项目的净现值大于 10 万元，则可以投资该项目。

公司适用所得税率为 25%，资本成本率为 8%。

注：每年收入均在发生当期变现。

投资项目决策分析表如表 6-11 所示，复利现值系数四舍五入保留四位小数填制答案，并以此结果进行后续计算，其余数据以完整小数位引用计算，结果四舍五入保留两位小数填制答案，投资方案是否可行以"是/否"填制答案。现金流默认发生在年末，现金流量流入为正，流出为负，非付现费用以非负数表示。

表 6-11　投资项目决策分析表　　　　　单位：万元

序号	项　目	期初	第 1 年	第 2 年	第 3 年	第 4 年	第 5 年	第 6 年	第 7 年	第 8 年
1	项目初始现金流量		—	—	—	—	—	—	—	—
2	项目净利润	—								
3	项目折旧	—								
4	项目营业期现金流量									
5	项目终止现金流量	—	—	—	—	—	—	—	—	
6	项目现金净流量									
7	复利现值系数	1.000 0	0.925 9	0.857 3	0.793 8	0.735 0	0.680 6	0.630 2	0.583 5	0.540 3
8	净现值									
9	是否投资(是/否)									

项目七 绩效管理

学习目标

【知识目标】

1. 熟悉绩效管理的含义；
2. 熟悉绩效管理的原则及应用环境；
3. 掌握关键绩效指标的计算和应用；
4. 掌握经济增加值的基本原理；
5. 掌握平衡计分卡的基本原理。

【能力目标】

1. 能够充分认识绩效管理对企业发展的重要意义；
2. 能够运用关键绩效指标法中的财务和非财务指标考核企业绩效管理；
3. 能够运用经济增加值考核企业绩效管理；
4. 能够运用平衡计分卡进行绩效考核的设计与管理。

【素质目标】

1. 树立在绩效管理中关注公平公正、社会责任和可持续发展的理念；
2. 了解如何在企业绩效管理中贯彻创新驱动发展战略、可持续发展战略等国家战略。

项目导图

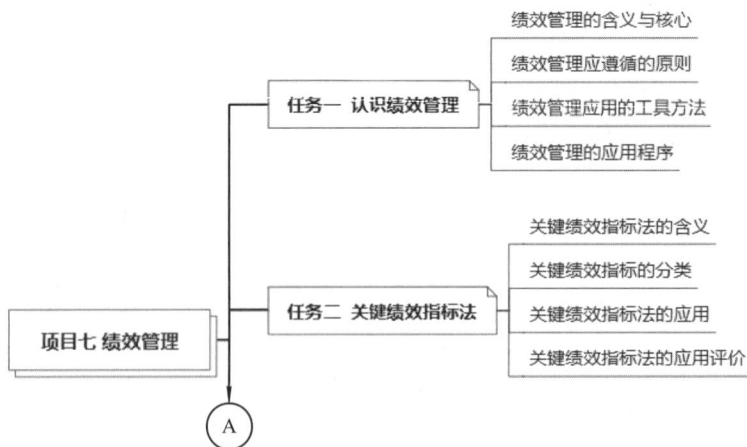

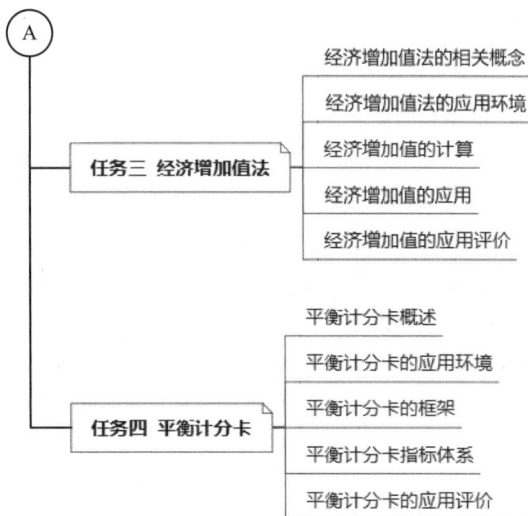

任务三 经济增加值法
- 经济增加值法的相关概念
- 经济增加值法的应用环境
- 经济增加值的计算
- 经济增加值的应用
- 经济增加值的应用评价

任务四 平衡计分卡
- 平衡计分卡概述
- 平衡计分卡的应用环境
- 平衡计分卡的框架
- 平衡计分卡指标体系
- 平衡计分卡的应用评价

项目引例

为了更好地激励员工，某集团公司决定在集团总公司及下属各子公司实施绩效管理。该集团人力资源总监决定采用国内企业广泛使用的月度绩效考核办法。

考核办法实行半年后，人力资源总监调查发现：员工的积极性不但没有提高，反而原先表现积极的员工也不积极了；各个部门上交的考核结果日趋平均，甚至有的部门给每个员工都打了相同的分数；整个公司的人际关系变得有些微妙，没有以前和谐了，同时员工的离职率也在不断提高。

古人云："赏不当功，则不如无赏；罚不当罪，则不如无罚。"公司应当建立有效的绩效考核激励机制和客观公正的评价体系，通过对员工工作进行考核评估，奖优罚劣，激发员工的内在潜能和工作热情，实现员工在公司内部岗位的优化，确保公司经营目标的实现。如果公司考核机制的结果长期趋于平均，考核评优出现"轮流坐庄"怪象，反而会事倍功半，甚至出现负面效果。

问题思考：

(1) 企业为什么要进行绩效管理？

(2) 有哪些常见的绩效管理方法？

(3) 企业应该怎样有效地进行绩效管理？

任务一 认识绩效管理

学海航标

1. 明确绩效管理的核心目标，深入理解绩效管理的原则；
2. 掌握常用的绩效管理方法与应用程序，确保能在实际工作中灵活应用。

○ 知识准备

一、绩效管理的含义与核心

绩效管理是指企业与所属单位(部门)、员工之间就绩效目标及如何实现绩效目标达成共识，企业帮助和激励员工取得优异绩效，从而实现企业目标的管理过程。

绩效管理的核心是绩效评价和激励管理。绩效评价，是指企业运用系统的工具方法，对一定时期内企业营运效率与效果进行综合评判的管理活动。绩效评价是企业实施激励管理的重要依据。激励管理，是指企业运用系统的工具方法，调动企业员工的积极性、主动性和创造性，激发企业员工工作动力的管理活动。激励管理是促进企业绩效提升的重要手段。

二、绩效管理应遵循的原则

(一) 战略导向原则

绩效管理应为企业实现战略目标服务，支持价值创造能力提升。企业实施绩效管理的目的是为战略目标的实现提供支持，帮助企业分解并落实企业的战略目标，这是绩效管理最终要达到的目标。

(二) 客观公正原则

绩效管理应实事求是，评价过程客观公正，激励实施公平合理。公平公正是绩效考核的前提，否则无法发挥考核的作用。考绩结果应公开，让被考核者了解自身的优点与不足，激励先进者保持，并鞭策后进者进步。同时，公开结果也有助于防止偏见和误差，确保考核的公正性。

(三) 规范统一原则

绩效管理的政策和制度应统一明确，并严格按照规定的程序和流程执行。绩效管理所有的标准及流程应以制度的形式采用明文规定，包括在企业内部形成确定的组织、时间、方法和标准，便于考核人与被考核人按照规范化的程序进行操作，以保证程序规范。为提高绩效管理效率，企业必须设立有效的绩效管理流程，根据公司的部门设置和权限划分，制订公司绩效管理的规范化流程，并确认各部门在绩效管理流程中的具体职责，这样有利于绩效管理具体措施的实施，避免绩效管理方案成为一纸空文。

(四) 科学有效原则

绩效管理应做到目标符合实际，方法科学有效，激励与约束并重，操作简便易行。绩效管理是否按照已设定的流程顺利进行，需要依赖科学有效的绩效管理监督机制。建立科学有效的绩效管理监督机制，在企业内部建立专门监督各部门、员工个人绩效目标的监督机制，对按要求高质量实现绩效目标的部门和个人实施一定的奖励方案，对没有按时按质完成公司规定的绩效目标的部门和个人，采取一定的惩罚或激励措施。这有助于提高企业内部各部门和员工个人对企业工作的责任感和积极性。

三、绩效管理应用的工具方法

绩效管理领域常用的工具方法，一般包括关键绩效指标法、经济增加值法、平衡计分卡、股权激励等。企业可根据自身战略目标、业务特点和管理需要，结合不同工具方法的特征及适用范围，既可选择一种适合的绩效管理工具方法单独使用，又可选择两种或两种以上的工具方法综合运用。

企业进行绩效管理时，应设立薪酬与考核委员会或类似机构，主要负责审核绩效管理的政策和制度、绩效计划与激励计划、绩效评价结果与激励实施方案、绩效评价与激励管理报告等，协调解决绩效管理工作中的重大问题。

企业应建立健全绩效管理的制度体系，确保绩效管理工作有章可循、有据可依，明确绩效管理的工作目标、职责分工、工作程序、工具方法、信息报告等内容。

企业应建立有助于绩效管理实施的信息系统，为绩效管理工作提供信息支持。

四、绩效管理的应用程序

应用绩效管理方法，一般按照制订绩效计划与激励计划、执行绩效计划与激励计划、实施绩效评价与激励、编制绩效评价与激励管理报告的程序进行。

(一) 制订绩效计划与激励计划

企业应根据战略目标，综合考虑绩效评价期间的宏观经济政策、外部市场环境、内部管理需要等因素，结合业务计划与预算，按照上下结合、分级编制、逐级分解的程序，在沟通反馈的基础上，编制各层级的绩效计划与激励计划。

1. 绩效计划

绩效计划是企业开展绩效评价工作的行动方案，包括构建指标体系、分配指标权重、确定绩效目标值、选择计分方法和评价周期、拟定绩效责任书一系列管理活动。制订绩效计划通常从企业级开始，层层分解到所属单位(部门)，最终落实到具体岗位和员工。

(1) 构建指标体系。企业可单独或综合运用关键绩效指标法、经济增加值法、平衡计分卡等方法或工具构建指标体系。指标体系应反映企业战略目标实现的关键成功因素，具体指标应含义明确、可度量。

(2) 分配指标权重。指标权重的确定可运用主观赋权法或客观赋权法，也可综合运用这两种方法。主观赋权法是利用专家或个人的知识与经验来确定指标权重的方法，如德尔菲法、层次分析法等。客观赋权法是从指标的统计性质入手，根据调查数据确定指标权重的方法，如主成分分析法、均方差法等。

(3) 确定绩效目标值。绩效目标值的确定可参考内部标准与外部标准。内部标准有预算标准、历史标准、经验标准等，外部标准有行业标准、竞争对手标准、标杆标准等。

(4) 选择计分方法。绩效评价计分方法可分为定量法和定性法。定量法主要有功效系数法和综合指数法等，定性法主要有素质法和行为法等。

(5) 选择评价周期。绩效评价周期一般可分为月度、季度、半年度、年度、任期。通常来说，月度、季度绩效评价适用于基层员工与管理层，半年度评价针对中高层管理人员，年度评价适用于全体员工，任期评价则专为企业负责人设计。

(6) 拟定绩效责任书。绩效计划制订后，评价主体与被评价对象应签订绩效责任书，明确各自的权利和义务，并作为绩效评价与激励管理的依据。绩效责任书的主要内容包括绩效指标、目标值及权重、评价计分方法、特别约定事项、有效期限、签订日期等。绩效责任书一般按年度或任期签订。

2. 激励计划

激励计划是企业为激励被评价对象而采取的行动方案，包括激励对象、激励形式、激励条件、激励周期等内容。激励计划按激励形式不同可分为薪酬激励计划、能力开发激励计划、职业发展激励计划和其他激励计划。

(1) 薪酬激励计划。薪酬激励计划按期限可分为短期薪酬激励计划和中长期薪酬激励计划。短期薪酬激励计划主要包括对绩效工资、绩效奖金、绩效福利等的计划。中长期薪酬激励计划主要包括对股票期权、股票增值权、限制性股票及虚拟股票等的计划。

(2) 能力开发激励计划。能力开发激励计划主要包括对员工知识、技能等方面的提升计划。

(3) 职业发展激励计划。职业发展激励计划主要是对员工职业发展方面的规划。

(4) 其他激励计划。其他激励计划包括良好的工作环境、晋升与降职、表扬与批评等。

制订激励计划应以绩效计划为基础，采用多元化的激励形式，兼顾内在激励与外在激励、短期激励与长期激励、现金激励与非现金激励、个人激励与团队激励、正向激励与负向激励，充分发挥各种激励形式的综合作用。

(二) 执行绩效计划与激励计划

审批后的绩效计划与激励计划应以正式文件的形式下达执行，确保与计划相关的被评价对象能够了解计划的具体内容和要求。

绩效计划与激励计划下达后，各计划执行单位(部门)应认真组织实施，从横向和纵向两方面落实到各所属单位(部门)、各岗位员工，形成全方位的绩效计划与激励计划执行责任体系。绩效计划与激励计划执行过程中，企业应建立配套的监督控制机制，及时记录执行情况，进行差异分析与纠偏，持续优化业务流程，确保绩效计划与激励计划的有效执行。

1. 监控与记录

企业可借助信息系统或其他信息支持手段，监控和记录指标完成情况、重大事项、员工的工作表现、激励措施执行情况等内容。收集信息的方法主要有观察法、工作记录法、他人反馈法等。

2. 分析与纠偏

根据监控与记录的结果，重点分析指标完成值与目标值的偏差、激励效果与预期目标的偏差，提出相应整改建议并采取必要的改进措施。

3. 编制分析报告

分析报告主要反映绩效计划与激励计划的执行情况及分析结果，其频率可以是月度、季度、年度，也可以根据需要确定。绩效计划与激励计划执行过程中，绩效管理工作机构应通过会议、培训、网络、公告栏等形式，进行多渠道、多样化、持续不断的沟通与辅导，使绩效计划与激励计划得到充分理解和有效执行。

(三) 实施绩效评价与激励

绩效管理工作机构应根据计划的执行情况定期实施绩效评价与激励，按照绩效计划与激励计划的约定，对被评价对象的绩效表现进行系统、全面、公正、客观的评价，并根据评价结果实施相应的激励。

评价主体应按照绩效计划收集相关信息，获取被评价对象的绩效指标实际值，对照目标值，应用选定的计分方法，计算评价分值，并进一步形成对被评价对象的综合评价结果。绩效评价过程及结果应有完整的记录，结果应得到评价主体和被评价对象的确认，并进行公开发布或非公开告知。公开发布的主要方式有召开绩效发布会、企业网站绩效公示、面板绩效公告等，非公开告知一般采用一对一书面告知、电子邮件函告或面谈告知等方式。

评价主体应及时向被评价对象进行绩效反馈，反馈内容包括评价结果、差距分析、改进建议及措施等，可采取反馈报告、反馈面谈、反馈报告会等形式进行。绩效结果发布后，企业应依据绩效评价的结果，组织兑现激励计划，综合运用绩效薪酬激励、能力开发激励、职业发展激励等多种方式，逐级兑现激励承诺。

(四) 编制绩效评价与激励管理报告

绩效管理工作机构应定期或根据需要编制绩效评价与激励管理报告，对绩效评价与激励管理的结果进行反映。

绩效评价与激励管理报告是企业管理会计报告的重要组成部分，应确保内容真实、数据可靠、分析客观、结论清楚，为报告使用者提供满足决策需要的信息。

1. 绩效评价报告

绩效评价报告根据评价结果编制，反映被评价对象的绩效计划完成情况，通常由报告正文和报告附件构成。

(1) 报告正文。报告正文包括评价对象、评价依据、评价过程、评价结果、需要说明的重大事项等。

(2) 报告附件。报告附件包括评价计分表、问卷调查结果分析、专家咨询意见等报告正文的支持性文档，为报告正文提供数据和事实依据。

2. 激励管理报告

激励管理报告根据激励计划的执行结果编制，反映被评价对象的激励计划实施情况，通常由激励情况说明和管理建议构成。

(1) 激励情况说明。激励情况说明包括激励对象、激励依据、激励措施、激励执行结果、需要说明的重大事项等。

(2) 管理建议。管理建议说明包括对持续优化激励方案，加强绩效考核与评估，完善股权激励计划，并重视员工培训与发展，以确保激励措施的有效性和员工的职业发展等方面的建议。

3. 绩效评价与激励管理报告分类

(1) 定期报告。定期报告主要反映在一定时期内被评价对象的绩效评价与激励管理情况，每个会计年度至少出具一份定期报告，以便全面跟踪和评估绩效管理的效果。

(2) 不定期报告。不定期报告根据需要编制，反映部分特殊事项或特定项目的绩效评价与激励管理情况，为特定决策提供及时、准确的信息支持。

4. 绩效评价与激励管理报告的其他要求

(1) 报送要求。绩效评价与激励管理报告应根据需要及时报送薪酬与考核委员会或其他类似机构审批，确保报告的合规性和有效性。

(2) 改进要求。企业应定期通过回顾和分析，检查和评估绩效评价与激励管理的实施效果，不断优化绩效计划和激励计划，改进绩效管理工作，持续提升管理水平和绩效表现。

任务评测

一、单项选择题

1. 下面各项中为绩效管理的核心的是(   )。
A. 规范统一 　　　　　　　B. 科学有效
C. 战略导向 　　　　　　　D. 绩效评价和激励管理

2. 下面选项中的(   )属于指标权重确定方法。
A. 主观赋权法 　　　　　　B. 功效系数法
C. 素质法 　　　　　　　　D. 行为法

3. 企业应根据战略目标综合考虑绩效评价期间宏观经济政策、外部市场环境等因素，结合业务计划与预算，按照相应的程序，在沟通反馈的基础上编制各层级的绩效计划与激励计划，下面选项中不属于相应的程序的是(   )。
A. 上下结合 　　　　　　　B. 分级编制
C. 逐级分解 　　　　　　　D. 逐级编制

4. 编制绩效评价与激励管理报告时，有报告正文和报告附件两部分，下面不属于报告附件的是(   )。
A. 评价计分表 　　　　　　B. 管理建议
C. 问卷调查结果分析 　　　D. 专家咨询意见

5. 在绩效管理过程中，(   )环节涉及对绩效计划和激励计划的执行情况进行监控与记录。
A. 制订绩效计划与激励计划 　　B. 执行绩效计划与激励计划
C. 实施绩效评价与激励 　　　　D. 编制绩效评价与激励管理报告

二、多项选择题

1. 绩效管理的核心要素包括( )。

A. 绩效计划　　B. 绩效评价　　C. 绩效反馈

D. 绩效激励　　E. 绩效改进

2. 绩效管理应遵循的原则有( )。

A. 战略导向原则　　　　　　B. 主观臆断原则

C. 客观公正原则　　　　　　D. 规范统一原则

E. 科学有效原则

3. 在执行绩效计划与激励计划的过程中，可能涉及的活动有( )。

A. 监控与记录　　　　　　　B. 制订新的战略方向

C. 分析与纠偏　　　　　　　D. 组织团建活动

E. 编制分析报告

4. 编制绩效评价与激励管理报告的目的有( )。

A. 评估员工绩效　　　　　　B. 确定薪酬调整

C. 提供反馈与指导　　　　　D. 展示公司财务状况

E. 激励员工持续改进

5. 绩效管理过程中，( )对于确保绩效管理体系的有效运行至关重要。

A. 明确的绩效标准和目标设定　　B. 及时的绩效反馈与沟通

C. 公正的绩效评价机制　　　　　D. 合理的薪酬与激励制度

E. 员工自我评估与成长规划

三、判断题

1. 绩效评价是企业运用系统的工具方法，对一定时期内企业营运效率与效果进行综合评判的管理活动。　　　　　　　　　　　　　　　　　　　　　　　( )

2. 激励计划是企业开展绩效评价工作的行动方案，通常从企业级开始制订激励计划，层层分解到所属单位或部门，最终落实到具体岗位和员工。　　　　　　　　( )

3. 绩效指标体系应反映企业战略目标实现的关键成功因素，具体指标应含义明确、可度量。　　　　　　　　　　　　　　　　　　　　　　　　　　　　　　　( )

4. 绩效管理总则是为了促进企业加强绩效管理，激发和调动员工积极性，增强价值创造力，根据《管理会计基本指引》制定的制度规则。　　　　　　　　　　　( )

5. 指标权重确定方法的客观赋权法是指利用专家或个人的知识与经验来确定指标权重。　　　　　　　　　　　　　　　　　　　　　　　　　　　　　　　( )

任务二　关键绩效指标法

学海航标

1. 理解关键绩效指标法的含义，熟悉关键绩效指标的分类；

2. 能够灵活使用关键绩效指标法，全面、准确地反映员工和组织的绩效。

🔘 知识准备

一、关键绩效指标法的含义

关键绩效指标法是指基于企业战略目标，通过建立关键绩效指标(KPI)体系，将价值创造活动与战略规划目标有效联系起来，并据此进行绩效管理的方法。

关键绩效指标是对企业绩效产生关键影响力的指标，是通过对企业战略目标、关键成果领域的绩效特征进行分析，识别和提炼出的最能有效驱动企业价值创造的指标。关键绩效指标法可以单独使用，也可以与经济增加值法、平衡计分卡等其他方法结合使用。关键绩效指标法的应用对象可以是企业，也可以是企业下属的单位(部门)和员工。

二、关键绩效指标的分类

企业的关键绩效指标一般可分为结果类和动因类两类指标。结果类指标是反映企业绩效的价值指标，主要包括投资资本回报率、净资产收益率、经济增加值、息税前利润、自由现金流等综合指标。动因类指标是反映企业价值关键驱动因素的指标，主要包括资本性支出、产量、销量、单位生产成本、客户满意度、员工满意度等指标。

(一) 结果类指标

(1) 投资资本回报率是指企业在一定会计期间内取得的息前税后利润占其所使用的投资资本平均余额的比例，反映企业在会计期间有效利用投资资本创造回报的能力。一般计算公式如下：

$$投资资本回报率 = \frac{息前税后利润 \times (1 - 所得税税率) + 利息支出}{投资资本平均余额} \times 100\%$$

$$投资资本平均余额 = \frac{期初投资资本 + 期末投资资本}{2}$$

$$投资资本 = 有息债务 + 所有者(股东)权益$$

(2) 净资产收益率也称权益净利率，是指企业在一定会计期间内取得的净利润占其所使用的平均净资产的比例，反映企业全部资产的获利能力。其一般计算公式如下：

$$净资产收益率 = \frac{净利润}{平均净资产} \times 100\%$$

(3) 经济增加值是指税后净营业利润扣除全部投入资本成本后的剩余收益。一般计算公式如下：

$$经济增加值 = 税后净营业利润 - 平均资本占用 \times 加权平均资本成本率$$

(4) 息税前利润是指企业当年实现税前利润与利息支出的合计数。一般计算公式如下：

$$息税前利润 = 税前利润 + 利息支出$$

(5) 自由现金流是指企业在一定会计期间内经营活动产生的净现金流超过付现资本性

支出的金额，反映企业可动用的现金。一般计算公式如下：

$$自由现金流=经营活动净现金流-付现资本性支出$$

（6）资产负债率是指企业负债总额与资产总额的比值，反映企业整体财务风险程度。一般计算公式如下：

$$资产负债率=\frac{负债总额}{资产总额}\times100\%$$

【工作实例7-1】 裕丰公司2022年有关资料如下。

（1）财务指标资料表如表7-1所示。

表 7-1　财务指标资料表　　　　　　　　单位：元

项目名称	年 初 数	年 末 数
有息债务	2 000 000	44 400 000
无息债务	2 620 000	2 664 316.8
所有者权益	11 298 000	19 298 420

（2）企业所得税税率是25%。

（3）税前利润总额为11 500 420元，其中财务费用利息支出为442 000元。

要求：计算投资资本回报率、净资产收益率、息税前利润、资产负债率等结果类指标值。

$$投资资本平均余额=\frac{2\,000\,000+11\,298\,000+44\,400\,000+19\,298\,420}{2}=38\,498\,210(元)。$$

$$投资资本回报率=\frac{11\,500\,420\times(1-25\%)+442\,000}{38\,498\,210}\times100\%=23.55\%。$$

$$净资产收益率=\frac{11\,500\,420\times(1-25\%)\times2}{11\,298\,000+19\,298\,420}\times100\%=56.38\%。$$

$$息税前利润=11\,500\,420+442\,000=11\,942\,420(元)。$$

$$年初资产负债率=\frac{2\,000\,000+2\,620\,000}{2\,000\,000+2\,620\,000+11\,298\,000}\times100\%=29.02\%。$$

$$年末资产负债率=\frac{44\,400\,000+2\,664\,316.8}{44\,400\,000+2\,664\,316.8+19\,298\,420}\times100\%=70.92\%。$$

（二）动因类指标

动因类指标是反映企业价值关键驱动因素的指标，主要包括：

（1）产量，指企业在一定时期内生产出来产品的数量。

（2）销量，指企业在一定时期内销售产品的数量。

（3）单位生产成本，指生产单位产品平均耗费的成本。

（4）客户满意度，指客户期望值与客户体验的匹配程度，即客户通过对某项产品或服务的实际感知与其期望值相比较后得出的指数。客户满意度收集渠道主要包括问卷调查、客户投诉、与客户的直接沟通、消费者组织的报告、各种媒体的报告和行业研究的结果等。

(5) 员工满意度，指员工对企业的实际感知与其期望值相比较后得出的指数。员工满意度主要通过问卷调查、访谈调查等方式，从工作环境、工作关系、工作内容、薪酬福利和职业发展等方面进行衡量。

三、关键绩效指标法的应用

企业应用关键绩效指标法一般包括的程序有：制订以关键绩效指标为核心的绩效计划、制订激励计划、执行绩效计划与激励计划、实施绩效评价与激励、编制绩效评价报告与激励管理报告等。其中，与其他业绩评价方法关键的不同是制订和实施以关键绩效指标为核心的绩效计划。

制订绩效计划包括构建关键绩效指标体系、关键绩效指标的选取、分配指标权重、确定绩效目标值。

(一) 构建关键绩效指标体系

对于一个企业，可以分三个层次来制定关键绩效指标体系。

第一，企业级关键绩效指标。企业应根据战略目标，结合价值创造模式，综合考虑企业内外部经营环境等因素，设定企业级关键绩效指标。

第二，所属单位(部门)级关键绩效指标。根据企业级关键绩效指标，结合所属单位(部门)关键业务流程，按照上下结合、分级编制、逐级分解的程序，在沟通反馈的基础上，设定所属单位(部门)级关键绩效指标。

第三，岗位(员工)级关键绩效指标。根据所属单位(部门)级关键绩效指标，结合员工岗位职责和关键工作价值贡献，设定岗位(员工)级关键绩效指标。

(二) 关键绩效指标的选取

1. 数量要求

关键绩效指标应含义明确、可度量、与战略规划高度相关。指标的数量不宜过多，每一层级的关键绩效指标一般不超过 10 个。

2. 方法要求

选取关键绩效指标的方法主要有关键成果领域分析法、组织功能分解法和工作流程分解法。每种方法都有其独特的适用场景和步骤。

(1) 关键成果领域分析法。这是一种基于对企业价值创造模式的分析，确定企业的关键成果领域，并在此基础上进一步识别关键成功要素，确定关键绩效指标的方法。

(2) 组织功能分解法。这是一种基于组织功能定位，按照各下级单位(部门)对企业总目标所承担的职责，逐级分解和确定关键绩效指标的方法。

(3) 工作流程分解法。这是一种按照工作流程各环节对企业价值贡献程度，识别出关键业务流程，将企业总目标层层分解至关键业务流程相关下级单位(部门)或岗位(员工)，确定关键绩效指标的方法。

【职场经验】

在实际工作中，业务目标的复杂性和多样性使确定合适的关键指标变得困难，绩效管理者选取关键绩效指标时不可闭门造车，而应深入分析业务目标，确保选取指标与公司战略高度契合，并在充分征求员工意见，提升认同感的同时定期评估和调整所选指标，否则可能面临指标与战略脱节，无法准确反映公司的实际绩效，甚至可能引导员工朝着与公司战略相悖的方向努力；或导致员工对绩效指标缺乏认同感，从而工作积极性降低等问题。

(三) 分配指标权重

关键绩效指标的权重分配应以企业战略规划为导向，反映被评价对象对企业的价值贡献或支持的程度，以及各指标之间的重要性水平。

指标权重确定方法有以下几种。

(1) 德尔菲法(也称专家调查法)，指邀请专家对各项指标进行权重设置，将汇总平均后的结果反馈给专家，再次征询意见，经过多次反复，逐步取得较一致结果的方法。

(2) 层次分析法，指将绩效指标分解成多个层次，通过下层元素对于上层元素相对重要性的两两比较，构成两两比较的判断矩阵，求出判断矩阵最大特征值所对应的特征向量，以该特征向量作为指标权重值的方法。

(3) 主成分分析法，指将多个变量重新组合成一组新的相互无关的综合变量，根据实际需要从中挑选出尽可能多地反映原来变量信息的少数综合变量，进一步求出各变量的方差贡献率，以确定指标权重的方法。

(4) 均方差法，指将各项指标定为随机变量，指标在不同方案下的数值为该随机变量的取值，首先求出这些随机变量(各指标)的均方差，然后根据不同随机变量的离散程度确定指标权重的方法。

(四) 确定绩效目标值

1. 目标值标准

确定关键绩效指标目标值时，一般参考以下标准。

(1) 国家有关部门或权威机构发布的行业标准。

(2) 竞争对手的标准。

(3) 企业内部的标准。

(4) 经验值。不能按前三项方法确定的指标目标值，可根据管理者的经验确定。

2. 确定目标值的后续工作

关键绩效指标的目标值确定后，规定因内外部环境发生重大变化、自然灾害等不可抗力因素对绩效完成结果产生重大影响时，应对目标值进行调整。一般情况下，由被评价对象或评价主体测算确定影响程度，向相应的绩效管理工作机构提出调整申请，报薪酬与考核委员会或其他类似机构审批。

绩效评价中有关计分方法和周期的选择、业绩合同的签订、激励计划的制订、业绩计划与激励计划的执行及报告编制应参照《管理会计应用指引第 600 号——绩效管理》。

◎ **小组讨论**

随着金融科技的快速发展，创新金融科技集团作为行业内的领军企业，致力于为客户提供前沿的金融技术解决方案，帮助金融机构提高运营效率、降低风险并增强客户体验。该公司具备一支技术实力强大的研发团队和深厚的金融行业背景，能够为客户提供定制化的金融科技服务。

阐述公司应如何使用关键绩效指标法指导其业务决策，如产品开发、市场推广、风险管理等。

四、关键绩效指标法的应用评价

(一) 关键绩效指标法的优点

第一，关键绩效指标法将企业战略规划目标转化为被评价对象的日常关键绩效指标和行动目标，确保各层级围绕实现企业战略规划的关键活动开展工作，有利于企业战略规划目标的实现。

第二，关键绩效指标法根据识别的价值创造模式，把握关键价值驱动因素，通过优化关键业务流程，更有效地实现企业价值增值目标。

第三，关键绩效指标法的评价指标数量相对较少，易于理解和使用，实施成本相对较低，有利于推广实施。

(二) 关键绩效指标法的缺点

第一，关键绩效指标法在应用过程中存在指标设计风险。

第二，关键绩效指标的选取需要透彻理解企业价值创造模式和战略规划，有效识别核心业务流程和关键价值驱动因素，指标体系设计不当将导致错误的价值导向或管理缺失。

任务评测

一、单项选择题

1. 对于关键绩效指标的权重分配，单项关键绩效指标权重一般设定在(   )。

A. 5%～30%   B. 20%～50%

C. 30%～45%   D. 5%～10%

2. 下列不属于结果类关键绩效指标的是(   )。

A. 投资回报率   B. 净资产收益率

C. 息税前利润   D. 资本性支出

3. 下列不属于关键绩效指标法的主要优点的是(   )。

A. 使企业业绩评价与战略目标密切相关

B. 指标体系设计不当将导致错误的价值导向或管理缺失

C. 通过识别的价值创造模式把握关键价值驱动因素

D. 评价指标数量相对较少，易于理解和使用

4. (   )是对企业绩效产生关键影响力的指标，是通过对企业战略目标、关键成果领域的绩效特征分析，识别和提炼出的最能有效驱动企业价值创造的指标。

A. 关键绩效指标　　　　　　　　　B. 次要绩效指标

C. 激励指标　　　　　　　　　　　D. 目标管理

5. 根据所属单位(部门)级关键绩效指标，结合员工岗位职责和关键工作价值贡献，设定(   )关键绩效指标。

A. 岗位(员工)级　　　　　　　　　B. 所属部门级

C. 中层级别　　　　　　　　　　　D. 高层级别

二、多项选择题

1. 关键绩效指标法的应用对象可以是(   )。

A. 企业　　　　　　　　　　　　　B. 所属单位(部门)

C. 员工　　　　　　　　　　　　　D. 单个项目

2. 企业应用关键绩效指标法，应综合考虑绩效评价期间(   )等因素，构建指标体系。

A. 宏观经济政策　　　　　　　　　B. 外部市场环境

C. 内部管理需要　　　　　　　　　D. 微观经济政策

3. 企业应用关键绩效指标法，一般按照制定以关键绩效指标为核心的(   )等程序进行。

A. 绩效计划　　　　　　　　　　　B. 制订激励计划

C. 执行绩效计划与激励计划　　　　D. 实施绩效评价与激励

4. 企业通常按《管理会计应用指引第 600 号——绩效管理》第十条所规定的管理活动制定绩效计划，包括(   )等。

A. 构建指标体系　　　　　　　　　B. 分配指标权重

C. 确定绩效目标值　　　　　　　　D. 选择计分方法和评价周期

5. 制定企业级关键绩效指标时，企业应根据(   )等因素设定。

A. 战略目标　　　　　　　　　　　B. 结合价值创造模式

C. 综合考虑内外部环境　　　　　　D. 只考虑内部因素不考虑外部因素

三、判断题

1. 关键绩效指标法(KPI)要求企业仅关注财务层面的指标，以确保短期盈利最大化，而无需考虑非财务指标如客户满意度、员工发展等。　　　　　　　　　　(   )

2. 关键绩效指标应含义明确、可度量、与战略目标高度相关；指标的数量不宜过多，每一层级的关键绩效指标一般不超过 5 个。　　　　　　　　　　　　　(   )

3. 关键绩效指标法是指基于企业战略目标，通过建立关键绩效指标体系，将价值创造活动与战略规划目标有效联系，并据此进行绩效管理的方法。　　　　　　(   )

4. 关键绩效指标法只能单独使用，不可以与经济增加值法、平衡计分卡等其他方法结合使用。　　　　　　　　　　　　　　　　　　　　　　　　　　　(   )

5. 企业应清晰识别价值创造模式，按照价值创造路径识别出关键驱动因素，科学地选择和设置关键绩效指标。　　　　　　　　　　　　　　　　　　　　(   )

任务三　经济增加值法

学海航标

1. 深刻理解经济增加值法的含义、原理及其在企业绩效评价中的核心作用;

2. 通过经济增加值法应用到实际企业绩效评价中的实施情况,能够针对企业问题提出改进方向。

知识准备

一、经济增加值法的相关概念

(一) 经济增加值法的含义

经济增加值法是指以经济增加值(简称 EVA)为核心,建立绩效指标体系,引导企业注重价值创造,并据此进行绩效管理的方法。

经济增加值法指标体系通常包括经济增加值、经济增加值改善值、经济增加值回报率、资本周转率、产量、销量、单位生产成本等。

(二) 经济增加值的含义

经济增加值是指税后净营业利润扣除全部投入资本成本后的剩余收益。经济增加值为正,表明经营者在为企业创造价值;经济增加值为负,表明经营者在损毁企业价值。其计算公式为:

$$经济增加值=税后净营业利润-平均资本占用×加权平均资本成本$$

其中:

(1) 税后净营业利润衡量的是企业的经营盈利情况,税后净营业利润等于会计上的税后净利润加上利息支出等会计调整项目后得到的税后利润。

(2) 平均资本占用反映的是企业持续投入的各种债务资本和股权资本,其中债务资本包括融资活动产生的各类有息负债,不包括经营活动产生的无息流动负债。股权资本中包含少数股东权益。

除根据经济业务实质相应调整资产减值损失、递延所得税等外,资本占用还可根据管理需要调整研发支出、在建工程等项目,引导企业注重长期价值创造。

(3) 加权平均资本成本反映的是企业各种资本的平均成本率,反映了投资者所要求的必要报酬率。

(三) 经济增加值改善值的确定

经济增加值目标值根据经济增加值基准值(简称 EVA 基准值)和期望的经济增加值改善

值(简称期望的 ΔEVA)确定。计算公式如下：

$$EVA\ 目标值=EVA\ 基准值+期望的\ \Delta EVA$$

企业在确定 EVA 基准值和期望的 ΔEVA 值时，要充分考虑企业规模、发展阶段、行业特点等因素。其中，EVA 基准值可参照上年实际完成值、上年实际完成值与目标值的平均值、近几年(比如近三年)实际完成值的平均值等确定。期望的 ΔEVA 值应根据企业战略目标、年度生产经营计划、年度预算安排、投资者期望等因素，结合价值创造能力改善等要求综合确定。经济增加值及其改善值是全面评价经营者有效使用资本和为企业创造价值的重要指标。

二、经济增加值法的应用环境

(1) 企业应用经济增加值法，应遵循《管理会计应用指引第 600 号——绩效管理》中对应用环境的一般要求。

(2) 企业应用经济增加值法，应树立价值管理理念，明确以价值创造为中心的战略目标，建立以经济增加值为核心的价值管理体系，使价值管理成为企业的核心管理制度。

(3) 企业应综合考虑宏观环境、行业特点和企业的实际情况，通过价值创造模式的识别，确定关键价值驱动因素，构建以经济增加值为核心的指标体系。

(4) 企业应建立清晰的资本资产管理责任体系，确定不同被评价对象的资本资产管理责任。

(5) 企业应建立健全会计核算体系，确保会计数据真实可靠、内容完整，并及时获取与经济增加值计算相关的会计数据。

(6) 企业应加强融资管理，关注筹资来源与渠道，及时获取债务资本成本、股权资本成本等相关信息，合理确定资本成本。

(7) 企业应加强投资管理，把能否为企业增加价值作为新增投资项目决策的主要评判标准，以保持持续的价值创造能力。

三、经济增加值的计算

(一) 经济增加值的计算公式

经济增加值等于税后净营业利润减去资本成本后的净额，资本成本为加权平均资本成本率与调整后的平均资本占用的乘积，具体公式为：

$$经济增加值=税后净营业利润-资本成本$$
$$=税后净营业利润-平均资本占用×加权平均资本成本率$$

其中：税后净营业利润衡量的是企业的经营盈利情况；平均资本占用反映的是企业持续投入的各种债务资本和股权资本；加权平均资本成本率反映的是企业各种资本的平均成本率。

(二) 经济增加值法常用的调整项目

计算经济增加值时，需要进行相应的会计项目调整，以消除财务报表中不能准确反映企业价值创造的部分。会计调整项目的选择应遵循价值导向性、重要性、可控性、可操作性与行业可比性原则，数据来源于财务报表。

计算税后净营业利润的会计调整项目，应根据不同企业的实际情况，以及企业在不同时期的价值主张进行合理确定。

常用的调整项目如下：

(1) 研究开发费、大型广告费等一次性支出但收益期较长的费用，应予以资本化处理，不计入当期费用。

(2) 反映付息债务成本的利息支出，不作为期间费用扣除，在计算税后净营业利润时要加回利息支出的税后影响。

(3) 营业外收入、营业外支出具有偶发性，将当期发生的营业外收支从税后净营业利润中扣除。

(4) 将当期减值损失扣除所得税影响后予以加回，并在计算资本占用时相应调整资产减值准备发生额。

(5) 递延税金不反映实际支付的税款情况，将递延所得税资产及递延所得税负债变动影响的企业所得税从税后净营业利润中扣除，相应调整资本占用情况。

(6) 其他非经常性损益调整项目，如股权转让收益。

(三) 平均资本占用的调整对经济增加值的影响

平均资本占用是所有投资者投入企业经营的全部资本，包括债务资本和股权资本，其中：

(1) 债务资本包括融资活动产生的各类有息负债，不包括经营活动产生的无息流动负债。企业财务报表中"应付票据""应付账款""预收款项""应交税费""应付职工薪酬""其他应付款""其他流动负债(不含其他带息流动负债)"和"专项应付款"可视同无息流动负债予以扣除。

(2) 股权资本中应包含少数股东权益。

(3) 除根据经济业务实质相应调整资产减值损失、递延所得税等外，资本占用还可根据管理需要调减研发支出、在建工程等项目，引导企业注重长期价值创造。

(四) 加权平均资本成本的确定

加权平均资本成本是债务资本成本和股权资本成本的加权平均，反映了投资者所要求的必要报酬率。加权平均资本成本的计算公式如下：

$$WACC = K_D \frac{DC}{TC}(1-T) + K_S \frac{EC}{TC}$$

其中：TC 代表资本占用，EC 代表股权资本，DC 代表债务资本；T 代表所得税税率；WACC 代表加权平均资本成本，K_D 代表债务资本成本，K_S 代表股权资本成本。

债务资本成本是企业实际支付给债权人的税前利率，反映的是企业在资本市场中债务融资的成本率。如果企业存在不同利率的融资来源，债务资本成本应使用加权平均值。

股权资本成本是在不同风险下，所有者对投资者要求的最低回报率。通常根据资本资产定价模型确定，其计算公式为

$$K_S = R_f + \beta(R_m - R_f)$$

其中：R_f 为无风险收益率，R_m 为市场预期回报率，$(R_m - R_f)$ 为市场风险溢价；β 是某企业

股票相对于整个市场的风险指数。上市企业的 β 值可采用回归分析法或单独使用最小二乘法等方法测算确定，也可以直接采用证券机构等提供或发布的 β 值；非上市企业的 β 值可采用类比法，参考同类上市企业的 β 值确定。

企业级加权平均资本成本确定后，应结合行业情况、不同所属单位(部门)的特点，通过计算(能单独计算的)或指定(不能单独计算的)的方式确定所属单位(部门)的资本成本。

通常情况下，企业对所属单位(部门)所投入资本即股权资本的成本率是相同的，为简化资本成本的计算，所属单位(部门)的加权平均资本成本一般与企业保持一致。

四、经济增加值的应用

企业应用经济增加值法时，通常遵循的流程为：首先，制订以经济增加值为核心的绩效计划；接着，根据绩效计划制订相应的激励计划；然后，执行已制订的绩效计划与激励计划；随后，实施绩效评价与激励措施；最后，编制绩效评价与激励管理报告，以全面反映经济增加值法的应用效果。

【工作实例 7-2】 裕丰公司计算 EVA 的相关基础数据如表 7-2 所示。

表 7-2 EVA 计算表

项 目	2019 年	2020 年	2021 年	2022 年	2023 年
调整后的净营业利润/万元	122 330	106 702	144 256	147 063	135 358
调整后的资本总额/万元	904 925	936 721	1 080 837	1 218 477	1 420 325
加权平均资本成本/%	7.00	7.60	8.19	8.75	9.60

要求：根据以上数据，计算裕丰公司 2019~2023 年的经济增加值，并据以对该公司的绩效进行评判。

任务处理如下：

2019 年的 EVA = 122 330 − 904 925 × 7% = 58 985.25 (万元)；

2020 年的 EVA = 106 702 − 936 721 × 7.6% = 35 511.20 (万元)；

2021 年的 EVA = 144 256 − 1 080 837 × 8.19% = 55 735.45 (万元)；

2022 年的 EVA = 147 063 − 1 218 477 × 8.75% = 40 446.26 (万元)；

2023 年的 EVA = 135 358 − 1 420 325 × 9.6% = −993.20 (万元)。

可以看到，2019—2022 年，裕丰公司连续 4 年的 EVA 均为正数，说明在此期间公司能够持续地为股东创造财富，公司的价值创造能力持续增强。然而，到了 2023 年，情况出现逆转，公司的 EVA 仅为 −993.20 万元，说明该公司当年不仅没有继续为股东创造财富，而且造成了损失。仔细观察后可以发现，这主要是因为公司在调整后出现净营业利润下滑这一不利局面的同时，加权平均资本成本也从 2022 年的 8.75%增加到了 2023 年的 9.6%。为此，下一步，公司需结合影响公司会计利润创造能力的因素，以及影响加权平均资本成本的债务融资、股本融资及成本的内外部环境等因素，进行详细且全面的分析，以了解公司 2019—2023 年财务绩效出现上述波动的深层次原因，并采取有效措施，提升公司的价值创造能力。

通过以上实例，我们掌握了如何使用传统方法计算经济增加值，从而进行绩效管理。

值得一提的是，在当前数字化浪潮下，随着技术的不断革新，需要学习借助更为先进和灵活的工具来优化决策过程。接下来，我们通过一个例子来展示利用 Python 的数据分析库 Pandas 和数据绘图工具 Pyplot 计算各年度的 EVA 值、EVA 率、净资产收益率，并将这些关键指标通过折线图的形式进行可视化，从而直观地了解企业的经营效果。

💡 **数智赋能——运用 Python 经济增加值法进行绩效评价**

案例背景

甲公司想运用经济增加值法进行绩效评价，表 7-3、表 7-4 和表 7-5 是甲公司的财务数据。

表 7-3　甲公司税后净利润

项　　目	2020 年	2019 年	2018 年	2017 年	2016 年
净利润/万元	2 092	−33 900	−434.40	4 487	1 555
所得税/万元	235.80	2 107	−310.20	519.90	−145.10
利息费用/万元	606.80	781.80	95.56	102.20	24.73
所得税率	0.25	0.25	0.25	0.25	0.25
研发费用资本化/万元	1 290	2 758	1 743	1 829	1 151
销售费用资本化/万元	1 210	2 152	1 696	1 484	1 216
资产减值损失/万元	1.46	13 910	19.66	−193.80	88.89
信用减值损失/万元	342.90	1 974	0	0	0
营业外支出/万元	176.40	48.74	163.90	3.47	37.83
营业外收入/万元	522.10	152.30	382.40	1 054	474.20
递延所得税负债增加额/万元	797.10	693.40	637.40	583.40	518.60
递延所得税资产增加额/万元	−26	−2 039	376	−131	684

表 7-4　甲公司资本总额

项　　目	2020 年	2019 年	2018 年	2017 年	2016 年
所有者权益合计/万元	61 400	59 130	82 020	83 840	79 060
资产减值准备/万元	373.30	15 890	−19.66	193.80	−124.60
递延所得税负债/万元	797.10	693.40	637.40	583.40	518.60
短期借款/万元	9 336	3 967	5 000	0	0
长期借款/万元	4 700	0	0	0	0
研发费用资本化/万元	1 290	2 758	1 743	1 829	1 151
销售费用资本化/万元	1 210	2 152	1 696	1 484	1 216
在建工程净额/万元	2 046	1 724	3 055	5 076	2 719
递延所得税资产/万元	2 261	2 287	4 326	3 950	4 081

表 7-5 加权平均资本成本

项　目	2020 年	2019 年	2018 年	2017 年	2016 年
调整后资本总额/万元	74 799.40	80 579.40	83 695.74	78 904.20	75 021
债务资本/万元	14 036	3 967	5 000	0	0
权益资本/万元	60 763.40	76 612.40	78 695.74	78 904.20	75 021
债务资本比重	18.76%	4.92%	5.97%	0.00%	0.00%
权益资本比重	81.24%	95.08%	94.03%	100.00%	100.00%
税后债务资本成本率	3.36%	3.26%	3.26%	0.00%	0.00%
权益资本成本率	3.94%	9.44%	10.68%	13.87%	9.24%

要求：

1. 计算息税前利润、息前税后利润、税后净营业利润 NOPAT、资本总额和加权平均资本成本 WACC。

2. 计算 EVA 值。

3. 计算净资产 EVA 率、净资产收益率并绘制折线图进行可视化。

运用 Python 经济增加值法进行绩效评价

数字实践

1. 导入必要的库，如 Pandas 用于数据处理，Pyplot 用于数据绘图。

2. 计算主要指标，创建表，并设置计算公式计算息税前利润、息前税后利润、税后净营业利润 NOPAT、资本总额和加权平均资本成本 WACC。

3. 计算 EVA 值。

4. 可视化分析，对比经济增加值和净利润。

通过运行结果可知，自 2019 年起，EVA 值和净资产 EVA 率持续为负，这表明企业在经济效益方面存在严重问题。对此，企业应该考虑优化经营策略，紧密关注市场动态，调整产品或服务以满足客户需求，并加大市场营销力度，以扩大市场份额和提高品牌知名度。同时，通过精细化管理、采购策略优化以及生产效率提升等措施，有效降低运营成本。通过这些策略的实施，企业将能够逐步改善经济效益，实现稳健发展。

【职场经验】

在实际工作中，应用经济增加值法时，不仅要进行准确的计算，还要提供详尽的说明来明确计算的标准和规范。这涉及确定哪些项目应纳入投资基础、哪些净收益需要调整，以及如何准确计算资金成本。同时，为了保障对经济增加值"经济现实"的一致理解，我们尤其需要加强与非财会人员的内部沟通和协调。这是因为，不同的人，尤其是非财会背景的员工，对经济增加值的理解可能存在差异。强化沟通和提供书面的解释说明能减少误解和分歧，从而确保计算结果的准确性和实际应用的有效性。

五、经济增加值的应用评价

(一) 经济增加值的优点

经济增加值考虑了所有资本的成本，更真实地反映了企业的价值创造能力；实现了企业利益、经营者利益和员工利益的统一，激励经营者和所有员工为企业创造更多价值；能有效遏制企业盲目扩张规模以追求利润总量和增长率的倾向，引导企业注重长期价值创造。

经济增加值不仅仅是一种业绩评价指标，它还是一种全面财务管理和薪酬激励指标。经济增加值的吸引力主要在于它把资本预算、业绩评价和激励报酬结合了起来。过去，人们使用净现值和内部报酬率评价资本预算，用权益资本报酬率或每股收益评价公司业绩，并运用另外一些效益指标作为发放奖金的依据。经理人员在作决策时，常常要考虑一堆杂乱无章、相互矛盾或互不联系的财务指标。经理人员的奖金计划不断变更，使他们无所适从，只好盲目地应对眼前的变化。以经济增加值为依据的管理，其经营目标是经济增加值的提升。资本预算的决策基础是以适当折现率折现的经济增加值。衡量生产经营效益的指标是经济增加值，奖金根据适当的目标单位经济增加值来确定。这种利用经济增加值的管理更为简单、直接、统一与和谐。经济增加值框架下的综合财务管理系统可以指导公司的每一个决策，包括营业预算、年度资本预算、战略规划、公司收购和公司出售等。经济增加值是一个独特的薪酬激励制度的关键变量。它第一次真正把管理者的利益和股东利益统一起来，使管理者像股东那样思考和行动。经济增加值是一种治理公司的内部控制制度。在这种控制制度下，所有员工可以协同工作，积极追求更强劲的业绩。

在经济增加值指标的框架下，公司可以向投资人展示目标和完成情况，投资人也可以用经济增加值选择最有前景的公司，因此经济增加值还是股票分析师手中一个强有力的工具。

(二) 经济增加值的缺点

第一，经济增加值仅对企业当期或未来1～3年价值创造情况进行衡量和预判，无法衡量企业长远发展战略的价值创造情况。

第二，经济增加值的计算主要基于财务指标，无法对企业的营运效率与效果进行综合评价。

第三，不同行业、不同发展阶段、不同规模的企业，其会计调整项和加权平均资本成本各不相同，计算比较复杂，影响指标的可比性。

第四，经济增加值是绝对数指标，不便于比较不同规模公司的业绩。

第五，经济增加值也有许多和投资报酬率一样误导使用人的缺点，例如，处于成长阶段的公司经济增加值较少，而处于衰退阶段的公司经济增加值可能较高。

第六，在计算经济增加值时，对于净收益应作哪些调整及资本成本如何确定等问题，尚存在许多争议。这些争议不利于建立一个统一的规范。而缺乏统一性的业绩评价指标，只能在一个公司的历史分析及内部评价中使用。

⦿ 任务评测

一、单项选择题

1. (　　)是建立绩效指标体系，引导企业注重价值创造，并据此进行绩效管理的方法。
A. 创造价值法　　B. 战略布局法　　C. 价值分析法　　D. 经济增加值法

2. (　　)是指税后净营业利润扣除全部投入资本的成本后的剩余收益。
A. 创造价值　　B. 战略布局　　C. 价值分析　　D. 经济增加值

3. 企业应用经济增加值法，应遵循(　　)中对应用环境的一般要求。

A. 《管理会计应用指引第 603 号——平衡计分卡》

B. 《管理会计应用指引第 602 号——经济增加值法》

C. 《管理会计应用指引第 601 号——关键绩效指标法》

D. 《管理会计应用指引第 600 号——绩效管理》

4. 建立以(　　)为核心的决策、运营管理体系，使企业管理者和全体员工都能围绕创造价值这样一个共同目标开展工作。

A. 效果创新　　　B. 效率提高　　　C. 价值创新　　　D. 价值创造

5. 下列叙述中不属于经济增加值法的主要优点的是(　　)。

A. 计算主要基于财务指标，无法对企业的营运效率与效果进行综合评价

B. 考虑了所有资本的成本，更真实地反映了企业的价值创造能力

C. 实现了企业利益、经营者利益和员工利益的统一，激励经营者和所有员工为企业创造更多价值

D. 能有效遏制企业盲目扩张规模以追求利润总量和增长率的倾向，引导企业注重长期价值创造

二、多项选择题

1. EVA 不仅将管理重点放在为股东创造价值上，还帮助投资人和管理者(　　)公司价值的驱动因素和破坏因素。

A. 评价　　　　B. 观察　　　　C. 理解　　　　D. 分析

2. EVA 与(　　)等其他传统的评估方法相比能更准确地反映经济现实。

A. 净利润　　　B. 每股收益　　　C. 股本回报率　　D. 自由现金流

3. 企业应综合考虑(　　)，通过价值创造模式的识别，确定关键价值驱动因素，构建以经济增加值为核心的指标体系。

A. 宏观环境　　　　　　　B. 行业特点

C. 企业的实际情况　　　　D. 微观环境

4. 在业绩的财务计量指标中，下列关于经济增加值的说法中，正确的有(　　)。

A. 经济增加值实现了企业利益、经营者利益和员工利益的统一，激励经营者和所有员工为企业创造更多价值

B. 经济增加值是股票分析家手中的一个强有力的工具

C. 经济增加值具有比较不同规模公司业绩的能力

D. 经济增加值有许多和投资报酬率一样误导使用人的缺点

5. 下列关于经济增加值业绩评价优点的表述中，正确的有(　　)。

A. 考虑了所有资本的成本

B. 可以衡量企业长远发展战略的价值创造

C. 实现了企业利益、经营者利益和员工利益的统一

D. 在不同行业的公司之间具有较好的可比性

三、判断题

1. 经济增加值为正，表明经营者在为企业创造价值。　　　　　　　　　(　　)

2. EVA 的思想清晰地描述了经营与财务风险，使投资者可以更准确地衡量其资本回报并预测其回报的持续性。在重要的几个财务指标中，它对创造股东财富的诠释是最准确的。　　　　　　　　　　　　　　　　　　　　　　　　　　　　　　　（　　）

3. 为贯彻党的十八届三中全会提出的以管资本为主加强国有资产监管的精神，国资委关于印发《关于以经济增加值为核心加强中央企业价值管理的指导意见》的通知要求中央企业进一步深化经济增加值考核，优化资源配置，提升以经济增加值为核心的价值管理水平。　　　　　　　　　　　　　　　　　　　　　　　　　　　　　（　　）

4. 2015 年印发的《中央企业负责人经营业绩考核办法》突出经济增加值考核，重点是在分类和差异化上下功夫，针对不同功能、资本结构和风险程度的中央企业，提出差异化资本回报要求。　　　　　　　　　　　　　　　　　　　　　　　　　　（　　）

5. 在企业法人考核指标体系构建方面，集团公司不断坚持提升发展质量和效率的考核导向，将经济增加值作为核心考核指标，并辅以其关键驱动因素构建考核指标体系。（　　）

任务四　平衡计分卡

学海航标

1. 掌握平衡计分卡的概念、框架及其应用环境，理解其作为绩效评价工具的重要性；
2. 深入了解平衡计分卡指标体系的构建、权重分配及绩效目标值的确定，并能在不同企业环境中灵活运用。

知识准备

一、平衡计分卡概述

平衡计分卡是指基于企业战略，从财务、客户、内部业务流程、学习与成长四个维度，将战略目标逐层分解转化为具体的、相互平衡的绩效指标体系，并据此进行绩效管理的方法。

平衡计分卡打破了传统的只注重财务指标的业绩评价模式，认为传统的财务指标属于滞后性指标，对于指导和评价企业如何通过投资于客户、供应商、雇员、生产程序、技术和创新等来创造未来的价值是不够的。因而企业需要在传统财务指标的基础上，增加用于评估企业未来投资价值好坏的具有前瞻性的先行指标。另外，《财富》杂志指出，事实上只有不到 10% 的企业战略被有效地执行，真正的问题不是战略不好，而是执行能力不够。导致无效的原因至少有 70% 是战略执行的失败，而非战略本身的错误。战略执行失败的原因是由沟通障碍、管理障碍、资源障碍和人员障碍造成的。为了有效地解决业绩评价和战略实施问题，平衡计分卡应运而生。

二、平衡计分卡的应用环境

企业应用平衡计分卡进行绩效管理时，应有明确的愿景和战略规划。平衡计分卡应以战略规划为核心，全面描述、衡量和管理战略规划，将战略规划转化为可操作的行动。平衡计分卡可能涉及组织和流程变革，因为具有创新精神、变革精神的企业文化有助于成功实施平衡计分卡。

在推进平衡计分卡的过程中，企业应对组织结构和职能进行梳理，消除不同组织职能间的壁垒，实现良好的组织协同。这种协同既包括企业内部各级单位(部门)之间的横向与纵向协同，也包括与投资者、客户、供应商等外部利益相关者之间的协同。

同时，企业应注重员工学习与成长能力的提升，以确保他们能够更好地实现平衡计分卡的财务、客户、内部业务流程目标，使战略规划贯彻到每一名员工的日常工作中。

平衡计分卡的实施是一项复杂的系统工程，一般需要建立由战略管理、人力资源管理、财务管理和外部专家等组成的项目团队，推进实施工作的顺利完成。企业应建立高效集成的信息系统，实现绩效管理、规划计划、财务管理、生产经营等系统的紧密结合，为平衡计分卡的实施提供信息支持。

三、平衡计分卡的框架

平衡计分卡通过将财务指标与非财务指标相结合，构建了一个能够全面反映企业经营状况的指标体系。这一体系旨在将企业的业绩评价与战略发展紧密相连，使企业高管能够迅速且全面地了解企业的经营动态。平衡计分卡所设定的目标和指标源于企业的愿景和战略，它们从四个维度——财务、顾客、内部业务流程、学习与成长，来全面评估企业的业绩。如图 7-1 所示，这四个维度共同构成了平衡计分卡模型的框架，将任务和决策转化为具体可衡量的目标和指标，以支持企业的战略性发展。

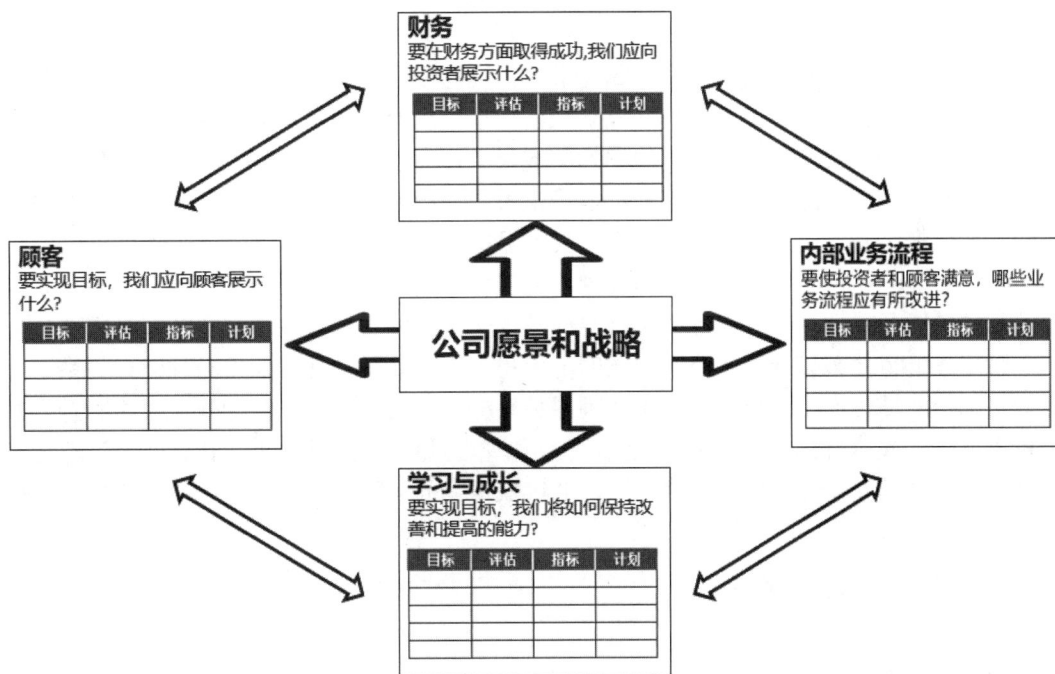

图 7-1 平衡计分卡模型的基本框架

(一) 财务维度

这一维度的目标是解决"股东如何看待我们"的问题。回答这类问题可表明企业的努力是否最终对企业的经济收益产生了积极的作用。现代企业财务管理目标是企业价值最大化，而对企业价值目标的计量是离不开相关财务指标的。财务维度指标通常包括投资报酬率、权益净利率、经济增加值、息税前利润、自由现金流量、资产负债率、总资产周转率等。

(二) 顾客维度

这一维度回答"顾客如何看待我们"的问题。顾客是企业之本，是现代企业的利润来源。顾客的感受理应成为企业关注的焦点，企业应当从时间、质量、服务效率及成本等方面了解市场份额、顾客需求和顾客满意程度。常用的顾客维度指标有市场份额、客户满意度、客户获得率、客户保持率、客户获利率、战略客户数量等。

(三) 内部业务流程维度

这一维度着眼于企业的核心竞争力，解决"我们的优势是什么"的问题。企业要想按时向顾客交货，满足现在和未来顾客的需要，必须以优化企业的内部业务流程为前提。因此，企业应当遴选出那些对顾客满意度有最大影响的业务流程，明确自身的核心竞争能力，并把它们转化成具体的测评指标。反映内部业务流程维度的常用指标有交货及时率、生产负荷率、产品合格率、存货周转率、单位生产成本等。

(四) 学习和成长维度

这一维度的目标是解决"我们是否能继续提高并创造价值"的问题。只有持续不断地开发新产品，为客户创造更多价值并提高经营效率，企业才能打入新市场，才能赢得顾客的信任，从而增加股东价值。企业的学习与成长来自员工、信息系统和企业程序等。根据经营环境和利润增长点的差异，企业可以确定不同的产品创新、过程创新和生产水平提高指标，如新产品开发周期、员工满意度、员工保持率、员工生产率、培训计划完成率。

传统的业绩评价系统仅仅将指标提供给管理者，无论财务的还是非财务的，很少看到彼此间的关联及对企业最终目标的影响。但是，平衡计分卡则不同，它的各个组成部分是以一种集成的方式来设计的，公司现在的努力与未来的前景之间存在着一种因果关系，在企业目标与业绩指标之间存在着一条"因果关系链"。管理者从平衡计分卡中能够看到并分析影响企业整体目标的各种关键因素，而不单单是短期的财务结果。它有助于管理者对整个业务活动的发展过程始终保持关注，并确保现在的实际经营业绩与公司的长期战略保持一致。

四、平衡计分卡指标体系

(一) 平衡计分卡指标体系的具体构建

构建平衡计分卡指标体系时，企业应以财务维度为核心，其他维度的指标都与核心维度的一个或多个指标相联系。通过梳理核心维度目标的实现过程，确定每个维度的关键驱动因素，结合战略主题，选取关键绩效指标。平衡计分卡每个维度的指标通常为4～7个，总数量一般不超过25个。

1. 财务维度指标体系的构建

财务维度以财务术语描述了战略目标的有形成果。财务绩效指标可以显示企业的战略及其执行和实施是否对改善企业盈利作出贡献。财务指标通常与获利能力有关。企业常用指标有投资资本回报率、净资产收益率，经济增加值回报率、息税前利润、自由现金流、资产负债率、总资产周转率、资本周转率等。

(1) 投资资本回报率是指企业在一定会计期间内取得的息前税后利润占其所使用的全部投资资本的比例，反映企业在该会计期间内有效利用投资资本创造回报的能力。一般计算公式如下：

$$投资资本回报率 = \frac{税前利润 \times (1 - 所得税税率) + 利息支出}{投资资本平均余额} \times 100\%$$

$$投资资本平均余额 = \frac{期初投资资本 + 期末投资资本}{2}$$

$$投资资本 = 有息债务 + 所有者(股东)权益$$

(2) 净资产收益率(也称权益净利率)反映企业在一定会计期间内取得的净利润占其所使用的净资产平均数的比例，即反映企业全部资产的获利能力。其一般计算公式如下：

$$净资产收益率 = \frac{净利润}{平均净资产} \times 100\%$$

(3) 经济增加值回报率反映企业在一定会计期间内经济增加值与平均资本占用的比值。其一般计算公式如下：

$$经济增加值回报率 = \frac{经济增加值}{平均资本占用} \times 100\%$$

(4) 息税前利润反映企业当年实现税前利润与利息支出的合计数。其一般计算公式如下：
$$息税前利润 = 税前利润 + 利息支出$$

(5) 自由现金流是指企业在一定会计期间内经营活动产生的净现金流超过付现资本性支出的金额，反映企业可动用的现金。其一般计算公式如下：
$$自由现金流 = 经营活动净现金流 - 付现资本性支出$$

(6) 资产负债率是指企业负债总额与资产总额的比值，反映企业整体的财务风险程度。其一般计算公式如下：

$$资产负债率 = \frac{负债总额}{资产总额} \times 100\%$$

(7) 总资产周转率是指企业营业收入与总资产平均余额的比值，反映总资产在一定会计期间内周转的次数。其一般计算公式如下：

$$总资产周转率 = \frac{营业收入}{总资产平均余额} \times 100\%$$

(8) 资本周转率是指企业在一定会计期间内营业收入与平均资本占用的比值。其一般计算公式如下：

$$资本周转率 = \frac{营业收入}{平均资本占用} \times 100\%$$

2. 客户维度指标体系的构建

客户维度界定了目标客户的价值主张。企业常用指标有市场份额、客户满意度、客户获得率、客户保持率、客户获利率、战略客户数量等。

(1) 市场份额是指一个企业的销售量(或销售额)在市场同类产品中所占的比重。

(2) 客户满意度是指客户期望值与客户体验的匹配程度,即客户通过对某项产品或服务的实际感知与其期望值相比较后得出的指数。客户满意度收集渠道主要包括问卷调查、客户投诉、与客户的直接沟通、消费者组织的报告、各种媒体的报告和行业研究的结果等。

(3) 客户获得率是指企业在争取新客户时获得成功客户的比例。该指标可用客户数量增长率或客户交易额增长率来描述。其一般计算公式如下:

$$客户数量增长率 = \frac{本期客户数量 - 上期客户数量}{上期客户数量} \times 100\%$$

$$客户交易额增长率 = \frac{本期客户交易额 - 上期客户交易额}{上期客户交易额} \times 100\%$$

(4) 客户保持率是指企业继续保持与老客户交易关系的比例。该指标可用老客户交易额增长率来描述。其一般计算公式如下:

$$老客户交易额增长率 = \frac{老客户本期交易额 - 老客户上期交易额}{老客户上期交易额} \times 100\%$$

(5) 客户获利率是指企业从单一客户得到的净利润与付出的总成本的比率。其一般计算公式如下:

$$单一客户获利率 = \frac{单一客户净利润}{单一客户总成本} \times 100\%$$

(6) 战略客户数量是指对企业战略目标实现有重要作用的客户的数量。

3. 内部业务流程维度指标体系的构建

内部业务流程维度确定了对战略目标产生影响的关键流程。企业常用指标有交货及时率、生产负荷率、产品合格率、存货周转率等。

(1) 交货及时率是指企业在一定会计期间内及时交货的订单个数占总订单个数的比例。其一般计算公式如下:

$$交货及时率 = \frac{及时交货的订单个数}{总订单个数} \times 100\%$$

(2) 生产负荷率是指投产项目在一定会计期间内的实际产量与设计生产能力的比例。其一般计算公式如下:

$$生产负荷率 = \frac{实际产量}{设计生产能力} \times 100\%$$

(3) 产品合格率是指合格产品数量占总产品产量的比例。其一般计算公式如下:

$$产品合格率 = \frac{合格产品数量}{总产品产量} \times 100\%$$

(4) 存货周转率是指企业营业成本与存货平均余额的比值，反映存货在一定会计期间内周转的次数。其一般计算公式如下：

$$存货周转率 = \frac{营业成本}{存货平均余额} \times 100\%$$

4. 学习与成长维度指标体系的构建

学习与成长维度确定了对战略最重要的无形资产。企业常用指标有员工流失率、员工保持率、员工生产率、培训计划完成率等。

(1) 员工流失率和员工保持率。员工流失率是指企业在一定会计期间内离职员工占员工平均人数的比例；员工保持率是指企业在一定会计期间内在职员工占员工平均人数的比例。其一般计算公式如下：

$$员工流失率 = \frac{本期离职员工人数}{员工平均人数} \times 100\%$$

$$员工保持率 = (1 - 员工流失率) \times 100\%$$

(2) 员工生产率是指员工在一定会计期间内创造的劳动成果与其相应员工数量的比值。该指标可用人均产品生产数量或人均营业收入进行衡量。其一般计算公式如下：

$$人均产品生产数量 = \frac{本期产品生产总量}{生产人数}$$

$$人均营业收入 = \frac{本期营业收入}{员工人数}$$

(3) 培训计划完成率是指培训计划实际完成的时数占培训计划总时数的比例。其一般计算公式如下：

$$培训计划完成率 = \frac{培训计划实际执行的总时数}{培训计划总时数} \times 100\%$$

(二) 通用类指标库的建立

企业可根据实际情况建立通用类指标库，不同层级单位和部门结合不同的战略定位、业务特点选择适合的指标体系。

(三) 平衡计分卡指标权重的确立

平衡计分卡指标的权重分配应以战略目标为导向，反映被评价对象对企业战略目标贡献或支持的程度，以及各指标之间的重要性水平。企业绩效指标权重一般设定在 5%～30%，对特别重要的指标可适当提高权重。对特别关键、影响企业整体价值的指标可设立"一票否决"制度，即如果某项绩效指标未完成，无论其他指标是否完成，均视为未完成绩效目标。

(四) 平衡计分卡绩效目标值的确定

在数字化时代，平衡计分卡绩效目标值的设定同样需要与时俱进，充分融合数字化思维和技术。在确定平衡计分卡绩效目标值时，首先，基于战略地图的因果关系，结合数据分析工具来确定战略主题的目标值，通过数据挖掘和预测分析，更精确地确定主题内的目标值，以确保绩效目标与战略目标的紧密对接。其次，基于平衡计分卡评价指标与战略目标的对应关系，利用数字化手段为每个评价指标设定目标值，通常设计 3～5 年的目标值，并实时监控和调整这些目标值以适应市场变化。

此时，绩效目标值的确定不再是静态的，而是动态的、可调整的。当内外部环境发生重大变化、自然灾害等不可抗力因素对绩效完成结果产生重大影响时，系统能够自动识别这些变化，并基于预设的规则和算法，对目标值进行快速而准确的调整。这一过程减少了人为干预，提高了调整的效率和准确性。

为了进一步探讨数字化绩效管理体系的具体操作和实际效果，下面我们将引入一个实际案例。通过分析该案例中数字化绩效管理体系的构建过程、实施效果和实施结果来探讨其解决方案。

💲 数智赋能——数字化绩效管理体系的构建、实施效果分析报告

案例背景：

复兴航空公司的新云机场自建立以来，都是按照传统的方式进行绩效管理的，没有将非财务因素纳入经营管理。这种方式在初期对机场的发展起到了十分有效的作用，但随着机场不断发展，业务量不断扩大，传统的绩效管理方式已经无法适应机场发展的新要求，因此，财务部门开会讨论，结合新云机场的战略发展目标，提出构建基于平衡计分卡的绩效管理体系，包括财务、客户、内部运营、学习与成长四个维度。

其中，财务维度的关键业绩指标主要是客运收入目标完成率；客户维度的关键业绩指标是客户满意度；内部运营维度主要在于对机场流程的优化，提高客户体验；学习与成长维度关注员工工作效率及技能的提升。假如你是机场财务部门的主管，请结合关键业绩指标，构建基于平衡计分卡的绩效管理体系，分析评价 2020 年的业绩，并提出改进的措施。

数字实践：

（一）从财务维度分析

1. 通过 MICD 数据中心获取《复兴航空新云机场 2019～2020 年客运收入情况表》，将该数据表导入 Power BI；

数据表

2. 新建度量值"完成值"，运用函数公式：完成值 = SUM('KPI'[实际收入/万元])；

3. 新建度量值"目标值"，运用函数公式：目标值 = SUM('KPI'[目标收入/万元])；

4. 新建度量值"最大值"，运用函数公式：最大值 = [目标值]*1.5；

5. 选择"切片器"作为可视化方式，在字段选择"日期"；

6. 选择"仪表"作为可视化方式，依次在字段"值""最大值"和"目标值"中选择"完成值""最大值"和"目标值"，生成"步骤（一）：从财务维度分析"的可视化图形。

（二）从客户维度分析

1. 通过 MICD 数据中心获取《复兴航空新云机场 2020 年客户满意度调查情况表》，将该数据表导入 Power BI；

2. 选择"表"作为可视化方式，在"值"字段中选入"不满意的原因"；

3. 选择"饼图"作为可视化方式，分别在字段"图例"和字段"值"中选择"满意度"和"客户 ID"，标签样式为"类别，总百分比"，生成"步骤（二）：从客户维度分析"的可视化图形。步骤（一）、（二）可视化输出结果见图 7-2。

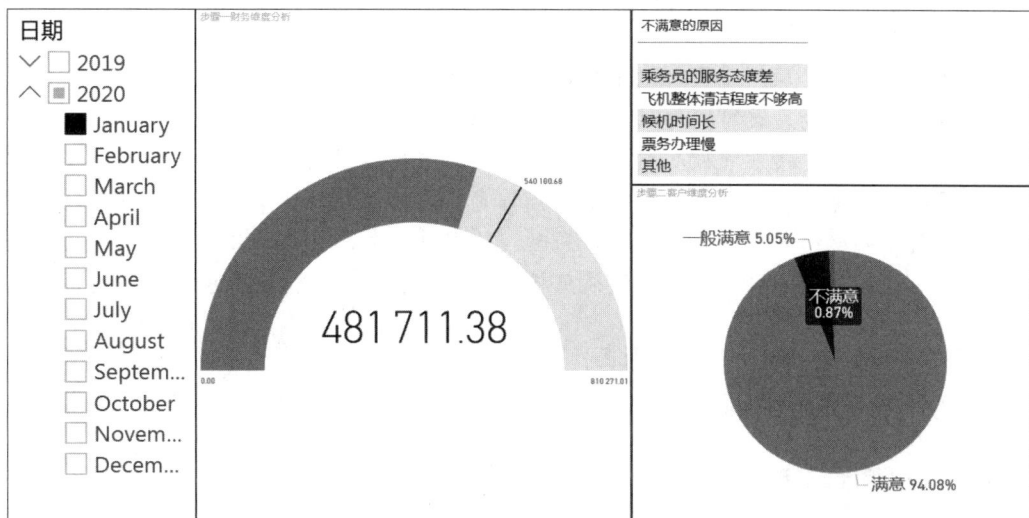

图 7-2 步骤(一)、(二)的输出结果

2019 年，复兴航空公司的业绩呈现出积极向上的态势，有 8 个月都顺利达成或超越了设定的 KPI 目标。这反映出公司在该年度内的稳健运营和高效管理，以及员工们对目标的积极追求和不懈努力。然而，进入 2020 年，由于一系列外部因素的干扰，公司的业绩受到了严重影响，全年仅有 3 个月完成了目标。尽管公司在某些月份仍然努力维持正常的运营和生产，但整体业绩却难以与 2019 年相提并论。

针对以上经营结果，公司可以考虑通过提高非航运收入，例如，采取开设机场免税店、提高非客运收入、将闲置飞机用于货运，又或者在节假日为部分客户提供出行优惠，刺激消费等手段应对持续影响公司业绩的外部因素，提升公司 2021 年的经营收入。

(三) 从内部运营维度分析

根据步骤(一)、(二)得到的财务及客户维度可视化呈现结果，分析内部运营维度的改善措施：

1. 增加寻找候机口的途径，避免乘客为寻找候机口耗费时间，并增加候机区域的地域特色，例如，设置互动性设备，降低等候时间的枯燥性。

2. 引入先进的信息技术，如自助办理设备、智能排队系统，提高票务办理效率，优化系统的同时简化退改签流程，提高办理效率。

3. 增加飞机清洁频次，并制定更严格的清洁标准和监督机制，对清洁工作进行检查和评估，发现问题及时进行整改。

(四) 从学习与成长维度分析

根据步骤(一)、(二)得到的财务及客户维度可视化呈现结果，分析学习与成长维度的改善措施：

1. 加强培训与教育，提供基础培训，涵盖礼仪、沟通技巧、危机处理等方面，并定期进行综合培训，提升服务技巧和专业知识。同时设立服务评估团队，定期对乘务员的服务进行评估和监控，确保服务质量的稳定提升。

2. 强调清洁标准的重要性，通过培训提升员工对清洁标准的认识和遵守，确保飞机整体清洁程度达到高标准。

【职场经验】

在实际工作中，使用平衡计分卡评价绩效指标时，绩效管理人员往往忽略了绩效评价与激励措施的结合，这可能导致员工的工作积极性和创新能力受到影响。

面对这个问题，绩效管理人员应该将平衡计分卡与激励措施相结合，设定具体、可衡量的目标，确保平衡计分卡中的每个指标都有与之对应的、具体的、可衡量的绩效目标，并向员工明确绩效与激励的关联，同时，鼓励员工参与平衡计分卡的制定和修订过程，这样可以确保平衡计分卡中的绩效目标更加符合实际工作情况，也更容易被员工接受和执行。

五、平衡计分卡的应用评价

(一) 平衡计分卡的优点

第一，平衡计分卡将战略规划目标逐层分解，转化为被评价对象的业绩指标和行动方案，使整个组织协调一致，将战略规划目标层层落到实处。

第二，平衡计分卡从财务、客户、内部业务流程、学习与成长四个维度确定绩效指标，平衡了短期目标与长期目标、财务指标与非财务指标、结果性指标与动因性指标、企业内部利益与外部利益，使绩效评价更为全面完整。

第三，平衡计分卡将学习与成长作为一个维度，既注重员工技能的提升，满足员工的发展愿望和发展要求，也注重组织资本、信息资本等无形资产的开发利用，有利于增强企业可持续发展的动力。

(二) 平衡计分卡的缺点

第一，应用平衡计分卡绘制战略地图、确定战略主题和绩效指标体系的专业技术要求高，工作量比较大，操作难度也较大，实施比较复杂。

第二，平衡计分卡涉及大量指标数据的收集和计算，需要持续沟通和反馈且投入大量的资源，从启动到全面实施通常需要一年或更长的时间，实施成本比较高。

⊙ 任务评测

一、单项选择题

1. 按照平衡计分卡，目标是解决"我们是否能继续提高创造价值"的问题的维度是(   )。

A. 财务维度   B. 顾客维度

C. 内部业务流程维度   D. 学习和成长维度

2 按照平衡计分卡，着眼于企业的核心竞争力，解决"我们的优势是什么"的问题时可以利用的考核指标是(   )。

A. 经济增加值回报率   B. 顾客满意度

C. 产品合格率   D. 员工满意度

3. 下列各项中，属于平衡计分卡长期评价指标的是(　　)。

A. 新技术学习　　B. 研发费用　　C. 市场占有率　　D. 内部经营过程

4. 下列各项中关于平衡计分卡的要求表述不正确的是(　　)。

A. 平衡计分卡的四个方面应互为因果

B. 平衡计分卡应该最终和财务指标联系起来

C. 平衡计分卡中只有具体的业绩衡量指标

D. 平衡计分卡中还应包括具体衡量指标的驱动因素

5. 战略地图的学习与成长层面主要说明组织的无形资产及它们在战略中扮演的角色，其中无形资产不包括(　　)。

A. 无形资本　　B. 人力资本　　C. 信息资本　　D. 组织资本

二、多项选择题

1. 平衡计分卡是指基于企业战略，从(　　)几个维度，将战略目标逐层分解转化为具体的、相互平衡的绩效指标体系，并据此进行绩效管理的方法。

A. 财务　　　　　　　　　　B. 客户

C. 内部业务流程　　　　　　D. 学习与成长

2. 平衡计分卡可能涉及组织和流程变革，具有(　　)的企业文化有助于成功实施平衡计分卡。

A. 创新精神　　B. 变革精神　　C. 工匠精神　　D. 创造精神

3. A 公司的(　　)构成了平衡计分卡的第四维度：学习与发展维度。

A. 运作与管理系统　　　　　B. 职业经理人

C. 企业文化　　　　　　　　D. 经营管理

4. 平衡计分卡的实施是一项复杂的系统工程。企业一般需要建立由(　　)等组成的团队，为平衡计分卡的实施提供机制保障。

A. 战略管理　　　　　　　　B. 人力资源管理

C. 财务管理　　　　　　　　D. 外部专家

5. 企业应建立高效集成的信息系统，实现(　　)等系统的紧密结合，为平衡计分卡的实施提供信息支持。

A. 绩效管理　　B. 预算管理　　C. 财务管理　　D. 生产经营

三、判断题

1. 平衡计分卡指标体系的构建应围绕战略地图，针对财务、客户、内部业务流程三个维度的战略目标，确定相应的评价指标。　　　　　　　　　　　　　　　　　(　　)

2. 企业可根据实际情况建立通用类指标库，不同层级单位和部门结合不同的战略定位、业务特点选择适合的指标体系。　　　　　　　　　　　　　　　　　　　(　　)

3. 构建平衡计分卡指标体系时，企业应以财务维度为核心，其他维度的指标都与核心维度的一个或多个指标相联系。　　　　　　　　　　　　　　　　　　　　(　　)

4. 企业常用指标有投资资本回报率、净资产收益率、经济增加值、息税前利润、自由现金流、资产负债率、总资产周转率等。　　　　　　　　　　　　　　　　　(　　)

5. 平衡计分卡是一个静态的框架，一旦设定就不需要改变。　　　　　　（　　）

引思明鉴

甲企业(以下简称"公司""企业")是一家工业研发和制造企业。该企业以落实集团战略做强做优、整合资源和统一管理、提高运营效率为目标，借鉴平衡计分卡思想，以关键绩效指标(KPI)考核为主线，将经济增加值(EVA)确定为 KPI 之一，结合采用 360°评价的方法建立了企业业绩考核体系，企业管控能力不断增强，经营管理水平不断提升。

（一）吸收平衡计分卡思想

公司吸收平衡计分卡的思想，战略制定除明确了财务目标外，充分体现了对客户服务、产品标准的关注。同时公司还制定了《公司人力资源规划》，确立人才与集团公司共同成长的发展观；将业绩考核作为战略落地的重要抓手，充分结合本企业的特点，在强调财务业绩的同时，特别注重科技业绩、安全生产、内部协同等方面的考核；建立了以《公司全员业绩考核》为统领，涵盖从集团到二级企业、三级企业，从高管人员、各部门到员工个人的多个考核制度的完整的考核体系，将考核目标层层分解和传递。

（二）以 KPI 为主线

公司的考核体系以 KPI 为主线，基本运用情况如下：

一是强化考核体系，根据调整后的战略规划要求，强化与战略规划相关的收入、利润等主要经营指标、考核机制；

二是根据《公司高级管理人员经营业绩考核暂行办法》，建立考核范围覆盖集团公司全部高管人员的考核体系，将战略规划目标和战略措施有针对性地纳入每位高管人员个人关键业绩指标；

三是根据《公司企业负责人年度经营业绩考核暂行办法》，将子企业发展规划中的利润总额、经济增加值、营业收入、科技创新投入等与战略实施相关的指标和工作任务纳入对子企业负责人的考核。

（三）整合采用 360°评价方法

公司在高管人员个人素质能力评价、集团公司各职能部门负责人的考核、部门员工的考核中，采用 360°评价的方法。其中，高管人员的评价者是全体董事、党委常委会成员及其他高管人员；总部职能部门负责人进行述职，由集团公司领导人员及总部各部门负责人、所属企业正职参加述职会议并评分；部门员工进行年度工作总结，由部门负责人和其他员工进行评分。

（四）单项 KPI 采用 EVA 考核的方法

经济增加值作为企业价值的量化体现，成为考核体系的重要组成部分，公司经济增加值的考核办法与国资委的考核办法在内容上基本保持一致，并将其作为考核办法中的基本指标，将其权重比例设置为 30%，在所属二级企业全面推行。公司积极探索完善经济增加值考核理念与方法，结合所属企业实际经营情况，较为有效地将国资委考核集团公司的指标分解为各企业的业绩考核指标，按照权责利相统一的要求，实现了企业负责人经营业绩同激励约束机制相结合，并以此作为职务任免的重要依据。

公司按照季度、半年度、年度分别对集团公司及所属企业的财务状况进行动态分析。

经济增加值作为考核下属企业的一项重要指标已在财务动态中列示，并在年底按照各企业经济增加值完成情况进行排名，以引起企业的高度重视。经济增加值指标考核列入集团公司常态化指标管理范围，在所属企业中该项指标凡是出现异常变化的情况，均要求对其经济增加值进行分解、分析，找出原因、反映问题、寻求解决方法。

党的十八届三中全会对全面深化改革作出了总体部署，推进预算绩效管理、建立事业单位法人治理结构，已经成为行政事业单位的内在要求。这就要求财政部门顺时应势，大力发展管理会计。全面推进管理会计体系建设，是建立现代财政制度、推进国家治理体系和治理能力现代化的重要举措；是推动企业建立、完善现代企业制度，推动事业单位加强治理的重要制度安排；是激发管理活力，增强企业价值创造力，推进行政事业单位加强预算绩效管理、决算分析和评价的重要手段；是财政部门更好发挥政府作用，进一步深化会计改革，推动会计人才上水平、会计工作上层次、会计事业上台阶的重要方向。

赛学融合

北京鼎丰旅游有限公司(以下简称"鼎丰旅游""公司""本公司")采用平衡计分卡进行绩效管理。平衡计分卡是基于企业战略，从财务、客户、内部业务流程、学习与成长四个维度，将战略目标逐层分解转化为具体的、相互平衡的绩效指标体系，并据此进行绩效管理的方法。

一、财务维度

财务维度以财务术语描述了战略目标的有形成果，从财务指标角度对公司经营情况进行分析。该维度评价指标、目标值及各指标权重占比如表 7-6 所示。

指标公式表

表 7-6 财务维度评价表

指 标 名 称	权重/%	目 标 值
营业收入增长率	10	
营业毛利率	10	
营业净利率	10	
净利润增长率	15	
营业成本增长率	12	分别根据《指标公式表》计算
流动比率	10	
资产负债率	13	
净资产收益率	20	

二、客户维度

客户是企业之本，是企业的利润来源，客户维度主要从时间、质量、服务效率及成本等方面进行分析与评价。

(一) 客户维度指标体系

该维度评价指标、目标值及各指标权重占比如表 7-7 所示。

表 7-7   客户维度评价表

指 标 名 称	权重/%	目 标 值
市场份额	30	本公司 2021 年市场份额的 1.05 倍
客户满意度	30	90 分
客户投诉率	20	0.50%
团客数量	20	40 个

(二) 部分指标说明

1. 市场份额

市场份额指本公司提供的服务销售额在同市场同类业务销售额中的占比。鼎丰旅游主要是为游客提供食、住、行、游、乐、购等多方面的服务。同类业务市场销售额如表 7-8 所示。

表 7-8   市场销售额情况表

项　　目	2021 年市场销售总额/亿元	2022 年市场销售总额/亿元
旅行社服务	1 857.16	1 601.56

2. 客户满意度

1) 指标说明

公司可以通过对客户满意度的因素分析，发现影响客户满意度的因素、客户满意度及客户消费行为三者的关系，从而通过优化这些关键因素有效地提升客户满意度。鼎丰旅游从报名接待、旅行中安排及导游服务三个方面对客户满意度进行评价，具体内容如表 7-9 和表 7-10 所示。

表 7-9   整体评价内容

项　　目	评 价 层 面	权重/%
报名接待(20%)	电话客服报名体验	35
	公众号报名体验	35
	团购网报名体验	30
旅行中安排(40%)	住宿安排	20
	用餐安排	20
	行程安排	20
	交通安排	10
	购物安排	20
	司机服务	10
导游服务(40%)	导游规范	25
	讲解内容	25
	综合服务	20
	控制服务	30

表 7-10　导游服务项目评价内容

导游服务项目	评 价 内 容	权重/%
导游规范(25%)	提前到达接团地点	20
	接团现场说明	20
	佩戴导游证	20
	举导游旗	20
	合理安排游客上车入座	20
讲解内容(25%)	致欢迎(送)词	20
	沿途讲解	30
	景区景点讲解	30
	营造现场活跃气氛	20
综合服务(20%)	下车时的注意事项提醒	25
	游览时的注意事项提示	25
	入住酒店的提醒服务	25
	为自由活动游客指引交通	25
控制服务(30%)	全程服务态度	25
	为游客提供人性化服务	20
	协调处理突发情况	25
	自费项目征求个人意见	30

2) 计算说明

鼎丰旅游的客户分为团客和散客,团客是指单次报名人数达 50 人的客户,反之称为散客。公司下属有 4 家旅行社,分别对 4 家旅行社的所有团客及随机抽取的部分散客进行满意度调查(各评分项目满分为 100 分),经过汇总及数据处理,请扫码获取详细的客户满意度调查结果。

客户满意度计算过程如下。

(1) 计算导游服务得分:

导游服务得分 $=\sum($ 某导游服务项目权重×某导游服务项目得分$)$;

某导游服务项目得分 $=\sum($ 某项评价内容权重×某项评价内容得分$)$;

评分结果

取四个旅行社各项评价内容得分的算术平均数作为各项评价内容得分;

某旅行社某评价内容得分 $=$ 团客得分×60%+散客得分×40%。

(2) 计算报名接待、旅行中安排得分:

报名接待、旅行中安排得分 $=\sum($ 某评价层面权重×某评价层面得分$)$;

取四个旅行社各评价层面得分的算术平均数作为各评价层面得分;

某旅行社某评价层面得分 $=$ 团客得分×60%+散客得分×40%。

(3) 计算客户满意度:

客户满意度 $=\sum($ 某评价项目得分×某评价项目权重$)$。

三、内部流程维度

内部流程维度是从公司内部管理流程角度出发对公司业绩进行评价的，该维度评价指标、所占权重如表 7-11 所示。

表 7-11   内部流程维度评价表

评 价 指 标	权重/%	目 标 值
部门协作满意度	20	100 分
服务效率	20	100 分
售后服务水平	15	100 分
流动资产周转率	12	根据《指标公式表》计算
总资产周转率	15	根据《指标公式表》计算
应付账款周转率	18	根据《指标公式表》计算

四、学习与成长维度

1. 学习与成长维度指标体系

学习与成长维度解决"我们是否能继续提高并创造价值"的问题，它从公司内部人力资源角度对公司业绩进行评价。该维度评价指标、所占权重如表 7-12 所示。

表 7-12   学习与成长维度评价表

评 价 指 标	权重/%	目 标 值
人均营业收入	20	根据《指标公式表》计算
人均营业利润	20	根据《指标公式表》计算
员工增加率	15	根据《指标公式表》计算
员工流失率	15	2.5%
企业文化认知程度	20	98 分
培训计划完成次数	10	20 次

2. 各年员工人数

各年员工人数如表 7-13 所示。

表 7-13   员工人数统计表   单位：人

年 份	实际统计	预算统计
2020 年	35	35
2021 年	36	35
2022 年	34	35

注：以上人数均指各年平均人数。

五、完成度及得分计算规则

1. 指标完成度

极性为正的指标：

$$指标完成度 = \frac{实际值}{目标值} \times 100\%$$

极性为负的指标：

$$指标完成度 = \left(2 - \frac{实际值}{目标值}\right) \times 100\%$$

完成度最高不超过 110%。

指标极性说明：极性为正，表示指标越大越有利于公司健康发展；极性为负，表示指标越大越不利于公司健康发展。

特殊说明：如果目标值出现负数，则完成情况好于预计情况的，完成度按 100% 计；完成情况差于预计情况的，完成度按 0 计。

2. 指标得分评价标准

指标得分评价标准如表 7-14 所示。

表 7-14　指标得分评价标准表

评价结果	A+	A	B+	B	C	D	E
完成度/%(X)	100≤X≤110	90≤X<100	80≤X<90	70≤X<80	60≤X<70	50≤X<60	X<50
本档得分/分	101~110	91~100	81~90	71~80	61~70	50~60	0

$$单项指标得分 = 本档最低分 + 调整分$$

$$调整分 = \frac{指标实际完成度 - 本档最低完成度}{本档最高完成度 - 本档最低完成度} \times (本档最高分 - 本档最低分)$$

若某评价指标完成度小于 50%，则该评价指标得分为 0。

3. 维度加权得分

$$维度加权得分 = \sum(单项指标得分 \times 对应权重)$$

4. 企业综合得分

$$企业综合得分 = \sum(某维度得分 \times 对应权重)$$

实训要求：

1. 完成鼎丰旅游 2022 年客户满意度评价，以完整小数位引用计算，结果四舍五入，保留两位小数作答，填入表 7-15。

表 7-15　客户满意度评价表

项　　目	权重/%	评价层面加权得分/分	客户满意度/分
报名接待	**		
旅行中安排	**		
导游服务	**		

2. 完成鼎丰旅游 2022 年平衡计分卡考核计算，以完整小数位引用计算，单位为%项目及带%项目结果四舍五入，保留%前两位小数作答，如 3.24%，其余结果四舍五入，保留两

位小数作答，结果填入表 7-16。

表 7-16　平衡计分卡考核

维度	评价指标	极性	单位	权重	目标值	实际值	完成度	评价指标得分	维度加权得分
财务维度	营业收入增长率	正	%	**					
	营业毛利率	正	%	**					
	营业净利率	正	%	**					
	净利润增长率	正	%	**					
	营业成本增长率	负	%	**					
	流动比率	正	%	**					
	资产负债率	负	%	**					
	净资产收益率	正	%	**					
客户维度	市场份额	正	%	**					
	客户满意度	正	分	**	90				
	客户投诉率	负	%	**	0.50%	0.80%			
	团客数量	正	个	**	40	42			
内部流程维度	部门协作满意度	正	分	**	100	95			
	服务效率	正	分	**	100	96			
	售后服务水平	正	分	**	100	97			
	流动资产周转率	正	次	**					
	总资产周转率	正	次	**					
	应付账款周转率	负	次	**					
学习与成长维度	人均营业收入	正	元/人	**					
	人均营业利润	正	元/人	**					
	员工增加率	正	%	**					
	员工流失率	负	%	**	2.50%	3%			
	企业文化认知程度	正	分	**	98	95			
	培训计划完成次数	正	次	**	20	18			

项目八　风险管理

学习目标

【知识目标】

1. 熟悉风险管理的概念和内容；
2. 掌握风险管理应遵循的原则和应用环境；
3. 熟悉企业面对的主要风险；
4. 掌握风险管理工具和方法的使用。

【能力目标】

1. 能够充分认识风险管理的作用；
2. 能够正确绘制风险矩阵；
3. 能够正确编制风险清单。

【素质目标】

1. 树立全局观念，深刻理解风险管理的重要性，养成积极面对风险的态度；
2. 将风险管理基本知识应用到个人学习工作中，从而能有效应对各种风险。

项目导图

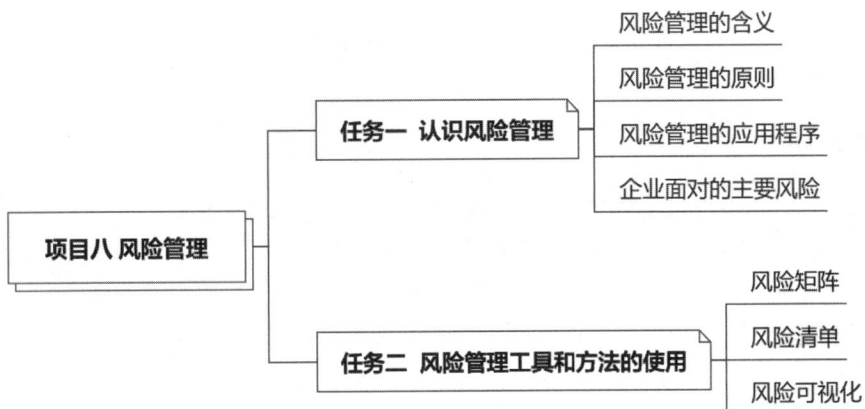

项目引例

巴林银行在 20 世纪 90 年代前是英国最大的银行之一，有超过 200 年的历史。

在 1992—1994 年期间，巴林银行新加坡分行总经理尼克·里森(Nick Lesson)从事日本大阪及新加坡交易所之间的日经指数期货套期对冲和债券买卖活动，累积亏损超过 10 亿美元，导致巴林银行于 1995 年 2 月破产，最终被荷兰国际集团收购。

调查中发现：巴林银行的高层对里森在新加坡的业务并不了解，在事发 3 年内居然无一人看出里森的问题。其实，巴林银行 1994 年就已经发现里森在账上有 5 000 多万英镑的差额，并对此进行了几次调查，但都被里森以非常轻易的解释蒙骗了过去。

造成巴林银行灾难性厄运的原因是，巴林银行缺乏职责划分的机制，里森身兼巴林新加坡分行的交易员和结算员，这使他有机会伪造存款和其他文件，把期货交易带来的损失瞒天过海，最终造成了不可收拾的局面。

另外一个致命的问题是，巴林银行的高层对财务报告不重视。巴林银行董事长 Peter Barings 曾在 1994 年表示，若以为审视更多资产负债表的数据就可以增加对一个集团的了解，那真是幼稚无知。但如果有人在 1995 年 2 月之前认真看一下巴林银行任何一天的资产负债表，里面都有明显记录，都可以看出里森的问题。但遗憾的是，巴林银行高层对财务报表的不重视，使其付出了高昂的代价。

新加坡政府在巴林银行调查报告结论中有这样一段话："如果巴林集团在 1995 年 2 月之前能够及时采取行动，那么他们还有可能避免崩溃。截至 1995 年 1 月底，即使已发生重大损失，这些损失毕竟也只是最终损失的 1/4，如果说巴林的管理层直到破产之前还对这件事情一无所知，我们只能说他们一直在逃避事实。"

里森在自传中也说："有一群人本来可以揭穿并阻止我的把戏，但他们没有这么做。我不知道他们在监督上的疏忽与罪犯级的疏忽之间的界限何在，也不清楚他们是否对我负有什么责任。"

问题思考：

英国巴林银行为何破产？巴林银行在风险管理制度设计和执行上有什么漏洞？

任务一　认识风险管理

学海航标

1. 认识风险管理在保障企业稳健运营和持续发展中的重要性；
2. 熟悉风险管理流程，掌握风险管理的基本工具和方法。

知识准备

一、风险管理的含义

风险管理是指企业为实现风险管理目标，对企业风险进行有效识别、评估、预警和应对等管理活动的过程。企业风险是指企业的战略与经营目标实现过程中所产生的不确定性。需要注意的是，企业风险管理并不能替代内部控制。

风险管理领域应用的管理会计工具和方法，一般包括风险矩阵、风险清单等。企业可结合自身的风险管理目标和实际情况，单独或综合应用不同风险管理工具和方法。

二、风险管理的原则

企业进行风险管理一般应遵循以下原则：

(1) 融合性原则。企业风险管理应与企业的战略设定、经营管理与业务流程相结合。

(2) 全面性原则。企业风险管理应覆盖企业所有的风险类型、业务流程、操作环节和管理层级与环节。

(3) 重要性原则。企业应对风险进行评价，确定需要进行重点管理的风险，并有针对性地实施重点风险监测，及时识别、应对。

(4) 平衡性原则。企业应权衡风险与回报、成本与收益之间的关系。

三、风险管理的应用程序

企业应用风险管理工具和方法时，一般应按照设定风险管理目标的设立、风险识别、风险分析、风险监测与预警、风险应对、风险管理沟通、风险管理考核、风险管理有效性评价的顺序进行，详见图 8-1。

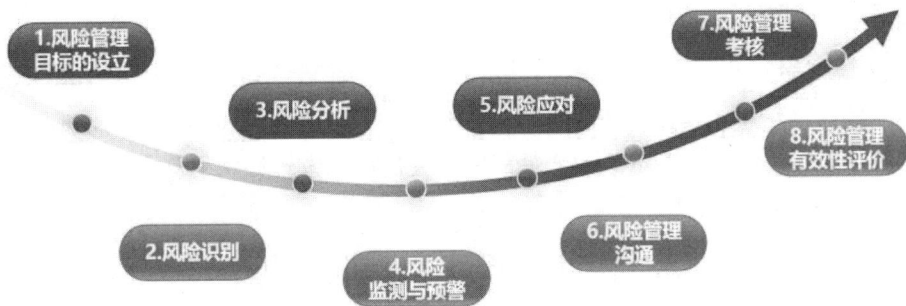

图 8-1　风险管理的应用程序

(一) 风险管理目标的设立

风险管理目标是在确定企业风险偏好的基础上，将企业的总体风险和主要风险控制在企业风险容忍度范围之内。

风险偏好是指企业愿意承担的风险及相应的风险水平。

风险容忍度是指企业在风险偏好的基础上，设定的风险管理目标值的可接受波动范围。

(二) 风险识别

企业应根据风险形成机制，识别可能影响风险管理目标实现的内外部风险因素和风险事项。

(三) 风险分析

企业应在风险识别的基础上，对风险成因和特征、风险之间的相互关系、风险发生的可能性，以及对目标的影响程度和可能持续的时间进行分析。

(四) 风险监测与预警

企业应在风险评价的基础上，针对需重点关注的风险，设置风险预警指标体系对风险的状况进行监测，并通过将指标值与预警临界值的比较，识别预警信号，进行预警分级。

(五) 风险应对

企业应针对已发生的风险或已超过监测预警临界值的风险，采取风险接受、风险规避、风险转移、风险分担、风险转换、风险对冲、风险补偿、风险降低等策略，把风险控制在风险容忍度之内。

1. 风险承担

风险承担也称风险保留、风险自留，是指企业对所面临的风险采取接受的态度，从而承担风险带来的后果。

2. 风险规避

风险规避是指企业回避、停止或退出蕴含某一风险的商业活动或商业环境，避免成为风险的承受人。

3. 风险转移

风险转移是指企业通过合同将风险转移到第三方，企业对转移后的风险不再拥有所有权。转移风险不会降低风险可能的严重程度，只是从一方转移到另一方。

4. 风险转换

风险转换是指企业通过战略调整等手段将企业面临的风险转换成另一种风险。风险转换的手段包括战略调整和使用衍生产品等。

5. 风险对冲

风险对冲是指企业采取各种手段，引入多个风险因素或承担多个风险，使这些风险能够互相冲抵，也就是使这些风险的影响互相抵消。常见的风险对冲的手段有资产组合使用、多种外币结算的使用和战略上的多种经营等。

6. 风险补偿

风险补偿是指企业对风险可能造成的损失采取适当的措施进行补偿。风险补偿表现为企业主动承担风险，并采取措施以补偿可能存在的损失。

7. 风险控制

风险控制是指通过控制风险事件发生的动因、环境、条件等，来达到减轻风险事件发生时的损失或降低风险事件发生概率的目的。

(六) 风险管理沟通

企业应在企业内部各管理层级、责任单位、业务环节之间，以及企业与外部投资者、债权人、客户、供应商、中介机构和监管部门等有关方面之间，传递和反馈风险管理各环节的相关信息。企业应建立风险管理报告制度，明确报告的内容、对象、频率和路径。

(七) 风险管理考核

企业应根据风险管理职责设置风险管理考核指标，并纳入企业绩效管理，建立明确的、权责利相结合的奖惩制度，以保证风险管理活动的持续性和有效性。

风险管理部门应定期对各职能部门和业务部门的风险管理实施情况和有效性进行考核，形成考核结论并出具考核报告，及时报送企业管理层和绩效管理部门。

(八) 风险管理有效性评价

企业应定期对风险管理制度、工具和方法及风险管理目标的实现情况进行评估，识别是否存在重大风险管理缺陷，形成评价结论并出具评价报告。

四、企业面对的主要风险

为实现企业总体经营目标和满足全面风险管理体系建设的需要，企业通常将其面对的主要风险分为战略风险、市场风险、财务风险、运营风险、法律风险和合规风险六大类型。

(一) 战略风险

战略风险是指企业在运用各类资源与能力追求发展的过程中，因自身要素与外部复杂环境匹配失衡而引发企业在实现战略目标中产生的各种阻碍或者机遇。

1. 战略制定风险

企业在战略制定过程中，战略风险主要表现在缺乏明确且符合企业发展实际的战略目标，可能导致企业脱离实际盲目发展，难以形成竞争优势，丧失发展机遇和动力。

2. 战略实施风险

企业在战略实施过程中，战略风险主要表现在战略实施人员缺乏、战略实施组织不力等方面。

3. 战略调整风险

企业在战略实施过程中，如发现现有战略与企业战略环境或自身战略资源、能力不相适应，造成实施效果与战略目标之间出现较大偏差的情况，应及时进行战略调整。

战略调整通常发生在以下几种情况中：

(1) 战略过于激进或过于保守；

(2) 战略方向失准、失误；

(3) 战略部署失当；

(4) 管理层或决策层轮换。

4. 战略复盘整改风险

战略复盘整改是指对企业内外部环境变化作出识别、分析和判断，对战略实施和战略调整的过程和结果进行回顾和总结，进而采取必要的战略整改行动的过程。战略复盘整改风险是指企业在战略实施和调整后，未能及时、准确地对战略执行情况进行回顾、分析和总结，或者未能根据内外部环境的变化及时采取必要的战略调整措施，导致企业无法有效应对风险或错失发展机遇，进而对企业经营产生不利影响的风险。

(二) 市场风险

市场风险是指企业面对的外部市场的复杂性和变动性所带来的与经营相关的风险。企业分析市场风险的来源时应主要考虑以下因素：

(1) 产品或服务的价格及供需变化带来的风险；

(2) 能源、原材料、配件等物资供应的充足性、稳定性和价格变化带来的风险；

(3) 主要客户、主要供应商的信用风险；

(4) 利率、汇率、股票价格指数的变化带来的风险；

(5) 潜在进入者、竞争者、替代品的竞争带来的风险。

(三) 财务风险

财务风险是指企业在生产经营过程中，由于宏观经济、监管政策等外部环境或企业战略目标、管控模式、企业文化等内部因素，导致企业财务相关管理活动不规范或财务成果(收入、利润等)和财务状况(资产、负债、所有者权益)偏离预期目标的不确定性。

企业经营管理与财务相关的业务领域主要包含全面预算管理、筹资管理、资金营运管理、投资管理、财务报告、担保管理，因此企业分析财务风险的来源时应主要考虑以下因素：

(1) 因预算编制、执行或考核存在偏差而导致的风险；

(2) 因筹资决策不当、筹集资金运用不合理可能引发的风险；

(3) 因资金调度不合理、管控不严而导致的风险；

(4) 因投资决策不当、缺乏投资实施管控而导致的风险；

(5) 因财务报告编制、分析、披露不准确、不完整可能引发的风险；

(6) 因担保决策失误、监控不当而导致的风险。

(四) 运营风险

运营风险是指企业在运营过程中，由于内外部环境的复杂性和变动性及主体对环境的认知能力和适应能力的有限性，导致运营失败或运营活动未能达到预期目标的风险。

企业分析运营风险的来源应主要考虑以下因素：

(1) 企业产品结构变化、新产品研发可能引发的风险；

(2) 企业新市场开发、市场营销策略(包括产品或服务定价、销售渠道、市场营销环境状况等)可能引发的风险；

(3) 企业组织效能、管理现状、企业文化及中高层管理人员和重要业务专业人员的知识结构、专业经验等可能引发的风险；

(4) 企业质量、安全、环保、信息安全等管理中发生失误导致的风险；

(5) 企业内、外部人员的道德缺失和不当行为导致的风险;

(6) 企业业务控制系统失灵导致的风险;

(7) 给企业造成损失的自然灾害等风险;

(8) 对企业现有业务流程和信息系统操作运行情况的监管、运行评价及持续改进的能力不足可能引发的风险。

(五) 法津风险和合规风险

法律风险是指企业在经营过程中因自身经营行为的不规范或者外部法律环境发生重大变化而造成不利法律后果的可能性,侧重于企业因经营行为可能引发的民事法律后果,如合同违约、知识产权侵权等,企业需要加强法律合规性审查,确保经营行为符合法律要求。合规风险是指企业因违反法律或监管要求而受到制裁、遭受金融损失及因未能遵守所有适用法律、法规、行为准则或相关标准而给企业信誉带来损失的可能性,侧重于企业因违反法律法规或监管要求而可能面临的行政处罚、声誉损失等风险,企业需要建立健全的合规管理体系,确保企业运营符合法律法规和监管要求。法律风险侧重于民事责任的承担,合规风险则侧重于行政责任和道德责任的承担。

企业分析法律风险和合规风险的来源,应主要考虑以下因素:

(1) 国内外与企业相关的政治、法律环境变化可能引发的风险;

(2) 影响企业的新法律法规和政策颁布可能引发的风险;

(3) 员工的道德操守不当可能引发的风险;

(4) 企业签订重大协议和有关贸易合同的条款设计不当等可能引发的风险;

(5) 企业发生重大法律纠纷案件所引发的风险;

(6) 企业和竞争对手的知识产权可能引发的风险。

【案例分析】 2022 年,全球豆类及油脂库存的紧张局势导致了大豆、豆油、豆粕等饲料原料价格的持续上涨。受此影响,生猪养殖企业的饲料成本大幅攀升,大商所猪饲料成本指数更是达到了指数发布以来的最高点。与此同时,非洲猪瘟引发的"猪周期"加剧了生猪价格的波动,使得生猪出栏价格在 2022 年一季度一度跌至 11.73 元/公斤,整个行业因此陷入深度亏损,大量中小养殖户纷纷退出市场。

在这样的背景下,作为国内猪饲料生产和生猪养殖的领军企业,唐人神集团股份有限公司(简称"唐人神集团")开始积极探索利用生猪期货进行风险管理。其子公司负责为集团采购饲料原料,以满足饲料生产的需要,并通过参与饲料原料期货的套期保值来管理风险。然而,随着 2022 年粕类现货价格的高企和波动加剧,企业面临着饲料原料采购成本上升和库存贬值的风险,这进一步增强了其对风险管理的需求。

为了协助唐人神集团更好地利用生猪期货进行风险管理,华泰期货在生猪期货上市前对其进行了培训辅导,并与企业进行了深入交流,共同探讨解决方案。在完成了参与生猪期货交易的各项准备工作后,唐人神集团在华泰期货的协助下,开始尝试利用生猪期货来管理生猪的销售价格。

2021 年 11 月,唐人神集团迈出了其生猪期货交易的第一步。到了 2022 年 5 月,企业成功完成了生猪期货的交割,以 15.625 元/公斤的价格卖出了生猪。随后,随着生猪价格的快速反弹,唐人神集团逐步增加了期货合约的空头持仓。这意味着,即便市场价格再次下跌,企业也能通过期货合约的盈利来弥补现货销售的损失。在持仓的高峰期,唐人神集团的持仓量超过了 1 100 手,涉及的现货价值高达 5 亿元。

到了 2022 年 11 月,唐人神集团再次成功完成了大规模的生猪期货交割,以约 23 元/公斤的价格完成了交易。通过这一系列的期货市场操作,唐人神集团成功地将生猪的销售价格锁定在一个相对稳定的区间内,有效避免了市场价格波动对企业经营的冲击。

案例分析:简要分析唐人神集团所面临的市场风险。

◎ 小组讨论

1. 风险管理在企业中充当什么"角色"?它的存在对企业有什么作用吗?
2. 如何理解风险管理对企业、家庭乃至社会的贡献?

任务评测

一、单项选择题

1. 风险管理的定义是(   )。

A. 管理潜在风险的过程　　　　　B. 预测未来风险的能力

C. 消除所有风险的方法　　　　　D. 危机管理的一部分

2. 风险控制的主要方法包括(   )。

A. 风险避免、风险转移、风险降低

B. 风险转移、风险投资、风险惩罚

C. 风险规避、风险共担、风险增加

D. 风险规避、风险转嫁、风险追求

3. 风险管理的过程依顺序为(   )。

A. 风险识别、风险处理、风险衡量、风险管理效果评价

B. 风险识别、风险衡量、风险处理、风险管理效果评价

C. 风险衡量、风险识别、风险处理、风险管理效果评价

D. 风险管理效果评价、风险识别、风险衡量、风险处理

4. 因企业担保决策失误、监控不当而导致的风险主要是(   )。

A. 战略风险　　B. 市场风险　　C. 财务风险　　D. 运营风险

E. 法律风险和合规风险

5. 产品结构风险属于(   )。

A. 战略风险　　　B. 市场风险　　　C. 财务风险　　　D. 运营风险

E. 法律风险和合规风险

二、多项选择题

1. 企业进行风险管理,一般应遵循的原则有(   )。

A. 融合性原则　　B. 全面性原则　　C. 重要性原则　　D. 平衡性原则

2. 企业通常将其面对的主要风险分为(   )。

A. 战略风险　　　B. 市场风险　　　C. 财务风险　　　D. 运营风险

E. 法律风险和合规风险　　　　　F. 组织架构风险

3. 战略风险主要表现在( )等方面。

A. 战略实施人员缺乏

B. 战略实施组织不力

C. 治理结构形同虚设，缺乏科学决策、良性运行机制和执行力

D. 因预算编制、执行或考核存在偏差而导致的风险

4. 分析企业的法律风险和合规风险的来源，应主要考虑的因素有( )。

A. 员工的道德操守不当可能引发的风险

B. 企业发生重大法律纠纷案件所引发的风险

C. 企业签订重大协议和有关贸易合同的条款设计不当等可能引发的风险

D. 企业和竞争对手的知识产权可能引发的风险

5. 风险管理的应用程序包括( )。

A. 风险识别　　　B. 风险分析　　　C. 风险转移　　　D. 风险控制

三、判断题

1. 企业风险管理可以替代内部控制。　　　　　　　　　　　　　　　( )

2. 给企业造成损失的自然灾害等风险属于运营风险。　　　　　　　　( )

3. 风险转移指企业通过战略调整等手段将企业面临的风险转换成另一个风险。( )

4. 未订立合同、未经授权对外订立合同、合同对方主体资格未达要求、合同内容存在重大疏漏和欺诈，可能会引发企业的法律风险和合规风险。　　　　　　　( )

5. 医生在手术前要求病人家属签字同意的行为属于风险对冲。　　　　( )

任务二　风险管理工具和方法的使用

学海航标

1. 能够使用风险管理工具全面识别、评估和管理风险；

2. 通过实践在复杂多变的市场环境中有效识别、评估和控制风险。

知识准备

一、风险矩阵

（一）风险矩阵的含义

风险矩阵，是指按照风险发生的可能性和风险发生后果的严重程度，将风险绘制在矩阵图中，展示风险及其重要性等级的风险管理工具方法。

（二）风险矩阵的基本原理

风险矩阵的基本原理是，根据企业风险偏好，判断并度量风险发生的可能性和后果严

重程度，计算风险值，并以此作为主要依据在矩阵中描绘风险重要性等级。

企业应用风险矩阵，应明确应用主体(企业整体、下属企业或部门)，确定所要识别的风险，定义风险发生的可能性和后果严重程度的标准，以及定义风险重要性等级及其表示形式。

(三) 风险矩阵的适用范围

风险矩阵适用于反映企业各类风险重要性等级，也适用于各类风险的分析评价和沟通报告。

(四) 风险矩阵的应用环境

企业应用风险矩阵工具方法时，应综合考虑所处的外部环境、企业内部的财务和业务情况，并结合企业风险管理目标设定、风险偏好选择、风险容忍度设定及风险管理能力的实际水平，来确定风险矩阵的具体应用方式和范围。

此外，应由风险管理责任部门负责风险矩阵工具方法的培训、组织、协调、指导，并根据由相关职能部门和业务部门负责绘制的风险矩阵列示的风险重要性等级，汇总编制企业整体的风险矩阵。必要时，企业可组建由相关职能部门和业务部门组成的跨部门风险管理团队，对风险发生可能性和后果严重程度做出客观、全面的分析和评价。

(五) 风险矩阵的应用程序

企业应用风险矩阵工具方法，一般按照绘制风险矩阵坐标图、沟通报告风险信息和持续修订风险矩阵图等程序进行，其中，绘制风险矩阵坐标图包括确定风险矩阵的横纵坐标、制定风险重要性等级标准、分析与评价各项风险和在风险矩阵中描绘风险点。

1. 绘制风险矩阵坐标图

风险矩阵坐标，是以风险发生可能性为横坐标、以风险后果严重程度为纵坐标的矩阵坐标图。企业可根据风险管理精度的需要，确定定性、半定量或定量指标来描述风险后果严重程度和风险发生的可能性。风险矩阵图如图 8-2 所示。

(1) 确定风险矩阵的横纵坐标。

风险矩阵的横坐标表示风险发生可能性，其等级可定性描述为"不太可能""偶尔可能""可能""很可能"等(也可采用 1、2、3、4 等 N 个半定量分值)，纵坐标表示风险后果严重程度，其等级可定性描述为

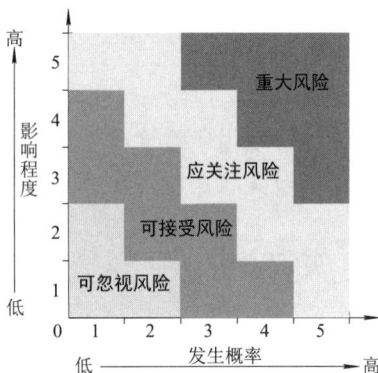

图 8-2　风险矩阵图

"微小""较小""较大""重大"等(也可采用 1、2、3、4 等 M 个半定量分值)，从而形成 $M \times N$ 个方格区域的风险矩阵图。此外，风险矩阵的横纵坐标互换，并且风险矩阵也可以根据需要通过定量指标更精确地描述风险后果严重程度和风险发生的可能性。

(2) 制定风险重要性等级标准。

企业在确定风险重要性等级时，应综合考虑风险后果严重程度和发生的可能性，以及

企业的风险偏好，将风险重要性等级划分为可忽视的风险、可接受的风险、要关注的风险和重大的风险等级别。

对于使用半定量和定量指标描绘的矩阵，企业可将风险后果严重程度和发生的可能性等级的乘积(即风险值)作为评估风险的指标，并将其划分为与风险重要性等级相匹配的区间。乘积越大，风险的重要性等级越高。为了突出风险矩阵的可视化效果，企业可以使用不同的颜色或符号来区分不同重要性等级的风险。

(3) 分析与评价各项风险。

企业在逐项分析和评价需在风险矩阵中展示的风险时，应注意考虑各风险的性质和企业对该风险的应对能力，对单个风险发生的可能性和风险后果严重程度的量化应注重参考相关历史数据。同时，企业应在获取综合职能部门和业务部门等相关方的意见后，得到每一风险发生的可能性和后果严重程度的评分结果。

(4) 在风险矩阵中描绘出风险点。

企业应将每一风险发生的可能性和后果严重程度的评分结果组成的唯一坐标点准确地标注在建立好的风险矩阵图中，并标明各点的含义。同时，企业应给风险矩阵命名，附上必要的说明，以完成风险矩阵的绘制。

2. 沟通报告风险信息

企业应将绘制完成的风险矩阵及时传递给企业管理层、各职能部门和业务部门。企业还可将风险矩阵纳入企业风险管理报告，以切实指导风险预警和应对活动，提高风险管理效果。

3. 持续修订风险矩阵图

企业应根据风险管理的需要或企业管理层的要求，定期或不定期地更新风险矩阵所展示的各类风险及其重要性等级。

(六) 风险矩阵的优缺点

风险矩阵的优点：为企业确定各项风险重要性等级提供了可视化的工具。

风险矩阵的缺点：一是需要对风险重要性等级标准、风险发生的可能性、后果严重程度等做出主观判断，可能影响使用的准确性；二是应用风险矩阵所确定的风险重要性等级是通过相互比较确定的，因而无法将列示的个别风险重要性等级通过数学运算得到总体风险的重要性等级。

【工作实例 8-1】 裕丰公司对 9 项风险发生可能性的高低和风险对目标的影响程度进行评估，风险①至风险⑨的具体情况如表 8-1 所示，并根据表格内容将风险①至风险⑨填入风险矩阵中，填写结果如图 8-3 所示。

表 8-1 风险具体情况

编 号	风险发生可能性	风险后果严重程度
风险①	偶尔可能	微小
风险②	很可能	较小
风险③	可能	较大
风险④	偶尔可能	较大

续表

编　号	风险发生可能性	风险后果严重程度
风险⑤	可能	较小
风险⑥	极可能	重大
风险⑦	偶尔可能	极重大
风险⑧	很可能	极重大
风险⑨	不太可能	重大

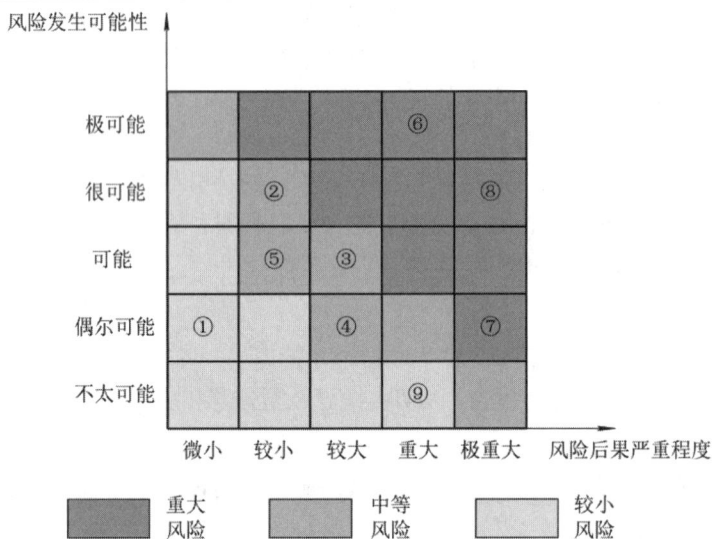

图 8-3　风险矩阵填写结果

　　绘制风险矩阵图的目的在于对多项风险进行直观的比较,从而确定各风险管理的优先顺序和策略。公司决定承担较小风险区域中的各项风险且不再增加控制措施;严格控制中等风险区域中的各项风险且专门补充制定各项控制措施;确保规避和转移重大风险区域中的各项风险且优先安排实施各项防范措施。

【职场经验】

　　由于风险矩阵需要对风险重要性等级标准、风险发生可能性、后果严重程度等做出主观判断,而这些主观判断往往受到个人经验、专业知识和偏见的影响,可能导致评估结果的不一致性和偏差,进而影响使用的准确性。同时,随着企业环境的不断变化和项目的复杂性增加,风险的种类和数量也在不断增加,这使风险矩阵的更新和维护变得更加困难。

　　风险矩阵的编制者、更新者和维护者,应采取一系列措施来应对这些挑战。

　　首先,建立明确的评估准则和标准,从而减少主观因素对评估结果的影响,并通过持续的培训和指导,提升团队在风险识别、分析和评估方面的专业能力。

　　其次,鼓励团队成员间的充分交流和深入讨论,共同确定风险的等级和优先级,确保评估结果的一致性和准确性。

　　再次,构建动态的风险管理机制,包括定期或不定期召开风险审查会议,及时收集、整理和分析新的风险信息，对风险矩阵进行必要的更新和调整。

最后，考虑借助先进的信息技术和数据分析工具建立风险数据库和风险预警系统，实现风险的实时监控和预测，为企业风险管理提供强大的数据和技术支持，从而为企业的持续发展提供坚实的保障。

二、风险清单

(一) 风险清单的含义

风险清单，是指企业根据自身战略、业务特点和风险管理要求，以表单形式进行风险识别、风险分析、风险应对措施、风险报告和沟通等管理活动的工具方法。

(二) 风险清单的适用范围

风险清单适用于各类企业及企业内部各个层级和各类型风险的管理。

企业应用风险清单工具方法的主要目标，是使企业从整体上了解自身风险概况和存在的重大风险，明晰各相关部门的风险管理责任，规范风险管理流程，并为企业构建风险预警和风险考评机制奠定基础。

(三) 风险清单的应用环境

风险清单应由企业风险管理部门牵头组织实施，明确风险清单编制的对象和流程，建立培训、指导、协调、考核和监督机制。各部门对与本部门相关的风险清单的有效性负直接责任，有效性包括风险清单使用的效率和效果等。

(四) 风险清单的应用程序

企业应用风险清单工具方法，一般按照编制风险清单、沟通与报告、评价与优化等程序进行。

1. 编制风险清单

企业一般按企业整体和部门两个层级编制风险清单。企业整体风险清单的编制一般按照构建风险清单基本框架、识别风险、分析风险、制定风险应对措施等程序进行；部门风险清单的编制可根据企业整体风险清单，梳理出与本部门相关的重大风险，依照上述流程进行。中小企业编制风险清单，也可不区分企业整体和部门。

(1) 构建风险清单基本框架。

企业风险清单基本框架一般包括风险识别、风险分析、风险应对三部分。风险识别部分主要包括风险类别、风险描述、关键风险指标等要素；风险分析部分主要包括可能产生的后果、关键影响因素、风险责任主体(以下简称"责任主体")、风险发生可能性、风险后果严重程度、风险重要性等级等要素；风险应对部分主要包括风险应对措施等要素。企业构建风险清单基本框架时，可根据管理需要，对风险识别、风险分析、风险应对中的要素进行调整。经营层风险清单和业务层风险清单分别如表 8-2 和表 8-3 所示。

表 8-2　经营层风险清单

风险识别								风险分析						风险应对
风险类别						风险描述	关键风险指标	可能产生的后果	关键影响因素	风险责任主体	风险发生可能性	风险后果严重程度	风险重要性等级	风险应对措施
一级风险		二级风险		三级风险										
编号	名称	编号	名称	编号	名称									
1	战略风险	1.1												
		1.2												
		…												
2	营运风险	2.1												
		2.2												
		…												
3	财务风险	3.1												
		3.2												
		…												
	…													

表 8-3　业务层风险清单

风险识别								风险分析						风险应对
风险类别						风险描述	关键风险指标	可能产生的后果	关键影响因素	风险责任主体	风险发生可能性	风险后果严重程度	风险重要性等级	风险应对措施
一级风险		二级风险		三级风险										
编号	名称	编号	名称	编号	名称									
1	业务1	流程1												
		流程2												
		…												
2	业务2	流程1												
		流程2												
		…												
3	业务3	流程1												
		流程2												
		…												
	…													

(2) 识别风险。

风险管理部门应从全局角度识别可能影响风险管理目标实现的因素和事项，建立风险信息库，在各相关部门的配合下共同识别风险。风险识别过程应遵循全面系统梳理、全员参与、动态调整的原则，对识别出的风险进行详细描述，明确关键风险指标等。

(3) 分析风险。

风险管理部门应对识别出的风险进行归类、编号，根据风险性质、风险指标是否可以量化等进行归类，并以此为基础填制完成风险清单基本框架中风险类别、风险描述、关键风险指标等要素。

风险管理部门应根据已填列的风险识别部分的内容，在与相关部门沟通后，分析各类风险可能产生的后果，确定引起该后果的关键影响因素及责任主体，并填制完成风险清单基本框架中可能产生后果、关键影响因素、风险责任主体等要素。

各责任主体可基于风险偏好和风险应对能力，逐项分析风险清单中各类风险发生的可能性和后果严重程度，确定风险重要性等级，并填制风险发生可能性、风险后果严重程度、风险重要性等级等要素。

(4) 制定风险应对措施。

风险管理部门应以风险重要性等级结果为依据确定企业整体的重大风险，报企业风险管理决策机构批准后反馈给相关责任主体。

风险管理部门应会同各责任主体结合企业的风险偏好、风险管理能力等制定相应的风险管理应对措施，填制风险清单基本框架中风险应对措施要素，完成企业整体风险清单。

风险管理部门及各责任主体可对企业整体重大风险进行进一步的分析，也可直接对各部门相关的业务流程进行细化分解，形成相关部门的风险清单。各部门应用本风险清单进行风险管理的程序与企业整体风险清单类似，但应加强流程细节分析，突出具体应对措施，力求将风险管理切实落到业务流程和岗位责任人。

2. 沟通与报告

风险管理部门应将风险清单所呈现的风险信息及时传递给相关责任主体，确保各责任主体准确理解相关的风险信息，有效开展风险管理活动。为提高风险清单应用的有效性，风险管理部门可将其纳入企业风险管理报告。

3. 评价与优化

风险管理部门应会同各责任主体定期或不定期地根据企业内外部环境变化，对风险清单是否全面识别风险并准确分类、是否准确分析风险成因及后果、是否采取了恰当的风险应对措施进行评估，从而及时更新调整风险清单内容。

(五) 风险清单的优缺点

风险清单的优点：能够直观反映企业风险情况，易于操作，能够适应不同类型企业、不同层次风险、不同风险管理水平的风险管理工作。

风险清单的缺点：风险清单所列举的风险往往难以穷尽，且风险重要性等级的确定可能因评价的主观性而产生偏差。

【职场经验】

虽然理论上风险清单的应用应遵循结构化的方法，即按照整体和部门两个层级来编制。这种层级化的方法有助于从宏观到微观，全面而系统地识别和管理风险。但在实际使用风险管理工具时，往往需要根据具体情况进行灵活调整，以适应更加具体和细致的风险管理需求。

例如，在梳理某一重点项目可能面临的风险时，可以针对具体项目的特点和需求编制项目风险清单，详细列出项目过程中可能出现的各种风险，并制定相应的应对措施。这种灵活性和针对性使企业能够在更短的时间内，有针对性地锁定关注事项的风险，有助于企业更加高效地管理和控制风险。

三、风险可视化

在数字化浪潮的推动下，传统的风险管理方法虽有助于企业确立经营策略，但已逐渐不能完全满足现代企业对数据分析所追求的实时、动态和直观的要求。为了应对这一挑战，企业可以选择依托 Power BI 等软件的数据处理和可视化技术，设计动态可视化图表，实现直观地展现企业的风险抵补能力。

下面，以案例形式来阐述数字化分析方法的实现过程，有利于更清晰地展现风险可视化的作用。

数智赋能——风险可视化

案例背景

银行的风险管理对维护公众信心和稳定经济金融秩序有着重大意义。银行风险管理的目标是通过处置和控制风险，防止和减少损失，最终保障银行正常经营活动的顺利进行。为此 Sky 银行决定对流动性风险和信用风险两个指标进行评估，同时对风险抵补能力进行分析。

数字实践：

(一) 数据获取——确定基础数据

1. 扫描二维码下载《不良贷款率和资本充足率数据》《Sky 银行财务数据节选》《Sky 银行经营数据节选》导入 Power BI；

数据表

2. 在《Sky 银行经营数据节选》中新建度量值，如图 8-4 所示，并输入："Sky 银行净利润"，Sky 银行净利润 = SUM('Sky 银行经营数据节选'(五、净利润/万元))。

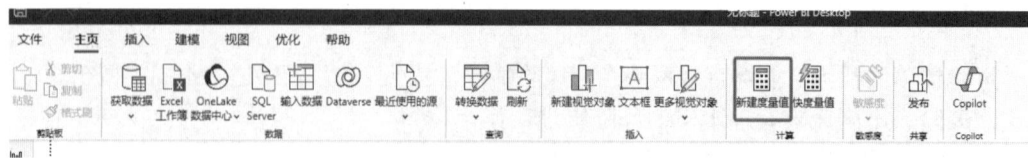

图 8-4　新建度量值

(二) 数据计算——流动比率数据计算

1. 根据《Sky银行财务数据节选》计算流动资产、流动负债和平均总资产;

2. 在Power BI选择输入数据,命名为《基础数据》,将计算出的流动资产、流动负债和平均总资产填入表8-4,填写结果如表8-4所示。

表8-4 《基础数据》填写结果

年份/年	流动资产/万元	流动负债/万元	平均总资产/万元
2006	20 217 000	86 007 600	83 404 251.5
2007	39 145 100	122 329 400	112 253 300
2008	40 793 000	143 639 700	144 138 050
2009	50 915 900	189 009 500	181 986 900
2010	58 393 500	220 093 600	223 522 400
2011	70 497 500	256 801 200	259 873 900
2012	100 314 300	310 330 300	310 153 500
2013	107 652 100	364 270 900	371 224 900
2014	122 226 200	427 016 500	437 411 400
2015	126 812 300	479 650 100	510 340 350
2016	127 338 400	519 712 700	570 864 450
2017	128 802 800	543 635 300	611 997 450
2018	150 747 700	573 241 800	652 168 350
2019	154 820 300	615 303 000	708 148 450
2020	173 867 800	718 724 600	788 934 400

其中:

流动资产=现金及存放中央银行款项+存放同业款项+贵金属+拆出资金+交易性金融资产+衍生金融资产+买入返售金融资产+应收利息;

流动负债=向中央银行借款+同业及其他金融机构存放款项+拆入资金+以公允价值计量且其变动计入当期损益的金融负债+衍生金融负债+卖出回购金融资产款+吸收存款+应付职工薪酬+应交税费+应付利息;

$$平均总资产=\frac{上一年度的资产总计+本年度的资产总计}{2}。$$

(三) 数据建模——流动性风险

1. 在《基础数据》中新建度量值"Sky银行流动资产",Sky银行流动资产=SUM('基础数据'[流动资产/万元]);

2. 在《基础数据》中新建度量值"Sky银行流动负债",Sky银行流动负债=SUM('基础数据'[流动负债/万元]);

3. 在《基础数据》中新建度量值"Sky银行流动比率",Sky银行流动比率=DIVIDE

((Sky 银行流动资产),(Sky 银行流动负债));

4. 选择"折线图",将《基础数据》中的"年份"拖入 x 轴,将"Sky 银行流动比率"拖入值;

步骤(三)输出结果见图 8-5。根据折线图可知,Sky 银行的流动比率逐年变化情况。

Sky银行流动比率(按年份)

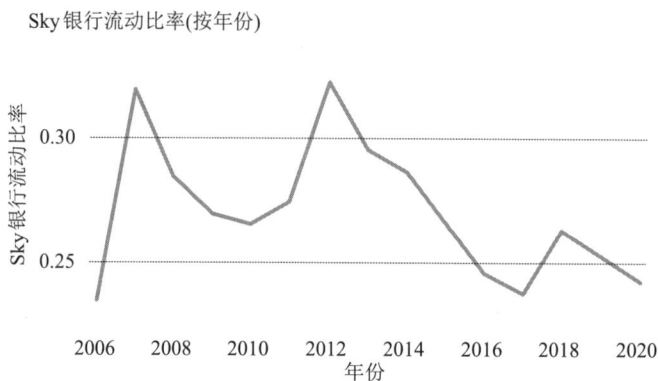

图 8-5　流动性态分析图

(四) 数据建模——信用风险

1. 选择"折线图",将"年份"拖入 x 轴,"Sky 银行不良贷款率"拖入值,"银行行业不良贷款率"拖入值。

步骤(四)输出结果见图 8-6。根据图 8-6 可知 Sky 银行的流动比率逐年变化情况。

不良贷款率分析

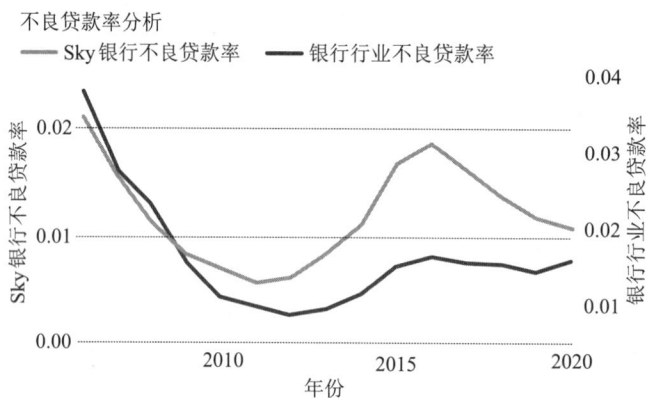

图 8-6　不良贷款率监控图

(五) 风险抵补措施——盈利能力指标分析

1. 根据步骤二制作的《基础数据》,在《Sky 银行经营数据节选》中新建度量值"Sky 银行平均总资产",Sky 银行平均总资产 = SUM('基础数据'(平均总资产/万元));

2. 新建度量值"Sky 银行资产利润率",Sky 银行资产利润率 = DIVIDE((Sky 银行净利润),(Sky 银行平均总资产));

3. 选择"折线图",将《Sky 银行经营数据节选》的"科目/时间"拖入 x 轴,将"Sky 银行资产利润率"拖入值,详见图 8-7,由图可以看出 Sky 银行盈利能力逐年增强。

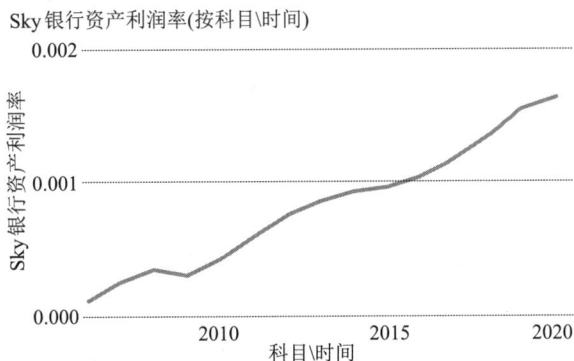

图 8-7　资产盈利能力分析图

(六) 风险抵补措施——盈利能力指标分析

选择"折线图",将《不良贷款率和资本充足率》中的"年份"拖入 x 轴,将该表的"Sky 银行资本充足率"拖入值,输出结果见图 8-8。

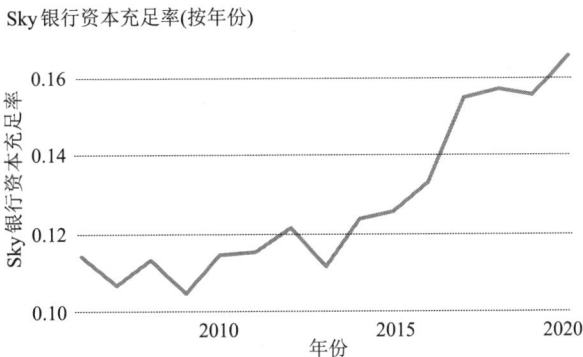

图 8-8　资本充足率监控图

通过以上案例可以看出,利用 Power BI 进行风险管理,不仅可以为企业管理者带来了前所未有的可视化支持,还能提高风险管理的效率和准确性。Power BI 通过强大的数据处理和分析功能,将复杂的风险数据转化为直观易懂的图表和报告,帮助管理者全面把握企业面临的风险状况。企业管理者能够迅速识别潜在风险,进行准确的风险评估,并实时监控风险指标的变化。这大大提升了企业对于风险的预警和响应能力,有助于企业及时制定应对策略,减少潜在损失。Power BI 的实时性和可视化特性,让风险管理更加智能、高效,助力企业实现稳健发展。

◎ 小组讨论

1. 有人说:"风险清单是风险矩阵的一部分。"你对此有何看法?两种方法有何异同?

2. 除了这两种工具方法,还有哪些方法可以进行风险管理?

任务评测

一、单项选择题

1. 对于使用半定量和定量指标描绘的矩阵，企业可将风险后果严重程度(　　)发生可能性等级的结果划分为与风险重要性等级相匹配的区间。

A. 加　　　　　　B. 减　　　　　　C. 乘　　　　　　D. 除以

2. 企业风险清单基本框架一般不包括(　　)。

A. 风险识别　　　B. 风险分析　　　C. 风险衡量　　　D. 风险应对

3. 风险矩阵的基本原理是根据(　　)来判断和度量风险的。

A. 企业的财务状况　　　　　　　B. 企业的风险偏好和风险管理目标

C. 企业的市场份额　　　　　　　D. 企业的技术创新能力

4. 风险清单适用于(　　)情况。

A. 仅限于企业内部的风险管理

B. 各类企业及企业内部各个层级和各类型风险的管理

C. 仅限于自然灾害的风险评价

D. 仅限于金融市场的风险管理

5. 风险清单应用程序中，第一步是(　　)。

A. 编制风险清单　　　　　　　　B. 风险清单框架

C. 沟通与报告　　　　　　　　　D. 评价与优化

二、多项选择题

1. 企业风险清单的风险识别部分主要包括(　　)。

A. 风险类别　　　　　　　　　　B. 风险责任主体

C. 关键风险指标　　　　　　　　D. 风险发生可能性

E. 风险后果严重程度

2. 风险矩阵的横纵坐标分别为(　　)。

A. 风险重要性等级　　　　　　　B. 风险可能产生的后果

C. 风险后果严重程度　　　　　　D. 风险发生可能性

3. 企业根据风险管理精度的需要，选取的指标类型包括(　　)。

A. 定性　　　　　B. 半定性　　　　C. 定量　　　　D. 半定量

4. 企业在确定风险重要性等级时，应综合考虑(　　)。

A. 风险后果严重程度　　　　　　B. 风险发生可能性

C. 企业的风险偏好　　　　　　　D. 企业对该风险的应对能力

5. 风险矩阵的含义包括(　　)。

A. 按照风险发生的可能性绘制风险图

B. 按照风险后果的严重程度绘制风险图

C. 展示风险及其重要性等级

D. 一种纯粹的风险评估方法

三、判断题

1. 风险矩阵,是指企业根据自身战略、业务特点和风险管理要求,以表单形式进行风险识别、风险分析、风险应对措施、风险报告和沟通等管理活动的工具方法。　　(　　)

2. 需要对风险重要性等级标准、风险发生可能性、后果严重程度等做出主观判断,可能影响使用的准确性是风险矩阵法的缺点。　　(　　)

3. 企业结合自身的风险管理目标和实际情况,只能单独应用某种风险管理工具方法。
　　(　　)

4. 企业应根据风险管理的需要或企业管理层的要求,定期或不定期地更新风险矩阵所展示的各类风险及其重要性等级。　　(　　)

5. 企业一般按企业整体和部门两个层级编制风险清单。　　(　　)

引思明鉴

A 公司财务风险管理

1993 年,A 公司在湖南省 A 进出口贸易公司基础上成立,公司总部整体搬迁至长沙市商业中心五一广场附近。A 公司为综合型贸易服务公司,公司业务主要以进出口业务为主,除了在全球市场从事进出口贸易服务外,还积极拓展业务范畴,先后探索了全球货物冷链、仓储与物流、进口品牌代理等业务。

1. A 公司财务风险的经验识别

自 2020 年以来,国内外经济形势非常复杂严峻,给企业尤其是外贸企业造成较大冲击。从 A 公司的实践经验来看,主要有三方面因素加剧了公司财务风险,值得高度警惕。

(1) 在外部环境的冲击下,公司盈利水平出现了显著下滑。外部环境的剧变,对包括外贸在内的经济活动造成了巨大影响,A 公司也遭受了重大亏损,财务受到的冲击远超预期。

(2) 在当前多变复杂的全球贸易背景下,市场环境的不确定性增强,企业面临的挑战显著增加。多种经济因素的交织和变动导致流动性风险显著提高,尤其对外贸型企业如 A 公司而言,其流动性风险面临较大的压力。

(3) 汇率剧烈波动下汇兑风险大,虽然人民币国际化持续增强,跨境人民币结算业务规模也稳定扩大,但目前 A 公司仍然需要兑换外汇,财务工作的一个重要内容就是外汇兑换,而从 2020 年开始,人民币汇率的剧烈波动下汇兑损失较大。

2. A 公司财务风险管理策略的设计

(1) 树立财务风险全面管理理念。

A 公司财务风险内控机制缺位问题,本质上就是风险管理职责不清晰的问题,需要全公司树立起财务风险全面管理理念,对公司业务全流程进行风险管理。

财务风险全面管理要求 A 公司所有业务环节都需考虑财务风险,包括筹资环节、经营环节、运转环节、分配环节,见图8-9。

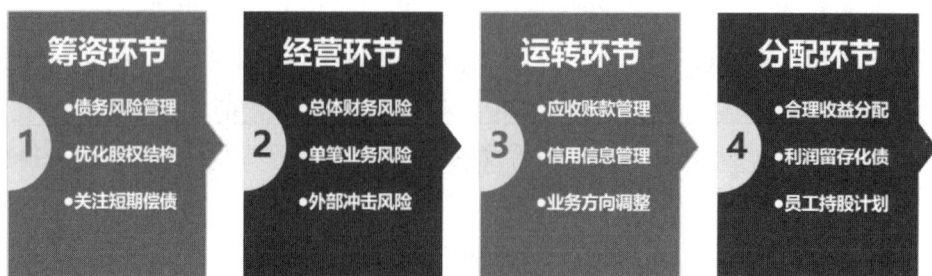

图 8-9 A 公司财务风险全面管理理念示意图

(2) 增设专门的风险管理委员会。

根据实际情况，A 公司应通过组建风险管理部门对财务风险进行全面管控，最有效的方法是在董事会层面新增设立风险管理委员会，负责向董事会进行财务风险预警，见图 8-10。

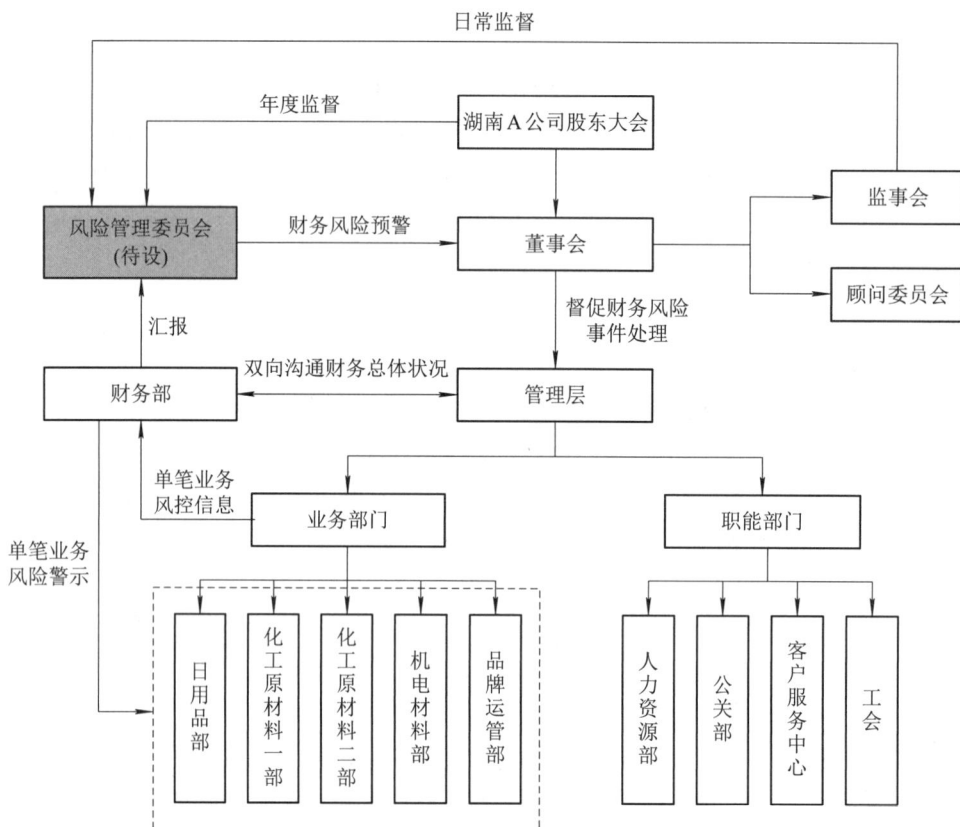

图 8-10 增设风险管理委员会后的 A 公司组织结构示意图

(3) 应用预警指标体系监测风险。

A 公司财务部门不是没有向管理层发出财务风险预警，而是财务部门做出的大部分判断都基于经验，并无数据和指标支撑，因而管理层不会采用。因此 A 公司总体上的财务风险需要完善现有的财务风险预警指标体系，确保财务风险预警更科学。

结合 A 公司的实际情况和外贸企业经营活动的特点，以下从现金流量、偿债能力、盈利能力、扩张能力和营运能力五个方面设计了十五个指标，见图 8-11。

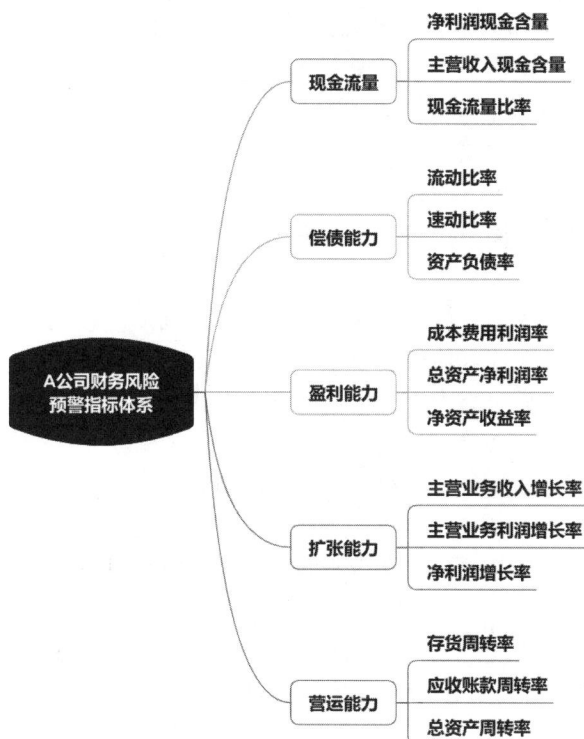

图 8-11 A 公司财务风险预警指标体系的再设计

赛学融合

私车公用制度

私车公用是指在公司公务车辆不能满足公司用车需求的情况下，采用私车公用的管理办法来满足公司业务工作需要。但是私车公用需要相关人员报公司审核，经公司批准后才能将私有车辆用于公务活动。

一、基本原则

(1) 不提倡的原则：基于安全考虑，公司不提倡私车公用行为。

(2) 部门申请原则：确有私车公用的需要，应由用车部门提出申请，按公司规定的审批程序办理。

(3) 手续完备原则：私车公用车辆必须具备合法身份并按规定办理齐全相关手续。

二、条件及审批程序

1. 私车公用具备的条件

(1) 因工作需要，确要使用车辆，但公司公务车又不能满足需要的。

(2) 私车公用相对其他形式更加节省费用。

(3) 私车公用的车辆必须是公司员工所属的小轿车。

(4) 私车公用的车辆必须是安全性能良好，能确保行车安全、正常行驶的车辆。

2. 私车公用申请审批程序

(1) 由用车人提出申请(填写私车公用申请表)，经部门经理审批后提交至综合管理部门，综合管理部门负责人审批后提交至总经理处，总经理审批后方可私车公用。

(2) 总经理有直接否决权，若总经理审批不通过，则本次私车公用申请直接终止作废；部门审核、综合管理部审核若不通过，可驳回至上一步，修改后可重新提交审核。

三、私车公用费用报销规定

(1) 车辆的维护费由使用者本人负担。

(2) 过路费、过桥费、停车费按发票报销。

(3) 油费按每公里 0.6 元核报。

(4) 行车距离由综合管理部根据"行车表"显示的前后里程差确定。

(5) 不再报销出租车票或其他公交车票。

(6) 私车公用回公司后一周内凭经审批的私车公用申请表及相关票据办理报销。

四、法律责任

(1) 私车公用车辆必须具备公安部门规定的所有合法文件，驾驶人员应具备驾驶资格，证件齐全。

(2) 私车公用车辆必须按规定办理交强险和其他保险，并缴纳养路费等法律规定的应缴费用，费用由个人负担。

(3) 私车公用时发生的交通责任事故与违章驾驶，公司不承担任何法律责任。与交通责任事故和违章驾驶相关的一切费用(如事故处理费、车辆维修费、罚款等)由车主与保险公司处理。

实训要求：根据以上私车公用制度回答表 8-5 列出的题目，结果以大写字母顺序作答。

表 8-5　私车公用练习题

题　面	答　案
2023 年 2 月 12 日，公司采购部小王去本地出差，因公司公务车全部外派，且具备私车公用的其他条件，故申请将自己名下的一辆轿车(具备合法文件，证件齐全)私车公用，经采购部经理和综合管理部负责人审批后，驾车外出，当日返回公司。次日，小王报销私车公用费用共计 140 元，其中包括过路费 10 元，停车费 20 元，油费 100 元，地铁票 10 元。综合管理部确定的里程数为 100 公里，相关票据均合规，财务部审核后予以报销。对该笔业务，以下说法正确的有哪些？	
选　项	
A. 小王的私车公用申请审批流程完善	
B. 小王只能报销 60 元油费	
C. 财务部报销金额不对，小王只可报销 90 元费用	
D. 财务部相关人员处理不当	
E. 无总经理审批，该笔私车公用业务作废，相关费用均不能报销	

项目九　管理会计信息化与管理会计报告

学习目标

【知识目标】

1. 熟悉管理会计信息化的含义；
2. 熟悉管理会计信息化建设的程序；
3. 掌握管理会计信息化的主要模块；
4. 掌握管理会计报告的含义、分类及编制流程。

【能力目标】

1. 能够掌握管理会计信息系统的规划、建设及应用的过程；
2. 能够掌握管理会计信息化的构成；
3. 能够掌握管理会计报告编制流程。

【素质目标】

1. 将管理会计信息化基本知识应用到学习工作中，以便提升学习工作效率；
2. 通过学习管理会计报告的内容，学会编制企业管理会计报告。

项目导图

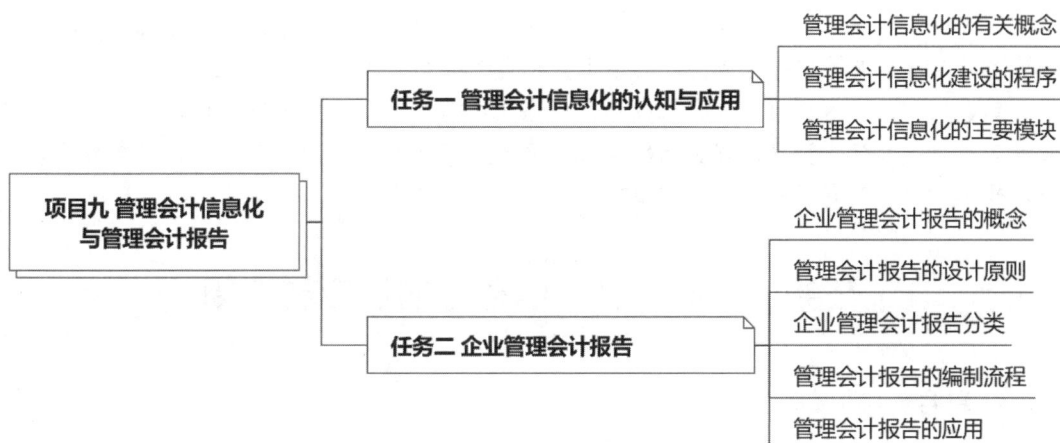

项目引例

中国兵器装备集团公司(以下简称"兵装集团")是 1999 年由中国兵器工业总公司改组而成的大型企业集团。从 2012 年起，兵装集团系统性导入十大管理会计工具，管理会计报告是其中之一，并以此为契机，全面推进集团的管理会计信息化进程，以数字化转型引领高质量发展。

管理会计报告根据财务和业务的基础信息加工整理形成，满足企业价值管理和决策支持需要。在信息化技术的支撑下，兵装集团不仅实现了管理会计报告的自动生成和实时更新，还通过大数据分析和人工智能技术，对报告数据进行深度挖掘和智能分析，为管理层提供更加精准、全面的决策支持。

兵装集团根据自身以及其下属成员企业的管理会计实践经验与案例进行总结，按照可推广的原则，对管理会计报告的通用性内容进行提炼，并结合信息化手段，将这些内容嵌入管理会计信息系统中，实现了管理会计工具的标准化和智能化应用。

企业的管理会计报告应参考组织层级划分，对应确定各层次的管理重点和信息需求。在信息化环境下，兵装集团通过管理会计信息系统，实现了对各层级管理重点和信息需求的精准识别与动态调整，确保了管理会计报告的内容与实际需求的高度契合。

在统一制定的《管理会计手册》中，兵装集团将管理会计报告按照战略决策、经营管理、业务控制三个层面进行划分，并分别进行管理会计报告管理模型列示。同时，兵装集团还利用信息化手段，对这些管理模型进行了数字化重构和智能化升级，使管理会计报告的编制、分析和应用更加高效、便捷。

考虑到在实际操作中，层级边界有时模糊，加之部分信息存在层级交叉，兵装集团的管理会计信息系统还具备灵活的调整功能。各企业可以根据报告时间节点、报告目的、受众范围等具体因素，在系统中进行适当的调整，以更加契合实际需求。

兵装集团的管理会计报告分为三类：战略决策型管理会计报告、经营管理型管理会计报告、业务控制型管理会计报告。这些报告在信息化技术的支持下，不仅实现了数据的实时共享和协同处理，还通过智能化的分析工具，为管理层提供了更加深入、全面的业务洞察和决策支持。

此外，兵装集团还召开了管理会计数字化、智能化转型工作推进视频会议，全面贯彻国资委的要求，安排部署管理会计数字化、智能化转型工作。通过转型，集团为"研、产、供、销、运、投、人、质"八大业务场景提供了增值服务，业务部门主动运用数字化管理会计工具，不断探索创新，逐步总结提炼具有中国特色的管理会计工具，并建立新的数字应用模型，为集团的持续发展和价值提升注入了新的动力。

任务一　管理会计信息化的认知与应用

学海航标

1. 深入理解管理会计信息化的概念、原理及其在企业管理中的应用；

2. 熟悉管理会计信息化的主要模块，并有效应用这些模块进行数据分析、报告生成和决策支持。

知识准备

在大数据和网络较为发达的时代，数据之间的关联越发紧密，加强对数据和信息的处理及利用，是企业发展的基石。同时，管理会计的发展需要借助信息化这一武器促使企业提升自身实力和适应力，从而使管理会计的作用得到最大的发挥，促进企业现代管理水平。管理会计与信息化的结合也是会计发展的必然结果。

相对于财务会计核算系统，管理会计系统需要的数据量更大，数据分析处理过程更加复杂。面对如此众多的数据，没有计算机处理而靠管理会计人员手工处理工作量巨大，几乎无法完成。因此，管理会计工作的开展更需要依靠管理会计信息系统的建设和应用，管理会计信息化必然要和管理会计携手并进。

一、管理会计信息化的相关概念

管理会计作为会计体系的重要分支，在企业内部控制中发挥着关键作用，提供关键管理信息。会计信息化是指企业管理者通过电脑、网络等技术对各类会计信息进行采集、加工、整合、传递、应用，为企业管理者经营决策提供丰富及时的信息。随着企业不断发展，管理会计信息化成为必然趋势，信息化不仅提升了管理会计的效率，还使其能更快速地满足管理者的信息需求，从而充分发挥管理会计的价值。

管理会计信息系统是指以财务和业务信息为基础，借助计算机、网络通信等现代信息技术手段，对管理会计信息进行收集、整理、加工、分析和报告等操作处理，为企业有效开展管理会计活动提供全面、及时、准确的信息支持的各功能模块的有机集合。

管理会计信息化不仅是信息技术在管理会计领域中的运用，还是推动管理会计向现代化、智能化发展的关键驱动力。准确来说，管理会计信息化是面向管理会计的信息系统在企业中的运用，也是企业信息化的重要组成部分。因此，企业应深刻认识到管理会计信息化的重要性，并积极推动其在企业中的应用，以提升企业的管理水平和竞争力。

二、管理会计信息化建设的程序

管理会计信息化建设既包括管理会计信息系统的规划和建设，也包括系统的应用。

(一) 管理会计信息系统规划和建设

管理会计信息系统规划和建设过程一般包括系统规划、系统实施和系统维护等环节。

在管理会计信息系统的规划环节，企业应将管理会计信息系统规划纳入企业信息系统建设的整体规划中，遵循整体规划、分步实施的原则，根据企业的战略目标和管理会计应用目标，形成清晰的管理会计应用需求，因地制宜逐步推进。

在管理会计信息系统的实施环节，企业应制订详尽的实施计划，清晰划分实施的主要阶段、有关活动和详细任务的时间进度。实施阶段一般包括项目准备、系统设计、系统实现、测试和上线、运行维护及支持等过程。

在项目准备阶段，企业主要应完成系统建设前的基础工作，一般包括确定实施目标，实施组织范围和业务范围，调研信息系统需求，进行可行性分析，制订项目计划、资源安排和项目管理标准，开展项目动员及初始培训等。在系统设计阶段，企业主要应对组织现有的信息系统应用情况、管理会计工作现状和信息系统需求进行调查，梳理管理会计应用模块和应用流程，据此设计管理会计信息系统的实施方案。在系统实现阶段，企业主要应完成管理会计信息系统的数据标准化建设、系统配置、功能和接口开发及单元测试等工作。在测试和上线阶段，企业主要应实现管理会计信息系统的整体测试、权限设置、系统部署、数据导入、最终用户培训和上线切换过程。必要时，企业还应根据实际情况进行预上线演练。

管理会计信息系统的维护环节的主要工作是做好系统的运维和支持，实现日常运行维护支持及上线后持续培训和系统优化。

(二) 管理会计信息系统的应用

管理会计信息系统的应用一般包括输入、处理和输出三个环节。

输入是指管理会计信息系统采集或输入数据的过程。管理会计信息系统需提供已定义了数据规则的数据接口，以自动采集财务和业务数据。同时，系统还应支持本系统其他数据的手工录入，以便于相关业务调整和补充信息的需要。处理是指借助管理会计工具模型进行数据加工处理的过程。管理会计信息系统可以充分利用数据挖掘、在线分析处理等商业智能技术，借助相关工具对数据进行综合查询、分析统计，挖掘出有助于企业管理活动的信息。输出是指提供丰富的人机交互工具、集成通用的办公软件等成熟工具，自动生成或导出数据报告的过程。数据报告的展示形式应注重易读性和可视化。最终的系统输出结果不仅可以采用独立报表或报告的形式展示给用户，还可以输出或嵌入到其他信息系统中，为各级管理部门提供管理所需的相关信息与及时的信息。

三、管理会计信息化系统主要模块

管理会计信息化系统的主要模块包括成本管理、预算管理、绩效管理、投资管理、管理会计报告模块。

(一) 成本管理模块

成本管理模块应实现成本管理的各项主要功能，一般包括对成本要素、成本中心、成本对象等参数的设置及成本核算方法的配置，从财务会计核算模块、业务处理模块及人力资源模块等抽取所需数据，进行精细化成本核算，生成分产品、分批次(订单)、分环节、分区域等多维度的成本信息并基于成本信息进行成本分析，实现成本的有效控制，为企业成本管理的事前计划、事中控制、事后分析提供有效的支持。

成本核算主要完成对企业生产经营过程中各个交易活动或事项的实际成本信息的收集、归纳、整理，并计算出实际发生的成本数据，支持多种成本计算和分摊方法，准确地度量、分摊和分配实际成本。成本核算的输入信息一般包括业务事项的记录和货币计量数据等。企业应使用具体成本工具方法，如完全成本法、变动成本法、作业成本法、目标成本法、标准成本法等，建立相应的计算模型，并以各级成本中心为核算主体，完成成本核算的处理过程。成本核算处理过程结束后，企业应输出实际成本数据、管理层及各个业务部门需要的成本核算报告。

成本分析主要实现对实际成本数据分类比较、因素分析比较等，发现成本和利润的驱动因素，形成评价结论，编制各种形式的分析、评价指标报告等材料。成本分析的输入信息一般包括成本标准或计划数据、成本核算子模块生成的成本实际数据等。企业应根据输入数据和规则，选择具体分析评价方法，如差异分析法、趋势分析法、结构分析法等，对各个成本中心的成本绩效进行分析比较，汇总形成各个责任中心及企业总体成本绩效报告，并输出成本分析、成本绩效评价等报告。

成本预测主要实现不同成本对象的成本估算预测。成本预测的输入信息一般包括业务计划数据、成本评价结果、成本预测假设条件、历史数据、行业对标数据等。企业应运用成本预测模型(如算术平均法、加权平均法、平滑指数法等)对下一个工作周期的成本需求进行预测，根据经验或行业可比数据对模型预测结果进行调整，并输出成本预测报告。

成本控制主要按照既定的成本费用目标，对构成成本费用的诸要素进行规划、限制和调节，及时纠正偏差，控制成本费用超支，把实际耗费控制在成本费用计划范围内。成本控制的输入信息一般包括成本费用目标和政策、成本分析报告、预算控制等。企业应建立工作流程审批授权机制，以实现费用控制过程，通过成本预警机制实现成本控制的处理过程，输出费用支付清单、成本控制报告等。

成本管理模块应提供基于指标分摊、作业分摊等多种成本分摊方法，利用预定义的规则，按要素、期间、作业等进行分摊。

(二) 预算管理模块

预算管理模块应实现的主要功能包括对企业预算参数设置、预算管理模型搭建、预算目标制定、预算编制、预算执行控制、预算调整、预算分析和评价等全过程的信息化管理。

预算目标设定和计划制订主要完成企业目标设定和业务计划的制订，实现预算的启动和准备过程。预算目标和计划设定的输入信息一般包括企业远景与战略规划、内外部环境信息、投资者和管理者期望、历史绩效数据、经营状况预测、公司战略举措及各业务板块主要业绩指标等。企业应对内外部环境和问题进行分析，评估预算备选方案，并据此制订详细的业务计划，输出企业与各业务板块主要绩效指标和部门业务计划等。

预算编制主要完成预算目标设定、预算分解和目标下达、预算编制和汇总及预算审批过程，支持实现自上而下、自下而上等多种预算编制流程，并提供固定预算、弹性预算、零基预算、滚动预算、作业预算等一种或多种预算编制方法的处理机制。

预算编制的输入信息一般包括历史绩效数据、关键绩效指标、预算驱动因素、管理费用标准等。企业应借助适用的预测方法(如趋势预测、平滑预测、回归预测等)建立预测模型，辅助企业设定预算目标，并依据预算管理体系，自动分解预算目标，辅助预算的审批流程，自动汇总预算。最终输出结果应是各个责任中心的预算方案等。预算管理模块应提供企业根据业务需要编制多期间、多情景、多版本、多维度预算计划的功能，以满足预算编制的要求。

预算执行控制主要实现预算信息模块与各财务和业务系统的及时数据交换，实现对财务和业务预算执行情况的实时监控。预算执行控制的输入信息通常涵盖企业各业务板块及部门的主要绩效指标、已制订的业务计划、预算执行控制标准及预算执行情况等。企业应通过对数据的校验、比较和查询汇总，比对预算目标和执行情况的差异；建立预算监控模型，预警和冻结超预算情形，形成预算执行情况报告；执行预算控制审核机制及例外预算管理等。最终输出结果为预算执行差异分析报告、经营调整措施等。

预算调整主要实现对部分责任中心的预算数据进行调整，完成预算调整的处理流程等。预算调整的输入信息一般包括企业各业务板块及部门的主要绩效指标、预算执行差异分析报告等。企业对预算数据进行调整，系统则依据预算管理体系，自动分解调整后的预算目标，辅助完成预算审批流程，并自动汇总更新后的预算。最终输出结果为各个责任中心的预算调整报告、调整后的绩效指标等。

预算分析和评价主要提供多种预算分析模型，基于预算执行的数据，对预算数和实际发生数进行跨期间、多层次、多角度的预算分析，最终完成预算的业绩评价，为绩效考核提供数据基础。预算分析和评价的输入信息一般包括预算指标、预算执行情况及业绩评价的标准与考核办法等数据。企业应建立差异计算模型实现预算差异的计算，辅助实现差异成因分析过程。最终输出结果为部门、期间、层级等多维度的预算差异分析报告等。

(三) 绩效管理模块

绩效管理模块主要实现在业绩评价和激励管理过程中各要素的管理功能，一般包括业绩计划和激励计划的制订、业绩计划和激励计划的执行控制、业绩评价与激励实施管理等，为企业的绩效管理提供支持。

绩效管理模块应提供企业各项关键绩效指标的定义和配置功能，并可以从其他模块中自动获取各业务单元或责任中心相应的实际绩效数据进行计算处理，形成绩效执行情况报告及差异分析报告。

业绩计划和激励计划制订主要完成绩效管理目标和标准的设定、绩效管理目标的分解和下达、业绩计划和激励计划的编制及计划的审批。业绩计划和激励计划制订的输入信息一般包括企业及各级责任中心的战略关键绩效指标和年度经营关键绩效指标等企业绩效评价考核标准、绩效激励形式、条件等基础数据。

业绩计划和激励计划制订的处理过程一般包括构建指标体系、分配指标权重、确定业绩目标值、选择业绩评价计分方法及制订薪酬激励、能力开发激励、职业发展激励等多种激励计划，输出各级考核对象的业绩计划、绩效激励计划等。

业绩计划和激励计划的执行控制主要实现预算系统与各业务系统数据的及时交换，实现对业绩计划与激励计划执行情况的实时控制等。业绩计划和激励计划的执行控制的输入信息一般包括绩效实际数据、业绩计划和激励计划等。企业应建立指标监控模型，根据指标计算方法计算指标实际值，比对实际值与目标值的偏差，输出业绩计划和激励计划执行差异报告等。

业绩评价和激励实施管理主要实现对计划的执行情况进行评价，形成综合评价结果，向被评价对象反馈改进建议及措施等。业绩评价和激励实施管理的输入信息一般包括被评价对象的业绩指标实际值和目标值、指标计分方法和权重等。企业应选定评分计算方法计算评价分值，形成被评价对象的综合评价结果，输出业绩评价结果报告和改进建议等。

(四) 投资管理模块

投资管理模块主要实现对企业投资项目进行计划和控制的系统支持过程，一般包括投资计划的制订和对每个投资项目进行的及时管控等。

投资管理模块应与成本管理模块、预算管理模块、绩效管理模块和管理会计报告模块等模块进行有效集成和数据交换。

投资管理模块应辅助企业实现投资计划的编制和审批过程。企业可以借助投资管理模块定义投资项目、投资程序、投资任务、投资预算、投资控制对象等基本信息。在此基础上，企业制订各级组织的投资计划和实施计划，实现投资计划的分解和下达。

投资管理模块应实现对企业具体投资项目的管控过程。企业可以根据实际情况，将项目管理功能集成到投资管理模块中，也可以实施单独的项目管理模块来实现项目的管控过程。

项目管理模块主要实现对投资项目的系统化管理过程，一般包括项目设置、项目计划与预算、项目执行、项目结算与关闭、项目报告及项目后审计等过程。

项目设置主要完成项目定义(如项目名称、项目期间、成本控制范围、利润中心等参数)、工作分解定义、作业和项目文档的定义和设置，为项目管理提供基础信息。项目计划与预算主要完成项目里程碑计划、项目实施计划、项目概算、项目利润及投资测算、项目详细预算等过程，并辅助实现投资预算的审核和下达过程。项目里程碑计划一般包括对项目的关键节点进行定义，在关键节点对项目进行检查和控制，以及确定项目各阶段的开始和结束时间等。项目执行主要实现项目的拨款申请，投资计量及项目实际发生值的确定、计算和汇总，以及与目标预算进行比对，对投资进行检查和成本管控。项目结算按照定义的结算规则，运用项目结算程序，对项目实现期末结账处理；结算完成后，对项目执行关闭操作，确保项目的财务状况和进度处于可控状态。项目报告模块应向用户提供关于项目数据的各类汇总报表及明细报表，主要包括项目计划、项目投资差异分析报告等。企业可根据实际需要，在项目管理模块中提供项目后辅助审计功能，依据项目计划和过程建立工作底稿，对项目的实施过程、成本、绩效等进行审计和项目后评价。

(五) 管理会计报告模块

管理会计报告模块应实现基于信息系统中财务数据、业务数据自动生成管理会计报告，支持企业有效实现各项管理会计活动。

管理会计报告模块应为用户生成报告提供足够丰富、高效、及时的数据源，必要时应建立数据仓库和数据集市，形成统一规范的数据集，并在此基础上，借助数据挖掘等商务智能工具方法，自动生成多维度报表。

管理会计报告模块应为企业战略层、经营层和业务层提供丰富的通用报告模板。

管理会计报告模块应为企业提供灵活的自定义报告功能。企业可以借助报表工具自定义管理会计报表的报告主体、期间(定期或不定期)、结构、数据源、计算公式及报表展现形式等。系统可以根据企业自定义报表的模板自动获取数据进行计算加工，并以预先定义的展现形式输出。

管理会计报告模块应提供用户追溯数据源的功能。用户可以在系统中对报告的最终结果数据进行追溯，可以层层追溯其数据来源和计算方法，直至业务活动结束。

管理会计报告模块能以独立的模块形式存在于信息系统中，从其他管理会计模块中获取数据生成报告；也能内嵌到其他管理会计模块中，作为其他管理会计模块重要的输出环节。管理会计报告模块应与财务报告系统相关联，既能有效生成企业整体报告，又能生成分部报告，并实现整体报告和分部报告的联查。

【职场经验】

需要强调的是，实际工作中推进管理会计信息化不仅仅需要管理会计部门负责，更需要整个企业共同努力。虽然管理会计部门在信息化过程中扮演着至关重要的角色，但其他部门及高层管理者也都扮演着不可或缺的角色。

在这个过程中，管理会计人员应该：

(1) 获取高层管理的支持，确保为管理会计信息项目争取到足够的实质性资源或政策倾斜；

(2) 在开展信息化工作前，与相关部门紧密合作，明确信息化的目标，评估现有系统，并选择适合的信息化工具；

(3) 在信息化实施过程中，与各部门保持密切的沟通和协作，确保实施结果准确且完整。

◎ 小组讨论

1. 管理会计信息系统建设需遵循什么原则？管理会计信息化包括哪几个模块？

2. 结合典型案例，从信息安全的角度，谈谈管理会计人员应当如何提高自身的安全意识和保密意识。

任务评测

一、单项选择题

1. 管理会计信息系统规划和建设过程一般不包括(   )。

A. 系统规划   B. 系统实施   C. 系统维护   D. 系统检测

2. 管理会计信息系统绩效管理模块不包括(   )。

A. 业绩计划和激励计划的制订   B. 业绩计划和激励计划的执行控制

C. 业绩评价和激励实施管理   D. 业绩评价和激励计划调整

3. 管理会计信息系统建设应用原则不包括(   )。

A. 系统集成原则   B. 数据共享原则

C. 规则可配原则   D. 战略匹配原则

4. 以下不属于成本分析评价方法的是(   )。

A. 差异分析法   B. 趋势分析法   C. 结构分析法   D. 绩效分析法

5. 管理会计信息系统投资管理模块不包括(   )。

A. 项目计划与预算   B. 项目执行

C. 项目结算与关闭   D. 项目预算

二、多项选择题

1. 管理会计信息系统建设应用原则包括(　　)。

A. 系统集成原则　　　　　　　B. 数据共享原则

C. 规则可配原则　　　　　　　D. 灵活扩展原则

2. 管理会计信息系统成本管理模块包括(　　)。

A. 成本核算　　B. 成本分析　　C. 成本预测　　D. 成本控制

3. 管理会计信息系统预算管理模块包括(　　)。

A. 预算编制　　　　　　　　　B. 预算执行控制

C. 预算调整　　　　　　　　　D. 预算分析和评价

4. 管理会计信息系统的建设和应用过程包括(　　)。

A. 系统的规划和建设过程　　　B. 系统的应用过程

C. 系统输入、输出过程　　　　D. 系统的处理过程

5. 管理会计信息系统实施环节包括(　　)。

A. 项目准备　　　　　　　　　B. 系统设计

C. 系统实现、测试和上线　　　D. 系统维护及支持

三、判断题

1. 管理会计报告如果涉及会计业绩的报告，比如责任中心报告，其主要的报告格式应该是财务会计准则中规范的对外财务报告格式，而不是边际贡献格式。　　(　　)

2. 投资管理模块主要实现对企业投资项目进行计划和控制的系统支持过程，一般包括投资计划的制定和对每个投资项目进行的及时管控等。　　(　　)

3. 管理会计信息系统的应用过程包括输入、处理、输出和实施过程。　　(　　)

4. 企业使用的具体成本工具方法包括完全成本法、变动成本法、作业成本法、目标成本法和标准成本法。　　(　　)

5. 项目里程碑计划，一般包括对项目的关键节点定义、在关键节点对项目进行检查和控制、确定项目各阶段的开始和结束时间和项目实施绩效评估。　　(　　)

任务二　企业管理会计报告

学海航标

1. 掌握企业管理会计报告的基本概念、设计原则及其分类；
2. 熟悉管理会计报告的编制流程。

知识准备

一、企业管理会计报告的概念

企业管理会计报告是指企业运用管理会计方法，根据财务和业务的基础信息加工整理

形成的，满足企业价值管理和决策支持需要的内部报告。企业管理会计报告的作用是为企业各层级进行规划、决策、控制和评价等管理活动提供有用信息。

企业管理会计报告的形式要件包括报告的名称、报告期间或时间、报告对象、报告内容及报告人等。企业管理会计报告的对象是对管理会计信息有需求的各个层级、各个环节的管理者。企业管理会计报告的内容应根据管理需要和报告目标而定，易于理解并具有一定灵活性。企业管理会计报告的编制、审批、报送、使用等应与企业组织架构相适应。

企业可以根据管理的需要和管理会计活动的性质设定报告期间。企业一般可以将日历期间(月度、季度、年度)作为管理会计报告期间，也可以根据特定需要设定企业管理会计报告期间。

企业应建立管理会计报告组织体系，根据需要设置管理会计报告相关岗位，明确岗位职责，企业各部门都应履行提供管理会计报告所需信息的责任。企业管理会计报告体系应根据管理活动全过程进行设计，在管理活动各环节形成基于因果关系链的结果报告和原因报告。

二、管理会计报告的设计原则

内部报告指标体系的设计，应当与全面预算管理相结合，并随着环境和业务的变化不断进行修订和完善。设计内部报告指标体系时，应当关注企业成本费用预算的执行情况。

企业应当制定严密的内部报告流程，充分利用信息技术，强化内部报告信息集成和共享，将内部报告纳入企业统一信息平台，构建科学的内部报告网络体系。

企业各级管理人员应当充分利用内部报告管理和指导企业的生产经营活动，及时反映全面预算执行情况，协调企业内部相关部门和各单位的运营进度，严格绩效考核和责任追究，确保企业实现发展目标。

三、企业管理会计报告分类

管理会计报告按照使用者所处的管理层级，可分为战略层管理会计报告、经营层管理会计报告、业务层管理会计报告；按照管理会计报告内容，可分为综合管理会计报告和专项管理会计报告；按照管理会计功能，可分为管理规划报告、管理决策报告、管理控制报告和管理评价报告；按照责任中心，可分为投资中心报告、利润中心报告和成本中心报告；按照报告主体整体性程度，可分为整体报告和分部报告。其中第一种分类最为常见，以下内容以第一种分类进行介绍。

(一) 战略层管理会计报告

战略层管理会计报告是为企业战略层开展战略规划、决策、控制、评价及其他方面的管理活动提供相关信息的内部报告。战略层管理会计报告的报告对象是企业的战略层，包括股东大会、董事会和监事会等。战略层管理会计报告包括但不仅限于战略管理报告、综合业绩报告、价值创造报告、经营分析报告、风险分析报告、重大事项报告、例外事项报告。这些报告可以独立提交，也可以根据不同需要整合后提交。战略管理报告的内容一般包括内外部环境分析、战略选择与目标设定、战略执行及其结果及战略评价等。战略层管理会计报告应精炼、简洁、易于理解，报告主要结果、主要原因，并提出具体的建议。

综合业绩报告的内容一般包括关键绩效指标预算及其执行结果、差异分析及其他重大绩效事项等。价值创造报告的内容一般包括价值创造的目标、价值驱动的财务因素与非财务因素、内部各业务单元的资源占用与价值贡献及提升公司价值的措施等。

经营分析报告的内容一般包括过去经营决策执行情况回顾、本期经营目标执行的差异及其原因、影响未来经营状况的内外部环境与主要风险分析、下一期的经营目标及管理措施等。

风险分析报告的内容一般包括企业全面风险管理工作回顾、内外部风险因素分析、主要风险识别与评估、风险管理工作计划等。

重大事项报告是针对企业的重大投资项目、重大资本运作、重大融资、重大担保事项、关联交易等事项进行的报告。

例外事项报告是针对企业发生的管理层变更、股权变更、安全事故、自然灾害等偶发性事项进行的报告。

(二) 经营层管理会计报告

经营层管理会计报告是为经营管理层开展和经营与管理目标相关的管理活动提供相关信息的对内报告。经营层管理会计报告的报告对象是经营管理层，内容主要包括全面预算管理报告、投资分析报告、项目可行性报告、融资分析报告、盈利分析报告、资金管理报告、成本管理报告、绩效评价报告。经营层管理会计报告应做到内容完整、分析深入。

全面预算管理报告的内容一般包括预算目标制定与分解、预算执行差异分析及预算考评等。

投资分析报告的内容一般包括投资对象、投资额度、投资结构、投资进度、投资效益、投资风险和投资管理建议等。

项目可行性报告的内容一般包括项目概况、市场预测、产品方案与生产规模、厂址选择、工艺与组织方案设计、财务评价、项目风险分析及项目可行性研究结论与建议等。

融资分析报告的内容一般包括融资需求测算、融资渠道与融资方式分析及选择、资本成本、融资程序、融资风险及其应对措施和融资管理建议等。

盈利分析报告的内容一般包括盈利目标及其实现程度、利润的构成及其变动趋势、影响利润的主要因素及其变化情况及提高盈利能力的具体措施等。企业还应对收入和成本进行深入分析。盈利分析报告可基于企业集团、单个企业，也可基于责任中心、产品、区域、客户等编制。

资金管理报告的内容一般包括资金管理目标、主要流动资金项目(如现金、应收票据、应收账款、存货)的管理状况、资金管理存在的问题及解决措施等。企业集团资金管理报告的内容一般还包括资金管理模式(集中管理还是分散管理)、资金集中方式、资金集中程度、内部资金往来等。

成本管理报告的内容一般包括成本预算、实际成本及其差异分析、成本差异形成的原因及改进措施等。

绩效评价报告的内容一般包括绩效目标、关键绩效指标、实际执行结果、差异分析、考评结果及相关建议等。

(三) 业务层管理会计报告

业务层管理会计报告是为企业开展日常业务或作业活动提供相关信息的对内报告，其报告对象是企业的业务部门、职能部门及车间、班组等。企业应根据企业内部各部门、车间或班组的核心职能或经营目标进行设计，主要包括研究开发报告、采购业务报告、生产业务报告、配送业务报告、销售业务报告、售后服务业务报告、人力资源报告。业务层管理会计报告应做到内容具体，数据充分。

研究开发报告的内容一般包括研发背景、主要研发内容、技术方案、研发进度、项目预算等。

采购业务报告的内容一般包括采购业务预算、采购业务执行结果、差异分析及改善建议等。采购业务报告要重点反映采购质量、数量、时间及价格等方面的内容。

生产业务报告的内容一般包括生产业务预算、生产业务执行结果、差异分析及改善建议等。生产业务报告要重点反映生产成本、生产数量、产品质量及生产时间等方面的内容。

配送业务报告的内容一般包括配送业务预算、配送业务执行结果、差异分析及改善建议等。配送业务报告要重点反映配送的及时性、准确性及配送损耗等方面的内容。

销售业务报告的内容一般包括销售业务预算、销售业务执行结果、差异分析及改善建议等。销售业务报告要重点反映销售的数量结构和质量结构等方面的内容。

售后服务业务报告的内容一般包括售后服务业务预算、售后服务业务执行结果、差异分析及改善建议等。售后服务业务报告重点反映售后服务的客户满意度等方面的内容。

人力资源报告的内容一般包括人力资源预算、人力资源执行结果、差异分析及改善建议等。人力资源报告重点反映人力资源使用及考核等方面的内容。

四、管理会计报告的编制流程

管理会计报告的有效运用，要有相应的流程和机制保证，从使用者需求出发，建立管理会计报告信息需求的"收集—编制—使用—反馈"机制。

(一) 确定报告主题和报告目的

报告主题与报告目的是对报告信息需求进行的前瞻性分析，企业应明确报告受众、信息内容，并进一步确定信息范围、信息来源，同时相应选择或确定报告形式。报告主题与报告目的的确定，可以增强报告的针对性和有效性，降低产生不必要报告的可能性。这是管理会计报告要解决的首要问题。

(二) 信息收集、分析和整理

这是管理会计报告编制的核心环节。管理会计报告实质上就是围绕报告主题和报告目的，针对特定的对象和范围，收集所需信息，并进行编制的过程。这个过程需要企业建立内外部重要信息的收集机制，需要有相应的组织职能加以明确和保证。

(三) 信息传递

信息传递是连接信息提供者和信息使用者的桥梁，信息传递的有效和及时对管理会计报告作用的发挥有重要作用。企业应建立相应的制度，来明确报告的适用范围，明确相应的分工和权限，确保信息传递流程清晰，提高流转效率。

(四) 报告使用

管理会计报告的最终目的在于使用报告，支撑决策，取得或反馈信息。管理会计报告的使用既包括受众收到、理解管理会计报告信息，也包括管理会计报告涉及主体(事项)通过管理会计报告进行相应的调整。

(五) 档案管理

管理会计报告，包括纸质形式和电子信息形式，应建立类似财务报告的档案管理机制，纳入财务档案体系。档案管理目的：一是便于管理会计报告的查阅、对比分析和改善，提高管理会计报告的有用性；二是企业内部的运营情况、技术水平、财务状况及有关重大事项等通常涉及商业秘密，这些内部信息泄露可能导致企业的商业秘密被竞争对手获知，使企业处于被动境地，甚至造成重大损失。

五、管理会计报告的应用

(一) 全面预算管理报告

全面预算管理报告是企业经营层管理会计报告的重要组成部分。全面预算管理报告的内容一般包括预算目标制定与分解、预算执行差异分析及预算考评等。预算目标的制定与分解在本书项目四"预算管理"中做了详细讲解，本部分以裕丰公司全面预算管理为例，介绍全面预算执行情况分析报告，主要内容为预算执行差异及预算考评。

【工作实例 9-1】裕丰公司 2022 年克服市场突发情况影响，积极拓展市场，促进销售；本年实际销售甜牛奶乳饮料 220 万件，发酵型含乳饮料 58 万件；管理会计部门针对全面预算编制全面预算管理报告，步骤如下。

(1) 业务量预算执行情况如表 9-1 所示。

表 9-1　业务量预算执行情况表

项　　目	本年预算/万件	本年实际/万件	差异/万件	预算完成度/%
甜牛奶乳饮料	225	220	−5	98.00
发酵型含乳饮料	60	58	−2	97.00

2022 年度，在市场突发情况影响下，经过业务部门全体员工的努力，裕丰公司全年累计销售甜牛奶乳饮料 220 万件，完成预算的 98.00%；发酵型含乳饮料 58 万件，完成预算的 97.00%；预算执行情况良好。

(2) 营业收入、营业成本预算执行情况如表 9-2 所示。

表9-2   营业收入、营业成本预算执行情况表 金额单位：元

项 目	本年预算	本年实际	差异	预算完成度	备注
营业收入	71 700 000	69 907 500	−1 792 500	97.50%	
营业成本	47 832 580	52 615 838	4 783 258	110.00%	
毛利率	33.29%	24.74%	−8.55%	74.31%	

从表9-2可以看出，2022年裕丰公司全年营业收入为69 907 500元，较预算少1 792 500元；完成全年预算的97.50%；经分析系受市场特殊情况影响所致。营业成本为52 615 838元，较预算多了4 783 258元；毛利率较预算下降8.55%；产生不利影响。

(3) 成本费用预算执行情况如表9-3所示。

表9-3   成本费用预算执行情况表 金额单位：元

项 目	本年预算	本年实际	差异	预算完成度	备注
销售费用	5 475 000	6 022 500	547 500	110.00%	
管理费用	6 450 000	6 600 000	150 000	102.33%	
财务费用	442 000	500 000	58 000	113.12%	
销售费用占收入的比重	7.64%	8.61%	0.98%	112.82%	
成本费用占收入的比重	83.96%	94.04%	10.08%	112.00%	

从表9-3可以看出，裕丰公司全年发生销售费用6 022 500元，比预算多了547 500元，超支10.00%，预算执行情况不佳；管理费用6 600 000元，超出预算150 000元，超支2.33%。财务费用超出预算58 000元，超支13.12%。

(4) 利润预算执行情况如表9-4所示。

表9-4   利润预算执行情况表 金额单位：元

项 目	本年预算	本年实际	差异	预算完成度	备注
净利润	9 500 420	2 986 662	−6 513 758	31.44%	
成本费用	60 199 580	64 920 838	4 721 258	107.84%	
成本费用利润率	15.78%	4.60%	−11.18%	29.15%	

从表9-4可以看出，裕丰公司全年实现利润2 986 662元，仅完成预算的31.44%；成本费用高而营业收入下降是造成净利润下降的原因。

(5) 资产负债表预算执行情况如表9-5所示。

表9-5   资产负债表预算执行情况表 金额单位：元

项 目	本年预算	本年实际	差异	预算完成度	备注
资产	26 402 736.80	27 854 887.32	1 452 150.52	105.50%	
负债	7 104 316.80	8 184 172.95	1 079 856.15	115.20%	
所有者权益	19 298 420	17 291 384.32	−2 007 035.68	89.60%	

从表9-5可以看出，裕丰公司资产总额预算完成率为105.50%，与预算大体一致：公司负债则超出预算15.20%，据了解具体情况，系因满足公司发展需要，公司有长期借款项

目增加。所有者权益完成预算指标的 89.60%，情况良好。

(二) 成本管理报告

企业常用的成本工具方法有完全成本法、变动成本法、作业成本法、目标成本法、标准成本法等。成本管理报告属于经营层管理会计报告，成本管理报告的内容一般包括成本预算、实际成本及其差异分析、成本整体形成的原因及改进措施等。

成本分析主要实现预算成本与实际成本数据分类比较、因素分析比较，以便发现成本和利润的驱动因素，形成评价结论，编制成各种形式的分析、评价指标报告等。

【工作实例 9-2】裕丰公司 2022 年预计销售甜牛奶乳饮料产品 2 000 000 件，预计单位售价 26 元，单位变动成本 16 元，固定制造费用 4 500 000 元，固定销售费用 600 000 元，固定管理费用 3 500 000 元，固定财务费用 1 100 000 元。裕丰公司 2022 年收入费用及税前利润预算如表 9-6 所示。

表 9-6　裕丰公司 2022 年收入费用及税前利润预算表

项　目	预算数据
销售量/件	2 000 000
单价/(元/件)	26
销售收入/元	52 000 000
变动成本/元	32 000 000
固定制造费用/元	4 500 000
固定销售费用/元	600 000
固定管理费用/元	3 500 000
固定财务费用/元	1 100 000
税前利润/元	10 300 000

裕丰公司 2022 年收入费用及税前利润统计如表 9-7 所示。

表 9-7　裕丰公司 2022 年收入费用及税前利润统计表

项　目	实际执行统计数据
销售量/件	2 050 000
单价/(元/件)	26
销售收入/元	53 300 000
变动成本/元	32 800 000
固定制造费用/元	4 600 000
固定销售费用/元	600 000
固定管理费用/元	3 700 000
固定财务费用/元	1 100 000
税前利润/元	10 500 000

结合预算表格和企业经营实际数据，编制裕丰公司 2022 年收入费用及税前利润预算执

行情况如表 9-8 所示。

表 9-8　裕丰公司 2022 年收入费用及税前利润预算执行情况

项　目	预算数据	实际数据	差　异	性　质
销售量/件	2 000 000	2 050 000	50 000	有利差异
单价/(元/件)	26	26	0	
销售收入/元	52 000 000	53 300 000	1 300 000	有利差异
变动成本/元	32 000 000	32 800 000	800 000	不利差异
固定制造费用/元	4 500 000	4 600 000	100 000	不利差异
固定销售费用/元	600 000	600 000	0	
固定管理费用/元	3 500 000	3 700 000	200 000	不利差异
固定财务费用/元	1 100 000	1 100 000	0	
税前利润/元	10 300 000	10 500 000	200 000	有利差异

差异分析评价：由表 9-8 可知，裕丰公司 2022 年甜牛奶乳饮料产品税前利润实际执行情况超过预算 20 万元，为有利差异，说明预算执行情况良好。从差异分析中可以看出，在单价和单位变动成本不变的情况下，200 000 元税前利润差异=1 300 000(收入差异)−800 000 (变动成本差异)−100 000(固定制造费用差异)−200 000(固定财务费用差异)。

改进措施：

(1) 进行技术改造和工艺升级，做好价值工程分析，及时追踪原材料市场价格变化信息，科学合理采购储存原材料，降低单位产品变动成本。

(2) 精简管理机构和人员，加强数字化建设和信息化建设：提高管理效率，降低管理费用支出。

(3) 科学预算销售费用，统计分析投入产出比，控制销售费用支出金额。

(4) 加强产品销售和应收账款管理，提高资产周转率，减少资金占用，降低财务费用支出。

任务评测

一、单项选择题

1. 管理会计报告的特征不包括(　　)。

A. 有统一的格式和规范

B. 管理会计报告遵循问题导向

C. 不仅包括财务信息，也包括非财务信息

D. 不仅包括内部信息，也包括外部信息

2. 以下属于战略管理报告的是(　　)。

A. 内外部环境分析　　　　　　B. 全面预算管理报告

C. 融资分析报告　　　　　　　D. 盈利分析报告

3. 下列项目中，属于业务层管理会计报告的是(　　)。

A. 资金管理报告　　　　　　　B. 投资分析报告

C. 成本管理报告　　　　　　　D. 人力资源报告

4. 全面预算管理报告的内容不包括(　　)。

A. 预算目标制定与分解　　　　B. 预算执行差异分析

C. 预算考评　　　　　　　　　D. 战略报告

5. 战略管理报告的内容一般不包括(　　)。

A. 内外部环境分析　　　　　　B. 战略选择与目标设定

C. 战略执行及其结果　　　　　D. 战略制定标准

二、多项选择题

1. 管理会计报告的编制流程中,以下(　　)环节是不可或缺的。

A. 确定报告主题和报告目的　　B. 数据收集与分析

C. 报告提交给外部审计机构　　D. 报告使用与反馈

E. 档案管理与保密

2. 经营层管理会计报告可能包括的内容有(　　)。

A. 全面预算管理报告　　　　　B. 重大事项报告

C. 盈利分析报告　　　　　　　D. 资金管理报告

E. 售后服务业务报告

3. 企业管理会计报告按使用者所处的管理层级可以分为(　　)。

A. 战略层管理会计报告　　　　B. 经营层管理会计报告

C. 业务层管理会计报告　　　　D. 股东层管理会计报告

E. 监管层管理会计报告

4. 管理会计报告的设计原则包括(　　)。

A. 相关性原则　　B. 及时性原则　　C. 精确性原则

D. 明晰性原则　　E. 保密性原则

5. 企业管理会计报告的主要目标是(　　)。

A. 助力战略目标的实现　　　　B. 提高内部管理的效率和效益

C. 监督员工个人行为　　　　　D. 改变管理者的认识

E. 公开披露企业财务信息

三、判断题

1. 企业可根据管理的需要和管理会计活动的性质设定报告期间,一般应以日历期间(月度、季度、年度)作为企业管理会计报告期间,也可根据特定需要设定企业管理会计报告期间。(　　)

2. 企业管理会计报告流程包括报告的信息搜集、传输、加工处理、评价等。(　　)

3. 企业管理会计报告的主要目的是满足企业外部投资者和债权人的信息需求。(　　)

4. 管理会计报告的编制流程中,档案管理与保密环节不是必需的,因为管理会计报告是内部报告。(　　)

5. 管理会计报告的编制流程中,信息传递环节是指将报告直接传递给外部审计机构进行审计。(　　)

引思明鉴

管理会计信息化：驱动企业智能转型的引擎

作为乳业巨头，蒙牛集团自 2013 年起便致力于信息化管理建设，携手国际商业机器公司(简称 IBM)和思爱普公司(简称 SAP)，通过实施 ERP(企业资源计划)和 CRM(客户关系管理)系统，成功实现了财务与业务系统的整合。

2014 年，蒙牛集团规范了业务流程，统一了制度，并对财务职责进行了梳理，将管理职能与财务核算相剥离，集中梳理核算职能，形成了共享财务中心。

2015 年，蒙牛集团迅速推广 ERP 系统，并在此基础上建立了"蒙牛乳业集团财务共享管理模式(FSSC)——资金共享平台"。到 2016 年 3 月，蒙牛集团已全面实现财务共享。

为了进一步提升运营效率，蒙牛集团于 2017 年对组织结构进行了调整，由原有的专业化职能管理制转变为事业部管理制。同时，蒙牛集团财务也进行了相应调整，根据常温、低温、冰淇淋及奶粉四大核心品类成立了新的事业部，并建立了独立的从生产到销售一体化管理系统。此外，蒙牛集团还设立了营运财务部、营销财务部、财务管理部三大部门，各部门之间相互协调、配合，共同对财务活动进行整合管理。通过财务分析整理，蒙牛集团将财务信息传递给业务部门，实现了业财融合的管理模式，为经营决策提供了有力支持。

为优化企业资源配置，推动企业健康长久发展，蒙牛集团财务建立了五年战略规划、三年经营计划、年度预算、滚动预测四位一体的预算编制体系。同时，蒙牛集团财务尝试将滚动预测与公司的销售计划、生产排产相结合，建立起了能真实反映业务情况的预测机制。

在业财融合的实践中，蒙牛集团高度重视成本管理。结合企业的物料清单，设置了成本管理体系，并通过建立世界级运营管理模型(WCO)，形成了由研发、销售、市场、产品生命周期服务等构成的主业务价值链。此外，蒙牛集团将成本管理体系与财务共享服务中心相结合，实现了集团日常成本管理，对企业日常经营进行分析管控。同时，蒙牛集团设立了考核机制与差异分析机制，对实际与计划成本之间的差异进行深入分析，并提供改进建议，为集团决策提供了有力的数据支持。

通过 CRM 系统的实施，蒙牛集团加强了与消费者之间的沟通，深入了解消费者需求。运用商业智能(BI)分析系统，对原材料、产品数据、品牌等进行综合分析，制定出有利于企业长远发展的战略方案，从而显著提高了集团整体运营效率。

赛学融合

2022 年 X 公司销售 A 设备 299 000 台，销售收入 5980 万元，营业成本 3200 万元，销售费用 455 万元，管理费用 400 万元，财务费用 46 万元，净利润 1479 万元，外部融资 560 万元，资产 4812 万元，负债 1012 万元，所有者权益 3800 万元。

实训要求：请结合上述资料，分析评价 X 公司 2022 年预算执行情况，见表 9-9 至表 9-14。

表 9-9 X公司 2022 年业务量预算执行情况表

项 目	本年预算/台	本年实际/台	差异/台	预算完成度
A 设备	300 000			

表 9-10 X公司 2022 年营业收入、营业成本预算执行情况表　金额单位：万元

项 目	本年预算	本年实际	差异	预算完成度	备注
营业收入	6 000				
营业成本	3 000				
毛利率					

表 9-11 X公司 2022 年成本费用预算执行情况表　金额单位：万元

项 目	本年预算	本年实际	差异	预算完成度	备注
销售费用	450				
管理费用	400				
财务费用	50				
销售费用占收入的比重					
成本费用占收入的比重					

表 9-12 X公司 2022 年利润预算执行情况表　金额单位：万元

项 目	本年预算	本年实际	差异	预算完成度	备注
净利润	1 500				
成本费用					
成本费用利润率					

表 9-13 X公司 2022 年现金预算执行情况表　金额单位：万元

项 目	本年预算	本年实际	差异	预算完成度	备注
外部融资	560				

表 9-14 X公司 2022 年资产负债表预算执行情况表　金额单位：万元

项 目	本年预算	本年实际	差异	预算完成度	备注
资产	4 800				
负债	1 000				
所有者权益	3 800				

参 考 文 献

[1] 中国注册会计师协会. 公司战略与风险管理[M]. 北京：中国财政经济出版社，2023.

[2] 中国注册会计师协会. 财务成本管理[M]. 北京：中国财政经济出版社，2023.

[3] 中华人民共和国财政部会计司. 管理会计案例示范集[M]. 北京：经济科学出版社，2019.

[4] 中华人民共和国财政部. 管理会计应用指引[M]. 北京：经济科学出版社，2017.

[5] 董京原. 管理会计基础[M]. 2 版. 北京：高等教育出版社，2021.

[6] 周阅，丁增稳. 管理会计实务[M]. 2 版. 北京：高等教育出版社，2021.

[7] 冯巧根. 管理会计[M]. 3 版. 北京：中国人民大学出版社，2016.

[8] 林玉辉，吕晓芳. 管理会计[M]. 北京：清华大学出版社，2017.

[9] 孙茂竹，文光伟，杨万贵. 管理会计学[M]. 7 版. 北京：中国人民大学出版社，2017.

[10] 田高良，张原. 管理会计[M]. 北京：高等教育出版社，2017.

[11] 赵贺春，于国旺，洪峰. 管理会计[M]. 北京：清华大学出版社，2016.